心理学原理与应用

XINLIXUE YUANLI YU YINGYONG

编著◎张　俊
参编◎赵林萍　许继红　智银利　彭红琴

http://www.hustp.com

中国·武汉

内 容 提 要

本教材编写的立足点是对当前公共心理学教材的大胆改革,注重基础性和应用性的统一。本教材面向的是拥有不同学科背景的大学生,针对他们缺乏心理学专业基础知识,同时要应对国家教师资格证考试的情况,为其将来从事教育教学工作储备理论知识、提升实践能力。本教材编写紧密围绕教师教育类专业学生的培养目标及教师资格考试的教学大纲,体现了学科的基础性、逻辑性和结构性。本教材科学地将普通心理学、教育心理学、发展心理学、健康心理学、管理心理学等方面的基础理论知识融合为一体,突破以往的教材编写思路,改革教材体系和结构,全面更新教材内容,建设富有特色的公共心理学体系、结构和内容。

图书在版编目(CIP)数据

心理学原理与应用/张俊主编. —武汉:华中科技大学出版社,2020.7
ISBN 978-7-5680-6322-7

Ⅰ.①心… Ⅱ.①张… Ⅲ.①心理学-教材 Ⅳ.①B84

中国版本图书馆 CIP 数据核字(2020)第 111870 号

心理学原理与应用 张　俊　主编
Xinlixue Yuanli yu Yingyong

策划编辑:胡弘扬
责任编辑:李家乐　王梦嫣
封面设计:原色设计
责任校对:李　弋
责任监印:周治超

出版发行:华中科技大学出版社(中国·武汉)　　电话:(027)81321913
　　　　　武汉市东湖新技术开发区华工科技园　　邮编:430223
录　　排:华中科技大学惠友文印中心
印　　刷:湖北新华印务有限公司
开　　本:787mm×1092mm　1/16
印　　张:19.25
字　　数:481千字
版　　次:2020年7月第1版第1次印刷
定　　价:49.80元

本书若有印装质量问题,请向出版社营销中心调换
全国免费服务热线:400-6679-118　　竭诚为您服务
版权所有　侵权必究

前言

　　本教材是为普通高等院校及高等师范院校学生编写的公共心理学教材，可以作为广大参加教师入编考试、教师资格证考试人员的教材使用。

　　公共心理学教材的建设与发展是既古老又常新的。说其古老是因为自有师范类学校及普通高等院校的师范类专业以来，公共心理学教材就伴随其存在着；说其常新是因为公共心理学教材必须根据不同时代对教育类人才的需求提出的新要求，结合心理科学的发展和人的身心发展规律不断地进行建设，只有如此，其才具有生生不息的生命力。

　　我们编写的这本《心理学原理与应用》教材，遵循我国教育部关于教育学科教材改革应加强理论与应用相结合的精神，集中阐明了心理学的基本原理和应用的技术，本教材具体特点如下。

　　教材的体系和内容能直接满足师范生未来教育教学工作的实际需要。本教材在结构安排上，打破了公共心理学教材长期沿用的普通心理学体系的现状，采取了以普通心理学、教育心理学的内容为主，以发展心理学、管理心理学、咨询心理学的内容为辅的综合体系，并科学地将这几门学科的有关的重要内容融为一体，从而使本教材的体系能够直面师范生和参加教师入编考试及教师资格证考试人员对心理学领域理论知识的学习与应用。

　　本教材的编写形式新颖、实用，写作体例为学习目标、正文、同步训练、参考答案及解析等依次展开。其中，学习目标旨在说明每篇学习所要达到基本指标。正文注意内容的科学性、语言描述的通俗性及实例或实验的列举的规范性。在具体行文过程中，注意心理学理论知识与应用性的紧密结合，基本理论与经典实验的对应。同时，在教材的编写过程中也注意渗透我们多年来的教学实践经验，注意吸收国内外学者的一些最新研究成果，以体现本教材的实用性和时代性。同步训练中选择了与每篇内容相关的练习题，包括单项选择题、辨析题、简答题和案例分析题。参

考答案及解析则针对同步训练的题目进行答题并对答案进行分析。

  本教材初稿由张俊撰写,经赵林萍(第一、第二章)、彭红琴(第三、第四、第五、第六章)、张俊(第七、第八、第九、第十、第十一、第十二章)、许继红(第十三、第十四章)、智银利(第十五、第十六、第十七章)逐章审阅、修改,最后由张俊修改定稿。

  本教材在编写、试用和定稿的过程中,得到了晋中学院教育科学与技术学院吕安琳院长的大力支持和热心帮助,在此表示真诚的谢意。

  本教材是晋中学院应用性教材建设项目(Jc201809)之一,在项目的研究和教材的编写过程中,得到了晋中学院应用性教材建设资金的资助,在此表示感谢。

  在本教材的编写过程中,我们借鉴、参考和引用了国内外学者的大量研究成果,在此谨表示诚挚的感谢和敬意。限于编者水平,书中若存在错误、疏漏和不当之处,敬请各位专家和广大读者批评指正。

张　俊

2020 年 4 月于晋中学院

目录 Contents

第一篇　心理学基础理论

第一章　心理学概述

第一节　心理学的研究对象　/2
第二节　心理学的研究方法　/8

第二章　认知过程

第一节　感觉　/12
第二节　知觉　/16
第三节　注意　/21
第四节　记忆　/30
第五节　思维　/39
第六节　想象　/47
第七节　问题解决　/51
同步训练一　/57

第二篇　发展心理

第三章　中学生认知发展

第一节　皮亚杰的认知发展理论　/60
第二节　维果斯基的心理发展观　/64
第三节　中学生感知觉发展特点　/66

第四节　中学生注意发展特点 /68
第五节　中学生记忆发展特点 /69
第六节　中学生思维发展特点 /70
第七节　中学生想象发展特点 /71
第八节　中学生智力发展特点 /72

第四章　中学生情绪发展

第一节　情绪和情感的概述 /79
第二节　情绪理论 /83
第三节　中学生情绪发展 /86

第五章　中学生意志过程

第一节　意志概述 /91
第二节　意志过程 /93
第三节　意志行动中的挫折 /95
第四节　意志品质 /98

第六章　中学生人格发展

第一节　人格概述 /101
第二节　人格的基本理论 /111
同步训练二 /118

第三篇　学习心理

第七章　学习理论

第一节　学习概述 /122
第二节　行为主义学习理论 /126
第三节　认知学习理论 /133
第四节　建构主义学习理论 /139
第五节　人本主义学习理论 /141

第八章　知识学习

第一节　知识概述 /145
第二节　知识学习 /147
第三节　技能学习 /150

第九章　学习动机

第一节　学习动机概述 /159
第二节　学习动机的分类 /160
第三节　学习动机的理论 /164
第四节　学习动机的培养与激发 /167

第十章　学习迁移

第一节　学习迁移概述 /170
第二节　学习迁移的理论 /173
第三节　促进学习迁移的方法 /176

第十一章　学习策略

第一节　学习策略概述 /178
第二节　典型的学习策略 /179
第三节　学习策略的训练 /186

第十二章　品德学习

第一节　品德概述 /189
第二节　品德学习的一般过程 /193
第三节　道德发展理论 /199
第四节　学生品德不良的矫正 /204
同步训练三 /209

第四篇　管理心理

第十三章　班级管理

第一节　班级与班集体建设 /212
第二节　班主任工作内容 /215
第三节　班主任工作方法 /217
第四节　课外活动的组织与管理 /229

第十四章　课堂管理

第一节　课堂管理概述 /233
第二节　课堂环境管理 /236
第三节　课堂行为管理 /240
同步训练四 /248

第五篇　健 康 心 理

第十五章　青少年的心理健康

第一节　心理健康概述 /250
第二节　青少年常见的心理健康问题 /252

第十六章　青少年心理辅导的方法

第一节　心理辅导概述 /261
第二节　青少年心理辅导的主要方法 /265
同步训练五 /269

第六篇　教 师 心 理

第十七章　教师心理

第一节　教师的角色心理 /272
第二节　教师成长心理 /279
第三节　教师的心理健康 /281
同步训练六 /288

参考答案 /289

参考文献 /296

第一篇 心理学基础理论

XINLIXUE JICHU LILUN

学习目标

1. 理解心理学的研究对象,掌握科学的心理观。
2. 了解感觉的特性,理解并掌握知觉的特性。
3. 了解注意的分类,掌握注意的品质及影响因素;了解记忆的分类,掌握遗忘的规律和原因,应用记忆规律促进中学生的有效学习。
4. 了解思维的种类和创造性思维的特征,理解想象的种类和影响问题解决的主要因素。

第一章
心理学概述

第一节 心理学的研究对象

一、心理学的研究对象

心理学是研究人的心理现象及其规律的科学,具体来说,就是研究人的行为和心理活动规律的科学。人的心理结构十分复杂,能动作用极其巨大,是人类生存与社会发展的重要因素。为了方便研究,一般把心理现象分为心理过程和个性心理(见图1-1)。其中,心理过程是共性,每个人都会有,而个性心理是个性,人与人之间会存在差异。

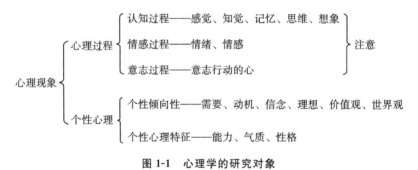

图1-1 心理学的研究对象

(一)心理过程

1. 心理过程

心理过程即心理活动的过程,包括认知过程、情感过程和意志过程。

(1)认知过程。

认知过程是指人在认识客观事物的过程中,为了弄清客观事物的性质和规律而产生的心理现象。感觉、知觉、记忆、思维和想象等心理活动,在心理学中统称为认知过程。

(2)情感过程。

情感过程是指人在认识客观事物的过程中所引起的对客观事物的某种态度的体验或感

受。"愉快""满意""热爱""厌恶""欣慰""遗憾"等心理活动,在心理学中统称为情感过程。

（3）意志过程。

意志过程是指由认知的支持与情感的推动,使人有意识地克服内心障碍与外部困难而坚持实现目标的过程。意志过程是人们主观能动性集中表现的过程。

认知过程、情感过程、意志过程之间有着不可分割的密切联系。在日常生活中,人对某种事物认识得深入,必然会对其产生一定的感情,有了深厚的感情时,就可能萌发行为的动机,进而表现出坚强的意志行动,克服种种困难,努力去完成某项任务。可见,在认知的基础上可以产生情感、意志心理活动,反过来,情感、意志对认知心理活动也可以起到推动作用。所以说,三者是辩证统一的。

2. 个性心理

个性心理是每个个体所具有的稳定的心理现象。它包含个性倾向性和个性心理特征两个方面。

（1）个性倾向性。

个性倾向性是决定个体对事物的态度和行为的内部动力系统,是具有一定的动力性和稳定性的心理成分。个性倾向性是个性心理的重要组成部分,它对相关的心理活动起着支配和控制的作用。

（2）个性心理特征。

个性心理特征是个体身上经常表现出来的、本质的、稳定的心理特征。它主要包括能力、气质和性格,其中以性格为核心。

(二) 科学的心理观——心理的本质

科学的心理观认为,人的心理意识是人脑对客观现实的能动反映。人的心理既不能脱离人脑这个自然基础,也不能脱离社会现实这个社会基础,否则人的心理既不能产生也不能发展。人的心理意识一经产生和发展,就能充分发挥其认识自己、教育自己、认识世界、创造世界的巨大的主观能动作用,推动人类发展和社会进步。这就是人的心理的本质,就是科学的心理观。

1. 心理是脑的机能

列宁指出,人的心理、意识是人脑这一按特殊形式组成的物质的高级产生。这一观点已被科学研究所证实。1861年,布洛卡对一名不能说话的患者进行检查,结果发现,患者的喉头肌肉和发音器官是正常的,不会阻碍其正常的语言运动,也没有其他瘫痪的症候可以妨碍发音,患者很聪明,能借助符号进行交流,但就是不能说话。患者去世后,布洛卡医生对患者进行了尸体解剖,发现患者额下回后部、靠近大脑外侧裂处的一个区域坏死了,这就是著名的布洛卡区。该区出现病变时,患者可阅读、理解和书写,知道自己想说什么但发音不清晰,说话缓慢费力,言语不自然也不流利,即布洛卡区损伤会导致运动性失语症。此外,1874年,德国学者威尔尼克发现了威尔尼克区,该区位于大脑颞上回后部,主要功能是分辨语音,形成语义。威尔尼克区受损,患者可讲出语法正确的句子,但句子没有任何意义。

通过动物实验,能更直观地揭示心理是脑的机能。例如,科学家在一头牛的大脑中埋入电极,当牛发怒时,给它电刺激,牛会立即平静下来,这说明埋藏电极的区域是负责愤怒的。上述例子说明,大脑损伤会直接导致心理异常。

大脑受伤后影响人的心理与行为。例如,1848年,在美国,有位名叫盖吉的铁路监工发生事故。在一次爆破中,一根超过1米的铁杆刺穿了他的颅骨。一位名叫哈洛的医生于1868年首次向麻省理工学院医学会报告了该病例。虽然盖吉的身体伤害并不是非常严重,仅是左眼失明、左脸麻痹,其姿势、运动和言语正常,但是他的性格却发生了很大的变化,受伤之前,其行为举止文明、计划性很强,而他受伤后,行为放纵,且伴有粗俗和污秽的语言。

2. 心理是脑对客观现实的反映

由于心理是脑的机能,所以大脑一旦受损,就会直接导致心理异常。然而,有些人出生时大脑正常,但是与现实环境隔离后,其心理发展水平也很低。这方面最具有说服力的例子就是印度狼孩。

1920年10月,印度一位名叫辛格的传教士,在加尔各答的丛林中发现了两个由狼哺育的女孩。在发现她们时,年龄大的女孩约8岁,小的约1岁半。辛格给年龄大的女孩起名为卡玛拉,给年龄小的女孩起名为阿玛拉。当她们初次被带到孤儿院时,其生活习惯如同野兽。

辛格夫妇对她们进行了耐心的抚养和教育,阿玛拉发展得较快些,进入孤儿院两个月后,在其口渴时,会说"水",但阿玛拉入院不到一年便去世了。而卡玛拉用了25个月才能说出第一个词"ma";4年后学会6个字;7年后学会45个字,并能说出用3个字组成的句子。卡玛拉进入孤儿院2年8个月后才会用两脚站起来,5年多才会用两脚走路,但其跑步时又会用四肢。卡玛拉活到了17岁,其智力水平只相当于三四岁正常儿童的水平。

正常的人如果远离人类社会,即使其脑部的发育已经成熟,但心理发展也会受到影响。在日本入侵中国时,被日本人掳走的年轻华人刘连仁,在北海道的深山中,远离人类社会,过了13年茹毛饮血的生活。当1958年被发现时,他的心理受到了严重损伤。

二、科学心理学的诞生与发展

(一) 科学心理学的诞生

艾宾浩斯曾说过,心理学有一个长期的过去,但只有一个短暂的历史。也就是说,心理学是一门既古老又年轻的科学。所谓古老,是指心理学作为一门学科,在其还未诞生之前,有关心理问题的论述,即关于心理学的思想就早已出现,可以追溯到古希腊,已有两千多年的历史。所谓年轻,是指心理学从其母体——哲学中分化出来成为一门独立的学科,即科学心理学诞生于1879年,至今才有一百多年的历史。

19世纪后期,德国心理学家冯特结合哲学心理学内容体系和自然科学的研究方法与实验技术,于1879年在德国的莱比锡大学创立了世界上第一个有影响的心理学实验室,开设了实验心理学课程。这标志着心理学的诞生和独立,也意味着心理学作为一门学科发展的开始。

知识拓展

冯特是德国生理学家、心理学家、科学心理学的创始人。1832年生于巴登地区曼海姆市的内卡劳镇,1856年毕业于海德堡大学医学系,1858年成为赫尔曼·冯·亥姆霍茨的助手,1874年出版了他的代表作《生理心理学原理》。1875年冯特成为莱比锡大学的教授,并于1879年创建了世界上第一个独立的心理学实验室。

(二)主要心理学派别

在心理学百余年的发展过程中,主要产生了八大心理学派。

1. 构造主义学派

构造主义学派是心理学成为一门独立的实验科学以后出现于欧美的第一个心理学派。其产生于19世纪末的德国,后来又在美国发展。主要代表人物是冯特和铁钦纳。

冯特主张心理学是研究直接经验(意识)的科学。因此,其认为心理学应该采用实验内省的方法,分析意识的内容,并找出意识的组成部分以及它们如何联结成各种复杂心理过程的规律。

构造主义学派的贡献是让心理学走上实验研究的道路,从而使心理学成为一门独立的科学。该学派的局限是主张要对心理进行"纯内省"和"纯科学"的分析,只研究心理内容或构造本身,不去讨论其意义和功用,严重脱离实际。

2. 机能主义学派

机能主义学派产生于19世纪末20世纪初,由美国心理学家詹姆斯所创立。

机能主义学派主张意识是一个连续的整体,心理学的研究对象是具有适应性的心理活动,并且重视心理学的实际应用,反对构造主义学派将意识分析为感觉、情感等元素。

机能主义强调心理现象对客观环境的适应和作用,同时关注心理学在动物心理、儿童心理、教育心理、变态心理、差异心理等领域的功效和应用,并且改进了心理学的研究方法。

知识拓展

> 詹姆斯是美国心理学家、哲学家、教育学家,是实用主义的倡导者、美国机能主义心理学派创始人之一。1842年1月11日出生在美国纽约市,1869年获哈佛大学医学博士学位。1875年建立美国第一个心理学实验室。1890年出版《心理学原理》。1904年当选美国心理学会主席。1906年当选为国家科学院院士。

3. 行为主义学派

行为主义学派产生于20世纪初的美国,之后的30多年时间里,该学派在美国心理学研究中一直处于统治地位,创始人是华生。新行为主义学派的代表人物是斯金纳。

华生主张心理学研究要抛开意识,径直去研究行为;将刺激—反应作为解释人的一切行为的工具;强调心理学研究要采用客观的实验方法,而不使用内省法。该学派的不足之处在于用过分简化的刺激—反应公式来解释行为,以及通过控制环境去塑造人的心理和行为,即典型的环境决定论的观点。

斯金纳主张,人类行为主要是由操作性反射构成的操作性行为,操作性行为是作用于环境而产生结果的行为。

行为主义学派对心理学的贡献促进了心理学的客观化研究;让心理学摆脱思辨的性质;扩展了心理学的研究领域。其不足是用简单机械主义的观点来说明心理活动,忽视了高级心理过程,特别是大脑的作用。

知识拓展

华生,行为主义心理学的创始人。1878年,华生出生于美国南卡罗来纳州的格林维尔。其1903年获芝加哥大学哲学博士学位,1908年任约翰·霍普金斯大学教授。华生受俄国生理学家巴甫洛夫经典条件反射学说的影响,于1913年发表论文《行为主义者眼中的心理学》,标志着行为主义心理学的诞生。1915年,华生当选为美国心理学会主席。

斯金纳,美国新行为主义学派的创始人。1904年3月20日出生于美国宾夕法尼亚州,1926年斯金纳从汉密尔顿学院毕业,转入哈佛大学心理系,1930年获哈佛大学心理学硕士学位,1931年又获得心理学博士学位。1945—1947年其任印第安纳大学心理系主任。1947年他重返哈佛大学,担任心理学系的终身教授。1958年美国心理学会授予他"卓越科学贡献奖"。1968年其荣获美国国家科学奖章。1971年美国心理学基金会授予他一枚金质奖章。1990年8月10日美国心理学会授予其"心理学毕生贡献奖"荣誉证书,但8天后他就去世了。

4. 格式塔学派

格式塔学派产生于20世纪初的德国,其创始人是韦特海默。格式塔是德语"Gestalt"的音译,意思是整体、完形。

格式塔学派反对构造主义学派的元素主义,也反对行为主义学派的"刺激—反应"公式。该学派主张整体不等于部分之和,意识经验不等于感觉和感情等元素的集合,行为也不等于反射弧的集合。其主张要从整体的角度来研究心理现象,强调整体并不等于部分的总和,而是整体先于部分而存在并制约着部分的性质和意义。

格式塔学派强调整体观,这对后来心理学的发展是有益的,其关于知觉的组织原则、学习和思维中的研究成果至今仍对心理学有积极意义。

知识拓展

韦特海默是德国格式塔学派的创始人。1880年4月15日生于布拉格。1904年在德国维尔茨堡大学获哲学博士学位。1912年与柯勒、考夫卡在法兰克福共同研究"似动现象"。在研究的基础上,建立了格式塔心理学。1933年离开德国,受聘为美国纽约社会研究新学院教授。1943年去世。代表著作是《创造性思维》。

5. 精神分析学派

精神分析学派产生于20世纪初,创始人是奥地利精神病学家弗洛伊德。

精神分析学派主张人的心理包含两个主要部分:意识和无意识。意识是能够觉察到的心理活动。无意识包含人的本能冲动,以及出生以后被压抑的欲望,介于意识和无意识之间的一种中间心理状态叫作前意识。弗洛伊德把人的心理结构分为三个层次——本我、自我、超我,并认为三者发展平衡就会形成健全的人格,否则就会导致精神疾病的发生。

知识拓展

> 弗洛伊德是奥地利精神病医生及精神分析学家。1856年生于摩拉维亚的弗赖堡。1873年进入维也纳大学,1881年获医学博士学位。代表著作有《梦的解析》(1900)、《日常生活的精神病理学》(1904)、《精神分析引论》(1910)、《图腾与禁忌》(1913)、《精神分析引论新编》(1933)等。1936年他当选为英国皇家学会会员,1939年9月23日在英国伦敦去世。

6. 人本主义学派

20世纪60年代至70年代,美国迅速崛起了一种心理学思潮,即人本主义学派。人本主义学派认为自己是继精神分析学派和行为主义学派之后,西方心理学的"第三势力"。代表人物有马斯洛和罗杰斯等人。

人本主义学派主张心理学应着重研究人的价值和人格发展;心理学要研究对人类进步有意义的现实问题;要关心人的本性、潜能、尊严和价值;人的本质是好的、善良的,不是受无意识欲望的驱使,并为实现这些欲望而挣扎的野兽;人有自由意志,有自我实现的需要。因此,只要有适当的环境,人就会力争达到某些积极的社会目标。

知识拓展

> 马斯洛于1908年4月1日出生在纽约市布鲁克林区的一个犹太家庭。1926年进入康奈尔大学,三年后转至威斯康星大学攻读心理学,1934年获得博士学位。1951年被聘为布兰迪斯大学心理学教授兼系主任。1967年任美国人格与社会心理学会主席和美国心理学会主席。1970年6月8日去世。
>
> 罗杰斯于1902年1月8日出生在芝加哥附近的奥克帕克。1928年获得哥伦比亚大学硕士学位,1931年获得博士学位。1940年,罗杰斯成为俄亥俄州立大学临床心理学教授。1945年在芝加哥大学建立了心理咨询中心,同时担任芝加哥大学的心理学教授。1956年,获美国心理学会颁发的"杰出科学贡献奖"。1957—1963年在威斯康星大学教授心理学。1972年,获美国心理学会"卓越专业贡献奖"。1987年去世。

7. 社会文化历史学派

社会文化历史学派的创立者是维果斯基,之后列昂节夫、鲁利亚对该学派的发展做出了贡献,故又称为维列鲁学派。

该学派强调社会文化历史制约着人的心理发展;心理的发展就是在环境和教育的影响下,在低级心理机能的基础上逐渐向高级心理机能转化的过程;语言符号这一中介环节是儿童心理机能发展的本质动因,只有掌握这个工具,才能使心理机能由低级的转化为间接的、随意的、高级的、社会历史的,而高级的社会历史心理活动形式,首先是作为外部的活动而形成的,然后才内化到头脑中。

知识拓展

> 维果斯基于1896年出生在白俄罗斯的明斯克,1917年毕业于莫斯科大学法律系和沙尼亚夫斯基大学历史哲学系。1924年到莫斯科心理研究所工作。维果斯基对人的高级心理机能进行了研究,并在1925年发表了《意识是行为主义心理学的问题》,明确提出研究意识问题对科学心理学的重大意义。1934年维果斯基因患肺结核去世,年仅38岁。

8. 认知心理学派

美国心理学家奈瑟尔1967年著《认知心理学》一书,这标志着认知心理学的诞生。

认知心理学把人看作类似于计算机的信息加工系统,并以信息加工的观点,即从信息的输入、编码、转换、储存和提取等加工过程来研究人的认知活动;强调用计算机模拟心理过程。

知识拓展

> 奈瑟尔于1928年出生在德国的一个知识分子家庭,三岁时移居美国。1946年他考入哈佛大学,先是主修物理学,后改学心理学。1956年他获得了哈佛大学心理学博士学位。1967年出版了世界上第一本以认知心理学命名的专著《认知心理学》,被誉为"认知心理学之父"。

第二节 心理学的研究方法

一、心理学研究的基本原则

(一) 客观性原则

客观性原则指在心理学研究过程中,研究者必须实事求是地反映客观事物的真实面貌,以达到对其真理性的认识。因此,坚持客观性原则是一切科学研究的根本原则,违背了这个原则,就会误入歧途,甚至导致反科学的结论。如何在心理学研究中贯彻客观性原则呢?具体研究中要做到以下两点。

第一,坚持以实事求是地揭示心理学的规律为研究目的。研究者要达到此目的,必须在整个研究过程中做到实事求是。研究对象的选择、研究设计、实验仪器的使用、结果的记录、数据的统计分析、结论的得出等都要实事求是。上述任何一个环节出现失误,都不符合客观性原则。

第二,在研究心理学时,要确立客观的指标。心理学研究的客观指标应该是能被研究者观察、测量到的,最好能利用仪器设备来测定、记录和分析。

(二) 发展性原则

发展性原则指坚持发展变化的观点来研究心理学所涉及的问题。

第一,要在思想上树立人的心理是不断发展变化的观点。不能用静止的眼光来看待一个人心理发展的现状和水平;在衡量和评价一个人的心理发展水平时,标准和指标不能是绝对的、一成不变的,而要采用动态的、变化的指标来衡量一个人的心理发展水平。

第二,坚持教育是促进一个人心理发展变化的决定性因素的观点。要发挥教师的主导作用,来促进一个人心理产生质的发展变化;让学生在教育的影响下发挥其主观能动性,充分考虑学生已有的态度和经验对其心理发展的积极或消极的作用。

(三) 教育性原则

教育性原则指心理学研究要符合教育的要求,要有利于学生身心的正常发展。

在开展心理学的研究时,一定要牢记,学生是人,他们和物体不同。因此,在选择方法和安排程序时,不能只考虑所要研究的问题是否有利,还要考虑所用的方法对学生的身心发展是否会产生不良影响,是否侵犯了学生的个人权利或人格。

在心理学研究中贯彻教育性原则,应做到以下三点。

第一,始终牢记研究对象是人,要考虑所施加的实验条件对其心理发展的当前影响和长期影响,特别要注意这些条件可能会对学生身心发展产生哪些不利影响。

第二,明确教育研究对学生心理发展所起的主导作用,不能为研究而研究,更不能为研究而损害学生的身心发展。

第三,尽量控制实验研究中的一些意外事件对学生心理产生的不良影响。一旦出现,必须想方设法消除它。

(四) 理论联系实际原则

理论联系实际原则指心理学研究的问题来源于实践,研究成果也将服务于实践。因此,心理学的研究工作必须和实际密切结合,以充分保证其实际效用。

具体来说,坚持理论联系实际原则,首先,要做到研究的课题应是我国当前学生教育、卫生保健和心理健康等领域中所提出的重大问题。其次,在研究设计和进行的过程中,既要紧密联系当前学生的实际,又要有理论指导。这里所说的理论,不仅指正确的指导思想(唯物辩证法思想),而且指在研究过程中要依据正确的心理学理论。

(五) 伦理性原则

伦理性原则指在研究心理学的问题时,必须遵循伦理规范的原则,不能违反社会的伦理道德准则。在设计实验时,不仅要注重设计的科学性和严密性,还要关注被试的利益、权利和尊严。

常见的心理学伦理问题有以下三点。

第一,保护被试。保护被试主要涉及知情同意、数据保密和事后解释。心理学研究中应使用被试容易理解的语言告知被试研究的具体内容,让其在不受任何强迫并且了解和理解研究内容的知情的情况下自愿性决定参加。数据保密是指在研究过程中和结束后要保障数据的安全和保密性。事后解释是指研究结束后研究者留出时间与希望了解研究的被试进行讨论,详细、诚恳地回答他们提出的问题。需要指出的是,事后解释是为了被试的利益,而不是研究者的利益。

第二,研究中的"欺骗"问题。在某些情况下,若不"欺骗"就不能进行研究,所以有时也会有目的地进行"欺骗"。除非在独特的情况下进行"欺骗",一般来说,欺骗具有虚假的特性,会导致有害的社会结果,不仅对研究者有害,也会在被试之间产生相互猜疑,违背知情的自愿性原则。

第三,保护隐私。在某些情况下,研究可能涉及研究对象的隐私权问题。一般的解决办法是征求被试的同意,或者采取对数据匿名的方式。

二、心理学研究的具体方法

(一) 观察法

1. 观察法的定义

观察法是在自然情境下对人的行为进行有目的、有计划的系统观察并记录,然后对所作记录进行分析,以期发现心理活动变化和发展规律的方法。所谓自然情境指的是被观察者不知道自己的行为正在受到观察。

2. 观察法的分类

(1) 自然观察。

自然观察指在自然情境中对个体行为的观察。例如,教师在学生劳动时,通过观察学生的行为反应,以了解学生热爱劳动的情况。

(2) 结构观察。

结构观察指在实验室情境中对个体行为的观察。在这种方法中,研究者需要设置一个能激起个体特定行为的情境,每一个被试都有相同的机会表现出这些行为。例如,分组让学生讨论一个提前准备好的话题,观察每个学生在讨论过程中的表现,听取其对观点的分析,以了解学生知识应用的情况。如班杜拉设计的儿童攻击性行为实验。

优点:能保持人的心理活动的自然性和客观性,获得的资料比较真实。

缺点:观察者处于被动地位,带有被动性;观察法得到的结果有时可能是一种表面现象,不能精确地确定心理活动产生和变化的原因。

(二) 调查法

1. 调查法的定义

调查法是就某一问题要求被调查者回答自己的想法或做法,以此来分析、推测群体的态度和心理特征的研究方法。调查法是一类方法的总称,包括谈话法、问卷法、测验法和产品分析法四种。

2. 调查法的分类

(1) 谈话法。

谈话法是研究者根据一定的研究目的和计划直接询问研究对象的看法、态度;或让他们做一个简单演示,并说明为什么这样做,以了解他们的想法,并从中分析其心理特点。

优点:一般不需要特殊的条件和设备,比较容易掌握,节省人力、物力。

缺点:访谈对象的语言表达能力直接影响访谈的结果;访谈对象可能会有意或无意地取悦访谈者,从而难以真实地了解其心理;对访谈者本人要求很高。

(2)问卷法。

问卷法是根据研究目的,以书面形式将要收集的材料列成明确的问题,让被试回答。更为常用的形式是将一个问题回答范围内的各种可能性都列在问卷上,让被试圈定,研究者根据被试的回答,整理并分析结果。

优点:问卷法可以同时收集许多人有关同类问题的资料,比较节省人力物力。

缺点:问卷回收率可能会影响结果的准确性;被调查者有时可能不认真合作,而使问卷的真实性受到影响。

(3)测验法。

测验法是指使用特定的量表为工具,对个体的心理特征进行间接了解,并作出量化结论的研究方法。使用测验法时,必须注意测验的目的及其适用的目标群体,遵照规定的方法实施,才能收到应有的效果。测验法可以进行能力测验、学业成绩测验和个性测验。

优点:测验结果便于评分和对结果的统计分析;测验有现成的常模,所以可以将同一年龄或不同年龄的结果进行直接比较。

缺点:测验的内容是固定的,因此不能在测试过程中变动测验的内容;对测试人员的要求比较高,一般需要进行专门的培训。

(4)产品分析法。

产品分析法是研究者从被试的作业、日记、考卷或艺术作品中分析他们的观察力、想象力、理解力或兴趣、能力、性格等特点。

(三)实验法

1. 实验法的定义

实验法是指在控制条件下操纵某种变量来考查它对其他变量影响的研究方法;是有目的地控制一定的条件或创设一定的情境,以引起被试的某些心理活动并对其进行研究的一种方法。

2. 实验法的分类

(1)实验室实验法。

实验室实验法是指在实验室内利用一定的设施,控制一定的条件,并借助专门的实验仪器进行研究的一种探索自变量和因变量之间关系的方法。实验室实验法便于严格控制各种因素,并通过专门仪器进行测试和记录实验数据,一般具有较高的信度。

(2)自然实验法。

自然实验法是在日常生活等自然条件下,有目的、有计划地创设和控制一定的条件来进行研究的一种方法。自然实验法比较接近人的生活实际,易于实施,又兼有实验法和观察法的优点,所以这种方法被广泛用于教育心理学、儿童心理学等学科的研究。

优点:实验法对实验条件进行了严格控制,有利于实验者弄清楚特设条件与个体心理和行为之间的因果关系;实验可以重复且精确性高。

缺点:由于实验室条件与个体正常的生活条件相差较大,所以实验结果在推广时会受到一定的限制。

第二章 认知过程

第一节 感 觉

一、感觉的概念

(一) 感觉的定义

感觉是人脑对直接作用于感觉器官的客观事物的个别属性的反映。感觉是日常生活中常见的心理现象。如我们用眼看、用耳听、用鼻闻……这些都是感觉。可以说感觉是其他一切心理现象的基础,是正常心理活动的必要条件。

感觉有三个基本特征:一是感觉反映的是当前直接作用于感觉器官的事物;二是感觉反映的是事物的个别属性;三是只有在接受刺激的感官不受损的情况下,才能产生正常的感觉。

(二) 感觉的意义

感觉是认知过程的开始,是人认识自己和客观世界的开端,也是意识形成和发展的基本成分。通过感觉,人从外界获得信息,这些信息在感觉系统的不同水平上经过加工,并与已经存储的知识经验进行对照、补充,从而产生对外界事物基本属性的反映。因此,在认识世界的过程中,感觉担负着对复杂事物简单要素进行分析的任务。

感觉是认知的入口,通过感觉,人才能认识和分辨事物的各种基本属性,才能知道自己身体的运动、姿势和内部器官的工作状况。只有在感觉所获得的信息的基础上,其他高级的、复杂的心理活动才会产生并得到发展。感觉是维持和调节一个人正常心理活动的重要心理因素。对于每一个正常人来说,没有感觉的生活是不可忍受的。

加拿大麦吉尔大学心理学家贝克斯顿等人进行的感觉剥夺实验是说明感觉重要性的一个例证。感觉剥夺实验是把被试置于极少有刺激作用的实验环境中,使其极少有可能产生感觉,并要求被试待的时间尽量长久。实验结果表明,很少有被试愿意在这种环境中生活一周,在被剥夺感觉的实验期间其会出现病理心理现象,如注意力不能集中、思维不连贯、条理不清、逻辑混乱、反应迟钝、烦躁,甚至还会出现幻觉、神经症状或恐怖症状。此后的许多实验重复得到了类似甚至更为严重的实验结果。感觉剥夺实验说明感觉的丧失会严重影响人的认识活动(特别是思维),并波及人的情绪和意志,造成心理上的紊乱。可见,人们在日常生活中"漫不经心"地接受刺激以及由此而产生的感觉是多么重要,它既能提供个体生存的重要线索或依据,又为个体及时把握客观环境产生的新的认识、维持身心健康提供了重要保证。

(三)感受性与感觉阈限

感觉是一种简单的心理现象,是认知活动的起点,是由刺激物直接作用于感官引起的,产生感觉的刺激除了需要适宜的刺激外,还必须使这种适宜刺激保持在一定的强度范围内。个体对适宜刺激的感觉灵敏程度就是感觉能力,而这种感觉能力称为感受性。感受性可以用感觉阈限来测量。感觉阈限是指能引起感觉持续一定时间的刺激量,使个体感到某个刺激存在,或刺激发生变化所需刺激强度的临界值。

感受性与感觉阈限成反比。感觉阈限越大,感受性越小;感觉阈限越小,感受性越大。人的感受性可以通过训练加以提高。如染色工人能识别40多种黑色。

1. 绝对感受性和绝对感觉阈限

人并不是对所有的刺激都能产生相应的感觉,如在空气中,人们很难感受到落在皮肤上的尘埃。人要对刺激有所感觉,这个刺激就必须达到一定的强度。绝对感受性是指人的感官觉察出最小刺激的能力。那种刚刚能引起感觉的最小刺激量称为绝对感觉阈限。绝对感受性可以用绝对感觉阈限来衡量。绝对感觉阈限的值越小,绝对感受性就越大,反之亦然。可见,绝对感受性和绝对感觉阈限之间成反比关系。

2. 差别感受性和差别感觉阈限

差别感受性就是对最小差别量的感觉能力。这是从能否觉察出刺激量的变化或差别方面来考察感觉能力的。刺激量的变化(增或减)一定要达到一定的量,个体才能觉察出来。比如,原刺激量是100克,加上1克,个体觉察不到100克与101克之间有差别;但增加到103克,个体能够觉察到100克与103克之间有差别。这种刚刚能感觉出的两个同类刺激的最小差别量,叫差别感觉阈限,它是衡量差别感受性的指标。

差别感觉阈限与差别感受性之间也成反比关系,即差别感觉阈限的值越小,则差别的感受性越大;差别感觉阈限的值越大,则差别感受性越小。

参考例题

【单项选择题】在张老师组织的百人大合唱中,如果增加一至两个人,小红感觉不到音量的变化,如果增加十个人左右时,小红就能明显地感觉到音量的变化。这种刚刚能使小红感觉到的音量变化的最小差异量称为(   )。

A.绝对感觉阈限   B.绝对感受性   C.差别感觉阈限   D.差别感受性

【参考答案】C。解析:本题考查感觉的特性。差别感觉阈限是指刚刚能引起差别感觉的刺激的最小变化量。

二、感觉的种类

根据感觉所接受信息的来源和感受器在个体身上所处的位置不同,可以把感觉分为两大类。

（一）外部感觉

外部感觉是指接受外部刺激，反映外部事物个别属性的感觉。外部感觉有视觉、听觉、味觉、嗅觉和肤觉。

（二）内部感觉

内部感觉是指感受内部刺激，反映机体内部变化的感觉。其主要分为机体觉、运动觉和平衡觉。

图 2-1　平衡觉

1．机体觉

机体觉又称内脏感觉，它是反映我们身体内部状况及各器官活动变化状态的感觉。

2．运动觉

运动觉是指关节肌肉的感觉。它传递人们对四肢位置、运动状态及肌肉收缩程度的信号。

3．平衡觉

平衡觉又称静觉或姿势感觉（见图 2-1）。这种感觉能够发出关于运动与头部位置的信号，反映运动速度的变化（如加速或减速）。

三、感觉的特性

感觉的特性是指由感觉的相互作用引起感受性发生变化的现象。它有两种形式：一是同一感觉的相互作用，包括感觉适应、感觉对比、感觉后像三种特性；二是不同感觉的相互作用，包括感觉的相互补偿和联觉两种特性。

（一）感觉适应

当刺激持续地作用于人的感官时，人对刺激的感觉能力就会发生变化，这种现象叫感觉适应。适应现象发生在所有的感觉中。"如入芝兰之室，久而不闻其香；如入鲍鱼之肆，久而不闻其臭"，这是嗅觉的适应；手放在温水里，开始觉得热，慢慢就不觉得热了，这是温度觉的适应。

视觉的适应分为暗适应和明适应。暗适应是指照明停止或由亮处转入暗处时视觉感受性提高的现象。如人们从阳光照射的室外走入电影院，或在夜晚由明亮的室内走到室外，都会发生暗适应现象。明适应是指照明开始或由暗处转入亮处时视觉感受性下降的现象。如白天从电影院出来时，开始觉得光线耀眼，看不清外界的东西，稍后才能逐步看清东西，视觉就恢复了正常状态。

人们依靠感受性的变化以适应外界环境的不断变化，使人与环境保持平衡，便于生活和工作。

（二）感觉对比

当同一感觉器官受到不同刺激的作用时，其感受性发生变化的现象叫作感觉对比。感觉对比分为同时对比和继时对比两种。

1. 同时对比

几个刺激物同时作用于同一感觉器官，使感受性发生变化的现象叫同时对比。如明暗相邻的边界上，看起来亮处更亮，暗处更暗了（即马赫带现象），这是明度的对比；又如绿叶陪衬下的红花看起来更红了，这是彩色对比现象。

马赫带现象是指视觉的主观感受在亮度有变化的地方出现虚幻的明亮或黑暗的条纹。它是一种主观的边缘对比效应。当观察两块亮度不同的区域时，边界处亮度对比加强，使轮廓表现得特别明显。

2. 继时对比

几个刺激物先后作用于同一感觉器官，使感受性发生变化的现象叫继时对比。如吃了苦药之后，再喝白开水会觉得甘甜；从冷水里出来再到稍热一点的水里会觉得热水更热了。

（三）感觉后像

对感受器的刺激作用停止以后，感觉并不会立即消失，还能保持一个极短的时间。这种暂时保留下来的感觉印象叫感觉后像，也叫作感觉后效。我们看电影、电视就是依靠视觉后像的作用。当一首歌曲唱完之后，你耳朵里还有余音在萦绕，这就是听觉的后像。后像是由于神经的后作用而发生的，它存在于各种感觉之中。

后像在视觉中表现得特别明显。如夜晚将火把以一定速度在空中作划圈动作，就会出现一个火圈；电扇转动时，几个叶片看上去像一个圆盘，这些就是视觉后像作用的结果。

视觉后像有两种：正后像和负后像。

1. 正后像

与刺激物性质相同的后像叫正后像。如注视电灯几秒钟，闭上眼睛就会感到眼前有一个与电灯相仿的光亮形象出现在暗的背景上，这种现象就是正后像。

2. 负后像

与刺激物性质相反的后像叫负后像。在前面的例子中，看到正后像后眼睛不睁开，再过一会儿发现暗背景上的光亮形状变成黑色形状，这种现象就是负后像。

颜色视觉中也存在着后像现象，一般均为负后像。其在色调上与原颜色互补，例如，眼睛注视一个红色光几分钟后，把视线移向一处白色背景时，会见到一个蓝绿色光出现在白色背景上，这就是产生了颜色视觉的负后像。

后像持续时间的长短与刺激的强度和作用的时间有关。刺激的强度大，作用的时间长，则后像的延续时间也长。视觉后像还可以使按一定频率断续的光产生连续的感觉，这叫视觉的闪光融合现象。例如，我国城市民用电灯每秒断续达50次，由于视觉的暂留作用——后像，我们才可以看到连续不断的灯光。电影胶片一张一张是间断的，但由于后像作用，每秒放映24格底片时，我们就能看到连续的活动画面。这种刚能被感觉为连续的最低断续频率叫作闪光融合频率。

（四）感觉的相互补偿

感觉的补偿是指某种感觉系统的机能缺失后，可以通过其他感觉系统的机能来弥补。如盲人失去视觉后，可通过实践活动使听觉、触觉更加灵敏。

（五）联觉

一个刺激不仅会引起一种感觉，同时还会引起另一种感觉的现象叫联觉。彩色感觉最容易引起联觉。红、橙、黄等颜色类似太阳、火光的颜色,引起人温暖的感觉,因而被称为暖色;蓝、青、绿等颜色类似蓝天、海水、树林的颜色,往往引起人寒冷、凉快的感觉,因而被称为冷色。不同的色调也会引起不同的心理效应,如红色使人兴奋,蓝色使人镇静,绿色使人平和,玫瑰色使人振奋等。所以在建筑设计、环境布置上要考虑色彩的联觉作用。音乐家也常会发生视听联觉,即在声音作用下大脑中产生某种视觉形象。根据联觉现象,近年来人们还创造出了彩色音乐,把声音形象转化为彩色形象。

参考例题

【单项选择题】

1. 王老师播放一支乐曲后,学生们便在头脑中产生了相应的视觉形象。学生的这种心理活动属于(　　)。

　　A. 对比　　　　　B. 联觉　　　　　C. 补偿　　　　　D. 错觉

【参考答案】B。解析:一个刺激不仅会引起一种感觉,同时还会引起另一种感觉的现象叫联觉。

2. 晓丹说当她听到小刀刮竹子发出的声音时,就会觉得很冷,浑身不舒服。这属于感觉的哪种现象?(　　)

　　A. 适应　　　　　B. 对比　　　　　C. 联觉　　　　　D. 统合

【参考答案】C。解析:同上。

第二节　知　　觉

一、知觉的概念

知觉是指直接作用于感觉器官的客观事物的整体属性在人脑中的反映。它是在感觉的基础上产生的。知觉是各种感觉器官协同活动的结果,并受人的知识、经验和态度的制约。例如,我们看到一本书、听到一首歌曲、闻到了做饭的香味等,这些都是知觉现象。

知觉与感觉一样,是事物直接作用于感觉器官产生的,同属于对现实的感性认识形式。如果离开了事物对感官的直接刺激,就既没有感觉,也没有知觉。知觉与感觉不一样的是,感觉是知觉的基础,知觉不是个别感觉信息的简单总和,而是按一定方式来整合个别的感觉信息,形成一定的结构,并根据个体的经验来解释由感觉所提供的信息。

知觉有三个基本的特征:一是知觉反映的是事物的意义,知觉的目的是解释作用于人体感官的事物是什么,并尝试着用词去标示它,所以知觉是一种对事物进行解释的过程;二是知觉是对感觉属性的概括,是对不同感觉通道的信息进行综合加工的结果,所以知觉是一种整合过程;三是知觉有思维因素。

二、知觉的种类

(一) 物体知觉

根据知觉的对象可把知觉分为空间知觉、时间知觉和运动知觉。任何事物都处于不断运动、变化和发展之中,而任何物体的运动总是在一定的空间、时间中进行的。所以,我们对客观事物必须从它的空间特性、时间特性和运动特性去感知和认识,从而把知觉分为空间知觉、时间知觉和运动知觉。

1. 空间知觉

空间知觉是指人脑对物体的空间特征的反应。它包括形状知觉、大小知觉、方位知觉和深度知觉。它是通过人的视觉、触觉、动觉等多种分析器的协同活动产生的,也是人在后天学习和实践中不断与事物接触后逐渐形成的。空间知觉对于人们在生活和实践中判断、认识事物的形状、大小、方位、远近等特性有重要作用。

2. 时间知觉

时间知觉是指人脑对客观现象的延续性、顺序性和周期性的感知。它和空间知觉一样,对人的实践活动具有重要意义。时间知觉有两种:一是现在是什么季节、几号、几点;二是知觉现在时刻与过去某一时刻的长短。例如,"一日不见如隔三秋"和"时光飞逝"体现出人对长时间估计偏短,对短时间估计偏长。人对时间估计的个体差异很大,常常受情绪、兴趣、精神状态,以及活动任务、内容等因素的影响。

3. 运动知觉

运动知觉是指人脑对物体空间位移的知觉。运动知觉分为真动知觉和似动知觉。

(1) 真动知觉。

真动知觉是指物体发生实际的空间位移所产生的运动知觉,即物体在按一定的速度或加速度从一处向另一处连续位移时,人所产生的物体在运动的知觉。例如,电风扇叶片的转动、高速转动的车轮、宇宙中光线的穿越等。

(2) 似动知觉。

似动知觉是指将实际不动的物体知觉为运动的,或在没有连续位移的地方看到了连续的运动。似动现象的主要形式有以下三种。

动景运动:当两个刺激物按一定的空间距离和时间间隔相继呈现时,人就会感觉到一个刺激物在向另一个刺激物做连续运动。例如,电影和霓虹灯都是按照动景运动的原理制成的,其实质在于视觉后像,即在视觉刺激消失后,感觉仍保留一段时间而不立即消失。

诱发运动:一个物体的运动使相邻的一个静止的物体产生运动的印象。例如,夜空中的月亮是相对静止的,而浮云是运动的,可是,由于浮云的运动,人们感觉到好像是月亮在云朵间穿行。许多电影的特技镜头就是利用诱发运动的原理来拍摄的。

自主运动:如果你在黑暗的房间紧盯一个燃烧的烟头,过一段时间后,就会感觉它似乎在不停地游走。

(二) 社会知觉

1. 社会知觉

社会知觉是个体在生活实践过程中对别人、对群体以及对自己的知觉,也叫社会认知。

社会知觉是人对人的知觉，它不仅是对人的外部特征的知觉，而且要在人与人的交往过程中，通过对人外部特征的知觉来判断人的内部动机、兴趣、性格和心理状态等，从而形成对人的认识、印象和评价。

2．社会知觉的种类

（1）对别人的知觉。

个体在社会交往中，通过与别人的接触，感知别人的外部特征，了解别人的内心世界，从而形成对别人的知觉。对别人外部特征的感知，包括对别人的体态、仪表、风度、言谈、举止、表情等的观察。如果别人体态潇洒、仪表堂堂、言谈举止文明，就会给观察者留下良好的印象，反之则产生不良印象。人的外部表情往往是反映其内心世界的一种标志，所以要重视对人的面部表情、身段表情、言语表情的观察。

对别人内心世界的了解，包括对别人的需要、动机、兴趣、性格、信念、世界观等的理解。这只能在长期的生活实践过程中通过人际交往，逐步深入理解、认识，一般很难在短时间内对别人做出正确的判断和评价，但也绝不是不可知的，日久总能"见人心"。

（2）自我知觉。

这是个体在生活实践活动中，自己对自己的行为和心理活动的知觉。自己对自己可以形成一定的看法，留下一定的印象，这叫自我印象或自我观念。自我知觉的主体既是观察者，又是被观察者。自己观察自己、了解自己，往往会当局者迷，真正了解自己、正确评价自己也不是一件简单的事。要善于"以人为镜"剖析自己；常和别人对比，取人之长，补己之短；认真地自我批评，形成正确的自我观念。只有这样才能逐渐形成正确的自我知觉。

（3）人际知觉。

这是个体在生活实践过程中，对人与人之间的相互关系、彼此作用的知觉。人际知觉具有鲜明的情绪色彩，表现为亲则近之，疏则远之。人际知觉有两个方面，一方面是对自己和别人相互关系和作用的知觉，另一方面是对于他人的相互关系和作用的知觉。

3．社会知觉常出现的四种主要偏差

（1）第一印象。

第一印象是指与陌生人初次相见对对方产生的印象。第一印象鲜明、深刻且牢固，会形成一种固定的看法，它产生的影响甚至决定着今后的交往关系，在社会知觉中起重要作用。如对某人的第一印象良好，人们就愿意接近他、容易信任他，对他的言行能给予较多的理解。反之，如第一印象恶劣，人们就不愿接近他，对他的言行不予理解，在社会知觉中造成"先入为主"的偏差。影响第一印象形成的主要因素，一方面是对方的外部特征产生的直接影响，另一方面是有关对方的间接信息产生的间接影响。第一印象只能作为对人的知觉的起点，而不能作为终点。这是因为第一印象不可能全面地反映一个人的根本面貌，难免有主观性。我们只有历史地、全面地、发展地看待一个人，才能形成正确的对人的知觉。

（2）晕轮效应。

晕轮效应是指对人的某些品质、特征形成的清晰鲜明的印象掩盖了其余品质、特性的知觉。如"一俊遮百丑""一坏百坏"的主观倾向，这些都是以偏概全，即当一个人对另一个人的主要品质、特征形成良好或不好的印象后，就会影响他对这个人其他方面的看法。

（3）刻板印象。

刻板印象是指对社会上的各类人群所持有的固定的看法，或是对人概括、泛化的看法。

刻板印象能潜藏于人的意识之中。比如，人们普遍认为山东人身材魁梧、正直豪爽、吃苦耐劳；江浙人聪明伶俐、能随机应变。这些都是刻板印象。一旦形成了刻板印象，个体在对人的认知中就会不自觉地、简单地把某个人归入某一群体中去，带来认知上的偏差。所以，我们要善于从每个人的具体行为表现中去认识人，不能光凭刻板印象去认识、评价具体的个人。

（4）近因效应。

近因效应是指在时间上最近获得的有关熟人的信息给人留下的深刻印象和强烈影响。在与熟人多次的交往中，近因效应起很大的作用。熟人行为上表现出来的某种新异性会影响或改变第一印象的影响。我们认识一个人，既要看他过去的行为，又要看他现在的表现。近因效应与第一印象产生的条件是不同的。若两个相互矛盾的信息先后进入人们的意识之中，人们认为前一个信息是真实的，后一个信息是虚假的，这是第一印象；人们对较近的或最近的信息印象较深，这就是近因效应。

造成社会知觉发生偏差的这些主观倾向，其发生都有一定的客观原因。只要认真对待，是可以加以克服和利用的。在人际交往中，人们可以合理地利用它们发生的原理进行相互间的了解，改善人际关系。如人们可以有意识地修饰自己，给他人留下良好的第一印象。

三、知觉的特性

知觉具有选择性、整体性、理解性、恒常性。

（一）知觉的选择性

人在知觉过程中把知觉对象从背景中区分出来，优先加以清晰地反映的特性就叫作知觉的选择性。知觉的选择过程就是迅速地从背景中选出知觉对象的过程。知觉中的对象与背景是相互的，可以互相转换。哪些事物成为知觉对象，哪些成为背景，都不是固定不变的。在一种情况下是知觉对象的刺激物，在另一种情况下则可能成为知觉的背景，而原来背景的刺激物反而成为知觉的对象。影响知觉选择性的客观因素有以下几个方面。

（1）刺激物的绝对强度。阈限范围内越强烈的刺激，越容易被选择知觉。

（2）对象和背景的差别性。差别越大，越容易优先选择。

（3）对象的活动性。如夜空中的流星、夜晚的霓虹灯都容易引起人们的知觉。

（4）刺激物的新颖性、奇特性，也容易引起人们的优先知觉。

客观事物是多种多样的，在特定时间内，人只能感受到少量或少数刺激，而对其他事物只作模糊的反映。被选为知觉内容的事物称为对象，其他衬托对象的事物称为背景。某事物一旦被选为知觉对象，就好像立即从背景中突显出来，被认识得更鲜明、更清晰。例如，教师在黑板上写字时，字就是学生知觉的对象，黑板就是字的背景。

（二）知觉的整体性

知觉的整体性是指在刺激不完备时，知觉者仍保持完整的认识。客观事物是由许多属性、部分组成的整体。它作为刺激物作用于我们的感官时往往是不完备的，只有部分或个别属性起作用，但是人对它的知觉却是完整的整体。

知觉之所以具有整体性，是因为客观事物对人而言是一个复合的刺激物。由于人在知觉时有过去经验的参与，大脑在对来自各感官的信息进行加工时，就会利用已有经验对缺失部分加以整合补充,将事物知觉为一个整体。

参考例题

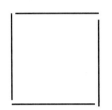

图 2-2

【单项选择题】如图 2-2 所示,这个图形虽然不是封闭的,但我们知觉它时,通常不会把它知觉成四条分割的线段,而把它知觉成完整的图形。这反映的是知觉的哪种特性?(　　)

A. 整体性　　　　B. 选择性
C. 理解性　　　　D. 恒常性

【参考答案】A。解析:知觉的整体性是指人在知觉时,并不把知觉对象感知为个别孤立的部分,而总是根据知觉对象的特点,把它知觉为统一的整体。

(三) 知觉的理解性

人在知觉某一事物时,总是利用已有的知识和经验去认识它,并把它用词语标示出来,这种感性认识阶段的理解就叫知觉的理解性。人们的知识经验不同、需要不同、期望不同,对同一知觉对象的理解也不同。理解对于知觉有四个主要功能。

(1) 理解帮助对象从背景中分离出来,从而使知觉更加清晰和准确。

(2) 理解有助于人们整体地知觉事物。对于自己理解和熟悉的东西,人们容易当成一个整体来感知。

(3) 理解还能产生知觉期待和预测。

(4) 理解能提高知觉的效应,形成事物表象,为表象转化为科学概念提供重要条件。

参考例题

【单项选择题】成人与幼儿对同一幅画的知觉有明显差异,幼儿只会看到这幅画的主要构成,而成人看到的是画面意义。这反映的知觉特性是(　　)。

A. 理解性　　　B. 选择性　　　C. 恒常性　　　D. 整体性

【参考答案】A。解析:知觉的理解性是指以人的知识经验为基础对感知的事物进行加工处理,并用词语加以概括赋予说明的加工过程,它受个人的知识经验、言语指导、实践活动以及个人兴趣爱好等多种因素的影响。

(四) 知觉的恒常性

知觉的恒常性是指人的直觉映象在一定范围内不随知觉条件的改变而保持相对稳定特性的过程。如一个人由远及近向我们走来时,由于距离的远近不同,投射到视网膜上的视像大小就会相差很大,但我们总认为其大小没有什么变化,仍然按照其实际大小来知觉。

在视觉范围内,知觉的恒常性种类主要有大小恒常性、形状恒常性、明度恒常性和颜色恒常性。

明度恒常性是指当照明条件发生改变时,个体知觉到物体的相对明度仍然保持不变的知觉特征。例如,将黑、白两块布,每块布一半放在亮处,一半放在暗处,虽然每块布的两部分亮度存在差异,但个体仍然会把它知觉为一块黑布或一块白布,而不会把它知觉成两段明暗不同的布料。

颜色恒常性是指个体对熟悉的物体,当其颜色由于照明等条件的变化而发生改变时,颜色知觉却趋向于保持相对不变的知觉特征。例如,用不太饱和的黄光照射蓝色色盘时,我们看到的不是灰色,而是一种饱和度较小的蓝色。同样,用红光照射白色的物体表面时,我们看到的物体表面不是红色,而是红光照射下的白色。正如室内的有色家具在不同灯光照明下,它的颜色相对保持不变一样,这就是颜色恒常性。

另外,如只按生理的听觉资料判断,远处的雷声或火车笛声,其音强未必高于近处的敲门声,可我们总觉得雷声或火车笛声较大,这就是声音的恒常性。

第三节 注 意

一、注意的概念

注意是指个体心理活动对一定对象的指向和集中。当一个人在学习的时候,他的心理活动或意识总是指向和集中在某一对象上。

注意并不是一种独立的心理过程,总是伴随着其他心理过程而出现,离开了具体的心理过程,注意就无从产生和维持。人在注意某种事物时,总是在感知、记忆或体验着该事物的某些特征。例如,"注意看黑板"是感知活动中的注意;"注意思考这个问题"是思维活动中的注意。

选择性和集中性是注意的两个基本特征。选择性是指在众多事物中只挑选某些特定对象进行反映,而不管其他事物。集中性是指心理活动停留在特定对象上的紧张度和强度。例如,上课时,学生专心致志、聚精会神地听教师讲课,而抑制与听课无关的一切刺激,这就是注意的高度集中。

二、注意的分类

根据注意过程中有无预定目的和是否需要意志努力的参与,可以把注意分为无意注意、有意注意和有意后注意。

(一)无意注意

1. 无意注意的概念

无意注意也称不随意注意,是指没有预定目的,也不需要意志努力参与的注意。无意注意一般是指在外部刺激物的直接刺激作用下,个体不由自主地给予关注。例如,正在上课的时候,有人推门而入,大家不自觉地向门口注视。无意注意是注意的初级表现形式,人和动物都具有无意注意。

参考例题

【单项选择题】王老师讲课时,迟到的钱冰突然推门而入,同学们不约而同地把目光投向了他,学生的这种心理活动属于(　　)。

A. 无意识记　　B. 有意识记　　C. 无意注意　　D. 有意注意

【参考答案】C。解析:无意注意,是指没有预定目的,也不需要意志努力参与的注意。

2. 引起无意注意的原因

引起无意注意的原因来自两个方面:刺激物的特点和人的内部状态。这两方面的原因是紧密联系的。

第一,客观条件,即刺激物本身的特点。刺激物的强度、刺激物的新异性、刺激物的运动变化、刺激物与背景的差异等都会影响无意注意。刺激物的新异性越大、强度越大,就越容易引起无意注意;运动着的物体和不断变化的物体也容易引起无意注意;两个刺激物之间在一些属性(如颜色、大小、形状等)上的差异越大,就越能引起无意注意。

第二,主观条件,即人本身的状态。个体的需要、兴趣、期望和情绪状态等也会影响无意注意。凡是能够满足个体需要、符合个体兴趣、个体期望发生的事物等均容易引起无意注意。在积极的情绪状态下,个体容易对外界的新鲜事物产生无意注意,而在消极的情绪状态下,则容易对同样的事物视而不见。对某些事物怀有特殊情感也容易产生无意注意,如寻找工作的青年人随时都有可能发现招聘信息。

(二) 有意注意

1. 有意注意的概念

有意注意也称随意注意,是指有预定目的,需要意志努力参与的注意。有意注意是一种积极主动、服从于当前活动任务需要的注意,属于注意的高级形式。它受人的意识调节和控制,是人类所特有的一种心理活动。比如,当一个人决定要做某件事(如背课文)之后,在完成这件事的过程中就会有意地把注意集中在自己要做的事情上。此时,不论所注意的那个刺激物是否感兴趣或新异,人们都必须集中注意,同时排除各种无关刺激的干扰。因此,有意注意必须付出意志努力。

2. 引起有意注意的原因

虽然有意注意的发生和维持与主体的需要、兴趣、情感、知识经验有关,但这些主观因素的作用是间接表现出来的,都受主体当时确定的活动目的的制约。

具体来说,引起和维持有意注意的原因有四个。第一,个体的注意目标和任务的明确性。个体的目的越明确,任务越具体,就越容易引起有意注意。第二,个体的兴趣爱好。越是能吸引个体兴趣的事物,越是个体喜欢的事物,越能引起有意注意。第三,个体的经验。对不熟悉的事物或活动,在整个加工或操作的过程中,需要个体付出一定的意志努力,将注意集中在当前的活动上。如刚学会开车的人,在开车的过程中,就会有意地集中注意处理车内外的各种信息。第四,个体的人格特质。对于那些意志顽强、坚韧不拔的人来说,更容易对当前的任务产生有意注意。

人一般在安静的环境里容易集中注意力,但有时某些微弱的刺激不仅不会干扰人们的有意注意,相反会加强有意注意。如学习时听听轻音乐,就会加强有意注意。实验表明,人处于绝对安静的环境下反而不能有效地工作,会逐渐进入睡眠状态。

(三) 有意后注意

有意后注意是指事前有预定目的,但不需意志努力参与的注意。它是在有意注意的基础上,经过学习、训练或培养个人对事物的直接兴趣达到的。也就是当个体对某个活动的熟悉程度达到自动化程度时,就会出现有意后注意。

在有意注意阶段,主体从事一项活动需要意志努力,但随着活动的深入,个体由于兴趣的提高或操作的熟练,不用意志努力就能够在这项活动上保持注意。例如,一个学习外语的人在初学阶段去阅读外文报纸就是有意注意,很容易感到疲倦;随着学习的深入,外语水平不断提高,当他消除了许多单词语法障碍,能够毫不费力地阅读外文报纸时,这就达到了有意后注意的状态。

有意后注意是一种更高级的注意。它既有一定的目的性,又因为不需要意志努力,在活动进行中不容易感到疲倦,这对完成长期性和连续性的工作有重要意义。但有意后注意的形成需要付出一定的时间和精力。

(四) 无意注意、有意注意和有意后注意三者的关系

三种注意虽然产生的条件和性质都不相同,发展过程也有明显差异。但是,它们在人的实践活动中确实密不可分。例如,在教学过程中,教师生动的讲解引起了学生的无意注意。当教师深入地分析知识的重点、难点时,学生一方面要检索已有的知识来参与理解,另一方面要把知识纳入自己的知识结构体系,这就要付出一定的意志努力,此时依靠的是有意注意。随着教学的深入,学生顺利地接受了知识,扩大了知识领域,对教师传授知识的方式方法也产生了兴趣,感到上课是一件轻松愉快的事,此时依靠的是有意后注意。

心理学的研究表明,学生只凭借无意注意学习或活动,虽然轻松,但会使学习或活动杂乱无章,难以形成完整的知识结构,一遇干扰,活动就不能顺利进行。而如果学生只凭借有意注意去学习或活动,时间长了就会感到精神紧张,因而导致活动效率降低,也会影响创造性的智力活动。所以,有意注意要与无意注意协调配合。同时,有意后注意不能脱离与无意注意或有意注意的联系。在任何活动中,没有无意注意的支持,有意后注意就会失去活泼性,而缺乏有意注意的支持,有意后注意则会失去严肃性。

其实,三种注意可以相互替换。比如,有人最初只凭直接兴趣学习弹奏钢琴,后来,认识到它对陶冶性情、增长知识和才能都有重大意义,于是认真地钻研有关的理论,克服指法、乐理上的种种困难,保持了对这项活动的高度注意,这就是无意注意被有意注意替换的情况。随着学习的进步,他的弹奏技巧越来越纯熟,练习的自觉性也提高了,对活动的目的、意义的认知也越来越明确。这时,他无须做过多的意志努力就能维持稳定的注意,而且不会感到疲劳,这就是有意注意被有意后注意替换的情况。因此,任何一种注意形态都可能被另一种注意形态所替换。

三、注意的功能

注意具有选择功能、维持功能、调节与监督功能。

(一) 选择功能

注意的选择功能是指注意对外界信息进行选择性加工。每一时刻，个体内外都存在各种类型的大量刺激，在注意的作用下，个体只是选取符合当前需要的、有意义的刺激，排除和抑制不重要的、无关的刺激。注意的选择功能使个体在同一时刻将注意指向一项或少数几项工作或事件，使心理活动具有一定的方向性，使人们能在纷繁复杂的刺激面前做出有意义的选择，从而高效率地适应环境。

(二) 维持功能

注意的维持功能是指注意对象的表象或内容在意识中得以保持，然后得到进一步加工，直到完成任务为止。具体来说，当外界信息进入知觉、记忆等心理过程进行加工时，注意能够将已经选择的有意义的、需要进一步加工的信息保持在意识之中，使之得到进一步加工。例如，文字校对员可以连续很长时间将注意力集中于校对任务上；小朋友观看动画片时可以聚精会神很长时间。注意的维持功能在人们的生活和工作中起着重要作用。

(三) 调节与监督功能

注意可以提高活动的效率，还体现在注意具有调节和监督功能。在注意力集中的情况下，人们常常需要把自己的当前行为与既定目标进行比较，然后通过信息反馈，对当前行为进行相应的调节，使之与目标相一致，直至达到目标为止。在实现目标的过程中，注意还起着监督功能，目的是增加行为效率，减少错误，提高准确性和速度。例如，有些小学生的作业出现错误，不是他们不会计算这些题目，而是由于他们在做作业时注意的参与程度不够，监督功能不完善，这才导致错误的出现。

四、注意的品质

(一) 注意的广度

注意的广度也称注意的范围，是指在同一时间内，意识所能清楚地把握的对象的数量。影响注意广度的因素主要有以下三个方面。

1. 注意对象的特点

一般来说，注意对象的组合越集中，排列越有规律，相互之间能成为有机联系的整体，注意的广度就越大；反之，注意的广度越小。

2. 个体的活动任务

活动任务越复杂，越需要关注细节的注意过程，其广度就会大大缩小。相反，个人的活动任务越少，注意的广度就越大。如从事编辑工作的人和从事校对工作的人相比，前者注意的广度要更大，后者注意的广度要更小。

3. 个体的知识经验

一般来说，个体的知识经验越丰富，整体知觉能力越强，注意的广度就越大。专业素养深厚的人在阅读专业资料时可以做到"一目十行"，非专业人士即使逐字逐句阅读也不见得能正确理解。

(二) 注意的稳定性

注意的稳定性也称为注意的持久性，是指注意集中在一定对象或活动上所持续时间的长短。这是注意的时间特征。注意维持的时间越长,注意越稳定。影响注意稳定性的因素有以下三个方面。

1. 注意对象的特点

注意对象本身的一些特点影响到注意在它上面维持的时间长短。一般来说,内容丰富的对象比单调的对象更能维持注意的稳定性。此外,活动的对象比静止的对象更能维持注意的稳定性。

2. 主体的意志力水平

注意的稳定性实际上就是保持良好的有意注意,因此也需要有效地抵抗各种干扰。主体具备坚强的意志力,就可以战胜各种困难,克服自身的缺点和不足,始终如一地保证活动的进行和活动过程的高效率。

3. 个人的主观状态

一个人身体健康、情绪良好、精力充沛,就会在学习和工作中全力投入、不知疲倦。相反,一个人处于失眠、疲劳、疾病状态,或者在情绪受挫的情况下,其注意可能无法保持稳定,活动效率也会大大降低。

人的感受性不能长时间地保持固定的状态。在稳定注意的条件下,感受性也会发生周期性的增强和减弱的现象,这种现象叫作注意的起伏,或叫注意的动摇。如图 2-3 所示,如果我们盯着眼前的这个图形注视一段时间,就会感觉小正方形一会儿向内凹进,一会儿又向外凸起,这两种情况不断转换,这种现象就是注意的起伏。注意的起伏周期一般为 2 秒至 12 秒。

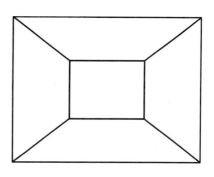

图 2-3 注意的起伏

与注意的稳定性相反的注意品质是注意的分散,也叫分心。注意的分散是指注意离开了心理活动所要指向的对象,而被无关的对象所吸引的现象。

> **参考例题**
>
> 【单项选择题】杨柳被教室窗外的小鸟所吸引,不能专心听讲。这属于(   )。
>
> A. 注意分配　　　　B. 注意广度　　　　C. 注意分散　　　　D. 注意转移
>
> 【参考答案】C。解析:学生不能专心听讲是注意力不集中的表现,属于注意的分散。

(三) 注意的转移

注意的转移是个体根据新的任务要求,主动地把注意由一个对象转移到另一个对象上,或从一种活动变换到另一种活动。注意的转移可以在同一活动的不同对象之间,也可以在不同的活动之间进行。只要根据任务的需要,一种活动合理地被另一种活动所代替,这就是正常的,是注意灵活性的表现。如一个学生寒假给自己定了作息制度,上午做数学作业一个小时,做语文作业一个小时,那么他就应根据自己的作息要求,在完成一个小时数学作业后,主动及时地把注意从数学的作业内容转移到语文的作业内容。影响注意转移的因素有以下四个方面。

1. 对原活动的注意集中程度

个体对原来活动兴趣越浓厚,注意力越集中,注意的转移就越困难。当然,如果对原活动的注意力本来就不够集中,就比较容易随活动任务的要求而转移。

2. 新注意对象的吸引力

如果新的活动对象引起个体的兴趣,或能够满足他的心理需要,注意的转移就比较容易实现。

3. 明确的信号提示

在需要注意转移的时候,明确的信号提示可以帮助个体的大脑处于兴奋和唤醒的状态,灵活迅速地转换注意对象。

4. 个体的神经类型和自控能力

神经类型灵活性高的人比不灵活的人更容易实现注意的转移,自控能力强的人比自控能力弱的人更善于主动及时地进行注意的转移。

注意的转移不同于注意的分散,转移是根据任务的要求,而主动进行的。分散则是离开了当前的任务,而转移到无关的事物上去的心理现象。在教学过程中,常见的注意分散有以下几种情况。

注意的警觉水平降低,对事物和活动不能产生清晰的反映。

经常变换注意的对象,不能把注意长久地指向与集中在任何必须注意的事物或活动上。心理活动处于频繁的变化状态。

注意滞留,缺乏灵活性和必要的紧张性,不能根据需要分配自己的注意或者不能及时地让注意转换。

把心理活动从当前应指向与集中的对象上完全分离,并指向或集中于无关的事物或活动上。

引起学生注意分散的原因很多,有些学生注意的分散可能是偶发的,有些学生可能是经常性的。这就需要教师及时发现并采取措施,要预防和控制学生经常性的注意分散。

参考例题

【辨析题】注意转移就是注意分散。

【参考答案】这种说法是错误的。注意转移是指个体根据新的任务,主动地把注意由一个对象转移到另一个对象上。注意的分散是指注意离开了心理活动所要指向的对象,而被无关对象所吸引。由此可知,注意的转移是主动的、有意识的行为;注意的分散是被动的、无意识的行为,二者不能等同。故题目中的说法是错误的。

(四)注意的分配

注意的分配是指在同一时间内,把注意指向不同的对象,同时从事几种不同的活动。实践证明,注意的分配是可能的,而且在实际生活中处处要求人们能很好地分配注意。例如,教师需要一边讲课一边板书,学生需要一边听讲一边记笔记等。影响注意分配的因素有以下两个方面。

1. 有熟练的技能技巧

也就是说,在同时进行的多项活动中,只能有一种是生疏的活动,需要集中注意于该活动上,而其余动作必须达到一定的熟练程度,稍加留意即能完成。

2. 同时进行的几种活动必须有内在联系

这是因为活动间的内在联系有利于形成固定的反应系统,经过训练就可以掌握这种反应模式,同时兼顾几种活动。

参考例题

【单项选择题】

1. 杨老师一边讲课,一边观察学生的反应,这体现了注意的哪种品质?（　　）
A. 注意的分配　　　B. 注意的稳定性　　　C. 注意的广度　　　D. 注意的转移

【参考答案】A。解析:注意的分配是指在同一时间内,把注意指向到不同的对象,同时从事几种不同的活动。

2. 经验丰富的李老师一边讲课,一边兼顾全班同学的活动,谁认真听讲、谁玩手机、谁看课外书,她都一清二楚。这主要体现了李老师的哪种心理品质?（　　）
A. 思维品质　　　B. 注意品质　　　C. 意志品质　　　D. 个性品质

【参考答案】B。解析:李老师的心理活动属于注意的分配,而注意的分配是注意品质之一。

五、注意的规律在教与学中的应用

注意是学生进行学习的必要前提,也是教师顺利进行教学的重要条件。因此,教师在教学过程中,要利用注意的规律,组织好学生的注意,才能使教学产生良好的效果。

（一）无意注意的规律在教学中的应用

1. 教学内容力求新颖丰富

研究表明,注意维持在单调贫乏的内容上的时间是短暂的,而新颖、丰富的内容却能保持相当长久的注意。缺乏新颖感的内容,学生会感到索然无味,不能引起其注意。教师讲课的内容应使学生有新鲜感,且新的内容必须与学生已有的知识经验联系起来,才能被学生理解,引起学生注意。研究表明,最能引起注意的是那些既使人感到熟悉又有一些陌生的内容。

2. 教学方法力求多样,富于变化

教师在教学中要采用多样化的教学方法。心理学研究证实,长时间的单调刺激,使大脑皮层产生抑制,人易于疲劳,难以使注意稳定。在教学中,教师既要讲解,也要让学生看、练、谈、写、读、讨论、实干,从而使教学方法多样化。这样才符合无意注意的"变化律",不仅能引起和保持学生注意,而且能大大提高教学的质量。

教学语言应准确、生动,抑扬顿挫。注意的规律表明,那些符合人的需要和兴趣的事物,容易引起人的无意注意。因此,教师讲解的语言要准确、生动、简洁、形象、富有吸引力,使学生产生兴趣,以引起学生的无意注意。要尽量避免使用抽象、呆板、含糊不清的语言。教师讲课的声调要抑扬顿挫,语速要快慢适度,并伴以适当变化的面部表情和身段。这是因为变化的刺激容易引起学生的注意,能增强语言表达的效果。教师的语言要富有感情、以情动人,引起学生感情上的共鸣,从而引起和保持稳定、集中的注意。

教师要运用现代化教学手段。教师在教学中,要多采用录音、录像等多媒体教学工具,以直观、生动、形象的内容,引起学生的无意注意。研究表明,上述的教学手段所给予学生的刺激符合变化、新异、强烈的特点,能引起学生的无意注意。

教学板书的书写要规范化。教师的板书应条理清楚、重点突出,这样容易引起学生的注意,也有助于学生的理解和记忆。在板书时,教师要特别重视对象之间细微差别的比较,要巧妙地运用彩色粉笔加大对象和背景的差别,引起学生的注意。

3. 善于控制学生注意,妥善处理偶发事件

教师要善于控制学生注意。例如,教师不宜在上课开始时发放作业本、测验试卷或宣布考试成绩。因为这样做容易使学生把注意力集中在这些事物上,或引起消极的情绪波动,影响对新课的注意。

教师上课既要维护好正常的教学秩序,也要妥善处理一些分散学生注意的偶发事件。例如,偶然碰到课堂秩序混乱时,如教师立刻停止讲课,把视线指向有关学生,这种突然发生的变化就能引起学生的无意注意,使学生有所意识,从而使课堂秩序得以恢复。又如,突然碰到个别学生在上课时故意捣乱或闹纠纷,分散了其他学生的注意时,在一般情况下,教师不宜把课停下来立即处理,更不要对学生发脾气,以免把事情闹僵,而应该设法使他们安静下来,等下课后再做处理。教师当场做"热处理",往往会造成工作上的被动和引起更多学生注意力的分散。

4. 安排好教学环境,防止学生分心

教室周围的环境要安静,最好与操场、马路、音乐教室及其他能分散学生注意的事物离得远一些。教室内的布置要简朴,不要过多地装饰与张贴,以免引起学生注意的分散。要保持教室内空气清新,光线充足。空气不好,光线暗淡,容易引起学生头晕、心烦、视觉疲乏,这些足以影响学生注意的稳定。

(二)有意注意的规律在教学中的应用

学习是有目的、有计划、紧张、艰苦而持久性的活动。学生要搞好学习,不能只凭兴趣,必须根据教学目的,努力学习那些自己不感兴趣但又必须学习的知识。教师在教学中要遵循有意注意的规律去组织学生的学习。

1. 帮助学生树立明确的学习目的

注意的规律表明,个体注意的目的、任务越清楚,学习意志就越坚强,就越能引起有意注意,就越能在学习中排除各种困难和干扰,有意注意就越集中。教师在教学中要尽可能使学生明确每一学科、每一章节的重要意义,以激发学生的有意注意。例如,一位数学老师在给学生讲"相似三角形"时,就先说:"学了这一节,不上树就可以测得树高,不过河就可以测量出河宽。"这样的语言使学生的注意为教学目的所吸引。

2. 对学生学习的要求要严格而适当

教师在教学中对学生学习的要求,如对课前预习、课堂纪律、课后作业、实际操作的要

求,既要严格也要适当;其应是学生力所能及的,但又不是轻而易举的。要求太高,会使学生失去信心;要求太低,学生则会不重视。这些都不利于学生注意的集中。教师传授知识时,应使学生相信:通过一定的努力就能够学会和掌握知识。这样,学生就会坚定信心,排除干扰,克服困难,加强意志努力。

3. 创设问题情境引导学生积极地思考

引导学生积极思考的最有效手段是教师在教学中善于创设问题情境,提出启发性的问题,从而引导学生积极地思考问题。例如,一个数学教师在讲圆周率时,用纸板剪下无数个大小不等的圆,先让学生自己去一一测量,然后再让学生用各圆的周长除以各直径长,使学生发现它们的商都约是 3.14,在此情况下,教师再提出启发性的问题,让学生积极地思考。

4. 组织学生实际操作

实际操作离不开有意注意,实际操作越复杂,对有意注意的要求也越高。为此,教师在教学过程中,要有计划地加强这一方面的活动。如加强课堂实验、课堂练习,要求学生记笔记、做摘要、编提纲等。

5. 利用间接兴趣

要把学习数学、物理、计算机、外语等学科与我国现代化建设、国际交往与知识经济时代的要求联系起来,使学生产生间接兴趣,以引起学生的有意注意。

(三) 两种注意交替的规律在教学中的应用

在我们的工作和学习中,无意注意和有意注意是经常交替转化的。这两种注意的相互交替,使注意能长时间地保持集中。

教学中,学生完全依靠有意注意来学习,大脑皮层长时间地处于兴奋状态,容易产生疲劳和注意分散,从而使学生难以长时间地坚持学习。但学生也不能单凭无意注意来学习,因为任何学科的内容不可能都是有趣和吸引人的,不是轻而易举就能掌握的,必须通过有意注意来协调活动,才能完成学习任务。因此,在教学过程中,教师要善于引导学生两种注意有节奏地交替轮换。就一堂课来说,上课之初,学生的注意还停留在上一堂课或课间活动的有趣对象上,需要通过组织教学来引起学生对本堂课的有意注意;接着使学生对新课题、新内容感兴趣,产生无意注意;随后,要根据由近及远、由浅入深、由具体到抽象的原则进行教学,让学生掌握教材的重点和难点,使学生由无意注意转入有意注意;在紧张的有意注意之后,又要通过教学方式的改变,用直观教学和有趣的谈话来引起无意注意。这样,既能使学生保持长时间稳定的注意,又能减少学生学习时的疲劳,增强学习的效果。

有意后注意是由有意注意发展转化来的。它既服从于当前的活动目的与任务,又能节省意志努力,不但对完成长期、持续的任务特别有利,而且能大大提高活动的效率。因此,我们在教学中要注意发展学生的有意后注意的能力。培养有意后注意的关键在于培养他们对活动本身的直接兴趣和使其技能达到自动化程度。

参考例题

【简答题】简答教师培养学生注意力的方法。

【参考答案】①运用无意注意的规律组织教学。②运用有意注意的规律组织教学。③运用两种注意相互交换的规律组织教学。在教学中,教师应充分利用两种

注意转换的规律来组织教学。如上课之初教师通过组织教学活动把学生的注意转移到本节课上来,以形成有意注意;在教授新的教学内容时,教师设法让学生对教学内容产生无意注意;当讲授重点、难点时,充分调动学生的学习热情,使他们维持有意注意;期间,教师要改变教学方式,让学生适当放松一下,使学生由有意注意转为无意注意;在课要结束时,教师要提出明确的要求,使学生保持有意注意,然后布置作业。此外,教师还应有意识地培养学生的有意后注意,提高学生的学习效果。

六、注意的外部表现

个体在集中注意时,常常伴随特定的生理变化和某些外部动作或行为,这些动作或行为就是注意的外部表现,它们可以作为注意研究的客观指标。

(一) 适应性动作的出现

适应性动作是注意最明显的外部表现。当一个人在注意看一个物体时,会把视线集中在该物体上,一直盯着看,即所谓的"目不转睛";当一个人在注意听一个声音时,耳朵会转向声音的方向源,即所谓的"侧耳倾听";当一个人沉浸于思考某个问题时,手托着下巴,周围的事物就变得模糊起来,即所谓的"托颔沉思"。

(二) 无关运动的停止

无关运动的停止是紧张注意的一种特征。当人集中注意时,除了感觉器官朝向刺激物之外,身体的肌肉也处于紧张状态,此时多数无关的动作会停止下来。比如,当教师通过一个紧张的故事抓住学生的注意时,学生会全神贯注地听故事,不会出现其他小动作。再比如,当演员的表演能够抓住观众的注意时,观众就会停止身体的无关运动。

(三) 呼吸模式的变化

人在注意集中时,呼吸会变得轻微而缓慢,呼与吸的时间比例也改变了,一般吸得更短促,呼得愈加延长了。在注意紧张时,甚至会出现呼吸暂时停止的情况,即"屏息"现象。

虽然在大多数情况下可以根据一个人的外部表现来推测他的注意情况,但是有时注意的外部表现可能与内部状态不相一致,即一个人貌似注意一件事而实际上心理活动却指向和集中于另一件事。例如,有的学生上课的时候,身体端坐,眼睛直视黑板,好像在认真听讲,其实他是在思考其他事情。

第四节 记 忆

一、记忆的概念

记忆是在头脑中积累和保持个体经验的心理过程,用信息加工的观点讲,就是人脑对外界输入的信息进行编码、存储和提取的过程。人们感知过的事物,思考过的问题,体验过的情绪或操作过的动作,都会以表象的形式储存在大脑中,在一定条件下,这种映象又可以从大脑中提取出来,这个过程就是记忆。

记忆与感知觉不同,感知觉是人对当前直接作用于感官的事物的认知,而记忆是对经历过的事物的认知。例如,过去背诵过的课文,当我们不翻阅课文,仍能够想起课文的内容。

记忆在个体的心理发展中,发挥着重要作用。人们要发展动作技能,如手抓东西、行走等各种劳动技能,就必须保存动作的经验。人们要发展语言和思维,也必须保存词和概念。可见,没有记忆,就没有经验的积累,也就没有心理的发展。另外,一个人某种能力的出现,一种好的或坏的习惯的养成,一种良好的行为方式和人格特质的培养,也都是以记忆活动为前提的。

记忆联结着人们心理活动的过去和现在,是人们学习、工作和生活的基本机能。学生凭借记忆,才能获得知识与技能,不断增长自己的才干;老师凭借记忆,才能准确地讲解知识、示范技能,完成教学工作。离开了记忆,个体就什么也学不会,他们的行为只能由本能来决定。所以,记忆对人类社会的发展有重要的意义,在一定程度上也可以说,没有记忆和学习,就没有我们现在的人类文明。

二、记忆的分类

记忆可以从不同的角度进行分类。

(一)形象记忆、情绪记忆、逻辑记忆和运动记忆

根据记忆的内容不同,可以把记忆分为形象记忆、情绪记忆、逻辑记忆和运动记忆。

1. 形象记忆

形象记忆是个人以感知过的事物的具体形象为内容的记忆。这种记忆所保持的是事物的具体形象,具有鲜明的"直观"性,它以表象的形式储存,与人的形象思维密切相关。一般人以视觉和听觉的形象记忆为主,也存在着某些触觉的形象记忆。

2. 情绪记忆

情绪记忆是个人以曾经体验过的情绪和情感为内容的记忆。引起情绪和情感的事件已经过去,但对该事件的体验则保存在记忆中,在一定条件下,这种情绪、情感又会重新被体验到。强烈的、对人有重大意义的情绪和情感保持的时间较长久并容易被再次体验。

3. 逻辑记忆

逻辑记忆是指以词语为中介、以逻辑思维成果为内容的记忆。科学概念、公式、定理、定律等都反映了事物的意义、特征、规律,以及事物之间的内在关系,是逻辑思维的结果。因此,对它们的记忆属于逻辑记忆。

4. 运动记忆

运动记忆是指以人们操作过的身体运动状态或动作形象为内容的记忆。运动记忆是以过去的运动或操作动作所形成的动作表象为前提,没有动作表象就没有运动记忆。动作表象来源于人对自己动作的知觉以及对他人动作和图案中动作姿势的知觉,也能通过对已有动作表象加工改组而创造出新的动作形象。

(二)感觉记忆、短时记忆和长时记忆

根据记忆保持时间的长短,可以把记忆分为感觉记忆、短时记忆和长时记忆。

1. 感觉记忆

感觉记忆指感觉刺激停止之后所保持的瞬间映象。由于它的作用时间极其短暂,又称为瞬时记忆。它是一种原始的感觉形式,是记忆系统在对外界信息进行进一步加工之前的暂时登记。瞬时记忆的主要特点是有较大的容量,但保存的时间短暂,大约为 0.25—2 秒。

2. 短时记忆

瞬时记忆中的大量信息很快就会衰退,只有被注意到的部分信息会进入短时记忆中。短时记忆是感觉记忆和长时记忆的中间阶段,其主要特点是对信息的保持时间较短,大约为 5 秒到 1 分钟,且容量有限,一般为 7±2 个组块。组块是人们熟悉的一个单元,如一个数字、一个汉字、一组数字、一组汉字、一个句子等。组块是短时记忆容量的信息单位,指将若干单个刺激联合成有意义、较大信息单位的加工过程,即对刺激信息的再编码。例如,要记住一个手机号码,若把它分成 136、0351 和 1234 三个组块,就能减轻记忆的负担,扩大记忆的容量。如果信息得到及时复述,则可能转入长时记忆系统而被长久保存,否则就会很快消失。

短时记忆的信息有来自瞬时记忆的,也有来自长时记忆的。将贮存在长时记忆中的信息提取出来解决当前问题的过程,这时就称为工作记忆。工作记忆可以被理解为一个临时的心理"工作平台",在这个平台上,人们对信息进行操作处理,以帮助我们理解语言、进行决策及解决问题。在工作记忆中,来自环境的信息与来自长时记忆的信息发生了一定意义上的相互联系,从而使人们能够进行学习和作出决策。

参考例题

【单项选择题】晓东在记忆英文单词时,如果不对其加以复述,这个单词在他头脑中只能保持几十秒。这种记忆现象是( )。

A. 瞬时记忆　　B. 短时记忆　　C. 长时记忆　　D. 内隐记忆

【参考答案】B。解析:短时记忆是感觉记忆和长时记忆的中间记忆,保持时间大约为 5 秒至 1 分钟。

3. 长时记忆

短时记忆中的信息经过复述或经由各种编码策略加工后进入长时记忆。长时记忆是指存储时间在一分钟以上的记忆。它涉及个体对先前所学但不在眼前的内容的记忆提取,主要特点是存储的时间长,且一般认为其容量没有限制。

长时记忆中的信息是有组织的知识系统,其编码形式主要有下列几种:①按语义类别编码。在记忆一系列词语概念材料时,人们总是倾向于把它们按语义的关系组成一定的系统,并进行归类。②以语言的特点为中介进行编码。借助语言的某些特点,如语义、发音、字形等,对当前输入的某些信息进行编码,使它成为便于存储的信息。③主观组织。学习无关联的材料时,如果既不能分类又没有联想意义上的联系,这时个体会倾向于采取主观组织对材料进行加工。

(三) 内隐记忆和外显记忆

根据记忆时意识参与的程度,可以把记忆分为外显记忆和内隐记忆。

1. 外显记忆

外显记忆是指在意识的控制下,过去经验对当前作业产生的有意识的影响。它对行为的影响是个体能够意识到的,因此又叫受意识控制的记忆。外显记忆简单地说就是个体对生活中的事件或情景有意识的回忆。例如,要求个体回忆在某时某地所学习的内容,或要求个体在真实情景与虚假干扰之间做出区分。如请回忆上一节语文课你学了什么内容?一般来说,用于测量短时记忆和长时记忆的实验任务都被划分到外显记忆的范畴,因为个体是被"外显"地告知对过去事件进行提取回忆的。如自由回忆、线索回忆、联想配对等。

2. 内隐记忆

内隐记忆是指在个体无法意识的情况下,过去经验对当前作业产生的无意识的影响,有时又叫自动的无意识记忆。内隐记忆包含了个体对过去事件的提取,但不同的是,这种提取是无须个体的意识性努力参与的。内隐记忆的产生几乎是自动的,如,当你早晨起来洗脸时,你无须对自己说"我该怎么洗脸呢?我是什么时候学会洗脸的?我现在还记得怎么洗吗?"你会觉得这是自然而然的事情,而且如果你在洗脸时停下来想这些问题,它只会让你做得更糟糕。当然,内隐记忆肯定也是需要经过事先学习的,但它与外显记忆间差异的关键点在于,内隐记忆不需要个体有意识地提取信息。

(四) 情景记忆和语义记忆

图尔文依据所储存信息的类型,将长时记忆划分为情景记忆和语义记忆。

1. 情景记忆

情景记忆是指接收和储存关于个体的特定时间的情景或事件以及这些事件的时间-空间联系的信息。即情景记忆是对事件中人、物、时间、地点以及情节的记忆。如对收到大学入学录取通知书的记忆。情景记忆是基于个体亲身经历的,比如,记得有一次老师在课堂上表扬我,同学们都以羡慕的目光看向我。情景记忆可能是生活琐事,也可能是一个人所经历的重大事件。在描述情景记忆的内容时,人们往往用"我记得……"来表述。

2. 语义记忆

语义记忆是运用语言时所必需的记忆,它接收和储存各种知识,如"平方差的公式""勾股定律"等公式或定律。语义记忆的内容是一个个的事实、故事、单词和当我们认识这个世界时所产生的联想,这些信息基本上属于非个人的信息。如中国的首都是北京等。描述语义记忆的内容时,人们往往用"我知道……"来表述。

(五) 陈述性记忆和程序性记忆

根据信息加工处理与储存的方式不同,可以把记忆分为陈述性记忆和程序性记忆。

1. 陈述性记忆

陈述性记忆是指有关事实和事件的记忆。它可以通过语言传授而一次性获得。它的提取往往需要意识的参与,如我们在课堂上学习的各种课本知识和日常的生活常识都属于这类记忆。

2. 程序性记忆

程序性记忆是指如何做事情的记忆,包括对知觉技能、认知技能和运动技能的记忆。这类记忆往往需要通过多次尝试才能逐渐获得;在利用这类记忆时,往往不需要意识的参与。例如,在学习广播体操时,我们可能识记了一些动作要领,这种记忆是陈述性记忆;之后我们经过不断练习,把动作要领变成了运动技能,真正学会了广播体操,这时的记忆就是程序性记忆。

三、记忆的过程

在记忆过程中,从记到忆包括识记、保持、回忆和再认三个基本环节,它们是相互联系、相互制约的完整统一的过程。从信息加工的角度来看,记忆过程是对输入信息的编码、储存和提取的过程。信息的输入编码相当于识记过程,信息的储存相当于保持过程,信息的提取相当于再认或回忆过程。

(一) 识记

识记是记忆过程的开端,是个体获得知识和经验的过程。它具有选择性,即对信息的识记具有选择性。识记可以从以下几方面进行分类。

1. 根据识记有无目的性,可以分为无意识记和有意识记

无意识记是事前没有明确目的,也不需要意志努力的识记。如生活中那些具有重大意义,符合人的兴趣、需要、活动目的和任务的事物,以及那些能激起人们情绪活动的事物,人们在无意之中就把它们记住了,并且日积月累,获得了大量的信息,这就是无意识记。但是,由于缺乏目的性,识记内容带有偶然性和片段性,缺乏系统性。

有意识记是有明确的识记目的,并运用一定方法的识记,在识记过程中还需要一定的意志努力。学生的学习活动主要依靠有意识记。

2. 根据识记的方法来分,可以分为机械识记和意义识记

机械识记是指在不理解材料意义的情况下,采用多次机械重复的方法进行的识记。意义识记是指在对事物理解的基础上,依据事物的内在联系所进行的识记。

(二) 保持

保持是指已获得的知识经验在人脑中的巩固过程,它是记忆过程的第二个环节。但是,在保持的过程中,识记的材料会发生不同程度的变化和遗忘。

1. 遗忘的概念

遗忘是指对于识记过的材料不能重现或再认,或者表现为错误的重现或再认。遗忘并不是所记忆的信息完全丧失,而是所记忆的信息不能在使用时顺利地提取出来。有的遗忘是因为提取信息的线索不当而造成的,这种遗忘叫作暂时性遗忘;有的遗忘是因为丢失的信息过多而无法提取,这种遗忘叫作永久性遗忘。

2. 遗忘的规律

德国著名心理学家艾宾浩斯以无意义音节为材料,依据保持效果,绘制了著名的"遗忘曲线",如图 2-4 所示。

这条曲线表明,遗忘在学习之后立即开始,最初的遗忘速度很快,随着时间的推移,遗忘的速度逐渐下降,达到一定程度后就不再遗忘了。由此看出,遗忘的进程是不均衡的,其规律是先快后慢,呈负加速型。

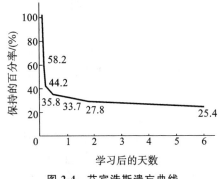

图 2-4 艾宾浩斯遗忘曲线

3. 影响遗忘进程的因素

(1) 学习材料的性质。学习材料是指材料的种类、长度、难度、系列位置以及意义性。从材料的种类看,有意义的材料比无意义的材料遗忘得慢,形象、直观的材料比抽象的材料遗忘得慢。

人们发现在回忆系列材料时,材料的顺序对记忆效果有重要影响。在一项实验中,实验者要求被试学习32个单词的词表,并在学习后要求他们进行回忆,回忆时可以不按原来的先后顺序。结果发现,最后呈现的项目最先回忆起来,其次是最先呈现的那些项目,而最后回忆起来的是词表的中间部分。在回忆的正确率上,最后呈现的词遗忘得最少,其次是最先呈现的词,遗忘最多的是中间部分的词。这种在回忆系列材料时发生的现象叫系列位置效应。最后呈现的材料最易回忆,遗忘最少,叫近因效应。最先呈现的材料较易回忆,遗忘较少,叫首因效应。

(2) 识记材料的数量和学习程度的大小。这是影响遗忘进程的重要因素。一般来说,材料越多,要平均诵读的次数和时间也越多,不及时复习,就越容易遗忘。对材料的学习程度也在一定程度上影响遗忘:学习程度不够,不利于对知识的记忆;学习程度太深,浪费学习时间。

(3) 记忆任务的长久性与重要性。是否有长久的记忆任务以及记忆材料的重要性,也是影响遗忘的因素之一。一般来说,长久的记忆任务有利于材料在头脑中保持时间的延长,不重要和未经复习的内容则容易遗忘。

(4) 识记的方法。识记方法是学生学习的重要手段。研究表明,以理解为基础的意义识记比机械识记的效果好得多。

(5) 时间因素。根据遗忘规律,记忆的最初阶段遗忘速度快,随后逐渐变慢。学习内容的保存量随时间的变长而减少。

(6) 识记者的态度。识记者对识记内容的需要、兴趣等,对遗忘的快慢也有一定影响。

参考例题

【简答题】影响遗忘的主要因素有哪些?

【参考答案】

(1) 学习者的需要和兴趣。人们需要的、感兴趣的东西遗忘得较慢,而人们不需要的、不感兴趣的东西遗忘得较快。

(2) 材料的意义、性质和数量。形象性的材料、有意义的语义材料,如诗歌比无意义的材料遗忘得慢。材料的数量越大,刚识记后遗忘得就越多。

(3) 学习程度。如果人在学习达到刚刚能够掌握之后还继续学习一段时间,就是过度学习。过度学习要比刚刚能背诵的记忆效果要好。当然过度学习也有一定的限度,否则会造成精力和时间上的浪费。

(4) 材料序列对遗忘也会产生影响。如首因效应和近因效应,说明了中间材料容易遗忘的现象。

4. 遗忘的原因

关于遗忘的原因,主要有以下几种理论学说。

（1）消退说。这是一种对遗忘原因的最古老的解释。这种理论认为，遗忘是记忆痕迹得不到强化而逐渐衰退，以致最后消退的结果。它起源于亚里士多德，由桑代克进一步发展。

（2）干扰说。这种理论认为，遗忘是因为在学习和回忆之间受到其他刺激的干扰所致。干扰说可用前摄抑制和倒摄抑制来说明。前摄抑制是指先学习的材料对识记和回忆后学习材料的干扰作用。倒摄抑制是指后学习的材料对保持回忆先学习的材料的干扰作用。例如，在其他条件相等的情况下，一个学习材料两端的项目学得快、记得牢，而中间部分的项目总是学得慢、记得差一些。中间部分的记忆效果之所以较差，可能是由于同时受到前摄抑制和倒摄抑制双重干扰的结果；而最前部与最后部的记忆效果之所以较好，可能是由于仅受倒摄抑制或前摄抑制的影响造成的。

现在，许多心理学家认为，长时记忆中信息的相互干扰是导致遗忘的最重要的原因。一旦排除了干扰，记忆就可以恢复。干扰说可以解释许多遗忘现象。在清醒情况下想不起来的情节，在催眠状态下却能回忆起来。这说明了记忆的痕迹并未消失，只是受到了其他信息的干扰，当排除了这种干扰以后，记忆就能恢复。研究表明，一般成年人的记忆力并不比少年儿童差，但许多成年人觉得自己的记忆力比孩提时期的记忆力差多了。按干扰说的解释，成年人由于接触的事物多，导致分心的信息也多，因此其容易遗忘的真正原因并不是记忆力的衰退，而是受到较多干扰的缘故。

参考例题

【单项选择题】让小丽先后学习两组难度相当、性质相似的材料，随后的检查发现她对前面一组材料的回忆效果不如后面一组好。这是由于受到（　　）。

A. 前摄抑制　　　　B. 倒摄抑制　　　　C. 分化抑制　　　　D. 延缓抑制

【参考答案】B。解析：倒摄抑制是指后学习的材料对保持回忆先学习材料的干扰作用。

（3）压抑说（动机说）。这种理论认为，遗忘是由于情绪或动机的压抑作用引起的，如果这种压抑被解除，记忆也就能恢复。这种理论的代表人物是弗洛伊德。弗洛伊德在给精神病人实施催眠术时发现，许多人能回忆起早年生活中的许多事情，而这些事情平时是回忆不起来的。他认为，这些经验之所以不能回忆，是因为回忆它们时，会使人产生痛苦、不愉快和忧愁，于是便拒绝它们进入意识，而将其储存在无意识中，也就是被无意识动机所压抑。只有当情绪联想减弱时，这种被遗忘的材料才能回忆起来。在日常生活中，由于情绪紧张而引起遗忘的情况也是常有的。如考试时，情绪过分紧张，致使一些学过的内容，怎么也想不起来。

（4）提取失败说。这种理论认为，储存在长时记忆中的信息是永远不会丢失的，我们之所以对一些事情想不起来，是因为我们在提取有关信息的时候没有找到适当的提取线索。遗忘的发生，仅仅是由于一时难以提取信息所致。如果有了正确的线索，经过搜寻，所要的信息就能提取出来。例如，我们常常有这样的经验：明明知道某人的姓名或某个字，但就是想不起来，事后却能回忆起；有时我们明明知道试题的答案，一时就是想不起来，事后正确的答案不假思索便可答出。这种明明知道某件事，但就是不能回忆起来的现象称为"舌尖现象"或"话到嘴边现象"。这种情况说明,遗忘只是暂时的,它是由于失去了提取线索或线索错误而引起的。这种理论的代表人物是图尔文。

(三)回忆和再认

回忆和再认是在不同条件下重现过去经验的过程。将不在眼前的过去经历过的事物,在脑中重新呈现出来的过程称为回忆。对于过去经历过的事物,当它再度出现时能识别出是以前经历过的心理过程就是再认。

参考例题

【单项选择题】闭卷考试时,学生在头脑中呈现问答题答案的心理活动属于(   )。

A.识记　　　　　B.保持　　　　　C.再认　　　　　D.回忆

【参考答案】D。解析:回忆是指过去经历过的事物不在面前,人们在头脑中把它重新呈现出来的过程。

(四)记忆规律在教学中的运用

1. 明确学习目的,增强学习的主动性

有目的才会有动力,才会有责任感和主动性。第一,要有长远的记忆目标和意图,学习记忆应有计划;第二,记忆的时间意图应准确与明确,以便提高记忆效果;第三,要培养学生直接和间接的学习兴趣与求知欲。

2. 理解学习材料的意义

实验表明,以理解为基础的意义识记的效果优于机械识记的效果,因此,在识记过程中,提高对材料的理解水平,是记忆知识的重要条件。为了理解学习材料的意义,第一,应当加强对材料内涵的理解;第二,应当对识记进行深度加工。

3. 对材料进行精细加工,促进对知识的理解

为了理解记忆的材料,需要对材料进行分析,把它的观点、论据以及逻辑标示出来,然后概括并确切地叙述出来。精加工的材料组织得好,提取的线索多,利用也更容易。

4. 运用组块化学习策略,合理组织学习材料

对材料的组块化实际上就是把若干的组块组合成数量更少的、体积更大的组块的心智操作,它能使输入信息有效地进入长时记忆。常见的组织加工方式是类别群集,即把一系列项目按一定的类别来记忆。

5. 适当过度学习

所谓过度学习,是指在学习达到刚好程度以后的附加学习。如读一首短诗,某人学习10遍就刚好能背诵,在能够背诵之后增加的学习(如再读5遍)便是过度学习。在日常教学中,对于本门学科的一些基本概念、基本原理的学习,仅仅达到刚能回忆的程度是不够的,必须在全面理解的基础上达到牢固熟记的程度。研究表明,学习的熟练程度达到150%时,记忆效果最好,知识最牢固;超过150%效果并不递增,还可能引起厌倦、疲劳等问题,从而成为无效劳动。

6. 重视复习方法,防止知识遗忘

及时复习。在学习的当天进行复习。

合理分配复习时间。在识记后不久的一段时间内,复习的次数要多一些,时间间隔要短一些。

做到分散与集中相结合。集中复习就是把材料集中在一段时间内进行复习,分散复习就是把材料分配到几段相隔的时间内进行复习。复习难度小的材料可适当集中,复习难度大的材料可以采取分散复习的方式。

反复阅读与试图回忆相结合。这种方法能使学习者及时了解到识记的成绩,从而提高学习的兴趣,进一步激发学习的动机。另外,这种方法还可以及时检查记忆效果,有利于提高复习的针对性。

复习方法要多样化。单调的复习方法容易使人产生疲劳和厌倦情绪,会降低复习的效果。因此,教师在组织学生复习时,方法要灵活多样。

运用多种感官参与复习。多种感官参与可以更好地提高记忆效果,因此,学生在复习时应尽量运用多种感官参与,要眼看、耳听、口读、手写相结合。

参考例题

【简答题】如何有效地组织复习?

【参考答案】第一,及时复习;第二,合理分配复习时间;第三,做到分散与集中相结合;第四,反复阅读与试图回忆相结合;第五,复习方法要多样化;第六,运用多种感官参与复习。

四、记忆的品质

评价一个人记忆的好坏,可以从以下四个方面进行,它们被称为记忆的品质。

(一)记忆的敏捷性

记忆的敏捷性指的是识记速度的快慢,通常以单位时间内记住内容的多少来衡量。人在这方面有很大的个体差异,对同一材料,有的人很快就能记住,而有的人却要花很长的时间才能记住。据说,当代科学家茅以升小时候旁观祖父抄写古文《东都赋》,他的祖父刚抄完,他就能全文背出来,其记忆的敏捷性是极为惊人的。

当然,我们也不能单纯以记忆的敏捷性来判定一个人记忆力的好坏,因为有的人虽然记得快,但忘得也快;而有的人尽管记得慢,但忘得也很慢。记忆的敏捷性只有和记忆的其他品质相结合才有意义。

(二)记忆的持久性

记忆的持久性是指识记的事物保持时间的长短。有的人能把识记过的内容长久地保持在记忆中,而有的人却很快地将其遗忘。有些人记忆的持久性是非凡的。例如,马克思能成段地背诵歌德、莎士比亚、但丁等人的作品。

(三)记忆的准确性

记忆的准确性是指对识记的材料记得是否正确。有的人对识记的材料能正确无误地加以重现,而有的人在回忆时会出现歪曲、遗漏。这是记忆的准确性的差异。我国东汉时期著名学者蔡邕的著作在兵荒马乱中散失,他也被杀害了,留传至今的400多篇蔡邕的作品乃是他女儿蔡文姬准确无误地背诵出来的,这才得以保存下来。记忆的准确性是记忆的重要品质。如果缺乏记忆的准确性,那么记得再快、再牢也是没有意义的。

(四)记忆的准备性

记忆的准备性是指能否及时地从记忆库中提取所需的知识。在知识竞赛中,有的人反应很快,有的人反应较慢,虽然他们中不少人都掌握了回答某一问题的有关知识和能力,但在记忆中提取信息的速度却存在快慢的差别。这就是记忆的准备性的差异。

记忆的四个方面的品质在每个人身上都会有不同的组合,只有当一个人这四个方面都得到发展时,即记得快、牢、准、活,才可以说这个人具有了良好的记忆品质。

第五节 思 维

一、思维的含义

(一)思维的概念

思维是人脑对客观事物间接的、概括的反映。它所反映的是客观事物的共同本质的特征和事物之间的内在联系。平时人们说的"思考""考虑""揣度""反省""设想"等都是思维活动的形式。

思维是借助语言、表象或动作实现的对客观事物的概括和间接的认识,是认识的高级形式。它能揭示事物的本质特征和内部联系,并主要表现在形成概念和解决问题的活动中。感知觉是对当前事物的反映,记忆是对过去事物的反映,而思维是在当前或过去信息的基础上,对事物内在规律和本质属性的反映。人们只有在大量感性信息的基础上,在记忆的作用下,才能进行推理,作出种种假设,并检验这些假设,进而揭示感知觉、记忆所不能揭示的事物的内在联系和规律。

(二)思维的特征

1. 间接性

思维的间接性是指人们借助于一定的媒介和知识经验对客观事物进行间接的认识。如人们根据太阳的位置可推知时间;中医根据望、闻、问、切四诊法可以推断病人的病情。由此可见,由于思维的间接性,人们可以超越感知觉提供的直接信息,认识那些没有直接作用于人的感官的事物和属性,从而揭示事物的本质和规律。从这个意义上讲,思维认识的领域要比感知觉认识的领域更广阔、更深刻。

2. 概括性

思维的概括性是指在大量感性材料的基础上,把一类事物共同的特征和规律抽取出来,加以概括。一切科学的概念、定理、定律和法则都是人脑对客观事物概括的反映,是思维概括的结果。例如,"三角形"这个概念,规定了不在同一直线上的三条线段首尾顺次相接所组成的封闭图形本质的特征,从而舍弃了大小、钝角、锐角等非本质的特征。概括在人们的思维活动中有着重要的作用,它使人们的认识活动摆脱了具体事物的局限性和对事物的直接依赖关系,这不仅扩大了人们认知的范围,也加深了人们对事物的了解。所以概括水平在一定程度上表现了思维的水平。另外,概括是人们形成概念的前提,也是思维活动能迅速进行迁移的基础。概括是随人们认识水平的提高而不断发展的。人们的认识水平越高,对事物的概括水平也就越高。

二、思维的形式

概念、判断、推理是思维的基本形式。判断是由概念组成的,推理是由判断组成的,所以概念是思维的细胞,是思维进行的基础。逻辑学要求我们在思维过程中,力求做到概念明确、判断恰当、推理合乎逻辑。如果在概念上出了问题,就会做出错误的判断和推理。

(一) 概念

概念是人脑反映事物本质属性的思维形式。把所感知的事物的共同本质特点抽象出来加以概括就成为概念,它包括内涵和外延两个方面,内涵即概念所反映的事物的本质属性,外延即概念的适用范围。

概念是思维的基本单位,通过概念,可使人们掌握事物的本质和规律。随着社会的发展,概念的内涵和外延会不断发生变化。比如,"美容"一词,原来是指美化人们的面貌,随着人类社会的发展和科技的日新月异,美容从内容到形式都有了不断的变化和提升,如汽车美容等。

(二) 判断

判断是用概念去肯定或否定某事物属性的思维形式。一般用"是""否""有""无"等词语来表示。通常判断分为直接判断和间接判断。直接判断是通过感知活动进行的判断,不需要复杂的思维过程就能判断,比如"樱桃是红色的"。间接判断是根据事物内部关系和联系进行的判断,一般需要复杂的思考,如"月晕而风,础润而雨"。

(三) 推理

推理是从已知判断推出新判断的思维过程。它是人们间接认识客观事物的基本途径,已知判断是前提,推出的新判断是结论。推理一般分演绎推理、归纳推理和类比推理。

三、思维的种类

思维可以从不同的角度进行分类。

(一) 直观动作思维、具体形象思维和抽象逻辑思维

根据思维的凭借物和解决问题的方式,可以把思维分为直观动作思维、具体形象思维、抽象逻辑思维。

1. 直观动作思维

直观动作思维又称实践思维,是凭借直接感知,伴随实际动作进行的思维活动。离开了

感知活动或动作,思维就不能进行。如儿童边数手指边算数,感知和动作中断,思维也就停止;自行车出了毛病,不能正常骑了,人们必须通过检查自行车的相应部件,才能确定是车胎没气了还是轴承坏了,找出故障进行修理,才能排除故障。这种通过实际操作解决直观而具体问题的思维活动,就是直观动作思维。

2. 具体形象思维

具体形象思维是人脑运用已有表象进行的思维活动。表象是具体思维的材料,是具体思维的支柱。具体形象思维表现为对表象的概括、加工和操作。具体形象思维具有形象性、整体性、可操作性等特点。如儿童计算"3+2=5"时,不是对抽象数字的分析、综合,而是在头脑中用三个手指加上两个手指,或三个苹果加上两个苹果等实物表象相加而计算出来的;中学生去城市的某个地方参观,他们事先会在头脑中想出可能到达的道路,经过分析与比较,最后选择一条短而方便的路。这样的思维就是具体形象思维。具体形象思维在问题解决中有重要的意义。艺术家、作家、导演、设计师等更多地运用具体形象思维。

3. 抽象逻辑思维

抽象逻辑思维是运用语言符号进行的思维活动。语言符号所体现的概念、公式、法则、定理、定律、命题等都是这种思维的主要材料。概念是抽象逻辑思维的支柱。抽象逻辑思维不直接依赖所感知事物的具体形象,它能超越生活经验的局限,把握事物的本质和规律。如学生学习各种科学知识,科学工作者进行某种推理、判断都要运用这种思维。它是人类思维的典型形式。

(二)聚合思维和发散思维

根据思维过程不同的指向性,可以把思维分为聚合思维和发散思维。

1. 聚合思维

聚合思维又称求同思维、集合思维、辐合思维,是把问题所提供的各种信息集中起来得出一个正确的答案或一个最好的解决方案。如学生从各种解题方法中筛选出一种最佳解法;工程建设中对多种实施方案经过筛选和比较找出最佳的方案等的思维。

2. 发散思维

发散思维又称求异思维、辐射思维,是指从一个目标出发,沿着各种不同途径寻求各种答案的思维。如科学研究中对某一问题的解决提出多种设想;教育改革中多种方案的提出;数学中的"一题多解"等都属于发散思维。

聚合思维与发散思维都是智力活动中不可缺少的思维,都带有创造的成分,而发散思维最能代表创造性的特征。

参考例题

【单项选择题】"一题多解"的教学方式主要用于训练学生的哪一种思维?( )

A. 直觉思维　　　B. 发散思维　　　C. 动作思维　　　D. 集中思维

【参考答案】B。解析:发散思维是指大脑在思维时呈现的一种扩散状态的思维模式,它表现为思维广阔,且呈现出多维发散状。一般运用"一题多解""一事多写""一物多用"等方式培养学生的发散思维能力。

（三）常规思维和创造性思维

根据思维的创新成分的多少，可以把思维分为常规思维和创造性思维。

1. 常规思维

常规思维是指人们用现成的程序、惯用的方法、固定的模式直接解决问题的思维过程，也称再造性思维、习惯性思维。如学生用学过的公式、定律解决同一类型的问题。这种思维的创造性水平低，一般不需要对已掌握的知识进行重新构建，因而缺乏新颖性和独创性。

2. 创造性思维

创造性思维是指人们以新异、独创的方法解决问题的思维方式。创造性思维是产生新的思维成果的思维，具有独创性。许多心理学家认为创造性思维是多种思维的综合表现，它既是聚合思维与发散思维的结合，也是直觉思维与分析思维的结合。在从事文艺创作、科学发展、技术发明等创造性活动时，创造性思维的表现特别典型。

（四）直觉思维和分析思维

根据思维的逻辑性，可以把思维分为直觉思维和分析思维。

1. 直觉思维

直觉思维是未经逐步分析就迅速对问题答案做出合理的猜测、设想或突然领悟的思维。其特点是非逻辑性、直接领悟性。如学生在解题中未经逐步分析，就对问题的答案做出合理的猜测、猜想等；达尔文在阅读马尔萨斯的人口论时突然领悟出"物竞天择，适者生存"的自然选择理论；阿基米德在洗澡的时候突然发现浮力；等等。这些都是直觉思维的典型例子。在一定程度上，直觉思维是逻辑思维的凝聚，是经过深度思考而"偶然得之"的灵感。

2. 分析思维

分析思维就是逻辑思维，是遵循逻辑规律，经过逐步分析后，对问题解决做出明确结论的思维。如学生解几何题的多步推理和论证；医生面对疑难病症的多种检查、会诊分析等。

（五）经验思维和理论思维

根据思维过程中是以日常经验还是以理论为指导来划分，可以把思维分为经验思维和理论思维。

1. 经验思维

经验思维是以日常生活经验为依据，判断生产、生活中的问题的思维。例如，人们根据日常生活经验，得出"月晕而风，础润而雨""太阳从东边升起，往西边落下"的结论；儿童凭自己的经验认为"鸟是会飞的动物"。这些都属于经验思维。由于知识经验的不足，或者缺乏理论根据，这种思维易产生片面性，甚至得出错误或曲解的结论。

2. 理论思维

理论思维是以科学的原理、定理、定律等理论为依据，对问题进行分析、判断的思维。例如，根据"凡绿色植物都是可以进行光合作用"的一般原理，去判断某一种绿色植物的光合作用；科学家、理论家运用理论思维发现事物的客观规律；教师利用理论思维传授科学理论；学生运用理论思维学习理性知识。

四、思维的一般过程

思维是通过一系列比较复杂的操作来实现的。人们在头脑中，运用存储在长时记忆中的知识经验,对外界输入的信息进行分析、综合、比较、抽象和概括的过程,这就是思维过程,或称之为思维操作。

(一) 分析与综合是思维的基本过程

分析与综合是思维过程的基本关节,一切思维活动,从简单到复杂,从概念形成到创造性思维,都离不开头脑的分析与综合。

1. 分析

分析是在头脑中把事物的整体分解成各个部分或个别特征的思维过程。例如,我们把植物分解为根、茎、叶、花、果实、种子;把动物分解为头、尾、足、躯体;把几何图形分解为点、线、面、角、体;分析一个句子由哪些语言成分构成等。这些都属于分析过程。思维过程一般从分析开始,它能够使人深入细致地认识事物的各个部分和各种属性。

2. 综合

综合是在头脑里把事物的各个部分、各种特征、各种属性结合起来,了解它们之间的联系,形成一个整体的思维过程。例如,把文章的各个段落联合起来,就能把握全文的中心思想;把一个学生的思想品德、智力水平、学业成绩、健康状况等联系起来加以评价,做出结论。综合可以让我们了解事物或现象的各个组成部分或各种属性之间的联系或关系,并使我们的认识更加完整和全面。

分析与综合是既相反而又紧密联系的同一思维过程的不可分割的两个方面。分析是把部分作为整体的部分,从它们的相互关系上来进行分析。只有这样,分析才有意义,才有方向。综合是通过对各部分、各特征的分析来实现的,所以分析是综合的基础。任何一种思维活动既需要分析,又需要综合。

(二) 比较与分类

1. 比较

比较是把各种事物和现象加以对比,确定它们的相同点、不同点及其关系的思维过程。比较是以分析为前提的,只有在思想上把不同对象的各个部分或特征区别开来,才能进行比较。同时,比较还要确定它们之间的关系,所以比较又是一个综合的过程。

比较是重要的思维过程,也是重要的思维方法。它在人们的日常生活、学习和研究工作中都有重要的作用。有比较才能有鉴别,人们通过比较才能辨别货物的真假、人心的善恶,也才能找到要探索的科学问题,作出恰当的研究结论。

2. 分类

分类是在头脑中根据事物或现象的异同点,把它们区分为不同类别的思维过程。分类是在比较的基础上,按照一定标准将有共同点的事物划为一类,再根据更小的差异在同一类中继续划分成不同的属,以揭示其隶属关系和等级系统。分类能使知识系统化。例如,学生掌握数的概念时,把数分为实数和虚数;又把实数分为有理数和无理数;有理数又可分为整数、小数和分数等。

(三) 抽象与概括

1. 抽象

抽象是人脑把同类事物或现象的本质属性抽取出来,并舍弃非本质属性的思维过程。

抽象是在分析与比较的基础上进行的。例如，从手表、闹钟、挂钟、座钟、怀表等不同的钟表中，抽取它们都能计时的共同本质特征，舍弃它们的形状、大小、构造、颜色、材料等非本质属性。抽象实际上是把本质属性和非本质属性区分开来，它的作用是使我们认识事物或现象的本质和规律。

2. 概括

概括是把抽象出来的同类事物或现象的本质属性综合起来，并推广到同类事物中的思维过程。概括是在抽象和综合的基础上进行的。比如，通过抽象得出"能言语、能思维、能制造工具者就是人"，并把这个结论推广到黑色人种、白色人种和棕色人种之中。概括能够把本质属性综合起来，使个体形成特定的概念。概括有初级概括与高级概括之分。一般认为初级概括是在感觉、知觉、表象水平上的概括，这种概括水平相对较低。高级的概括是根据事物的内在联系和本质特征进行的概括，如一切定理、定义、概念等都是高级概括的产物。

抽象与概括的关系十分密切。如果不能抽象出一类事物的本质属性，就无法对这类事物进行概括。而如果没有概括性的思维，就无法抽象出一类事物的本质属性。抽象与概括是相互依存、相辅相成的。抽象是高级的分析，概括是高级的综合。抽象、概括都是建立在比较基础上的。任何概念、原理和理论都是抽象与概括的结果。

五、思维的品质

人的思维活动有明显的个体差异，一般说来，良好的思维品质表现在以下六个方面。

（一）思维的广阔性

思维的广阔性指能全面而细致地考虑问题。思维广阔的人，不仅能考虑到问题的整体，还能考虑到问题的细节；不但能考虑到问题的本身，而且还能考虑有关的其他条件。思维的广阔性是以丰富的知识为依据的。只有具备大量的知识，才能从事物的不同方面和不同联系上考虑问题，从而避免片面性和狭隘性。

（二）思维的深刻性

思维的深刻性即思维的深度，指思维活动的抽象程度和逻辑水平。它是以批判性为前提的。因为只有通过客观事物的充分检验，丢掉不符合实际的假设，保留符合实际并能真正解决问题的假设，才能为思维的深刻性创造必要的条件。具有思维深刻性的人善于钻研问题，能够抓住事物的本质和核心，并做出正确的预测。他们能从别人看来简单而普遍的事物中发现复杂而独特的规律。

（三）思维的批判性

思维的批判性是指能使自己的思维受到已知客观事物的充分检验。换而言之，在思考问题时能冷静地分析其依据、是非、利弊，不易受别人暗示或自己的情绪左右。这是一种既善于从实际出发，又善于独立思考的思维品质。

缺乏思维批判性的人，往往走两个极端：或者自以为是，或者人云亦云。自以为是的人，常常把第一假设当作最后的真理，主观自恃、骄傲自大；人云亦云的人，则轻信轻疑、没有主见，容易上当受骗、随波逐流。

（四）思维的灵活性

思维的灵活性是指一个人的思维活动能根据客观情况的变化而变化。也就是说，能够根据所发现的新事物,及时修改自己原有的想法,使思维从成见和教条中解放出来。平时我们说一个人"机智",这是就思维的灵活性而言的,思维的灵活性不是无原则的见风使舵,一会儿想想这,一会儿又想想那,碰到问题就打退堂鼓。有的人在客观情况变化以后,思想一时跟不上;有的人比较固执,爱钻牛角尖,这都是思维缺乏灵活性的表现。

(五)思维的敏捷性

思维的敏捷性是指能在很快的时间内提出解决问题的正确意见。也就是说,人在解决问题时,能够当机立断,不徘徊、不犹豫。思维的敏捷性是思维其他品质发展的结果,也是所有优良思维品质的集中表现。因为思维的广阔性使人全面细致地考虑问题,批判性使人丢掉那些与事实不相符的假设,深刻性使人抓住事物的本质,灵活性使人能够随机应变,以上品质使敏捷性的产生成为可能。

(六)思维的逻辑性

思维的逻辑性是指考虑和解决问题时的思路鲜明,条理清楚,严格遵循逻辑规律。即提出的问题明确清晰、推理严谨、层次分明、论证充分、有的放矢、有说服力、论据确凿。

六、创造性思维

(一)创造性思维的特征

1. 流畅性

流畅性是指个人面对问题情境时,在规定的时间内产生不同观念的数量的多少,也就是指思维迅速且答案较多。自由回忆是测量流畅性最常用的方法,例如,用汉字顶真组词,从"中国"开始,自由回忆,国家、家长、长高、高兴、兴旺等。

2. 变通性

变通性是指摈弃以往的习惯思维方法而开创不同方向的能力。也就是说,当个人面对问题情境时,不墨守成规,不钻牛角尖,能随机应变,触类旁通。对同一问题所想出不同类型的答案越多者,变通性越高,说明了思维的灵活性高。常用"非常规用途测验"来测量思维的变通性,如列举"一块砖头的功能"。

3. 独创性

独创性是指个人面对问题情境时,能独具匠心,想出不同寻常的、超越自己也超越前辈的意见,具有新奇性。常用"命题测验"来测量思维的独特性,即给被试讲一个故事,要求被试给这个故事确定一个不同寻常的题目。被试给出的题目越新奇独特,说明其思维的独创性越高。

(二)创造性思维的过程

创造性思维伴随着创造过程,了解创造性思维的过程有助于我们理解人类的创造性成果是怎样产生的。由于各自研究的角度不同,对创造性思维过程的研究结果也不尽相同。最有影响且广为流传的理论是英国心理学家华莱士提出的四阶段理论。

1. 准备阶段

准备阶段是指在创造性思维形成之前,对问题相关知识的理解与累积。创造性思维是从发现问题、提出问题开始的。"问题意识"是创新性思维的关键,提出问题后必须为解决问题做充分的准备。这种准备包括必要的事实和资料的收集,必需的知识和经验储备,技术和设备的筹集,以及其他条件的提供等。同时,人们必须对前人在同一问题上所积累的经验有所了解,对前人在该问题上尚未解决的方面做深入的分析。这样既可避免重复前人的劳动,又可以站在新的起点上从事创造工作,还可以帮助自己从旧问题中发现新问题,从前人的经验中获得有益的启示。

2. 酝酿阶段

酝酿阶段是对前一阶段所获得的各种资料和事实进行消化吸收,从而明确问题的关键所在,并提出解决问题的各种假设和方案。此时,有些问题虽然经过反复思考、酝酿,仍未获得完美的解决,思维常常出现"中断"的现象。在这种情形下,问题引起的创造性思维表面看似乎停止了,但事实上它仍在潜意识中进行酝酿。许多人在这一阶段常常表现得狂热和如痴如醉,令常人难以理解。比如,牛顿把手表当鸡蛋煮,陈景润在马路上与电线杆相撞等。

3. 豁朗阶段

豁朗阶段是指经过潜伏性的酝酿期之后,具有创造性的新观念可能突然出现,大有豁然开朗的感觉,"像闪电一样,谜一下子解开了"。灵感的来临,往往是突然的、不期而至的,它可能产生在开车半途中,也可能产生在洗澡时。灵感可遇而不可求,它是创造性思维导向创造结果的关键。例如,阿基米德因鉴别皇冠是否掺假的问题长期思考而不得其解,在一次洗澡时突然产生灵感,找到了鉴别皇冠是否掺假的方法。

4. 验证阶段

验证阶段是指思路豁然贯通以后,灵感产生的新观念并不一定是正确的,所得到的解决问题的构想和方案还必须在理论上和实践上进行论证和试验,验证其可行性。经验证后,有时方案得到确认,有时方案得到改进,有时反而完全被否定,需要重新酝酿,直到反复验证无误,创造性思维的历程才算结束。

(三) 创造性思维的培养

1. 保护好奇心,激发求知欲

好奇心是人对新异事物产生诧异并进行探究的一种心理倾向。求知欲是好奇心的升华,是人渴望获得知识的一种心理状态。好奇心和求知欲是人们主动积极地观察世界、进行创造性思维的内部动因。具有强烈好奇心和求知欲的人,对事物有着执着的追求和迷恋,不会感到学习和创造是一种负担,而会在活动中获得极大的精神鼓舞和情感满足。在教学中,教师应该进行启发式教学活动,创设问题情境,使学生面临疑难,从而产生求知的需要和探索的欲望,主动质疑和提问,有意识地强化他们对一切事物的兴趣,以保护好奇心和求知欲。

2. 加强发散思维的训练

发散思维是创造性思维的主要成分,发展发散思维对培养创造性思维有重要作用。科学实验证明,通过有目的、有意识的训练,可以发展学生思维的流畅性、变通性、独特性。例如,通过一题多解、一事多写的练习,培养学生思维的灵活性和变通性,鼓励学生自编习题,以发展学生思维的独特性和新颖性。通过课外活动也可以发展学生的发散思维,比如,可以给学生提供某些原材料和原部件,鼓励他们按自己的设计进行组装活动等。

3. 丰富知识经验和想象力

丰富知识经验和想象力是产生创造性思维的重要条件。各种新异想法从头脑中涌现出来,这绝非无中生有,创造性思维过程是对头脑中已有知识经验的重组过程,有时以从未有过的组合形式表现出来,但任何形式的组合都不会脱离一个人已有知识经验的范围。

并不是有知识经验的人就一定有创造力,对于一个不善于调用和重组头脑中的储存材料,又缺乏高水平的表象建造能力的人来说,即使有丰富的知识,也不能表现出创造性思维。因此,想象力是创造活动中不可缺少的心理因素。在教学中,教师应该在丰富学生知识经验的基础上,加强想象力的训练,使学生大胆想象,敢于"异想天开",创新进取。

4. 培养利于创造的优良个性

创造性思维也跟非智力因素有关。吉尔福特的研究发现,发散思维中的流畅性、独特性、变通性与创造性行为存在高度相关;有实验研究发现,有创造力的儿童富有责任感、有热情、有毅力、勤奋、依赖性小、勇于克服困难、有冒险精神、有较强的独立性等。因此,要培养学生的创造力,应结合教学实际,加强对学生的独立性、勤奋、自信和坚持性等优良个性特征的培养。

知识拓展

发散思维的训练

1. 材料发散

材料发散是以某个物品为材料,将其当作发散点,设想它的各种用途。如说出砖头的用途:铺地、盖房子、写字、绘画……

2. 功能发散

功能发散是以某种事物的功能作为发散点,设想出获得该功能的各种可能性。如达到照明目的的方式:点油灯、开电灯、点火把……

3. 结构发散

结构发散是以某种事物的结构作为发散点,设想利用该结构的各种可能性。如尽可能多地说明方形结构的东西:电视机、方桌、钟表……

4. 特征发散

特征发散是以某种事物的特征作为发散点,设想出利用某种特征的各种可能性。如利用红色可以做的事情:禁止通行的交通信号、红印泥……

第六节 想 象

一、想象的含义

(一)表象的概念

表象是事物不在面前时,人们在头脑中出现的关于事物的形象。从信息加工的角度来讲，表象是物体或事件的一种知识表征，这种表征具有鲜明的形象性。人的思维不仅要借助概念来进行，也要借助表象来进行。从表象产生的主要感觉通道来划分，可分为视觉表象、听觉表象、运动表象等。根据表象创造程度的不同，可分为知觉表象、记忆表象和想象表象。知觉表象是指感知事物时在头脑中留下的形象；记忆表象是指在记忆中保持的客观事物的形象；想象表象是指在头脑中对记忆形象进行加工改造后形成的新形象。这些形象可能从未经历过，或者世界上还不存在，因而具有新颖性。

（二）想象的概念

想象是对人脑中已储存的表象进行加工改造，形成新形象的心理过程。根据他人的口头或文字描述，人能够形成他未曾见过的事物的形象。如一个不曾到过祖国江南的人，读着白居易的诗句"日出江花红胜火，春来江水绿如蓝"，头脑中可以浮现出祖国江南秀丽景色的形象。

形象性和新颖性是想象活动的基本特点。想象是在感知的基础上，改造旧表象，创造新形象的心理过程。它主要处理图形信息，而不是词或者符号。想象不仅可以创造人们未曾感知过的事物的形象，还可以创造现实中不存在的或不可能有的形象，如三头六臂、牛头马面及妖魔鬼怪等。尽管这一类形象离奇古怪，有时甚至荒诞无稽，但它们仍来自现实，来自对人脑中记忆表象的加工，如"孙悟空"像猴子、"玉皇大帝"像汉人……想象的形象在现实生活中都能找到原型，它同其他心理活动一样，都有其现实的依据。

想象与思维有着密切的联系，同属于高级的认识过程，它们都产生于问题的情景，由个体的需要所推动，并能预见未来。人们在面对问题情景、需要尚未得到满足时，常常在头脑中出现需要得到满足和问题得到解决的情景，这种情景是对现实的一种超前反映，是对未来的一种预见。想象的预见是以具体形象的形式出现的，而思维的超前反映是以概念的形式出现的。也就是说，当人们面对问题情景时，头脑中可能存在两种超前系统，一种是形象系统，一种是概念系统。这两种系统是密切配合、协同活动的。在人的活动中，由于问题情景具有不同程度的确定性，两种系统所起的作用是不一样的。一般认为，若问题的原始材料是已知的，解决问题的方向是基本明确的，解决问题的进程将主要服从于思维规律。如果问题的情景具有很大的不确定性，由情景提供的信息不充分，解决问题的进程将主要依赖于想象。想象可以"跳跃"某些思维阶段，构成事物的形象，在此基础上寻找解决问题的途径。例如，早在飞机发明之前，人们就想象能像鸟一样在天空中自由飞翔。

二、想象的功能

想象具有预见功能、补充功能、替代功能。

（一）预见功能

想象具有预见的作用，它能预见活动的结果，指导人们活动进行的方向。人从事任何活动之前，都必须首先在头脑中确立定向目标，即能够想象出活动过程及其结果，一旦活动过程结束，头脑中的预见观念便将实现，于是人的活动就有了主动性、预见性和计划性，这有助于活动的顺利完成。如科学家的发明、工程师的设计、艺术家的艺术造型、学生的学习等，所有这些活动都离不开人的想象。所以，爱因斯坦曾说："想象力比知识更重要。"

（二）补充功能

在现实生活中，有许多事物是人们不可能直接感知的，如宇宙间的星球、原始人类生活的情景、古典小说中人物的形象,这些空间遥远或时间久远的事物,人们是无法直接感知的。在这种情况下,我们可以借助想象,弥补人类认识活动的时空局限和不足,超越个体狭隘的经验范围,扩大人的视野。如《红楼梦》中王熙凤的形象是无法直接感知的,但当人们读到"一双丹凤三角眼,两弯柳叶吊梢眉,粉面含春微不露,丹唇未起笑先闻"的人物描写时,人们通过已有的"丹凤""三角眼""柳叶""粉面""丹唇"等表象的作用,就能在头脑中想象出王熙凤的形象。

(三)替代功能

在现实生活中,当人们的某种需要不能得到满足时,可以利用想象从心理上得到一定的补偿和慰藉。例如,幼儿想骑着马到处跑,但由于他们的能力所限而不能实现,于是他们就在游戏中,把板凳想象成骏马,手握长鞭骑着马跑起来。人们在精神失常时,有时也会从想象中得到寄托和满足。

三、想象的分类

想象可以从不同的角度进行分类。

(一)无意想象和有意想象

根据想象活动是否具有目的性,可把想象分为有意想象和无意想象。

1. 无意想象

无意想象也称不随意想象,是指没有预定目的,不由自主产生的想象。它是当人们的意识减弱时,在某种刺激的作用下,不由自主地想象某种事物的过程。例如,人们看到天上的云彩自然地想到它像奇峰、异兽;人们在睡眠时做的梦;精神病患者在头脑中产生的幻觉;等等。这些都是无意想象。

2. 有意想象

有意想象也称随意想象,指有预定目的和自觉进行的想象,有时还需要一定的意志努力。例如,文学家、艺术家在头脑中构思的人物形象,都是有意想象。它包括再造想象、创造想象、幻想。

(二)再造想象和创造想象

有意想象可以分为再造想象、创造想象和幻想。

1. 再造想象

再造想象是指依据词语的描述或符号的示意在头脑中形成与之相应的新形象的过程。再造想象的特点是再生性,它的形象不是自己创造出来的,而是根据某种需要或任务重新去塑造的。语词的调节与已有的知识经验是塑造某种事物形象的关键。例如,一个建筑工人根据平面设计图纸,可以在头脑里想象出未来的建筑物的立体形象;人们阅读小说时,根据作者对人物形象的描写,可以在头脑里想象出人物的外形特征等。

再造想象对于学生掌握知识技能具有重要意义。学生学习的书本知识,主要是前人积累的间接经验,有许多事情是没有亲身经历过、感知过的。例如,学生没有目睹过五四青年运动,但根据历史资料的描述,可以在头脑里想象出有关五四青年运动这一历史事件的生动形象。

学生学习抽象的数理化概念和理论时,需要想象活动的支持。例如,学生在学习数学中的有关点、线、面、轨迹等概念和几何图形时,必须通过再造想象才能达到理解。

再造想象产生的条件:必须具有丰富的表象储备,旧的表象越多、情节越细,想象的内容就越丰富、越具体;为再造想象提供的词语及实物标志要准确、鲜明、生动;正确理解词语与实物标志的意义。

参考例题

【单项选择题】学生学习《望庐山瀑布》这首古诗时,头脑中呈现诗句所描绘的相关形象,这种心理活动属于(　　)。

　　A. 无意记忆　　　　　　　　　　B. 有意记忆
　　C. 再造想象　　　　　　　　　　D. 创造想象

【参考答案】C。解析:再造想象是依据词语或符号的描述、示意在头脑中形成与之相应的新形象的过程。

2. 创造想象

创造想象是在创造活动中,按照一定目的、任务,在头脑中独立地创造出新形象的过程。例如,鲁迅创作的"阿Q""闰土"的形象,就是创造想象的产物。通过创造想象产生的新事物应当具有新颖性、独创性和奇特性,还要有一定的社会价值,才会得到人们的认可与肯定。创造想象是创造性活动的必要因素。

作家头脑里进行的艺术构思和艺术表达的过程,就是创造想象的过程。科学家在头脑里形成新假设、建筑工程师在头脑里酝酿新楼的内部结构和外部楼面等过程,也都是创造想象的过程。可见,创造想象在发明创造中具有十分重要的意义。

创造想象对于学生的学习也有重要意义。学生在作文、绘画、解应用题和实验活动中,都有创造想象活动。教师用启发式教学法,不满足于将知识和结论直接告诉学生,而是创设问题情境诱导学生自己动脑去"发现"结论,这时学生的想象活动就是创造想象。

创造想象产生的条件:社会需要与个人强烈的创造愿望;丰富的表象储备;原型启发;积极的思维活动。

3. 幻想

幻想是与个人的生活愿望相结合,并指向未来的一种想象。

幻想是创造想象的特殊形式,它有两个特点:一是体现个人的需要和愿望,幻想所产生的形象一般都是个人向往的事物;二是幻想的事物一般不付诸直接的创造行动,而是对未来活动的设想。

幻想有积极的和消极的两种。切合生活实际、符合事物发展规律、具有社会意义的幻想,是积极的幻想,也叫理想。脱离现实生活实际、违背事物发展规律的幻想,是消极的幻想,也叫空想。

> **知识拓展**
>
> **培养学生想象力的方法**
>
> （1）要引导学生学会观察，丰富学生的表象储备。
> （2）引导学生积极思考，有利于打开想象力的大门。
> （3）引导学生努力学习科学文化知识，扩大学生的知识经验，以发展学生的空间想象能力。
> （4）结合学科教学，有目的地训练学生的想象力。
> （5）引导学生进行积极的幻想。

第七节 问题解决

一、问题的概述

（一）问题的含义

在日常生活中，每时每刻都会遇到问题，如证明几何题、做实验等，并且一般人都知道什么是问题。但是，为了科学地探讨问题解决，有必要对问题做出明确的界定。目前，多数人比较赞同纽厄尔和西蒙的定义。所谓问题，是指这样一种情境：个体想做某件事，但不能马上知道完成这件事所需采取的一系列行动。事实上，当遇到不可能直接完成的事时，就有了问题。无论简单或复杂、抽象或具体、持续时间的长或短，每一个问题都必然包含以下三种成分：①给定信息，指有关问题初始状态的一系列描述；②目标，指有关问题结果状态的描述；③障碍，指在解决问题的过程中会遇到的种种需解决的因素。概括为一句话，问题就是给定信息与目标之间有某些障碍需要加以克服的情境。

（二）问题的分类

人们在生活中的问题是相当复杂多样的，研究者对问题进行了不同方式的区分。目前，比较流行的一种分类是把问题分为结构良好问题和结构不良问题。

1. 结构良好的问题

结构良好的问题是指那些具有明确的初始状态、目标状态以及解决方法的问题。学生在学科学习中遇到的绝大多数问题都是结构良好问题，例如，"2+3=？""证明四边形内角和为360°"等。其初始状态和目标状态，以及问题解决的方法都是明确的。

2. 结构不良的问题

结构不良的问题指那些没有明确的初始状态、目标状态和解决方法的问题。注意，这里的结构不良并不是指这个问题本身有什么错误或是不恰当，而是指它没有明确的结构或解决途径。例如,写一篇作文"我的母亲",其初始状态、目标状态,甚至解决问题的方案都不明确,这就属于结构不良问题。

二、问题解决概述

(一)问题解决的含义

问题解决是指为了从问题的初始状态到达目标状态,而采取的一系列具有目标指向性的认知操作的过程。即问题解决是由一定的情景引起的,按照一定的目标,应用各种认知活动、技能等,经过一系列的思维操作,使问题的初始状态到达目标状态。如证明几何题就是一个典型的问题解决的过程。几何题中的已知条件和求证结果构成了问题解决的初始状态和目标状态,而要证明结果,就必须应用已知的条件进行一系列的认知操作。操作成功,到达目标状态,故问题得以解决。

(二)问题解决的特征

1. 目的性

问题解决具有明确的目的性,它总是要达到某个特定的目标状态。

2. 序列性

问题解决包含一系列的心理活动,即认知操作,如分析、联想、比较、推论等。这些心理操作是存在一定序列的,一旦序列出错,问题就无法解决。

3. 认知性

问题解决活动必须由认知操作来进行,即通过内在的心理加工实现。

三、问题解决的一般过程

人们解决问题的具体过程千差万别,因此,问题解决的阶段划分有许多不同意见。我国心理学界一般把问题解决分为四个阶段。

(一)发现问题

爱因斯坦曾说:"发现问题比解决问题更重要。"能否发现问题,往往标志着个体思维水平的高低,发现问题既是思维的起点,又是思维的动力。只有发现问题,才能展开思维活动去解决问题。从完整的问题解决过程来看,发现问题是其首要环节。

(二)理解问题

理解问题就是分析问题,就是把握问题的性质和关键信息(如问题的初始状态、目标状态),摒弃无关因素,并在头脑中形成有关问题的初步印象,即形成问题的表征。

(三)提出假设

提出假设就是提出解决问题的可能途径和方案,选择恰当的问题解决的操作步骤。提出假设是问题解决的关键阶段。提出假设一般有两种策略,即算法式和启发式。

1. 算法式策略

算法式策略是指将达到目标的各种可能的方法都列出来,将其具体化,逐一加以尝试。尝试错误法就是典型的运用算法式策略。例如,如果你忘记了一个三位数密码箱的密码,每位数的数字可能是 0—9 这 10 个数字中的一个,那么密码箱的密码就有 $10 \times 10 \times 10 = 1000$

种可能,只要你一一尝试,最终能打开,但有可能在第 1000 次打开。因此,算法式策略的最大缺点是费时,但算法式的优点是能确保任务完成。

2. 启发式策略

启发式策略是指根据目标的指引,试图不断地将问题状态转换成与目标状态相近的状态,从而只试探那些对成功趋向目标状态有价值的算法。例如,我们到一个城市,要找一位朋友,但不知道他在哪个单位,怎么办？我们会根据经验,利用共同的朋友、朋友以前工作的单位、微信朋友圈等方面的信息,缩小我们的查找范围。因此,启发式策略的优点是省时省力,但缺点是不能保证一定能把问题解决。

（四）检验假设

问题解决的最后阶段是检验假设。检验假设就是将解决问题的方案付诸实施,并把实施的结果与原有解决问题的要求相对照。检验假设的方法有两种：一种是通过实践活动直接进行检验,如果实践成功,问题得到解决,就证明假设是正确的；另一种是凭借已有的知识、经验,在头脑中通过逻辑推理对假设做出合乎规律的检验。

四、影响问题解决的主要因素

影响问题解决的因素是多方面的,它们互相联系,互相影响,综合地影响着问题解决的思维过程。

（一）问题本身的特征

实际教学与研究发现,学生解决抽象而不带具体情境的问题时比较容易,解决具体而接近实际的问题时比较困难。解决不需要通过实际操作的"文字题"时比较容易,解决需要实际操作的"实际题"时比较困难。例如,学生可以画图解决练习题上的将三个教室的灯进行并联或串联的理论问题,但难以解决实际生活中的三个教室的灯的并联或串联的问题。

此外,由于问题的陈述方式或所给图示的不同,也会直接影响问题解决的过程。例如,已知一个圆的半径是 2 厘米,问圆的外切正方形的面积有多大？如果用不同的方式画出圆的半径,即给出两种不同半径的方式,会影响问题的解决。

（二）问题表征

问题表征是在头脑中对问题进行信息记载、理解和表达的方式。要解决一个问题,不仅依赖于分析该问题的策略,也取决于我们对该问题如何进行表征。例如,9 点连线图问题(见图 2-5)。

实验时,要求将图中的 9 个点用不多于四条的直线一笔连在一起。人们常常不能成功地解决这一问题。其原因在于,9 个点在知觉上组成了方形,人们总是试图在这个方形的轮廓中连线,这样,知识的表征方式阻碍了问题的解决。如果在实验前告诉被试,连线时可以突破方形的限制,被试的成绩就会得到很大的提高。

图 2-5　9 点连线图问题

（三）定势

定势是指个体先前的思维活动形成的心理准备状态对后继同类思维活动的影响。定势有时有助于问题的解决,有时会妨碍问题的解决。陆钦斯的量杯实验是说明定势作用的一个典型实验。

陆钦斯在实验中,要求被试用大小不同的容器量出一定量的水,用数字进行计算(见表2-1)。实验分为两组,实验组从第1题做到第8题,控制组只做6、7、8三个题。结果实验组在解1—8题时,大多用B－A－2C的方法进行计算,称间接法。而控制组在解7、8题时,采用了简便的计算方法:A+B或A－C,称为直接法。这说明实验组在做7、8题时,受到了前面定势的影响,只有19%的人不受影响,而采用了直接法。

表2-1 陆钦斯的量杯实验

课题序列	三种容器的水量			要求量出的水量	解 决 方 法
	A	B	C	D	
1	21	127	3	100	D=B－A－2C
2	14	163	25	99	D=B－A－2C
3	18	43	10	5	D=B－A－2C
4	9	42	6	21	D=B－A－2C
5	20	59	4	31	D=B－A－2C
6	23	49	3	20	D=B－A－2C
7	15	39	3	18	D=B－A－2C;D=A+B
8	28	59	3	25	D=B－A－2C; D=A－C

参考例题

【单项选择题】老师问:"一张桌子四个角,锯掉一个角,还有几个角?"张冬不假思索地回答:"三个角。"老师又问:"还有其他答案吗?"张冬想了想,没有回答出来。这表明张冬在解决问题时受到哪种因素的影响?(   )

A.功能固着   B.原型启发   C.心理定势   D.垂直迁移

【参考答案】C。解析:心理定势是指重复先前的操作所引起的一种心理准备状态。

【辨析题】心理定势对问题解决只有消极影响。

【参考答案】这种说法是错误的。心理定势是指重复先前的操作所引起的一种心理准备状态。在环境不变的条件下,定势能够使人应用已掌握的方法迅速解决问题,这时心理定势对问题解决产生积极影响。而在情境发生变化时,它则会妨碍人采用新的方法,此时定势对问题解决产生消极影响。即心理定势对问题解决既有消极作用也有积极作用,故本说法错误。

(四)功能固着

功能固着是指个体在解决问题时往往只看到某种事物的通常功能,而看不到它其他方面可能有的功能。这是人们长期以来形成的对某些事物的功能或用途的固定看法。例如,书包是用来装书本用的,笔是用来写字用的等等。功能固着是一种特殊类型的定势。

在功能固着的影响下,人们不易摆脱事物用途的固有观念,因而直接影响人们灵活地解决问题。在解决问题的过程中,人们能否改变事物固有的功能以适应新的问题情景的需要,常常成为解决问题的关键。德国心理学家杜克的实验证实了这种影响。

在实验时,给被试一支蜡烛、三枚图钉、一盒火柴,要求被试不借用其他物品,把蜡烛点燃并固定在墙壁上,同时要求蜡油不能滴在地板上或桌子上。结果发现,很多被试在规定的时间内不能解决这个问题。他们想不到用装火柴的盒子作为蜡烛的支撑物。如果这个盒子是空着的,那么正确解决问题的被试高达82%。这个实验说明,功能固着是解决问题的一个障碍。

克服功能固着需要人们灵活机智地使用已有的工具或材料,使之服务于解决问题的目的,这称为功能变通。功能变通与功能固着的作用相反。要培养学生功能变通的能力,一方面需要丰富学生的知识经验,引导学生熟悉物体的不同功能;另一方面也要培养学生思维的发散性、灵活性。

参考例题

【材料分析题】

材料:研究者设计了一个"两绳问题"的实验,在一个房间的天花板上悬挂两根相距较远的绳子,被试无法同时抓住。这个房间里有一把椅子,一把螺丝刀和一把钳子。实验要求被试把两根绳子抓住(见图2-6)。问题解决的方法是:把钳子作为重物系在一根绳子上,从而把两根绳子抓起来。结果发现只有39%的被试能在10分钟内解决这个问题,大多数被试认为钳子只有剪断铁丝的功能,没有意识到还可以当作重物采用。

图2-6 两绳问题

问题:

(1)上述实验主要说明哪种因素影响问题的解决?该实验结果对教学工作有何启示?

(2)请指出问题解决还受到哪些因素的影响。

【参考答案】

(1)说明功能固着对问题解决的影响。

启发:鼓励学生的创造性思维。训练学生思维的变通性。

进行思维训练：发散思维训练、推测与假设训练、自我设计训练、头脑风暴训练。

(2) 其他影响因素：①问题的特征；②已有的知识经验；③定势；④问题表征；⑤情绪与动机；⑥动机的强度等。此外，个体的智力水平、个体的认知结构、个性特征等也是影响问题解决的极重要因素。

(五) 动机的强度

人们在解决问题的过程中，总是有一定的动机。耶克斯-多德森定律表明动机强度与工作效率之间不是一种线性关系，而是倒 U 形曲线，如图 2-7 所示。适中的动机水平有利于问题的解决，过强或过弱的动机水平都不利于问题的解决。太强的动机水平，会使人处于高度紧张的状态，因而容易忽视解决问题的重要线索或因素，而动机太弱，又容易使人被无关因素所吸引。

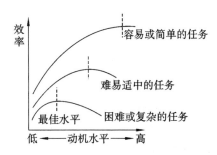

图 2-7 动机强度与问题解决效果的关系

(六) 情绪

情绪对问题解决有一定的影响，紧张、惶恐、烦躁、压抑等消极的情绪会阻碍问题解决的速度，而乐观、平静、积极的情绪将有助于问题的解决。如学生考试时，由于情绪过分紧张，会使其思维阻塞，大脑出现空白现象，甚至会对容易的问题束手无策。如果学生能以积极的情绪迎接考试，将有利于思考，打开思路，活跃思维，使问题得以解决。

除了上述因素外，个体的智力水平、性格特征、原型启发、认知风格和世界观等个性心理特性也制约着问题解决的方向和效果。

同步训练一

一、单项选择题

1. 吃糖后接着吃橘子会觉得橘子更酸,这是感觉的(　　)。
   A. 适应　　　　　　B. 同时对比　　　　C. 继时对比　　　　D. 差别感受性

2. "月明星稀"在心理学上可以解释为感觉的(　　)。
   A. 对比　　　　　　B. 适应　　　　　　C. 后效　　　　　　D. 联觉

3. 闻到苹果香味,看到苹果红色外观,触摸苹果光滑的果皮等所引起的心理活动是(　　)。
   A. 感觉　　　　　　B. 知觉　　　　　　C. 感受性　　　　　D. 感觉阈限

4. 人们对暗的适应,是视觉感受性的(　　)。
   A. 顺应　　　　　　B. 选择　　　　　　C. 提高　　　　　　D. 降低

5. 看见一朵菊花并能认识它,这时的心理活动是(　　)。
   A. 色觉　　　　　　B. 知觉　　　　　　C. 感觉　　　　　　D. 统觉

6. 和感觉相比,知觉是(　　)。
   A. 人脑对直接作用于感觉器官的客观事物的整体属性的反映
   B. 对当前直接作用感觉器官的事物的属性的反映
   C. 人对客观信息的感知过程
   D. 人主动地对感觉信息进行加工、推论和理解的过程

7. "仁者见仁,智者见智"说明了(　　)。
   A. 知觉的整体性　　　　　　　　　B. 知觉的选择性
   C. 知觉的理解性　　　　　　　　　D. 知觉的恒常性

8. 看同样一个人,由于距离远近不同在视网膜上视像大小相差很大,但我们总认为他并没有什么变化,这是(　　)。
   A. 知觉的整体性　　　　　　　　　B. 知觉的选择性
   C. 知觉的理解性　　　　　　　　　D. 知觉的恒常性

9. 人并不能感受所有的刺激,而只能感受到能够引起注意的部分刺激。这是知觉(　　)的体现。
   A. 整体性　　　　　　B. 选择性　　　　　C. 理解性　　　　　D. 恒常性

10. 学生上课的时候,听着听着就走神了,思绪不知道飞到哪里去了,可能还想着昨天晚上看的一部影片,或者想着一会儿放学回家妈妈要做什么好吃的。这种想入非非的意识状态是指(　　)。
    A. 注意的分散　　　　B. 注意的转移　　　C. 注意的持续　　　D. 注意的分配

11. 告诉你一个电话号码,你可以按照它去拨号,但打过以后,再问你该号码,你又不记得了。这是(　　)。
    A. 瞬时记忆　　　　　B. 感觉记忆　　　　C. 短时记忆　　　　D. 长时记忆

12. 早晨的学习效果一般较好,这是因为这一阶段的学习不受(　　)的干扰。
    A. 前摄抑制　　　　　B. 倒摄抑制　　　　C. 单一抑制　　　　D. 双重抑制

13. 幼儿做加减法时会用数手指的方式帮助自己,这种思维类型是( )。
   A. 形象思维　　　　B. 分析思维　　　　C. 直观动作思维　　D. 直观思维

14. 一个人面对同一问题,能想出多种不同类型的答案,这表明他的思维特征具有( )。
   A. 流畅性　　　　　B. 变通性　　　　　C. 指示性　　　　　D. 独创性

二、辨析题

1. 无意注意是一种积极主动、服从于当前活动任务需要的注意,属于注意的高级形式。

2. 遗忘就是所识记的信息的完全丧失。

3. 所谓复习,就是一遍遍地重复学习。

4. 问题解决是指在具有明确目标的情况下,却没有明确达到目标的途径或方法,为此而运用的一系列有指向性的具体操作过程。

第二篇

发展心理

FAZHAN XINLI

学习目标

1. 掌握中学生认知发展的理论、特点与规律。
2. 了解情绪的分类,理解情绪的几种主要理论。
3. 掌握中学生的情绪特点,正确认识中学生的情绪发展,主要包括情绪表现的两极性、情绪的种类。
4. 掌握中学生良好情绪的标准、培养方法,指导中学生进行有效的情绪调节。
5. 理解意志品质,掌握意志过程、中学生意志的培养。
6. 理解人格的特征,掌握人格的结构,并根据学生的个体差异塑造良好人格。
7. 了解弗洛伊德的人格发展理论及埃里克森的社会性发展阶段理论,理解影响人格发展的因素。

第三章 中学生认知发展

第一节 皮亚杰的认知发展理论

瑞士心理学家皮亚杰是20世纪杰出的心理学家。他在20世纪60年代初创立了发生认识论,形成了其独具特色的认知发展观,对教育产生了巨大的积极影响。他认为,认知发展是一个建构的过程,是个体在与环境的相互作用中实现的。

一、发生认识论的主要观点

皮亚杰认为,人的知识来源于动作,动作是感知的源泉和思维的基础。婴儿通过对物体的抓取、摆弄等动作获得关于物体的知识,从而认识物体。人在认识周围世界的过程中,形成自己独特的认知结构,叫作图式。而人类所有的心理反应归根结底都是适应,适应的本质在于取得机体与环境的平衡。适应分为两种不同的类型:同化与顺应。同化将新信息纳入已有的认知结构中,而顺应指改变已有的认知结构以适应新的环境和信息。

二、认知发展的阶段

皮亚杰提出,个体从出生到成熟的发展历程中,认知结构在与环境的相互作用中不断重构,表现出具有不同质的不同阶段。他把个体的认知发展分成了四个阶段。

(一)感知运动阶段(0—2岁)

这一阶段儿童的认知获得主要是通过探索感知觉与运动之间的关系来获得动作的阶段,语言和表象尚未产生。在这个阶段,儿童形成了一些低级的行为图式,以此适应外部环境和进一步探索外界环境,其中主要是通过看、抓取和嘴的吸吮等方式。在这个阶段的后期,儿童开始使用符号和语言。

这个阶段儿童在认知发展上的第一个成就就是发展客体永恒性,即当某一客体从儿童的视野中消失时,儿童知道该客体并非不存在了,儿童大约在9至12个月时获得客体永恒性,而在此之前,儿童往往认为不在眼前的事物就不存在了,并且不再去寻找,客体永恒性是后来认知获得的基础。然而,最近的研究表明,甚至3至4个月的婴儿都可能知道物体仍然存在,但是他们还没有记忆的技能去继续物体的定位,或者说缺乏调整一次搜索的动作技能。

合乎逻辑的目标定向行为是感知运动阶段的第二个成就。儿童在其动作和客体的不断相互作用中,逐渐对动作本身与动作的结果做出了区分,并且逐渐扩展到与客体之间的运动相互关系。例如,6个月大的婴儿在努力得到塑料箱子里面的玩具时容易灰心,而稍大一些的已经掌握感知阶段基础的儿童能通过建立"容器玩具"图式,用常规方式处理玩具:①去掉盖子;②扳倒容器;③假如容器里面的玩具堵塞,会摇动;④看着玩具落下来。这种将较低水平图式分解组织成为较高水平图式,从而达到目的的行为,儿童很快能够通过再装满容器来颠倒这个行为。学习翻转行为是感知运动阶段的一个基本成就。

(二) 前运算阶段(2—7岁)

运算是指内部的智力或操作。这一阶段的显著发展特点是儿童的语言得到了飞速发展,他们开始学习并逐渐能够熟练地运用符号表征事物,并用符号从事简单的思考活动。这一阶段儿童的思维有如下主要特征:认为外界的一切事物都是有生命的;所有的人都有相同的感受,一切以自我为中心;认知活动具有相对具体性,但还不能进行抽象的运算思维,思维不具有可逆性;思维具有片面性,不具有守恒的概念。

有研究表明,与处于此阶段的4岁男孩的交谈中可以发现,这个阶段的儿童思维缺乏可逆性。

主试:"你有兄弟吗?"
儿童:"有。"
主试:"他的名字叫什么?"
儿童:"杰姆。"
主试:"杰姆有兄弟吗?"
儿童:"没有。"

皮亚杰认为,处于前运算阶段的儿童是以自我为中心的,他们趋向于按照自己的观点了解世界和他人的经验。自我中心不是指自私,它仅仅表示儿童经常假定其他人都在分享他们的情感、反应和看法。例如,假如处于这个阶段的小男孩害怕小狗,他可能会假定所有的儿童都会分享这种恐惧。皮亚杰通过三山实验发现,七岁以下儿童的思维方式都存在自我中心倾向。通过数量守恒、液体质量守恒、长度守恒和固体质量守恒实验,皮亚杰发现处于这个阶段的儿童思维不具有守恒性。守恒是指物体即使在排列和外观上发生了改变,其物质的量也保持相同。这个阶段的儿童由于受直觉与知觉活动的影响,还不能认识到这一点。守恒测验如图3-1所示。

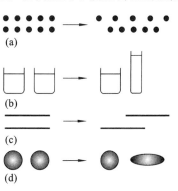

图 3-1 守恒测验

(三) 具体运算阶段(7—11岁)

这一阶段儿童的认知结构已发生了重组和改善,思维具有一定的弹性,思维可以逆转。

这个阶段的标志是儿童已经获得了长度、体积、重量和面积等的守恒。随着守恒、分类和顺序排列运算能力的掌握，处于具体运算阶段的学生已经最终发展出思维完整的、逻辑性的体系。因此，皮亚杰认为对这一年龄阶段的儿童应做事实性的、技能性的训练。此外，本阶段儿童已经能理解原则和规则，但在实际生活中只能刻板地遵守规则，不敢改变。

具体运算阶段儿童的另一个特征就是出现了去自我中心主义。所谓去自我中心主义，是指儿童逐渐学会从他人的角度看问题。随着儿童年龄的增长，他们逐渐能够接受别人的意见，修正自己的看法，去自我中心主义是儿童社会性发展的重要标志。

（四）形式运算阶段（11岁至成年）

这一阶段儿童思维已超越了对具体的可感知事物的依赖，使形式从内容中解脱出来，进入形式运算阶段（又称命题运算阶段）。本阶段的儿童具有如下的特征。

（1）认识命题之间的关系。本阶段儿童的思维是以命题形式进行的，并能推理两个或多个命题之间的逻辑关系。

（2）进行假设—演绎推理。本阶段儿童不仅能够运用经验—归纳的方式进行逻辑推理，而且能够运用假设—演绎推理的方式来解决问题。他们能在考察问题细节的基础上，假设这种或那种理论或解释是正确的，再从假设中演绎出从逻辑上来讲这样或那样的经验现象实际上应该或不应该出现，然后检验他们的理论，看这些预见的现象是否确实出现。

（3）具有抽象逻辑的思维。本阶段儿童能理解符号的意义，能对事物做一定的概括，其思维发展水平已接近成人。

（4）思维具有可逆性、补偿性和灵活性。本阶段儿童不仅具备了补偿性的可逆思维，并且思维具有了明显的灵活性。

（5）青春期自我中心。这个阶段出现的另一个特征就是青春期自我中心。与低龄儿童的自我中心不同，本阶段的儿童并不否认他人有不同的感知和信念；本阶段的儿童开始非常关注他们自己的观点，他们分析自己的信念和态度。这就是所谓的假象中的观众——感觉每个人都在看着自己。因此，本阶段的儿童相信他人在分析自己，并认为，"每个人都注意到我这周穿了两天这件衣服"，"全班同学都认为我新买的衣服很时尚"。假如每个人都在看着，那么在外观上的社会失误和不理想可能是破坏性的。这个阶段的这种情感在十四五岁青春期的早期就达到了顶端。

本阶段的儿童不再刻板地恪守规则，反而常常由于规则与事实的不符而违反规则。对于这一年龄阶段的儿童，教师和家长不宜采用过多的命令和强制性的教育，而应鼓励和指导他们自己做决定，同时对他们考虑不全面的地方提出建议和改进。

参考例题

【单项选择题】

1. 赵明能够根据"A＞B，B＞C，则 A＞C"的原理，推出 A、B、C 的关系。根据皮亚杰的认知发展理论，赵明的认知发展处于（　　）阶段。

　　A. 感知运动　　　　B. 前运算　　　　C. 具体运算　　　　D. 形式运算

【参考答案】D。解析：根据皮亚杰的认知发展阶段理论，形式运算阶段的学生的认知发展水平的特点有，他们可发现命题之间的关系，可通过假设推理来解答问题,可进行假设演绎推理等。

2. 中学生晓波通过物理实验发现,钟表的摆动幅度不取决于钟摆的材料或重量,而是取决于钟摆的长度。根据皮亚杰的认知发展阶段理论,晓波的认知发展水平已达到(　　)。

A. 感知运动阶段　　　　　　　　B. 前运算阶段
C. 具体运算阶段　　　　　　　　D. 形式运算阶段

【参考答案】D。解析:根据皮亚杰的认知发展阶段理论,形式运算阶段的学生其认知发展水平的特点是他们能够根据逻辑推理、归纳或演绎的方式来解决问题,并能做一定的概括。

三、皮亚杰的认知发展理论在教学上的应用

(一)教育应当适合儿童当前的发展阶段

皮亚杰认为,儿童都是在原有知识的基础上,不断地通过与周围环境相互作用而建构新的知识。以往的教育忽视了儿童的认识活动与成人的认识活动之间质的区别,主观地以成人的思维方式去教育儿童。实际上儿童具有独特的思维结构和规律,认识到这一点是教育获得成功的基本前提。教师应仔细观察儿童解决问题的思维过程,正确判断儿童所处的思维发展水平,相应地调整教学,使之与学生的水平相适应。皮亚杰不主张教给儿童那些明显超出他们发展水平的材料,但是过于简单的知识对于儿童的认知发展也没有多大作用。

根据皮亚杰的研究,儿童的思维发展不仅是渐进的,而且遵循着一定的规律,每个阶段之间存在先后顺序,前一阶段的发展是后一阶段顺利发展的条件。这四个阶段的发展顺序是不可逾越和颠倒的。教育需要认识并遵循这一规律,并通过增加适当的环境刺激在一定程度上加速发展的进程,但他反对人为地或无根据地加速儿童的发展。

(二)教育应当促进儿童内部的建构过程

教师应该为学生提供丰富的环境,引导学生主动探索、参加社会实践活动,促进他们建构知识。皮亚杰反对那种教师主动教而学生却处于消极状态的教学活动。教师虽然可以教给儿童某种知识,但如果儿童不能将它同化到他已有的认知图式之中,这种知识很快就会被遗忘。这种同化只有在儿童积极参与建构时才有可能发生。皮亚杰认为,教育工作者不应过于强调直接教学,即不应过分强调任何其他有可能妨碍而不是引导儿童自己积极尝试取得外部世界意义的活动。教师需要不断组织、指导儿童的活动,放手让儿童去动手、动脑探索外物,使之获得丰富的逻辑-数学经验,通过反思、抽象,逐步形成、发展自己的认知结构。教师还需要提供一定的难度水平,制造认知矛盾,促进学生的同化和顺应过程。

(三)教育应当确定个体的发展水平差异

每一个班学生的认知发展水平和已有知识经验都有很大差异,教师要通过观察学生在解决问题时的表现,来确定学生的不同认知发展水平,以保证所实施的教学与学生的认知水平相匹配。另外,教师分析学生经常出现的错误类型也有助于确定学生的思维特点和发展水平。

第二节　维果斯基的心理发展观

心理学家维果斯基从历史唯物主义的观点出发，在20世纪30年代提出了文化历史发展理论。这种理论强调人类文化对人心理发展的重要作用，认为人的高级心理机能是在人的活动中形成和发展起来并借助语言实现的。维果斯基和列昂节夫、鲁利亚都是文化历史学派的代表人物，被称为维列鲁学派。

一、文化历史发展理论

维果斯基从种系和个体发展的角度分析了心理发展的实质，提出了文化历史发展理论，以此来说明人的高级心理机能的社会历史发生问题。

维果斯基区分了两种心理机能：一种是作为动物进化结果的低级心理机能；另一种则是作为历史发展结果的高级心理机能，即以符号系统为中介的心理机能。高级心理机能是人类所特有的，它使得人类心理在本质上区别于动物。人的高级心理机能是在同周围人的交往中产生和发展起来的，是受人类的文化历史所制约的。

维果斯基认为，人的思维与智力是在活动中发展起来的，是各种活动相互作用、不断内化的结果。

二、心理发展观

维果斯基认为，心理发展就是个体心理在环境与教育的影响下，在低级心理机能的基础上，逐渐向高级心理机能转化的过程。人使用物质工具进行劳动操作，具有了与动物的本质区别，同时人又使用符号、词、语言等精神工具进行精神生产，使其心理机能发生质的变化，上升到高级阶段。精神工具的运用使人的高级心理机能在结构上比低级心理机能多一个中介环节，使它们具有间接的性质。

高级心理机能具有一系列不同于低级心理机能的特征：高级心理机能是随意的、主动的；高级心理机能反应水平以概括和抽象为特征，具有以符号或词为中介的间接结构特点；高级心理机能是社会文化历史发展的产物；心理活动具有个性化。个性的形成是高级心理机能发展的重要标准。

参考例题

【单项选择题】人的高级心理机能是在一定社会历史文化背景下，借助语言，通过人与人的交往而形成的，持这种观点的是心理学家是（　　）。

　　A 维果斯基　　　　B. 苏霍姆林斯基　　　C. 巴甫洛夫　　　D. 弗洛伊德

【参考答案】A。解析：维果斯基提出了文化历史发展理论。

三、内化学说

维果斯基认为,内化是指外部的东西转化为内部的东西,把客体的东西转化为主体的东西。他认为,儿童的高级心理机能源于社会活动,是在与社会的各种交互活动(包括教学、游戏和劳动)中形成与发展起来的,是这些社会交互活动不断内化的结果。随着儿童的发展,他们逐渐会将自己在社会环境中使用的过程内化并开始独立地使用它们。具体地说,在儿童与成人讨论物体、事件、人物和问题时,他们逐渐地将他人谈论和解释世界的方法纳入自己的思维中,并开始使用和别人一样的文化工具,如词汇、概念、符号和策略等,形成了自己的知识、思想、态度和价值观等。儿童之间在学习方式和内容上有所不同,因此儿童的发展也有差异。

维果斯基非常重视语言和发展的关系。他认为语言在儿童认知发展中起关键作用。语言为个体提供了思维的工具,帮助人们获得对世界的认识,以及解决问题。语言系统充当媒介作用。语言使得儿童与他人交往更加方便和有效,实现了人与人之间的文化交流和观念交换。

四、最近发展区

关于教学和发展的关系,维果斯基提出了最近发展区的概念。他认为,教学要取得效果,必须考虑儿童已有的水平,并要走在儿童发展的前面。教师在教学时,必须考虑儿童的两种发展水平:一种是儿童的现有水平;另一种是在他人尤其是在成人指导的情况下可以达到的较高的解决问题的水平。这两种水平之间的差距就叫最近发展区。

教学应着眼于儿童的最近发展区,把儿童潜在的发展水平变成现实的发展水平,同时不断创造新的最近发展区。维果斯基特别提出:"教学应当走在儿童发展的前面。"教学的作用表现在两个方面:一方面决定着儿童发展的内容、水平和速度等;另一方面也创造着新的最近发展区。只要教学充分考虑到儿童现有的发展水平,而且能够根据儿童的最近发展区给儿童提出更高的发展要求,就一定能够促进儿童的发展。他认为,儿童通过教学才能掌握全人类的经验,并将其内化于自身的认知结构中。

参考例题

【单项选择题】学生的实际发展水平与在成人的指导下可能达到的水平之间的差距,维果斯基称之为(　　)。

A. 教学支架　　　　B. 最近发展区　　　　C. 先行组织者　　　　D. 互动协作

【参考答案】B。解析:儿童的现有水平与成人指导的情况下可以达到的较高的解决问题的水平之间的差距就叫最近发展区。

五、维果斯基发展理论的教学应用

维果斯基的观点在教学活动中有很多可以应用的地方,启发了一些重要的理论概念和教学模式。

（一）教学支架的概念

"支架"最初用于建筑领域,是一个建筑用语,即"脚手架"。教学中的"支架"是其引申含义,指帮助学生解决学习问题中起到辅助作用的"桥梁"。布鲁纳等人根据维果斯基的最近发展区和辅助学习的概念,提出了教学支架的概念。根据最近发展区的概念,教学需要控制那些超出学生能力的任务元素,使学生将注意力集中到他们力所能及的任务内容上,并快速地掌握它们。在一个学习情境里,教师最初要承担大部分的工作;在这之后,学生和教师分担责任。当学生逐渐变得更有能力时,教师便逐步地撤走支架,从而使学生能够独立完成任务。这其中的关键是,要保证支架一直使学生处于其最近发展区之内,在学生能力有所发展的时候,这个支架要做出调整,使学生在最近发展区的范围内学习有挑战性的内容。

（二）交互式教学模式

维果斯基强调社会交往和教学支持在学生逐步发展技能的过程中的作用,帕林卡萨和布朗据此开发出了一种教学模式——交互式教学。交互式教学包含教师和学生小组之间的相互对话。首先,教师示范所要完成的活动;然后,教师和学生将轮流扮演教师。假如学生要学会阅读提问,那么教师应首先示范提问和回答的策略,然后检查学生对某阅读材料的理解水平,最后学生相互及自我检查提问和理解。

（三）同伴合作模式

维果斯基的理论是合作学习的理论基础之一。同伴合作反映了集体行动的思想。当同伴合作完成一件任务时,他们分享到的社会交往可以起到教学指导的作用。研究显示,当每一个学生都分担责任,且在所有人都完成任务之前,不允许任何人进行下面的活动时,合作小组是最有效的。

（四）通过学徒制进行社会指导

维果斯基特别强调社会交互与内化在儿童发展中的作用,这对认知学徒制的提出具有一定的影响。在学徒制中,新手与专家近距离地一起进行与工作有关的活动。新手在他们的最近发展区中工作,获得了专家与他们分享的关于重要过程的知识和技能,且将之与自己当前的理解调整起来。学徒制非常强调社会性互动的作用。学徒制被应用到教育的许多方面,表现为学生与指导教师一起在学校里工作和学习,这种形式促进了各年龄阶段的学生获得知识和技能。

第三节 中学生感知觉发展特点

一、感觉发展特点

中学生感觉发展特点是各种感觉的发展达到完善,感受性的发展达到或超过成人水平。

（一）视觉感受性进一步发展

中学生的视觉感受性在不断提高,中学生的视觉感受性比一年级小学生的视觉感受性高 60% 以上，15 岁前后甚至会超过成人。其精确区分各种颜色和色度的能力也在不断提升，研究表明，中学生区分各种色度的能力比小学生要高出 60% 以上。

（二）听觉的发展

中学生的听觉感受性也在不断提高，到高中阶段，甚至高于成人水平。中学生区别音阶高低的能力也大大超过小学生。

二、知觉发展特点

（一）知觉的有意性和目的性有了较大的提高

中学生知觉的有意性和目的性有了明显的提高，他们能自觉地根据教学要求组织自己的学习活动，主动克服外部干扰，坚持完成任务。

（二）知觉的精确性和概括性进一步发展，出现了逻辑知觉

这种知觉是和逻辑思维密切联系的，即在知觉过程中，能够把一般原理、规则和个别事物或问题联系起来。

（三）空间知觉和时间知觉有了新的发展

在空间知觉上，中学生学会了在抽象水平上理解各种图形的形状、大小以及空间位置的相互关系，能够比较熟练地掌握三维空间；在时间知觉方面，可以更精确地理解较短的单位，如月、周、日、分等，而对于较长时间的单位如"纪元""世纪""年代"等开始初步理解，但往往很不精确，容易把遥远的过去在观念上缩短。

三、观察力发展特点

相比小学生来说，中学生在观察的目的性、持久性、精确性和概括性四个方面都有了显著的发展。

（一）观察目的更明确

中学生能使观察服务于一定目的，并持续较长时间。但中学生观察的目的仍有很大一部分依赖于成人的要求，带有被动性。进入高中阶段，其才表现出能主动地制订观察计划，有意识地进行集中、持久的观察，并对观察活动进行自我调控。

（二）观察时间更持久

中学生在注意力和观察目的性、自觉性发展的基础上，观察可持续时间不断增长。有研究发现，航模小组在寻找飞机模型故障时，初二学生平均坚持观察 1 小时 35 分钟，而高一学生平均坚持观察 3 小时。

（三）观察内容更精确

中学生在观察事物时，不只限于观察事物的整体轮廓，而且对事物的细节也有较高的感受性，因此，提高了观察的精确性。不过初中生与高中生相比，在观察的精确性、完整性和系统性方面明显要差一些。例如，一项研究是让学生在 10 分钟内找出 50 张小照片各属于 9 张大照片的哪一部分。结果显示，初中生观察正确率为 30%，而高中生的正确率则达 50% 以上。这是中学生对观察对象本质属性的理解不断深化、语言表达能力不断增强的结果。

(四)观察角度更概括

低年级小学生对所观察事物作出整体概括的能力很差,表述事物特征分不清主次,往往忽略了有意义的特征而注意无意义的特征。而中学生的分辨力和判断力就好多了。中学生在观察事物时能抓住事物的主要特点,把它和相近的事物区别开来;不仅能感知事物的外部属性,同时能抓住事物的本质特征和主要属性进行全面、深刻的观察,并且在这个基础上了解和掌握事物各部分的相互关系。对青少年的研究发现,初中二年级是观察力概括性发展的一个转折点。

观察的目的性、持久性、精确性和概括性的发展,在很大程度上受教师与家长对学生训练和培养的影响,并表现出很大的个体差异性。

第四节　中学生注意发展特点

一、无意注意与有意注意的发展和深化

(一)无意注意不断发展和深化,兴趣爱好逐渐稳定

最初无意注意的产生主要依靠外部刺激物的作用,随着学生自身兴趣、爱好的逐渐稳定,无意注意的产生主要受到兴趣、爱好的影响。研究表明,由于强烈的直接兴趣的影响,约有90%的中学生明显地表现出偏科现象,这是无意注意发展和深化的具体表现。

(二)有意注意占有优势地位

中学生在无意注意逐渐深化的同时,有意注意也得到发展,并且逐渐取代了无意注意的优势地位。最明显的特点是注意的随意性增强,具体表现为中学生学习活动的目的性、自觉性和计划性得以加强,注意逐渐具有自我组织、自我调节和自我控制的性质。

(三)注意特征存在个体差异

中学生的有意注意虽然有了明显的增强,但无意注意的作用在学习活动中仍占有一定的地位。这一特征决定了中学生注意的发展存在着几种不同的类型:以无意注意占优势的情绪型;以有意注意占优势的意志型;以有意后注意占优势的自觉意志型。因此,教师应针对中学生注意发展的特征和个别差异,发展其注意力。

二、注意品质的全面发展

(一)注意稳定性提高,但发展速度相对较慢

随着意志力的发展,中学生控制自己注意的能力显著增强,注意的稳定性得到了迅速的提高。研究表明,7—10岁儿童每次稳定注意约20分钟,10—12岁是25分钟,而12岁以后则是30分钟左右。虽然注意稳定性随着年龄的增长而不断增长,但其发展的速度不尽相同,其中,小学阶段发展速度较快,中学阶段发展速度相对较慢。

（二）注意广度接近成人

中学生随着学习的不断深入,生活经验的丰富和见识的增长,注意的广度也有了长足的拓展,13岁儿童的注意广度已接近成人。

（三）注意分配能力还不够成熟

个体的注意分配能力发生较早,但发展较为缓慢。基于发展学生注意分配能力的考虑,在教学活动中,老师可以要求初中生开始记笔记;而高中生的注意分配能力得到一定发展,可以边听课边记笔记。

（四）注意转移能力缓慢增长

注意转移的能力是随个体大脑神经系统内抑制能力、第二信号系统的发展而得以迅速发展的。注意转移发展的趋势:小学二年级至初中二年级是迅速增长期,初中二年级至高中二年级是发展的停滞期,高中二年级到大学二年级是缓慢增长期。

第五节 中学生记忆发展特点

中学生时期的记忆力是人生中记忆力的最佳时期,达到了记忆的高峰。

一、记忆的容量日益增大,短时记忆广度接近成人

从短时记忆的广度来看,中学生的短时记忆容量已经非常成熟。研究表明,初二学生短时记忆的广度和高二学生短时记忆的广度持平,甚至超出,尤其是相对依赖机械记忆而非依靠知识经验组块的材料。

相关研究表明,对无意义汉字进行识记时,大学生、中学生和小学生都是以四字组块的记忆成绩最好;对阿拉伯数字材料进行识记时,大学生以6字组块成绩最好,小学生以4字组块成绩最好,中学生则以4—6字之间的组块最好。由此可见,中学生的短时记忆发展已相对稳定,接近成人。

二、对直观形象材料的记忆要优于抽象材料,对图像记忆要优于词语

进入中学阶段,虽然抽象记忆能力明显发展,但对直观形象材料的记忆仍优于抽象材料的记忆,对图像的记忆仍优于对词语的记忆。从识记的内容看,直观形象材料的记忆量随年龄而增加,在初中阶段达到最高。

三、中学生能主动选择记忆方法,有意记忆逐渐占主导地位

初一年级学生的无意识记还表现得很明显,他们对自己感兴趣的、新颖的、直观的材料记得较好,而对一些比较抽象的材料,如系统的理论、公式、定理、法则等记忆得较差。而在不断学习的过程中,中学生逐步学会使自己的记忆服从于识记的任务和教材的性质,有意识记日益具有优势。

明确的识记目的有利于提高中学生的记忆效果,如给初一学生预先明确识记的目的,其正确回忆率可以达到52.5%,而没有明确目的时,其正确回忆率只有47%。

四、随着年龄的增长,理解记忆逐渐成为主要的记忆手段

个体的机械记忆能力在10岁之前发展迅速,之后发展减慢。11—14岁期间,个体记忆能力逐渐由机械记忆向理解记忆过渡。理解记忆能力在整个高中阶段不断发展并占主导地位,这使得高中生的记忆效率大大提高,能够更好地处理繁重的学习任务。

五、抽象记忆的发展速度较快,逐渐占据主导地位

在具体形象记忆的基础上,初中生的抽象记忆逐步形成和发展起来。他们开发能够用抽象公式、定理来理解具体事物,这就使其记忆向理解水平迈出了新的一步。高中生的学习任务要求他们比之前掌握更多的、大量的科学概念和原理,从而促使他们的抽象记忆能力迅速发展并超过形象记忆能力,抽象记忆在高中阶段居于优势地位。抽象记忆大大提高了高中生的学习效率,但他们也仍需要形象记忆的支持。

第六节　中学生思维发展特点

一、中学生的抽象逻辑思维总体上处于优势地位

小学阶段,儿童的思维还处于从具体形象思维向抽象逻辑思维过渡的开始阶段。到了中学,抽象逻辑思维便开始占有相对的优势,这是思维发展的一个质变,也是中学生思维发展的一个主要特点。但这时的抽象逻辑思维在很大程度上还属于"经验型",需要具体的、直观的感性经验的直接支持。从初中二年级开始,中学生的抽象逻辑思维开始由"经验型"向"理论型"转化。这种转化大约到高中二年级初步完成。

二、在整个中学阶段,形式逻辑思维逐渐发展,占据主导地位

形式逻辑思维和辩证逻辑思维是抽象逻辑思维的两个不同发展阶段,它们的发展成熟,是青少年思维发展成熟的重要标志。其中,形式逻辑思维主要表现在概念、推理和逻辑法则等的应用能力上。形式逻辑思维在初中一年级开始占优势,到高中二年级已经基本成熟。初一学生在解答形式逻辑试题时,得分的百分数已超过$1/2$(55.5%),这表明在解答需要用抽象逻辑思维方法才能解答的试题时,他们已经能够主要运用抽象逻辑思维方法。高二学生在解答形式逻辑试题时,得分的百分数已超过$2/3$(68.89%),这表明他们运用抽象逻辑思维解答形式逻辑试题的能力已趋于成熟。因此,我们可以认为整个中学阶段是青少年逻辑思维发展从开始占优势到接近成熟的关键时期。

三、辩证逻辑思维迅速发展

初一学生已经开始掌握辩证逻辑的各种形式,但水平较低;初三学生的辩证逻辑思维处

于迅速发展的转折期;高中中学生的辩证逻辑思维已趋于占据优势地位。

高中生在形式逻辑思维完善发展的同时,辩证逻辑思维也得到了迅速发展,主要表现为高中生思维过程中的抽象与具体获得了一定程度的统一,这是辩证思维发展的重要表现。而且高中生在实践与学习中,逐渐认识到一般和特殊、归纳和演绎、理论和实践的对立统一关系,并逐渐发展为从全面的、运动变化的、统一的观点认识问题、分析问题和解决问题,这都是高中生辩证思维发展的标志。

第七节　中学生想象发展特点

进入中学后,随着课程门类的增加和学习内容的加深,生活经验和表象积累的丰富化,中学生的想象有了明显的发展。

一、想象的有意性迅速发展

想象的有意性主要表现为能自觉地确定想象的目的和任务,并能围绕目的展开想象。

到了中学,随着学习内容的日益复杂和学习要求的不断提高,学生想象的有意性得到了迅速发展。初中生能较好地围绕主题进行想象,同时排除其他因素的干扰,但其想象还有一定的被动性,不善于主动地提出想象的任务。高中生不仅能迅速地完成内容较为复杂的想象任务,而且能够自主确立想象任务,围绕目的展开想象。在一项当场命题作文的实验中,经过有目的地训练后,高一学生最快的能在17分钟内写出800字左右的好文章。

中学生想象的有意性迅速发展,推动了他们独立地进行科学小发明和小创造活动,促进了他们形成具有社会意义的个人理想。

二、想象的创造性成分逐步增多

进入中学后,青春期的到来,促使学生追求标新立异,想象的创造性随之有了明显的发展。中学生的想象不再偏重于事物的具体描述和简单重现,而是逐步向复杂化和创造性的方向过渡,在想象中对表象的创造性改组逐步增多。在学习中,中学生已经不再满足于简单地再现知识,而是试图发挥自己的才能和想象潜力,对学习内容进行改组、创造。例如,许多中学生在学习物理、化学、生物等学科时并不满足于课堂上所学的内容,而是积极投身于课外活动的创造发明中去,在科技制作、机械设计等方面显示出创造想象的才华。

需要指出的是,中学生想象的创造性在日益提高的同时,其创造性水平也出现了较大的分化趋势。有些中学生想象的创造性发展较快、水平较高,有些中学生想象的创造性发展较慢、水平较低。造成一些中学生想象的创造性水平较低的原因:一是这些中学生缺乏创造意识,进行创造想象的动力不足;二是缺乏必要的训练,进行创造想象的认知操作能力较低;三是这些中学生所积累的表象内容过于贫乏。

三、想象的现实性逐渐增强

中学生由于观察能力显著提高,表象不仅在量上明显增多,在质上也有了很大的发展。

一方面具体表象更加精确地反映了对象的细节,另一方面综合性的表象更好地反映了对象的整体与结构。

中学生对语词的理解能力也有了很大的提高。因此,中学生的想象能更精确、完整地反映客观现实,具有较大现实性。

由于生活经验的积累,特别是科学知识的积累,中学生能够较好地区分现实与虚构。因此,他们能主动地抑制那些不符合现实的想象,其想象中虚构的成分逐渐减少,这一点在中学生的阅读兴趣方面有明显的表现。中学生对童话类作品的兴趣大大降低,而更喜欢富于现实性的文艺作品。

中学生不切实际的想象有时还会发生,少数学生还会胡思乱想,其主要原因是这部分学生意志力薄弱,难以抑制不切实际的想象。

第八节 中学生智力发展特点

一、智力与智力测验

(一) 智力

长期以来,智力是一个饱受争议的概念,至今心理学家对智力尚无公认的统一定义。近几十年国内外心理学家进行了大量研究,提出了不少关于智力的理论,归纳起来有以下几种。

1. 智力是各种认知能力的有机综合

美国心理学家韦克斯勒与我国心理学家朱智贤都认为,智力是一种整体的能力,是各种基本认知能力的综合。韦克斯勒认为,智力是一个假设的结构,它是一个人有目的地行动、合理地思维,并有效地处理周围事物的整体能力。朱智贤认为,智力是一种综合认识方面的心理特征,主要包括三个方面:感知记忆能力,特别是观察能力;抽象概括能力(包括想象力);创造力,即创造性解决问题的能力。

目前,我国心理学界普遍认为,智力是一种综合的认知能力,它包括感知观察力、注意力、记忆力、思维力和想象力5个基本要素,抽象思维能力是智力的核心,创造力是智力的最高表现。

2. 智力是抽象思维的能力

法国心理学家比纳是智力测验的创始人,认为善于判断、善于理解、善于推理是智力的三要素。美国心理学家推孟也认为,一个人的智力和他的抽象思维能力成正比。

3. 智力是适应环境的能力

瑞士心理学家皮亚杰认为,智力的本质就是适应,儿童认识的发展就是个体对环境适应的逐步完善和日益智慧化的过程。这一类解释认为,在一特定的环境中,智力高的人能很快地作出相应的反应,而智力低的人则相反。

（二）智力测验

为了对人的聪明程度做定量分析，心理学家创造了许多测量工具，这些测量工具被称作智力量表。世界上最著名的智力量表是斯坦福-比纳量表（简称 S-B 量表）。该量表最初由法国人比纳和西蒙于 1905 年编制，后来由斯坦福大学的推孟做了修订而闻名于世。我国有它的修订版。

智力测验中的一个重要概念是智商，简称 IQ。

$$IQ = 智力年龄（MA）/实际年龄（CA）\times 100$$

上述公式中的实际年龄指从出生到进行智力测验时的年龄，简称 CA。智力年龄是根据智力测验计算出来的相对年龄，简称 MA。因为智力测验的题目按年龄分组。按照这个公式，如果一个 6 岁的儿童的智龄与他的实际年龄相同，那么这个孩子的智商就是 100，说明他的智商达到了正常 6 岁儿童的一般水平，如果一个 6 岁儿童的智龄为 7.7，那么他的智商就是 130 了。智商 100 代表智力的一般水平，如果智商超过 100，说明儿童的智商水平高；低于 100，则说明儿童的智商水平低。

由此计算得到的智商属于比率智商。

二、智力分类

（一）卡特尔智力分类

1963 年，美国心理学家卡特尔以及后来的霍恩根据对智力测验结果的分析，将人的智力分为两类：流体智力和晶体智力。流体智力是指基本与文化无关的、非言语的心智能力，如空间关系认知、反应速度、记忆力以及计算能力等。它建立在大脑发育的基础上，受遗传因素影响较大。这种智力在青少年时期一直在增长，在 30 岁左右达到顶峰，然后随着年龄增长逐渐衰退。晶体智力是指应用从社会文化中习得的解决问题的方法的能力，是在实践（学习、生活和劳动）中形成的能力。这种智力在人的一生中都在增长，因为它包含了习得的技能和知识，如词汇、语言理解和常识等。

参考例题

【辨析题】流体智力属于人类的基本能力，它受文化教育的影响较大。

【参考答案】这种观点是错误的。流体智力是指基本与文化无关的、非言语的心智能力，如记忆力与计算能力等。它建立在大脑发育的基础上，受遗传因素影响较大。

（二）加德纳智力分类

美国哈佛大学心理学家加德纳提出了多元智力理论。他认为人的智力可以分为语言智力、逻辑数学智力、音乐智力、视觉空间智力、身体运动智力、人际关系智力和内省智力 7 种智力，后来他又在其模型中加入了第八种智力——自然智力。

语言智力即运用语言达到各种目的的能力，以及对声音、韵律、语义、语序和灵活操纵语言的敏感能力，包括听、说、读、写的能力。

逻辑数学智力即指运算和推理等科学或数学的一般能力，以及处理较长推理、识别秩序、发现模型和建立因果模型的能力。

音乐智力即感受、辨别、记忆、理解、评价、改变和表达音乐的能力。

视觉空间智力即准确感受视觉-空间世界的能力。包括感受、辨别、记忆、再造、转换，以及修改物体的空间关系，并借此表达思想和情感的能力。

身体运动智力即控制自己身体运动和技术性地处理目标的能力。

人际关系智力即与人相处和交往的能力，表现为察觉体验他人情绪、情感、气质、意图和需求，并据此作出适当反应的能力。

内省智力即认识、洞察和反省自身的能力，并在正确的自我意识和自我评价的基础上形成自尊、自律和自制的能力。

自然智力即认识物质世界的相似和相异性及动物、植物和自然环境中的其他事物（如云彩、石头等）的能力。

在多元智力理论的理念基础上，加德纳提出了一个新的教育观——"以个人为中心的教育"，强调人与人的差别主要在于人与人所具有的不同智力组合，我们必须承认并开发各式各样的智力组合，必须对每个学生的认知特点都给予充分的理解并使之得到最好的发展。加德纳的多元智力理论及其教育观对美国的学校教育产生了广泛的影响。

三、智力差异

（一）智力的个体差异

所谓个体差异，是指个体在成长过程中因受到遗传与环境的交互影响，不同个体之间在身心特征上所显示的彼此不同的现象。了解与鉴别个体差异，是"因材施教"的前提，因此一向受到教育界与社会各界的重视。智力的个体差异反映在个体间和个体内。

1. 个体间的差异

个体间的差异指个人与其同龄团体的常规比较表现出来的差异。大量的研究表明，人们的智力水平呈常态分布：两头小，中间大。绝大多数人的聪明程度属于中等。智商分数极高与极低的人很少。一般认为，IQ 超过 130 的人属于超常，IQ 超过 140 的人属于天才，IQ 低于 70 的人属于智力不足。

超常儿童的表现主要有以下特点：具有寻求大孩子或成年人认同的趋势；有快速获取信息的能力；早期表现出对解释和解决问题的强烈爱好；早在 2—3 岁时就能说出完整的句子；具有非凡的记忆力；在艺术、音乐或数字技能方面有天赋；通常在 3 岁之前就对书籍有极大的兴趣并能够阅读；表现出对他人的善意、谅解与合作态度。有研究表明，超常儿童在问题解决的认知能力、元认知能力和认知效率三个维度上优于普通儿童且发展模式不同，超常儿童问题解决能力的发展先快后慢，快速期在 11—12.5 岁；普通儿童问题解决能力的发展先慢后快，快速期在 12.5—14 岁。超常儿童与普通儿童的问题解决能力的差异随年龄增大而逐渐减小。

在超常儿童的鉴别中需要特别注意的是早熟和天才之间的区别。有研究表明，其区别体现在：早熟儿童通常表现为年龄小时表现出年长儿童或成年人的社会行为、态度和思维表达方式，过了儿童期，智力发展逐渐衰退；天才儿童通常表现为年龄小、好奇心强、有独创性，有的并非优等生，或只在某一特殊领域（美术、音乐、数学等）有优异成绩。

智力落后儿童的一般特点是知觉速度慢、范围狭窄、内容笼统、贫乏,对词和直观材料的记忆差、再认歪曲和错误较多,语言发展迟缓、词汇量少、缺乏连贯性,在认知活动中缺乏概括力,严重丧失自理能力。

2. 个体内的差异

智力的个体内差异,即个人智商分数的构成成分的差异。一般的智力测量都是由许多分测验构成的。如韦克斯勒儿童智力量表中有 12 个分测验,其中 6 个分测验通过言语问答进行,被认为是测量言语智力的;另外 6 个分测验是通过动手操作完成的,被认为是测量操作智力的。研究表明,两个 IQ 分数相同的儿童,他们智商分数的构成可能有很大差异。

(二) 智力的群体差异

智力的群体差异是指不同群体之间的智力差异,包括智力的性别差异、年龄差异、种族差异等。目前研究的基本结论如下。

第一,男女智力的总体水平大致相等,但男性智力分布的离散程度比女性大。

第二,男女的智力结构存在差异,各具自己的优势领域。

韦克斯勒对 8—11 岁儿童进行智力测验的结果表明,男女有明显的差异,男女儿童在不同智力方面显示出各自的优势。劳森进一步分析发现,女孩在言语量表上得分高于男孩,而在操作上得分低于男孩。

海德等人对 40 年来的 100 个数学能力方面相关研究的元分析发现,女生在计算能力上具有一定的优势,但这种优势主要表现在中小学阶段;在问题解决上,中学时期的女生表现略好,而高中及大学阶段,男生则表现出优势。对于数学操作来说,男生在标准化测验上的表现普遍比女生好,而女生在学校所获得的学校评定等级比男生高。

林和皮特森基于以往的研究提取了空间能力的三个因素:①空间知觉,指在干扰条件下,对垂直和水平方位的确定;②心理旋转,指对二维或三维图像表征的旋转能力;③空间想象,指对所显示的空间信息进行多步分析加工的能力。研究表明,在空间知觉和心理旋转测验中,男性的表现明显优于女性;而在空间想象力测验中,男女表现的差别不显著。

四、认知方式

认知方式,又称认知风格,是个体在知觉、记忆、思维和解决问题等认知活动中加工和组织信息时所显示出来的独特而稳定的风格。学生间认知方式的差异主要表现在场独立与场依存、沉思型与冲动型、深层加工与表层加工、同时型与继时型等方面。

(一) 场独立与场依存

场独立和场依存这两个概念最初源于美国心理学家赫尔曼·威特金对知觉的研究。在第二次世界大战期间,他研究飞行员怎样利用来自身体内部的线索和视觉见到的外部仪表的线索,来调整身体的位置。研究发现,有些被试主要利用来自仪表的视觉线索,另一些则主要利用来自身体内部的线索。前一种人的知觉方式为场依存方式,而后一种人的知觉方式为场独立方式。后来的研究发现,场独立与场依存是两种普遍存在的认知方式。具有场独立方式的人,对客观事物作判断时,他们常常利用自己内部的线索做参照,不易受外来因素的影响和干扰,且在认知方面独立于他们的周围背景,倾向于在更抽象的和分析的水平上加工信息,并独立对事物作出判断。具有场依存方式的人,对事物的知觉倾向于以外部参照作为信息加工的依据。他们的态度和自我知觉更易受到周围的人们,特别是权威人士的影响和干扰,善于察言观色,注意并记忆言语信息中的社会内容。前者是"内部定向者",基本上倾向于内在的参照,后者是"外部定向者",基本上倾向于外在的参照。

参考例题

【单项选择题】赵毅在学习过程中,缺乏独立性,易受同学影响。当他发现自己的意见和同学们不一致时,往往不能坚持己见。这表明他的认知方式属于( )。

A. 整体型　　　　B. 序列型　　　　C. 场独立型　　　　D. 场依存型

【参考答案】D。解析:具有场依存方式的人,对事物的知觉倾向于以外部参照作为信息加工的依据。

(二)沉思型与冲动型

卡根等人曾对认知速度进行过深入研究。卡根在对儿童的分类风格进行研究时发现,一些儿童反应得很快,而另一些儿童并不急于反应,会用更多的时间思考。

卡根编制了匹配相似图形测验,以考查儿童的认知速度。

通过这类测验,能识别出两种不同的认知风格。冲动型学生一直有一种迅速确认相同图案的欲望,他们会急忙做出选择,犯的错误多些;沉思型学生则采取谨慎小心的态度,做出的选择比较精确,但速度要慢些。

认知速度的差异与智力分数无关,但与在学校中的学习成绩有关。有人发现,不能顺利升级的儿童更具有冲动性。沉思型的儿童在中等难度的知觉与概念性的问题解决任务中的成绩比较好,在概念获得和类比推理任务中能做出更成熟的判断。沉思型与散文阅读、系列回忆和空间透视呈正相关。与沉思型儿童相比,冲动型的儿童更容易分心,急于求成,成绩较差,掌握性动机比较弱。

有研究者根据学生在匹配相似图形测验中的思考时间与错误率,认为除了冲动型和沉思型外,还有快而正确型与慢而非正确型。但是,近2/3的儿童属于沉思型或冲动型。可见,沉思型或冲动型是儿童普遍具有的两种认知风格。

沉思型和冲动型学生在学习活动中有不同的表现。例如,老师在课堂上提出一个问题时,冲动型的学生往往在问题刚一提出,甚至老师话音未落时,就会主动抢着举手发言,但回答问题往往不够准确和全面;沉思型的学生并不急于回答问题,特别是对于有一定难度的问题,他们往往先经过自己思考后才举手回答,而且他们的答案也较为全面和准确。在做作业或考试时,冲动型的学生常常快速作答并提前交卷,但容易粗心,常常忽略审题或审题不全面,结果常常出错;而沉思型的学生对问题总是仔细分析、缜密思考后再作答,虽然速度慢一点,但成绩往往较好。

(三)深层加工与表层加工

学生对信息进行加工的深度存在两种方式,一种是深层加工,另一种是表层加工。

深层加工指学生深刻理解所学内容,将所学内容与更大的概念框架联系起来,以获取内容的深层意义。表层加工指学生记忆学习内容的表面信息,不将它们与更大的概念框架联系起来。例如,当学生在学习"中心"这一概念时,是否注意到它是皮亚杰理论的内容,并将这一概念与其他诸如"自我中心""守恒""前运算思维"等概念联系起来？是否会将它与成人常常表现出以自我为中心的事实联系起来，即使它属于幼儿思维方式的内容？如果是这样，那他就是在使用深层加工方式。相反，如果他只是记住其定义和确认一到两个中心主义的例子，那他就是在使用表层加工方式。深层加工有利于侧重理解的考试，表层加工有利于侧重事实学习和记忆的考试。

（四）同时型与继时型

具有左脑优势的个体往往表现出继时型加工风格，而具有右脑优势的个体往往表现出同时型加工风格。继时型加工风格的特点是，在解决问题时，能一步一步地分析问题，每一个步骤只考虑一种假设或一种属性，提出的假设在时间上有明显的前后顺序；同时型加工风格的特点是，在解决问题时，采取宽视野的方式，同时考虑多种假设，并兼顾解决问题的各种可能。

参考例题

【单项选择题】初中生晓敏在解决问题时，习惯于一步一步地分析问题，每步只考虑一种假设或一种属性，提出的假设在时间上有明显的先后顺序。晓敏的认知方式属于（　　）。

A. 冲动型　　　　　B. 直觉型　　　　　C. 继时型　　　　　D. 同时型

【参考答案】C。解析：继时型即在解决问题时，能一步一步地分析问题，每一个步骤只考虑一种假设或一种属性，提出的假设在时间上有明显的前后顺序。

五、中学生智力发展的特点

（一）智力水平得到飞跃性提高，智力发展进入关键期

随着年龄增长、体内机能增强，社会实践增加，记忆力和想象力同步发展，中学生整个智力水平都得到飞跃式的提高。有关研究表明，初中二年级到高中二年级是中学生智力发展的关键期。

（二）智力基本达到成熟

关于智力发展的限度问题，目前还没有一个十分可靠的结论，但有一点是清楚的，那就是人到18岁左右，其智力已达到成熟时期的水平。此后，随着知识经验的增长，总的智力能量不会有显著增长。

（三）各方面智力发展不等速，并存在个体差异

总体而言，在个体的智力因素中，知觉发展较早，12岁左右达到高峰；语言发展较晚，到20岁以后达到高峰；逻辑思维能力是智力的核心，18岁之后达到顶峰。而不同个体智力发展的速度和达到顶峰的时间也存在巨大差异，有早慧型，也有晚熟型。

早慧型者就是所谓"人才早熟"的人，是指在较小的年龄阶段表现出超乎同龄人的能力，但在以后会逐渐趋于平常的现象。即"10岁神童，15岁才子，到20岁成庸人"。如20世纪的韩国神童金雄镕，他1岁时就能演算高等数学的微积分，2岁时就会读写2500个韩国文字，10岁时智商高达210。然而，随着年龄的增长，他越来越趋于平常，1990年有报道说，时

年 27 岁的金雄镐,已成为一个极为普通的青年。

晚熟型者就是所谓的"大器晚成"的人,是指早年表现平常甚至稍差,但在中年阶段显示出很强的能力,取得较好成绩的现象。齐白石是中国画坛享有盛名的艺术大师。其从小家境贫困,世代务农,仅在 12 岁前随外祖父读过一段时间的私塾。他砍柴、放牛、种田,什么活都干,12 岁学木匠,14 岁学雕花木工,挣钱养家。24 岁才开始正式学画画。56 岁后才得以名声大震,取得非凡成就。

智力表现早晚的差异在构成智力的各因素间也有所体现。小学阶段感知觉能力发展较快,达到了较高的水平;到了初中阶段,记忆力得到充分发展;到高中阶段,思维水平有了质的飞跃;到大学阶段,个体的思维水平达到高峰。有研究表明,从 20 岁到 70 岁,一些能力会随着年龄的增长逐渐上升后又开始下降,下降的程度、速度和趋势各有不同。

第四章
中学生情绪发展

第一节 情绪和情感的概述

一、情绪和情感的含义

（一）情绪和情感的界定

情绪和情感是个体对客观事物是否满足主观需要而产生的心理体验，是伴随特定生理反应与外部表现的一种心理过程。那些满足人们需要的事物和对象，能引起各种肯定的态度，产生满意、愉快、高兴、喜悦、爱慕等情绪和情感体验；相反，那些妨碍人们需要得到满足的事物和对象，就会引起否定的态度，产生不满、痛苦、忧愁、厌恶、恐惧、憎恨等情绪和情感体验。

（二）情绪和情感的区别和联系

情绪和情感是与人的特定的主观愿望或需要相联系的，曾统称为感情。人们的感情是非常复杂的，既包括感情发生的过程，也包括由此产生的种种体验，因此用单一的感情概念难以全面表达这种心理现象的全部特征。在当代心理学中，人们分别采用个体情绪和情感来更确切地表达感情的不同方面。

情绪主要指感情过程，即个体需要与情境相互作用的过程，也就是大脑的神经机制活动的过程，如高兴时手舞足蹈、愤怒时暴跳如雷。情绪具有较大的情境性、激动性和暂时性，并且往往随着情境的改变和需要的满足而减弱或消失。情绪代表了感情的种系发展的原始方面。从这个意义上讲，情绪的概念可以用于人类，也可以用于动物。

情感经常用来描述那些具有稳定的、深刻的社会意义的感情，如对祖国的热爱、对敌人的憎恨，以及对美的欣赏等。情感作为一种体验和感受，具有较大的稳定性、深刻性和持久性。

情绪和情感是有区别的，但又相互依存、不可分离。稳定的情感是在情绪的基础上形成的，而且它又通过情绪来表达。情绪也离不开情感，情绪的变化反映情感的深度，在情绪中蕴含着情感。心理学主要研究感情的发生、发展的过程和规律，因此较多地使用情绪这一概念。

二、情绪和情感的功能

（一）适应功能

有机体在生存和发展的过程中，有多种适应方式。情绪和情感是有机体适应生存和发展的一种重要方式。如儿童遇到危险时产生怕的呼救，就是儿童求生的一种手段。

情绪是人类早期赖以生存的手段。婴儿出生时，还不具备独立的维持生存的能力，这时主要依赖情绪来传递信息，与成人进行交流，得到成人的抚养。成人也正是通过婴儿的情绪反应，及时为婴儿提供各种生活条件。在成人的生活中，情绪直接地反映着人们生存的状况，是人们心理活动的"晴雨计"。例如，人们通过愉快表示处境好，通过痛苦表示处境困难。人们还通过情绪、情感进行社会适应。例如，人们用微笑表示友好，通过察言观色了解对方的情绪状况，以便采取适当的、相应的措施或对策等。也就是说，人们通过各种情绪、情感，了解自身或他人的处境与状况，适应社会的需要，求得更好的生存与发展。

（二）动机功能

情绪、情感是动机的源泉之一，是动机系统的一个基本成分。它能够激励人的活动，提高人的活动效率。适度的情绪兴奋，可以使身心处于活动的最佳状态，进而推动人们有效地完成工作任务。研究表明，适度的紧张和焦虑能促使人积极地思考和解决问题。同时，情绪对于生理内驱力也具有放大信号的作用，成为驱使人们行为的强大动力。例如，人们在缺水的情况下，产生了补充水的生理需要，这种生理驱力可能没有足够的力量去激励行为，但是，这时人们产生的恐慌感和急迫感就会放大和增强内驱力，使之成为行动的强大动力。

（三）组织功能

情绪是一个独立的心理过程，有自己的发生机制和发展的过程。什劳费认为情绪作为脑内的一个检测系统，对其他心理活动具有组织的作用。这种作用表现为积极情绪的协调作用和消极情绪的破坏、瓦解作用。中等强度的愉快情绪，有利于提高认知活动的效果。而消极的情绪如恐惧、痛苦等会对操作效果产生负面影响，消极情绪越高，操作效果越差。

情绪的组织功能还表现在人的行为上，当人们处在积极、乐观的情绪状态时，容易注意事物美好的一方面，其行为会比较开放，愿意接纳外界的事物。而当人们处在消极的情绪状态时，容易失望、悲观，放弃自己的愿望，有时甚至产生攻击性行为。

（四）信号功能

情绪、情感在人际间具有传递信息，沟通思想的功能。这种功能是通过情绪的外部表现，即表情来实现的。表情是思想的信号，在许多场合，只能通过表情来传递信息，例如，用微笑表示赞赏，用点头表示默认等。表情也是言语交流的重要补充，如手势、语调、语速等能使言语信息表达得更为明确或确定。从信息交流的发生上看，表情的交流比言语交流要早得多，如在前言语阶段，婴儿与成人相互交流的唯一手段就是情绪，情绪的适应功能也正是通过信号交流作用来实现的。

三、情绪和情感的分类

（一）情绪的基本分类

关于情绪的类别，长期以来说法不一。古代把情绪分为喜、怒、忧、思、悲、恐、惊7种。

当前,大多数学者把情绪分为基本情绪和复合情绪。基本情绪包含快乐、愤怒、悲哀和恐惧,即喜、怒、哀、惧。

1. 快乐

快乐是指一个人盼望和追求的目的达到后所产生的情绪体验。由于需要得到满足,愿望得以实现,心理的急迫感和紧张感解除,快乐随之而生。快乐有强度的差异,从愉快、兴奋到狂喜,这种差异和所追求的目的、对自身的意义,以及实现的难易程度有关。

2. 愤怒

愤怒是指所追求的目的受到阻碍,愿望无法实现时所产生的情绪体验。愤怒时紧张感增加,有时不能自我控制,甚至会出现攻击行为。愤怒也有程度上的区别,一般的愿望无法实现时,只会感到不快或生气,但当遇到不合理的阻碍或恶意的破坏时,愤怒则会急剧爆发。

3. 悲哀

悲哀是指失去心爱的事物时,或理想和愿望破灭时所产生的情绪体验。悲哀的程度取决于失去的事物对自己的重要性和价值。悲哀时带来的紧张的释放,会导致哭泣。当然,悲哀并不总是消极的,它有时也能够转化为前进的动力。

4. 恐惧

恐惧是企图摆脱和逃避某种危险情境而又无力应付时所产生的情绪体验。恐惧的产生不仅仅由于危险情境的存在,还与个人排除危险的能力和应付危险的手段有关。

(二)情绪状态分类

情绪状态是指在某种事件或情境的影响下,在一定时间内所产生的某种情绪,其中较典型的情绪状态有心境、激情和应激等三种。

1. 心境

心境是一种微弱、平静和持久地影响人的整个精神活动的情绪状态。生活中我们常说"人逢喜事精神爽",就是指发生在我们身上的一件喜事让我们很长时间保持着愉快的心情;但有时候一件不如意的事也会让我们在很长一段时间内忧心忡忡、情绪低落。这些都是心境的表现。

心境具有弥散性和长期性。心境的弥散性是指当人具有了某种心境时,这种心境表现出的态度体验会朝向周围的一切事物。一个在单位受到表彰的人,会觉得心情愉快,回到家里同家人会谈笑风生,遇到邻居会笑脸相迎,走在路上也会觉得天高气爽;而当他心情郁闷时,在单位、在家里都会情绪低落,无精打采。心境的长期性是指心境产生后要在相当长的时间内主导人的情绪表现。虽然基本情绪具有情境性,但心境中的喜悦、悲伤、生气、害怕却要维持一段较长的时间,有时甚至成为人一生的主导心境。

参考例题

【单项选择题】王悦接到高考录取通知书已十多天了,仍心情愉悦,经常觉得平淡的事也能让她很高兴,这种情绪状态属于( )。

A. 激情　　　　　B. 心境　　　　　C. 应激　　　　　D. 热情

【参考答案】B。解析:心境是指个体一种微弱、平静、持续时间较长而且带有感染作用的情绪状态。

2. 激情

激情是一种爆发强烈而持续时间短暂的情绪状态。人们在生活中的狂喜、狂怒、沉重的悲痛和异常的恐惧等都是激情的表现。和心境相比,激情在强度上更大,但维持的时间一般较为短暂。激情具有爆发性和冲动性,同时伴随着明显的生理变化和行为表现。当激情到来的时候,大量心理能量在短时间内积聚而出,如疾风骤雨,使得当事人失去了对自己行为的控制力。《儒林外史》中的范进听到自己金榜题名,狂喜之下,竟然意识混乱,手舞足蹈,疯疯癫癫;有些人在暴怒之下,双目圆睁,咬牙切齿,甚至拳脚相加,一旦这些激情宣泄之后,人又会很快地平息下来,甚至出现精力衰竭的状态。生活中有一种犯罪叫"激情犯罪",就是指人们在激情状态下的行为失控,而做出了违犯国家法律的事情。

参考例题

【单项选择题】当同学们获悉本班取得学校合唱比赛第一名的成绩时欣喜若狂,他们的情绪状态属于(　　)。

A. 心境　　　　B. 激情　　　　C. 应激　　　　D. 热情

【参考答案】B。解析:激情是指一种爆发强烈而持续时间短暂的情绪状态。

3. 应激

应激是指人对某种意外的环境刺激所做出的适应性反应。例如,在日常生活中突然遇到火灾、地震,飞行员在执行任务中突然遇到恶劣天气,旅途中突然遭到歹徒的抢劫时,人们必须集中自己的智慧和经验,动员自己的全部力量,迅速做出选择,采取有效行动,此时人的身心处于高度紧张状态,即为应激状态。例如,正常行驶的汽车意外地遇到故障时,司机紧张刹车等,还有人们说的"急中生智"和"惊慌失措"也都是应激的表现。

(三) 情感的分类

情感是同人的社会性需要相联系的主观体验,是人类所特有的心理现象之一。人类高级的社会性情感主要有道德感、理智感和美感。

1. 道德感

道德感是根据一定的道德标准在评价人的思想、意图和行为时所产生的主观体验。道德感属于社会历史范畴,不同时代、不同民族、不同阶级有着不同的道德评价标准。爱祖国、爱人民是每个公民的基本道德标准。如果一个人的言行符合这一标准,就会产生幸福感、自豪感;否则,就会感到不安、自责、内疚等情感。同样,当别人的言行符合这些标准时,人们会对他产生爱慕、崇敬、尊重、钦佩等情感,而对那些违背这一标准的思想和行为,人们就会产生厌恶、反感、鄙视、憎恨等体验。例如,2020年参加新型冠状病毒肺炎疫情防控的医生,他们具有舍己救人的精神,具有高尚的爱祖国爱人民的情感,是新时代的英雄人物,是永远值得人们称颂和纪念的。

2. 理智感

理智感是在智力活动过程中,在认识和评价事物时所产生的情感体验。例如,人们在探索未知的事件时所表现的求知欲、认识兴趣和好奇心,在解决问题的过程中出现的迟疑、惊讶、焦躁以及问题解决后的喜悦、快慰,在评价事物时坚持自己见解的热情,为真理献身时感到的幸福与自豪,以及违背和歪曲了事实真相而感到羞愧等,都属于理智感。

理智感是人们学习科学知识,认识和掌握事物发展规律的一种重要动力,其作用的大小同个人已有的知识水平、学习的愿望有关。人的理想、世界观对理智感也有重要的作用。

3. 美感

美感是根据一定的审美标准评价事物时所产生的情感体验。人的审美标准既反映事物的客观属性,又受个人的思想观点和价值观念的影响。因此,在不同的文化背景下,不同民族、不同阶级的人对事物美的评价既有共同的方面,又有不同的地方。例如,人们普遍认为仙鹤的形象和颜色是美的,而鳄鱼的形象是丑的,但由于个人的经验不同,可能对它们作出不同的审美评价。

美感作为情感的一种形式,也是由客观情境引起的。这包括两方面的内容。一方面是自然景象和人类创造物的特征。前者如桂林的山水、北京香山的红叶等,后者如北京的故宫、武汉的黄鹤楼的精美造型等。另一方面是人类社会的道德品质和行为特征,也能引起美的体验。善良、纯朴、诚信、坚强、有自我奉献精神的品质和行为都是美的;损人利己、虚伪、狡猾奸诈等,都会引起人们的厌恶、憎恨的情感体验。可见,美感是在按一定的标准评价自然特征和社会行为特征时所产生的内心体验。

第二节　情　绪　理　论

一、詹姆士-兰格情绪理论

美国心理学家詹姆士和丹麦生理学家兰格分别于1884年和1885年提出了内容基本相同的情绪理论,人们称之为詹姆士-兰格情绪理论。该理论强调情绪产生于植物性神经系统的活动,把情绪的产生归因于身体外周活动的变化,即情绪刺激引起身体的生理反应,而生理反应进一步导致情绪体验的产生。如哭泣是产生悲伤的原因,惧怕产生于颤抖等,情绪就是对身体变化的知觉,所以这种理论又称为情绪的外周理论。

詹姆士-兰格情绪理论的重要功绩在于,提出了情绪与机体生理变化的直接联系,强调了植物性神经系统在情绪产生中的作用,这有其合理性的一面;但是该理论忽视了中枢神经系统的调节、控制作用。这种最早的情绪理论引起了生理学家和心理学家的长期争论,推动了关于情绪机制的大量研究,因而在情绪心理学发展史上居于非常重要的地位。

二、坎农-巴德情绪的"丘脑学说"

美国生理学家坎农对詹姆士-兰格情绪理论提出了质疑。坎农认为情绪产生的中心不在外周神经系统,而在中枢神经系统的丘脑。由外界刺激引起的感觉器官的神经冲动,通过内导神经,传至丘脑;再由丘脑向上向下发出神经冲动,向上传至大脑,产生情绪的主观体验,向下传至交感神经,引起机体的生理变化,如血压增高、心跳加速、瞳孔放大、内分泌增加和肌肉紧张等。情绪体验与生理变化是同时产生的,他们都受丘脑的控制。坎农的情绪学说得到巴德的支持和发展,故后人称之为坎农-巴德情绪的"丘脑学说"。

坎农-巴德情绪的"丘脑学说"指出了情绪对脑中的定位机制是有贡献的,但他们的理论却忽视了大脑皮层对情绪的作用,以及外周性变化对情绪的重要意义。

三、阿诺德的"评定—兴奋"学说

美国心理学家阿诺德在20世纪50年代提出了情绪的"评定—兴奋"学说,它是第一个比较系统的情绪认知理论。这种理论认为,刺激情境并不直接决定情绪的性质,从刺激出现到情绪的产生,要经过对刺激的估量和评价,情绪产生的基本过程是刺激情境—评估—情绪。其情绪理论是以评估概念为依据的。人们对同一刺激情境的评估不同,就会产生不同的情绪反应。评估的结果可能认为对个体"有利""有害"或"无关"。如果是有利,就会引起肯定的情绪体验,并企图接近刺激物;如果是有害,就会引起否定的情绪体验,并企图躲避刺激物;如果是无关,人们就会予以忽视。

阿诺德认为情绪的产生是大脑皮层与皮层下组织协同活动的结果,大脑皮层的兴奋是情绪产生的最重要条件。其提出情绪产生的理论模式:作为引起情绪的外界刺激作用于感受器,产生神经冲动,通过内导神经上送至丘脑,在更换神经元后,再送到大脑皮层,在大脑皮层上刺激情境得到评估,形成一种特殊的态度(如恐惧及逃避)。这种态度通过外导神经将皮层的冲动传至丘脑的交感神经,将兴奋发放到血管或内脏,所产生的变化使其获得感觉。这种从外周来的反馈信息,在大脑皮层中被估价,使纯粹的认识经验转化为被感受到的情绪。这就是"评定—兴奋"学说。

阿诺德的"评定—兴奋"学说将情绪的产生与高级的认知活动联系起来,是第一个情绪的认知理论。这一理论把环境影响引向认知,把生理激活从自主神经系统推向大脑皮层,把认知评价与外周生理反馈结合起来。

参考例题

【简答题】简述阿诺德的"评定—兴奋"学说。

【参考答案】

美国心理学家阿诺德在20世纪50年代提出了情绪的"评定—兴奋"学说。

这种理论认为,刺激情境并不直接决定情绪的性质,从刺激出现到情绪的产生,要经过对刺激的估量和评价,情绪产生的基本过程是刺激情境—评估—情绪。由于对刺激情境的评估不同,就会产生不同的情绪反应。

阿诺德认为,情绪的产生是大脑皮层和皮下组织协同活动的结果,大脑皮层的兴奋是情绪行为的最重要的条件。

四、沙赫特的两因素情绪理论

20世纪60年代初,美国心理学家沙赫特和辛格提出,对于特定的情绪来说,有两个因素是必不可少的。第一,个体必须体验到高度的生理唤醒,如心率加快、手出汗、胃收缩、呼吸急促等;第二,个体必须对生理状态的变化进行认知性的唤醒。

为了检验情绪的两因素理论,他们进行了实验研究。把自愿当被试的若干大学生分成三组,给他们注射同一种药物,并告诉被试注射的是一种维生素,目的是研究这种维生素对视觉可能发生的作用。但实际上注射的是肾上腺素,一种对情绪具有广泛影响的激素,因此三组被试都处于一种典型的生理激活状态。然后,主试向三组被试说明注射后可能产生的反应,并做了不同的解释:告诉第一组被试,注射后将会出现心悸、手颤抖、脸发烧等现象(这是注射肾上腺素的反应);告诉第二组,注射药物后,身上会发抖、手脚有点发麻,没有别的反应;对第三组被试不做任何说明。接着把注射药物以后的三组被试各分一半,让其分别进入预先设计好的两种实验环境里休息:一种是惹人发笑的愉快环境(让人做滑稽表演),另一种是惹人发怒的情境(强迫被试回答烦琐的问题,并强词夺理横加指责)。

根据主试的观察和被试的自我报告结果,第二组和第三组被试,在愉快环境中显示出愉快情绪,在愤怒环境中显示出愤怒情绪;而第一组被试则没有愉快或愤怒的表现和体验。如果情绪体验是由内部刺激引起的生理激活状态所决定的,那么三组被试注射的都是肾上腺素,引起的生理状态应该相同,情绪表现和体验也应该相同;如果情绪是由环境因素决定的,那么不论哪组被试,进入愉快环境中就应表现出愉快情绪,进入愤怒环境中就应表现出愤怒情绪。

实验证明,人对生理反应的认知和了解决定了最后的情绪经验。这个结论并不否定生理变化和环境因素对情绪产生的作用。事实上,情绪状态是认知过程、生理状态和环境因素在大脑皮层中整合作用的结果。环境中的刺激因素,通过感受器向大脑皮层输入外界信息;生理因素通过内部器官、骨骼肌的活动,向大脑输入生理状态变化的信息;认知过程是对过去经验的回忆和当前情景的评估,来自这三个方面的信息经过大脑皮层的整合作用,才产生了某种情绪经验。

这个情绪唤醒模型的核心部分是认知,通过认知比较器把当前的现实刺激与储存在记忆中的过去经验进行比较,当知觉分析与认知加工间出现不匹配时,认知比较器就产生信息,动员一系列的生化和神经机制,释放化学物质,改变脑的神经激活状态,使身体适应当前情景的要求,这时情绪就被唤醒了。

五、拉扎勒斯的认知—评价理论

拉扎勒斯认为情绪是人与环境相互作用的产物,在情绪活动中,人不仅反映环境中的刺激事件对自己的影响,同时要调节自己对于刺激的反应。也就是说,情绪活动必须有认知活动的指导,只有这样,人们才可以了解环境中刺激事件的意义,才可能选择适当的、有价值的动作组合,即动作反应。依据他的观点,情绪是个体对环境事件知觉到有害或有益的反应。在情绪活动中,人们需要不断地评价刺激事件和自身的关系,有三个层次的评价:初评价、次评价、再评价。

初评价是指人确认刺激事件与自己是否有利害关系,以及这种关系的程度。只要人们处在清醒的状态下,这种评价随时随地都会发生,这是人的生存适应的一个重要方面。

次评价是指人对自己反应行为的调节和控制,它主要涉及人们能否控制刺激事件,以及控制的程度,也就是一种控制的判断。当人们要对刺激事件作出行为反应时,其必须根据主观条件和客观社会规范来考虑行为的后果,从而选择有效的措施和方法。例如,当人们受到侵犯、伤害时,是采取攻击行为还是防御行为,这取决于人们对刺激事件的控制判断。在这种评价过程中,经验起着重要的作用。

再评价是指人对自己的情绪和行为反应的有效性和适宜性的评价,实际上是一种反馈性行为。如果再评价结果表明行为是无效的或不适应的,人们就会调整自己对刺激事件的次评价,甚至初评价,并相应地调整自己的情绪和行为反应。拉扎勒斯还强调这种评价通常是在无意识的状态下发生的。

六、情绪的动机—分化理论

20世纪60年代,以汤姆金斯和伊扎德为代表的心理学家建立了情绪的动机—分化理论。汤姆金斯和伊扎德都认为情绪具有重要的动机性和适应性的功能。伊扎德提出情绪是一种基本的动机系统。他从整个人格系统出发,建立了情绪—动机的体系。情绪是这个动机系统的核心。情绪的主观成分——体验,正是起动机作用的心理结构,各种情绪体验是驱动有机体采取行动的动机力量。他从进化的观点出发,提出多种情绪的分化是进化过程的产物。

伊扎德明确地表述了一切情绪行为都是适应和调节行为,并从中引出情绪是行为的驱动力,阐述了情绪本身及其驱动作用的机制。伊扎德把情绪过程分解为表情和体验,以及其在神经生理上行动的轨迹。动机—分化理论同认知—评价理论相对立,明确提出了情绪的作用问题。它发挥了关于情绪适应性功能的论点,提出了情绪是基本动机的醒目命题。

第三节 中学生情绪发展

一、中学生情绪发展的特点

中学生是情绪发展的"疾风怒涛"时期,是人生的"第二次断乳期"。这个时期的学生情绪体验跌宕起伏、剧烈波动,情感活动广泛且丰富多彩,表现出很明显的心理年龄特征。

(一)爆发性和冲动性

中学生对各种事物比较敏感,自我意识迅速发展,心理行为自控能力较弱。他们一旦激起某种性质的情感,情绪就会如火山般猛烈爆发出来,表现出强烈的激情特征,情绪情感冲破理智的意识控制,淋漓尽致地显露出他们对外界事物的爱、恨、不满、恐惧、绝望等。

(二)不稳定性和两极性

中学生情绪虽然强烈,但波动剧烈,两极性明显,很不稳定,情绪很容易从一个极端剧烈地转向另一个极端,他们对事物的看法较片面,很容易产生偏激反应。心理学家曾把处于这个时期青少年学生的情绪情感形象地比喻为"一个钟摆",在寻求平衡点的过程中摇晃于两极之间,这主要与这个时期中学生的认知发展的特点有关。

(三)外露性和掩饰性

随着年龄的增大、认知范围的扩大、个人知识经验的积累、自我意识的逐渐成熟,中学生情绪情感的自我认识、自我观察体验、自我监控的能力逐渐增强,他们逐渐学会控制自己的情感表现和行为反应。他们既表现出强烈的情绪情感反应,对外界事物的喜怒哀乐喜形于色,淋漓尽致地抒发他们的内心感受;又能逐渐掩饰、压抑自己的情绪,使这种情绪的表露有时带有很大的掩饰性,并逐渐学会用理智控制自己的情绪反应。

参考例题

【单项选择题】

1. 某中学一次数学考试中,陈鹏是唯一满分的学生。当老师宣布考试成绩时,陈鹏内心非常高兴,但他却表现出若无其事的样子。这反映了青少年情绪发展具有(　　)。

A. 稳定性　　　　B. 持久性　　　　C. 掩饰性　　　　D. 短暂性

【参考答案】C。解析:中学生的情绪表现具有掩饰、内隐的性质,有时会把自己真实的内心情绪世界封闭起来,对自己内心的真实想法或真实情绪是否予以表现也时常依时间、对象、场合的不同而变化。陈鹏内心非常高兴却表现得若无其事,表现出了中学生情绪的掩饰性。

2. 中学生小博得知自己物理竞赛成绩名列年级第一时,在家里高兴得手舞足蹈,但在学校却表现出若无其事的样子。这反映了小博的情绪具有(　　)。

A. 矛盾性　　　　B. 激动性　　　　C. 掩饰性　　　　D. 短暂性

【参考答案】C。解析:同上。

(四)心境化和持久性

一方面,中学生会因为成功或收获而使快乐的情绪体验延长成为积极良好的心境;另一方面,其也会因挫折或失败会使不愉快的消极情绪延长成为不良的心境。中学生的许多不良情绪(如焦虑、抑郁、自卑、烦躁、失望等)往往具有情绪心境化色彩。

二、中学生常见的情绪问题

(一)抑郁

抑郁是一种以持久的情绪低落为主要表现的心理问题,常伴有焦虑、沮丧、压抑、苦闷、躯体不适感和睡眠障碍。有这类情绪问题的中学生一般基本能适应学校生活,但心理压抑、情绪苦闷,而且持续时间较长,对他们的身心健康危害较大。在学习和生活上表现为兴趣减低、缺乏自信、精力衰退、封闭退缩、不愿交往、无助感强;在躯体上表现为头疼、背痛、肢体酸痛、消化不良、失眠等症状。

中学生的抑郁多半是由于学习或生活中各种各样的烦恼造成的。如果一个人在工作、学习和生活中遇到困难和挫折且暂时不能克服或摆脱,便会出现烦恼。例如,有的中学生总觉得自己的学习成绩不如人,抱怨自己脑子笨,进而长期产生烦躁情绪等。当这些烦恼长期不能摆脱,就会导致抑郁。

(二)恐惧

中学生常见的恐惧情绪有社交恐惧和学校恐惧。社交恐惧表现在怕与人打交道,遇到生人特别是异性时,会面红耳赤、神经紧张,严重时拒绝与任何人接触,把自己孤立起来,对

日常生活、学习造成很大的阻碍;学校恐惧表现为对环境不适应,紧张、焦虑,害怕去学校。这种紧张情绪有时会导致一些诸如呼吸困难、心跳加快、出汗发抖、腹痛腹泻等症状,个别严重者可能会演变成情绪障碍。

(三)焦虑

焦虑是指当一个人预测将来会有某种不良后果产生,或当模糊的威胁出现时所表现出来的一种不愉快情绪,表现为紧张不安、忧虑、烦恼、害怕等。任何会对人的身心构成威胁的情境都可能引起焦虑,如学习压力、人际冲突等。人若长期处于焦虑状态,就会形成心理问题,导致人经常处在持续紧张状态,终日忧心忡忡、坐卧不宁、过分敏感、容易激动、注意力不集中,有时还伴有失眠多梦、胃肠不适等症状。

对于中学生来说,最明显、最常见的是考试焦虑。这种焦虑不仅在学习上表现为注意力分散、思维迟缓、回忆困难等心理反应,而且在生理上会出现心跳加快、呼吸急促、恶心呕吐等反应。

(四)易怒

易怒是指容易冲动、急躁,爱发脾气。从心理学上讲,这是因为兴奋过度或紧张过度而出现的心理异常,表现为情绪反应过度,即使是轻微的刺激,也容易引起强烈而短暂的情绪反应。

中学生由于思维片面、偏激,控制冲动的能力较差,容易产生愤怒情绪。愤怒会使人的神经系统出现紊乱,容易诱发高血压、脑出血、神经衰弱等症状。暴怒会使人丧失理智,甚至导致违法犯罪。

(五)冷漠

冷漠是指情感强度较弱,情感表现灰冷、漠然的心态。这是一种情感上的心理问题,表现为对外界刺激缺乏相应的情感反应,对周围事物失去兴趣,对亲友冷淡,内心体验贫乏,严重时对一切都漠不关心。造成情感冷漠的主要原因是外部因素,例如,遭受重大打击或挫折。有的中学生在学习和生活中碰了几次钉子,受到一些挫折和打击,就变得心灰意冷了,原来的热情消失了,到后来对一切事物都没有兴趣了,对人也采取冷漠的态度,甚至对生命也失去敬意,终日伴随自己的只是内心的孤寂和空虚,这样会严重损害自己的身心健康。

这五大情绪问题,对有的中学生来说,是极容易出现的,其一旦出现,要及时地进行调控,避免身心健康受到严重损害。

三、中学生良好情绪的培养

(一)中学生良好情绪的标准

中学生良好情绪的标准应该是情绪稳定、乐观,能适度地表达和控制情绪,保持良好的心境状态;热爱生活、热爱学习,对生活、学习充满信心,有着积极的道德感、理智感和美感。

中学生的主导心境应该是轻松、活泼、快乐的状态。他们虽然会因为学习、生活中的挫折或失败而产生悲伤、忧愁、愤怒、烦躁等消极情绪体验,但不应长期处于消极、悲观、不可自拔的情绪体验中,更不能因此而轻生。应适度地表达和控制自己的情绪,能随时排解各种烦恼,喜不狂,忧不绝,胜不骄,败不馁,谦而不卑,自尊自重,不能因一时冲动而违反道德行为规范,只能在社会规范允许的范围内满足自己的合理需要。在遇到挫折和困难时,中学生应表现出较高的耐受性和平衡性,不因此而影响或改变自己的目标和正常的学习生活。应该能驾驭自己的情绪,随时可以调节影响学习和健康的情绪困扰,消除各种焦虑、紧张、恐惧、烦恼等情绪现象,以保持良好的身心平衡状态。

(二)中学生良好情绪的培养方法

1. 敏锐觉察情绪

敏锐地觉察情绪就是能够自我觉察、了解自己当时的主要情绪,并能予以命名,且大概知道各种感受的前因后果。只有首先觉察自己的情绪及其产生的真正原因,才能适时对自己的情绪做出适当的反应,进而给情绪一个转化的出口。

2. 平和接纳情绪状态

生命中的一切情绪状态都有它该有的意义,以平和的心态接纳发生在生命中的一切情绪,负面情绪也有它存在的价值。例如,恐惧提醒我们危险的存在,愤怒是一种强大的力量。坦然接受自己的情绪,不苛求自己、不过于追求完美,以平常心来面对自己情绪上的波动。

3. 及时调整不良的情绪

(1)宣泄法,即采用一定的方法和方式把人的情绪体验充分表达出来。发泄情绪的方法和途径有很多,除了哭、喊、诉说之外,还可以通过剧烈运动,打、骂象征物的方法,排解不良情绪。在宣泄情绪的过程中,要非常注意"度",也就是宣泄要适当,不能缓解了情绪,伤害了身体。

(2)转移法,即从主观上努力把注意力从消极或不良情绪状态转移到其他事物上去,这样可以使人从消极情绪中解脱出来,从而激发积极愉快的情绪反应。

(3)升华法,即如果一个人能够树立正确的人生观,他就会对人生充满信心,心胸宽广,热爱生活,有良好的人际关系,其情绪自然是健康、积极的。

(4)积极的自我暗示,即运用内部言语或书面言语以隐含的方式来调节和控制情绪的方法。

(5)调节认知功能,即主要是运用艾利斯 ABC 合理情绪疗法合理改变认知。对自己习惯化的思维方式进行重解,从不同的角度看问题,以更宽广的视角理解自己和他人。

4. 有效地表达情绪

学会正确表达、合理宣泄情绪。在恰当的时候以恰当的方式表达自己的情绪体验。不要把情绪隐藏在心里,情绪不会因为压抑而消失,累积的情绪越多,心里的压力就越大,总有一天会爆发出来。有效表达情绪包括:①选择恰当的方式;②进行完整客观的情绪表达。

5. 保持和创造快乐的情绪

我们可以通过培养陶冶性情的艺术类兴趣爱好、锻炼身体、创造愉快的生活环境等来保持和创造积极快乐的情绪。

(三)指导中学生情绪调节的方法

1. 指导中学生了解自己的情绪特点

不同的中学生有不同的情绪特点,不同气质类型的中学生在情绪方面也表现出一定的差异。教师应指导中学生深入了解自己的情绪特点,了解他们在情绪体验、情绪表达和情绪认知等方面的优缺点,并帮助他们分析自己的需要,努力培养他们积极向上、健康活泼的情感体验。

2. 预防中学生的高度焦虑状态

学习中适度的焦虑可以维持注意,促进学习,但长期的高度焦虑则会对中学生的身心造成严重影响,有些学习困难的中学生还会因为承受这种焦虑而产生厌学情绪。为了预防和克服中学生的高度焦虑状态,教师应从以下几个方面入手。第一,教师在教学过程中应制定切实可行的教学计划,对不同层次的中学生进行层次教学,将教学目标定在学生的"最近发展区"之内。第二,教师应努力营造一种轻松和谐的师生关系,指导中学生正确处理同伴关系,真正实现师生之间的沟通。

3. 培养中学生高尚的情操

情操是一种比较稳定和含蓄的高级情感,它与一定的高级社会性需要相联系,与一定的社会价值观念相结合,主要包括道德感、理智感和审美感三类。培养中学生高尚的情操,是学校教师不可忽视的重要方面,也是促进中学生良好情感品质形成和发展的重要方法。

4. 教给中学生自我调节的具体方法

"解铃还须系铃人",教师的帮助只是外力的作用,这种外力能在一定程度上缓解压抑、焦虑及孤独,但只有发挥个体的主观能动性,使中学生对生活中遇到的困难和不适应有一个正确的认识,才能"治本"。因此教师必须教给中学生一些切实可行的情绪调节的方法,使其及时进行自我调节。

第五章
中学生意志过程

第一节 意志概述

一、意志的含义

(一) 意志的概念

意志是为了实现一定的目的,有意识地支配、调节个人的行为以克服困难的心理过程。意志具有引发行为的动机作用,但比一般动机更具有选择和坚持性。意志可以看成是人类特有的高层次动机。意志通过行为表现出来,受意志支配的行为称为意志行动。

人的意志总是与行动紧密联系,所以也把有意志参与的行动称为意志行动。意志行动是人类独有的行动。

(二) 意志特征

1. 自觉目的性

意志行动是人经过深思熟虑,对行动目的有了充分的认识之后所采取的行动。离开了明确的目的,就无意志可言。意志的自觉目的性有两个根本的特点:一是确定的行为目的要符合客观事物的发展规律;二是行动目的必须符合社会准则。个体不论参加何种社会实践活动,都要履行社会的义务和责任。因此,一个人的世界观和道德观是决定其意志行动自觉性的根本依据。意志水平正是以这种自觉目的性水平为转移的,目的越高尚,越远大,意志表现的水平就越高。

2. 行为调节和控制

意志离开了人的行动就不能独立存在。意志对行动具有两种调节功能,即激励功能和抑制功能。激励功能是推动人去从事达到目的所必需的行为,抑制功能是制止不符合预定目的的行为。这两种功能在实际活动中是统一的。国庆 70 周年庆典上的中国军人为了阅兵式的成功,在地表温度高达 53 ℃ 的环境里一丝不苟地进行队列操练,"走百步不差分毫,走百步不差分秒"。这需要有极大的意志去克服生理和心理上的不适。所以说,意志不仅组织、调节人脑的外部活动,还可组织、调节人的内部的心理状态。

3. 克服困难

人的意志行动总是与调动人的积极性去克服困难、排除障碍分不开的。如果说,感觉是外部刺激向内部意识的转化,那么意志就是内部意识向外部动作的转化。在这个转化过程中常常会遇到种种内部的和外部的困难。内部的困难通常有经验不足、能力不够、思想矛盾、情绪干扰、懒惰等;外部困难是实现目的的过程中所遇到的客观阻力,如物资设备不足、社会阻力较大、自然条件太差等。要克服这些困难,个体就必须充分发挥自我意识的积极能动作用,就必须对自己的活动和行为进行自觉的组织和调节。而这一切取决于以下三点:①行动目的。目的越远大,克服困难的毅力也就越强。②对行动后果的认识。对后果的意义认识越充分,克服困难的决心越大,成功的可能性也就越大。③知识和物资的准备。知识和物资准备得越充分,就越有利于困难的克服。

二、意志和认识、情绪的关系

(一)意志和认识的关系

首先,意志的产生是以认识过程为前提的。意志的一个特征是具有自觉的目的性。人的任何目的,都是在认识活动的基础上产生的。目的虽然是主观的,但它却来源于对客观现实认识的结果。目的的选择以及用什么样的方式来达到目的也是在认识活动的基础上产生的。人在确定目的、选择方法和步骤时,要审度客观形势,分析主观条件,回顾过去的经验,设想将来结果,拟订方案,编制计划,并对这一切进行反复的权衡和斟酌,所有这些都必须通过感知、记忆、思维、想象等认识过程才能实现。可见,意志行动离不开认识过程,意志是在认识活动的基础上产生的。

其次,意志对认识过程也有很大的影响。人在进行各种认识活动时,总会遇到一定的困难。要克服这些困难,就需要作出意志努力。例如,观察的组织、有意注意的维持、追忆的进行、解决问题时思维的活动等,都需要意志努力。认识活动是在实践活动中进行的。没有意志行动,不可能有认识活动,也不可能进行有效的社会实践活动。

(二)意志和情绪的关系

情绪既可以成为意志行动的动力,又可以成为意志行动的阻力。当某种情绪情感对人的活动起推动或支持作用时,这种情绪情感就会成为意志行动的动力。当某种情绪情感对人的活动起阻碍或削弱作用时,这种情绪情感就会成为意志行动的阻力。消极的情绪对意志行动的干扰作用,取决于一个人的意志力的水平。意志坚强者可以克服消极情绪的干扰,把意志行动贯彻到底;而意志薄弱者则可能被这些消极情绪所压倒,使行动半途而废。可见,意志可以控制情绪,使情绪服从于理智。意志坚强者既能够控制失败时的痛苦和愤怒,又能够控制胜利时的狂热。

总之,认识、情绪和意志是密切联系的。意志过程包含认识和情绪的成分,认识和情绪过程也包含意志的成分。只是由于研究上的需要,我们才对统一的心理活动从不同的侧面进行分析。

第二节 意志过程

意志总是通过一系列的具体行动表现出来,意志行动的实现过程是意志心理过程的完整展现,它不仅是行动的外部表现过程,还包括心理对行动的内部组织和调节。因此,意志行动的心理过程主要分为两个阶段:采取决定阶段和执行决定阶段。在这两个阶段中,又有一些具体的步骤和环节。

一、采取决定阶段

采取决定阶段也叫准备阶段,是意志行动的初始阶段。它决定意志行动的方向和行动的方法、步骤,是完成意志行动重要的、不可缺少的开端。采取决定是一个过程,它不是一瞬间完成的。它有着丰富的心理内容,充分体现了人的意志品质。采取决定阶段包含着动机冲突、确立行动目的、选择行动的方法和制订行动计划。

(一) 动机冲突

人的意志行动是有目的性的,单纯的动机使得行动目的单一而明确,意志行动可以顺利实现,如为了升入大学而努力读书学习,为了获得提升而勤奋工作等。但现实生活中确定行动目的并非总是这样简单而直接,复杂的生活环境常常造成利益冲突,使得人们同时产生几个不同的目标或多种愿望,这又导致内心的矛盾冲突,引起动机冲突,也就是思想斗争。动机冲突解决以后,个体才能确定行动目的,意志首先表现在动机冲突之中。动机冲突一般有三种类型。

1. 双趋冲突

双趋冲突是指当两种或两种以上目标同时吸引着人们,但只能选择其中一种目标时,通常会出现双趋冲突。《孟子》中所说的"鱼和熊掌不可兼得"就是这种动机冲突。鱼和熊掌都很好吃,而现在只许选择其中一种,由此引发的冲突就是双趋冲突。高中毕业生选择高考志愿、顾客选择不同的商品时出现的冲突也属于这种类型。

2. 双避冲突

双避冲突是指当两种或两种以上的目标都是人们力图回避的事物,而他们又只能回避其中一种目标时,就会产生双避冲突。双避冲突实际上就是我们平时所说的"左右为难"。例如,我的好友犯了比较严重的错误,班主任正在进行调查,去"揭发"可能失去朋友,不去揭发似乎自己也犯了包庇的错误,真是"进退两难"。

3. 趋避冲突

趋避冲突是在同一目标对人们既有吸引力,又有排斥力的情况下产生的。也就是当一个人对同一事物产生两种相反的动机时,既想要又怕要的心理矛盾。例如,学生愿意选修一些新的难度较大的课程,但又担心考试失败;外出旅游是件有吸引力的事情,但因耗费时间太多而不愿意去。

在实际生活中,人们的趋避冲突,常常以一种更复杂的形式出现,即人们面对着两个或两个以上的目标,而每个目标又分别具有吸引和排斥两方面的作用。人们无法简单地选择一个目标,而回避或拒绝另一目标,必须进行多重的选择,由此引起的冲突称作多重趋避冲突。例如,当一个人看到某经济特区招聘职工时,可能引起趋避冲突。他认为到特区工作有许多好处,如工作环境好、工资收入高、住房条件好等,但又担心去一个新的城市生活不习惯,子女教育问题难以解决等。如果留在原单位工作,工资和住房条件差,但工作和生活环境早已习惯,也比较安定,子女上学的条件也较好等。由于对各种利弊、得失的考虑,就产生了多重趋避冲突。

(二)确立行动目的

随着动机冲突的解决,就进入了确定目的的过程。意志行动是一种有目的的活动,人们首先确定某种目的,即明确行动所期望的结果,并以这种目的来调节行为,这是意志行动的前提。在确定行动目的的过程中,必须考虑目的的主观价值、明确性、达到目的的难度和自我效能感。只有在充分考虑这些因素的基础上,确定的目的才会在一定的环境中,通过个体的意志努力得到实现。从几个目的中选择并确定行动目的是一个决策过程。有效的决策必须建立在相关情报和信息的基础上,包括特定目的的意义和价值,根据主、客观条件预测可行的方案和执行该方案的预想结果等。

(三)选择行动的方法

行动目的确定后,为实现目的可能有多种不同的方法,必须经过精密、紧张的思维操作,选择最有效、最经济、最优化的方法。

选择实现目的的方法时,要根据客观规律、实际条件、道德规范等,从全局出发,全面衡量然后决定。有的方法对达到目的是有效的,但它却是不被社会道德规范所容许的,具有高尚道德动机的人就不会选择这类方法。方法的选择还要有胆识,当机立断,这也是选择方法者应有的风格。

(四)制订行动计划

根据确定的行动目的和选择的方法,制订行动的具体计划,以便按计划行动,顺利实现行动目的。在制订计划时,首先要全面了解情况,进行调查,收集各种信息,进行认真的分析研究,抓住重点,突出矛盾,制订出切实可行的行动计划。

经过动机冲突,确定了目的,选定了行动方法,制订了行动计划,采取决定阶段就完成了,随即进入执行决定阶段。

二、执行决定阶段

执行决定阶段是意志行动最重要的部分。因为采取决定只是实现目的的准备,在做出决定时即使再有决心、有信心,行动的方法再完善,如果不付诸实际行动,意志行动也就不能完成,这一切也就毫无意义。

(一)开始行动

从作出决定过渡到执行决定,在时间上往往因具体情况而有所不同。有的在作出决定之后立即就过渡到执行决定阶段,这种情况通常在下列条件下发生:行动的目的和实现行动的方式、方法比较明确具体,完成行动的主客观条件已经具备,且行动又要求不失时机地去完成。例如,消防队员在救火现场作出爬上云梯救人的决定,医生对遭受重大创伤的病人作出止血的决定,都必须立即执行。有的决定是比较长期的任务或者未来规划的纲领,这样的决定不需要立即执行,仅仅是对将来行动的规划。例如,同学们决定在暑假里进行社会实践活动,目的、计划都明确了,决心也下了,但并不会立即行动,因为行动的时间是在暑假里,目前还只是一种打算。所以,判断一个人的意志是否坚强,不是简单地看他作出决定后是否立即行动,而是看他在应该行动的时候,有没有采取行动。俗话说"该出手时就出手",如果在应该行动的时候犹豫不决、瞻前顾后,就表明他还没有下定决心,这就是意志薄弱的一种表现。

（二）面临困难

（1）要求个体付出巨大的努力,而个体本身的懒惰、保守、悲观等消极的个性品质使个体缺乏战胜困难的决心和信心。

（2）抉择阶段被暂时压抑的期望在执行决定的过程中重新抬头,使个体产生新的心理冲突。

（3）个体想到新的方法或手段可能与预定的目的或原有的计划发生矛盾,令人踌躇,干扰行动的进程。

（4）个体做出决定时没有充分考虑到各种主客观条件,没有预见到事物的发展变化,缺乏应付新情况、解决新问题的知识和技能,会使人犹豫不决。

第三节 意志行动中的挫折

一、挫折的含义

挫折是指个体的意志行为受到无法克服的干扰或阻碍,导致预定目标不能实现时所产生的一种紧张状态和情绪反应。例如,人们开车去参加一个重要的会议,由于交通堵塞而不能按时到会,因此产生一种烦躁不安的内心紧张状态和情绪反应。

挫折包含三层含义。一是挫折情境,是指干扰或阻碍意志行动的情境。例如,学生由于考试过于紧张没有正常发挥而高考落榜。二是挫折认知,是指个体对挫折情境的认知、态度和评价,这是产生挫折和如何对待挫折的关键。挫折情境能否构成挫折,很大程度取决于个体对挫折情境的态度和评价,同一挫折情境由于个体的志向水平不同,感受挫折的程度也是有区别的。例如,同样得了60分,有的同学感到失败和沮丧,而有的同学完全无所谓。三是挫折行为,是指伴随挫折认知而产生的情绪和行为反应,如愤怒、焦虑和攻击等。当挫折情境、挫折认知、挫折反应同时存在时,便构成心理挫折。但有时只有挫折认知和挫折反应,也可以构成心理挫折。例如,某人总是怀疑周围的人在议论自己,每当别人发出笑声,他都认为是在笑话自己,因而产生紧张、烦恼、愤怒等情绪反应。

挫折是客观存在的,任何人在生活和工作中不可能都一帆风顺,他们总要受到一些无法排除的干扰和阻碍,致使某些动机或预定的目标不能达到。挫折并不完全是消极的,它有利有弊。在某些情况下，它可以激发更大的意志努力，促使人更加坚定地向预定目标奋进。

二、挫折情境的形成

挫折情境也就是产生挫折的原因。人的任何挫折都与所处的情境有关。挫折情境就是使目标不能实现的各种阻碍和干扰因素。挫折情境形成的因素是多方面的，概括起来可以分为主观因素和客观因素两类。

主观因素也可称之为内部因素，是个体的生理和心理因素。生理因素主要指个体生理上的某些缺陷或疾病带来的限制，使个体不能胜任某些工作或进行某些活动，因而无法实现预定的目标等。例如，口吃的人不能担任教师工作，这可能会使人产生挫折。心理因素所引起的挫折是相当复杂的，主要原因是个体过高的志向水平或不适当的自我估计。例如，有的人对自己估计过高，自不量力，选择了力所不及的目标，因而遭受挫折；或者有人对自己估计过低，畏缩不前，也会错过成功的机会而产生挫折。动机冲突也是产生挫折的原因。例如，个体在同一时间内出现了两个力量相当的动机，既想报考攻读博士学位，又想申报晋升教授的职务，但是二者不可兼得，在这种情况下，一个动机得到满足，另一个动机就会受到挫折。除此之外，个人对挫折的承受力以及某些人格特征也可能导致挫折。

客观因素主要包括自然和社会环境因素。自然环境指无法克服的自然条件的限制，如无法预料的自然灾害。社会环境也会导致挫折的产生，如个人在社会生活中受到政治、经济、道德、风俗、习惯及人际关系等因素的限制而受挫。

三、挫折反应

人们在遭受挫折后，或强或弱、或多或少都会做出一定的反应。概括地讲，个体对挫折的反应表现为三个方面，即情绪性反应、理智性反应和个性的变化。

（一）情绪性反应

情绪性反应是指个体在遭受挫折时伴随着的紧张、烦恼、焦虑等情绪反应，它表现为强烈的内心体验或特定的行为反应。情绪反应的形式很多，一般有攻击、冷漠、退化、固执、幻想、逃避等。

攻击是情绪性反应中最常见的，指个体遭受挫折后发泄愤怒情绪的过激行为。有的攻击性行为表现为以动作、表情、文字等方式将愤怒直接发泄到构成挫折的人或物上，这称之为直接攻击。有时由于不能直接攻击引起挫折的对象或碍于自己的身份不便攻击时，便把愤怒发泄到其他的人或物上。如有的中学生在学校受到老师的严厉批评，不敢反抗，回家后便把闷气发泄到妈妈身上，或者回家后摔书包，这样的攻击称之为转向攻击。还有的人由于对自己缺乏信心，或悲观失望，把攻击对象转向自己，自我折磨或自我虐待。

冷漠是与攻击行为相反的另一种行为反应，指个体遭受挫折而无动于衷、漠不关心。它一般表现在长期遭受挫折，或处境十分艰险又无法改变的情况下。

退化是指个体受挫折时表现出与自己年龄和身份不相称的幼稚行为。当个体受挫折时，可能会失去理智，不能控制自己，而以简单、幼稚的方式应对挫折，表现出一种由成熟向幼稚倒退的反常现象，但本人并不能意识到。例如，有的中学生被老师训斥后，在同学面前号啕大哭。

（二）理智性反应

理智性反应实质上是一种意志行动的表现，即当个体遭受挫折后，能审时度势，采取积极进取的态度，勇于克服各种困难，排除阻碍，毫不动摇地朝预定目标迈进。许多重要的科学发现，都是科学家在经历多次失败后，仍坚持不懈地努力，而最终获得成功的。

理智性反应不仅表现在坚持目标，继续努力，还表现在个体能以科学的、实事求是的态度来分析挫折或问题，适时地调整目标、改变目标或降低目标以实现最终目标。例如，屈原遭谗言被放逐，他在政治上的抱负无法施展，悲愤之下写诗作赋，留下千古绝唱《离骚》。

（三）个性的变化

持续的挫折或重大的挫折不仅会使个体产生持续的紧张状态和挫折反应，而且某些行为反应还会逐渐固定下来，形成个体相应的习惯和某些突出的个性特点，甚至会影响个性的形成与发展。例如，挫折会使某些人缺乏主动性，冷漠无情；或者使另一些人粗暴凶狠，好攻击等。

四、增强挫折承受力

挫折在人们的生活中是不可避免的。增强挫折承受力是培养良好意志行动的重要方面。意志行动的重要特征是勇于克服困难和阻碍，正确对待挫折是克服困难的一个方面。因此，能否经受得起挫折不仅取决于个体经受挫折时的心理状态，对挫折的认识、评价和理解，还取决于个体对挫折的态度以及应付挫折的行为方法。积极的态度和合适的方法等都有利于增强个体对挫折的承受力。增强挫折的承受力涉及多方面因素，下面介绍几种重要的因素。

（一）正确对待挫折

首先，要认识到挫折是普遍存在的，从某种意义上讲，挫折是生活中的一部分。自然界、社会中的万事万物都是在曲折中前进、螺旋式上升的，直线、顺利发展的事情几乎没有。挫折是客观存在的，关键在于人们怎样认识和对待它，如果认识到挫折是生活中不可避免的组成部分，就对挫折有了比较充分的心理准备；能面对挫折不灰心、不后退，敢于向挫折挑战；能把挫折作为前进的阶梯、成功的起点。

其次，应该认识到挫折具有两重性，挫折和磨难并不都是坏事，它促使人为了改变境况而奋斗，能磨炼性格和意志，增强创造能力和智慧，使人对生活、对人生认识得更加深刻、更加成熟。同时，遭受挫折后认真总结经验教训也是十分必要的，应该尽量避免不必要的挫折。

（二）改善挫折情境

挫折情境是产生挫折和挫折感的重要原因，如果挫折情境得到改善和消失，挫折感也就会随之消失。对挫折情境的改善，首先应预防挫折的发生，即对一件事情的成功和失败做出正确的评估。挫折发生之后，认真分析引起挫折的原因，设法改变、消除或降低其作用的程度。改变情境的另一种办法是暂时离开挫折情境，到一个新的环境中去或改变环境气氛，给受挫者以同情、支持和温暖。

（三）总结经验教训

善于总结失败和挫折中的教训，是增强挫折承受力的重要方面。一方面要从失败中吸

取教训,以积极态度冷静地分析遭受挫折的主、客观原因,及时找出失败的症结所在,发现自己的弱点,力争改进。另一方面要发现自己的优点和长处,从而振作精神,鼓起战胜挫折的勇气,树立信心,提高对挫折的承受能力。

（四）调节抱负水平

抱负水平是指个体在从事活动前,对自己所要达到的目标或成就提出的标准。它是人们进行成就活动的动力,而能否成功则取决于抱负水平的高低是否适合个体的能力或条件。抱负水平过低或过高都不利于增强个体的自尊心和自信心。在过低的抱负水平下,即使成功了,人们也不能产生成就感;抱负水平过高,在达不到预定目标时,就容易产生挫折感。所以要使个体在活动中既产生成就感又不至于受到挫折,就要提出适合个体能力水平的、具有挑战性的标准。

（五）建立和谐的人际关系

建立和谐的人际关系对于增强挫折的承受力是有积极作用的。当一个人遭受挫折后,如果其拥有几个在思想上、学习上、生活上志同道合的朋友,能向他们倾诉自己的心里话,便能使自己从挫折中解脱出来,内心的紧张也会逐渐减弱。同时,还可以从朋友那里得到鼓励、信任、支持和安慰,重新振作精神,战胜困难和挫折。

要建立和谐的人际关系,就要关心别人,与人友好相处。只有细心地耕耘,才会有盛开的友谊之花。

意志行动的两个阶段紧密联系。没有意志行动的准备阶段,行动就会失去方向;缺少意志行动的执行阶段,再好的决定也失去了意义。

第四节　意　志　品　质

一、意志品质的含义

人的意志力的强弱是不同的。构成人的意志的某些比较稳定的方面,就是人的意志品质。了解意志品质,对培养优良品质、克服不良品质具有重要意义。

（一）自制力

自制力是指善于掌握和支配自己行动的能力。它表现在意志行动的全过程。在采取决定时,自制力表现为能够进行周密的思考,做出合理的决策,不为环境中各种诱惑所左右;在执行决定时,则表现为能够克服各种内外的干扰,把决定贯彻执行到底。自制力还表现为对自己的情绪状态的调节,例如,在必要时能抑制激情、暴怒、愤慨、失望等情绪。

与自制力相对立的意志品质是任性和怯懦。前者不能约束自己的行动;后者在行动时畏缩不前、惊慌失措。这都是意志薄弱的表现。

（二）果断性

果断性表现为有能力及时采取有充分根据的决定,并且在深思熟虑的基础上去实现这些决定。具有果断性品质的人,善于审时度势,善于对问题情境做出正确的分析和判断,以及洞察问题的是非真伪。这是他们能够迅速采取决策的根本原因。果断性在日常生活中有重要意义。军事指挥员的当机立断,对战争胜败有直接影响;飞机驾驶员、汽车司机的果断性,也使他们能及时排除险情、化险为夷、转危为安。果断性与草率不同。果断性能使行动成功,而草率是以行动的冲动性、鲁莽为特征,往往使行动碰壁,导致失败。

与果断性相反的意志品质是优柔寡断。有这种品质的人,在决策时常常犹豫不决,冲突和动机斗争没完没了;在执行决定时,常出现动摇,拖延时间,怀疑自己的决定等。不过当情况复杂时,人们在做出决定之后,会根据情况的发展需要随时修改决定,这种修改是为了保证决定的正确执行,因而和优柔寡断是不同的。

(三)坚定性

坚定性也叫顽强性。它表现为长时间坚信自己决定的合理性,并坚持不懈地为执行决定而努力。具有坚定性的人,能在困难面前不退缩,在压力面前不屈服,在引诱面前不动摇。所谓"富贵不能淫,贫贱不能移,威武不能屈"就是意志坚定的表现。这种人具有明确的行动方向,并且能坚定不移地朝着这个方向前进。

坚定性不同于执拗。后者以行动的盲目性为特征。执拗的人不能正视现实,不能根据已经发生变化的形势灵活地采取对策,也不能放弃那些明显不合理的决定。坚定性是和独立性相联系的,具有独立性的人不易为环境的因素所动摇;而执拗是和武断、受暗示相联系的。

(四)独立性

意志的独立性是指一个人不屈服于周围人们的压力,不随波逐流,能根据自己的认识与信念,独立地采取决定,执行决定。独立性不同于武断。武断表现为置周围人们的意见于不顾,一意孤行。独立性是和理智地分析吸收周围人们的合理意见相联系的。受暗示性与独立性相反,也是一种不好的意志品质。受暗示性表现为一个人很容易接受别人的影响。他们的行动不是从自己的认识和信念出发,而是被别人的言行所左右,人云亦云,没有主见。他们没有明确的行动方向,也缺乏坚定的信心与决心。

二、中学生意志品质的培养

良好的意志品质不是与生俱来的,而是在后天的生活中通过学习而逐步培养起来的。良好的意志品质可以从以下几方面着手培养。

(一)针对不同类型,采取不同措施

意志力的培养既包括整体水平的发展,也包括个别意志品质的完善,在培养的过程中应该针对个体不同的发展状况,采取具体的、有针对性的措施。对于胆小而易受暗示、遇事犹豫不决的中学生,要通过具体的行动培养他们大胆、勇敢、果断的品质;对于执拗的中学生,应该从自制力、目的性着手培养;对于冒失而轻率的中学生,要培养他们沉着、耐心的品质,帮助他们理解勇敢与蛮干、果断与轻率的区别;对于过分活跃而又缺乏自制力的中学生,要提高他们的自我控制能力;对于缺乏毅力的中学生,应重视培养他们的坚韧精神。

(二)明确目的,增强责任感

在意志行动中,人们所确定的目标有远近、长短之分,行动的社会意义各不相同。短而

近的目标容易使人只顾眼前得失、缺乏恒久的动力；大而空的目标则容易使人丧失达到目标的信心，最终放弃目标。只有那些既有远大目标又有明确而具体的阶段目标的人，才会胜不骄、败不馁，自觉克服重重困难。因此，意志的培养必须激起中学生完成任务的强烈愿望，既有长期的奋斗目标，又有为实现长期目标服务的短期具体安排，从而达到锻炼意志的目的。高度的责任感可以使中学生增添克服内外障碍的力量。一个具有高度责任感的人，会最大限度地与各种不利因素做斗争，会自觉克服懒惰、散漫等不良习惯，形成坚定的意志。

（三）参加实践，获得经验

意志力是在实践活动中逐渐发展起来的，如按时完成学习任务，遵守课堂纪律，执行委托的社会任务等，都可以锻炼中学生的意志。实践有助于人们掌握丰富的知识和熟练的技能，有助于人们在活动中设定合理目标，正确而迅速地采取决定和执行决定，增强克服困难的信心，培养个体的成就感。组织中学生进行实践锻炼应注意抓好以下几个方面的工作。

首先，行为训练要有目的性、计划性，从简到繁，逐步深入。

其次，有意识地为中学生创设一些困难情境，鼓励他们勇敢面对困难，帮助他们学会摆脱困境，提高他们在困境中求生存的能力。

再次，在活动中树立良好的榜样，提供行为练习的示范，以方便中学生学习效仿。

最后，重视对活动效果进行及时有效的反馈与评价，合理运用鼓励、赞扬、批评、责备等强化措施，以增强中学生活动的自觉性和积极性。

（四）从小事做起，加强自我锻炼

"冰冻三尺，非一日之寒。"坚强的意志是经过无数件小事的锻炼而逐步培养起来的，中学生只有在小事上锻炼自己的意志，才可能在重大的事情上表现出坚强的意志来。有的中学生误认为小事可以马虎，大事才能考验人的意志。而事实告诉我们，小事都不能克制自己的人，做大事很难不失败。正如高尔基所说："哪怕是对自己一小点的克制，也会使人变得坚强起来。"在培养中学生良好的意志品质的过程中，教师的要求、榜样的力量、舆论的影响等都必须转化为中学生内在的自我需求，才能发挥作用。外因是通过内因起作用的。中学生已经具备了一定水平的自我教育能力，教师应当正确引导中学生加强意志的自我锻炼，帮助他们逐步养成自我评价、自我监督、自我控制的习惯，形成良好的意志品质。

（五）融入集体，获得归属感

集体对个人意志品质的培养具有重要的作用。如果一个人对他所属的集体具有归属感，他就会重视集体的意见，按照集体的要求行动，自觉约束自己的行为，关心其他成员，维护集体的荣誉，并在行动中表现出自己的才智、决断力和自制力，以获得集体的认同。而这种归属感和认同感又可以成为其进一步发展的动力。

第六章
中学生人格发展

第一节 人格概述

一、人格的概念

人格一词,最初源于古希腊语"Persona",此词的原意是指希腊戏剧中演员戴的面具。面具随人物角色的不同而变换,体现了角色的特点和人物性格,就如同我国戏剧中的脸谱一样。心理学沿用面具的含义,转意为人格。其中包含了两个意思:一是指一个人在人生舞台上所表现出来的种种言行,人遵从社会文化习俗的要求而做出的反应。人格所具有的"外壳",就像舞台上根据角色要求所戴的面具,表现出一个人外在的人格品质。二是指一个人由于某种原因不愿展现的人格成分,即面具后的真实自我,这是人格的内在特征。

"人格"是我们日常生活中经常使用的词汇。如"他具有健全的人格""他的人格高尚""他出卖了自己的人格"……这些描述包含了人格的多重含义,有法律意义上的人格,有道德意义上的人格,还有社会意义上的人格。

在心理学中,人格是探讨完整个体与个体差异的领域。一般认为人格是指决定个体的外显行为和内隐行为并使其与他人的行为有稳定区别的综合心理特征。人格又称为个性。

二、人格的特征

人格是一个具有丰富内涵的概念,具有独特性、稳定性、整体性、功能性和社会性的特点。

(一) 独特性

人格的独特性是指人与人之间的心理与行为是各不相同的。人格是在遗传、环境和教育交互作用下形成的,不同的遗传、环境和教育造就了个人独特的心理特点。人与人没有完全一样的人格特点。所谓"人心不同,各如其面",正说明了人格是千差万别、千姿百态的,这就是人格的独特性。

（二）稳定性

人格的稳定性表现为两个方面，一是人格的跨时间的持续性，二是人格的跨情境的一致性。所谓人格特征是指一个人经常表现出来的稳定的心理与行为特征，那些暂时的、偶尔表现出来的行为则不属于人格特征。所谓的"江山易改，禀性难移"，这里的"禀性"就是指人格，这说的就是人格的稳定性。但人格的稳定性并不排除其发展和变化，在人的一生中，人格具有可塑性和可变性。

参考例题

【单项选择题】小琼十分内向，不爱说话，无论在陌生的环境，还是在家里，都少言寡语。这表明人格具有（　　）。

A. 整体性　　　　B. 稳定性　　　　C. 独特性　　　　D. 功能性

【参考答案】B。解析：人格的稳定性表现为两个方面，一是人格的跨时间的持续性，二是人格的跨情境的一致性。题干反映的就是人格具有跨情境的一致性。

（三）整体性

人格是由多种心理成分构成的一个有机整体，具有内在一致性，受自我意识的调控。人格的整体性是心理健康的重要指标。当个体的人格结构在各方面彼此和谐一致时，他的人格就是健康的。否则，会出现适应困难，甚至出现"人格分裂"。

（四）功能性

人格直接影响一个人的行为、工作和生活方式，甚至决定一个人的命运，因此是人生成败的根源之一。如当面对挫折与失败时，坚强者能发奋拼搏，懦弱者会一蹶不振，这就是人格的功能性。

（五）社会性

人格的社会性是指人格是个体在社会化过程中形成的，是社会的人特有的。可以说每个人的人格都打上了他所处的社会的烙印，不同社会的政治、经济、文化对个体有不同的影响，使人格带有明显的社会性。如中国人与韩国人都有其各自的社会性人格特征。

参考例题

【简答题】简述人格的特征。

【参考答案】①独特性；②稳定性；③整体性；④功能性；⑤社会性。

三、人格的结构

人格是一个复杂的结构系统，它包括许多成分，其中主要包括气质、性格、认知风格、自我调控系统等方面。

（一）气质

1. 气质的含义

气质是表现在心理活动的强度、速度、灵活性与指向性等方面的一种稳定的心理特征，即我们平时所说的脾气、秉性。人的气质差异是先天形成的,受神经系统活动过程的特性所制约。刚出生的婴儿,最先表现出气质的差异性,如有的婴儿哭声缓慢而微弱,有的婴儿哭声急促而洪亮。心理活动的强度如情绪体验的强度、意志努力的程度等;心理活动的速度与灵活性如知觉的速度、思维的灵活程度等;心理活动的指向性如有人倾向于外部事物,有人倾向于内心世界。

气质是人的天性,无好坏之分,它不能决定人的社会价值,也不直接具有社会道德评价意义,但可以使人的言行具有一定的色彩。气质不能决定一个人的成就,任何气质的人只要经过努力都能在不同的领域取得成就,但也可能成为平庸无为的人。

古希腊著名医生希波克拉底提出,人体内有四种性质不同的体液:血液、黄胆汁、黑胆汁和黏液。罗马医生盖伦从希波克拉底的体液说出发,将人体内体液的混合"比例"用拉丁语命名为"Temperamentum",这便是近代"气质"(Temperament)概念的来源。盖伦将人的气质类型简化成四种类型,即多血质、胆汁质、黏液质和抑郁质。这种气质分类一直沿用至今,称为传统的气质类型。

2. 气质类型的特征

根据现有的研究,气质类型主要有以下几种特征。

(1) 感受性。

感受性是指人对内外适宜刺激的感觉能力。它是神经构成强度特性的一种表现。用感觉阈限的大小来测量。

(2) 耐受性。

耐受性是反映人对客观刺激在时间和强度上的耐受程度。它也是神经构成强度特性的表现。

(3) 反应的敏捷性。

反应的敏捷性包括两类特性:心理反应和心理过程进行的速度(如思维的敏捷性、识记的速度、注意转移的灵活程度等);不随意的反应性(如不随意注意的指向性、不随意运动反应的指向性等)。反应的敏捷性主要是神经过程灵活性的表现。

(4) 可塑性。

可塑性是指人根据外界情况的变化而改变自己适应性行为的可塑程度。刻板性被认为是与可塑性相反的品质。可塑性主要是神经过程灵活性的表现。

(5) 情绪兴奋性。

情绪兴奋性是指以不同的速度对微弱刺激产生情绪反应的特性。它不仅反映神经过程的强度,而且也反映神经过程的灵活性。

(6) 向性。

向性指人的心理活动、言语和动作反应是表现于外还是表现于内的特性。表现于外叫外向性,表现于内叫内向性。外向性是兴奋过程强的表现,内向性是抑制过程强的表现。

3. 不同气质类型的特征

上述各种特性的不同的结合,就构成了各种不同的气质类型的特征。

(1) 多血质。

多血质的气质特征是感受性低而耐受性高;不随意反应性强,易受外界刺激的影响;具有较高的可塑性;情绪兴奋性高,反应速度快而灵活;外倾性明显。行为特征是活泼、好动、反应迅速、喜欢与人交往、注意力容易转移、兴趣容易变换、组织能力强、能说会道等。

(2) 胆汁质。

胆汁质的气质特征是感受性低而耐受性高；不随意反应性强，易受外界刺激的影响，反应速度快但不灵活；可塑性较低；情绪兴奋性高，抑制能力差；外倾性明显。行为特征是急躁、直率、热情、容易冲动、精力充沛等。

(3) 黏液质。

黏液质的气质特征是感受性低而耐受性高；不随意反应性低，不易受外界刺激的影响；可塑性较差；情绪兴奋性低，反应速度慢，具有稳定性；内倾性明显，外部表现较少。行为特征是稳重、安静、反应缓慢、沉默寡言、情绪不易外露、注意不易转移等。

(4) 抑郁质。

抑郁质的气质特征是感受性高而耐受性低；不随意反应性低，不易受外界刺激的影响；可塑性较差，具有刻板性，不灵活；情绪兴奋性高，情绪体验深刻，反应速度慢；具有严重的内倾性。行为特征是行动迟缓、孤僻、敏感多疑、善于观察别人不易察觉的细节、容易疲劳、易多愁善感等。

心理学家达维多夫曾形象地描述了四种基本气质类型的人在同一情景中的不同行为表现。四个不同气质类型的人去剧院看戏，但都迟到了。胆汁质的人和检票员争吵，企图闯入剧院。他辩解道，剧院里的钟快了，他进去看戏是不会影响别人的，并打算推开检票员进入剧院。多血质的人立刻明白，检票员是不会放他进入剧场的，但是通过楼厅进场容易，就跑到楼上去了。黏液质的人看到检票员不让他进入正厅，就想"第一场总是不太精彩，我在小卖部等一会儿，幕间休息时再进去"。抑郁质的人会说："我老是不走运，偶尔来一次戏院，就这样倒霉。"接着就回家去了。

4. 针对不同气质类型学生的教育措施

不同气质类型的学生有各自的特点，教师应了解并有针对性地因材施教。每一种气质都存在向某些积极或消极性格品质发展的可能，教师在教育学生的过程中不应刻意地改变学生的气质，而是要注意帮助各种气质类型的学生，发展积极品质，克服消极品质。

(1) 对胆汁质的学生进行教育时，宜采用"以柔克刚"和"热心肠冷处理"等方法；保持冷静，轻声细语、实实在在地讲清道理；不要轻易激怒他们，要注意锻炼他们的自制力。

(2) 对多血质的学生进行教育时，要注意严格要求，使之养成做事有计划、有目标并努力落实的习惯，要教育他们保持稳定的兴趣，发扬他们热情奔放、机敏灵活的长处，要求他们养成做事要专心致志、坚持到底和克服困难的决心。

(3) 对黏液质的学生进行教育时，应理智、热心和有耐心。在把学习和活动的任务交给他们时，要讲清具体要求，要鼓励他们主动探索新问题，诱导他们生动活泼、机敏灵活地完成任务。要防止墨守成规、谨小慎微、固执己见等不良品质的形成，鼓励他们积极参加集体活动，培养他们的合作能力。

(4) 对抑郁质的学生进行教育时，要注意多鼓励他们发挥自己善于思考的优势，鼓励并及时肯定他们的见解。老师、同学都要多给予他们关怀和帮助，绝不要在公开场合批评和指责他们。要在他们能够接受的场合和范围内，鼓励其参加活动的勇气，使其在交往与活动中树立自信心、消除胆怯和害羞的心理，防止其疑虑、孤独等消极品质的发展。

参考例题

【单项选择题】肖晓活泼好动,善于交际,思维敏捷,易接受新事物,兴趣广泛,注意力容易转移。他的气质类型属于( )。

A.多血质　　　　B.胆汁质　　　　C.黏液质　　　　D.抑郁质

【参考答案】A。解析:多血质的典型特征是活泼好动,反应迅速,热爱交际,能说会道,适应性强,具有明显的外向性,粗枝大叶。

(二) 性格

1. 性格的含义

性格是人在现实稳定的态度和习惯化了的行为方式中所表现出来的个性心理特征。

性格一词来源于希腊文,原为雕刻的意思,后来转意为印刻、标记、特性。广义指人或事物互相区别的特征。诚实或虚伪、勇敢或怯懦、谦虚或骄傲、勤劳或懒惰等都是人的性格特征。性格就是一个人的许多性格特征所组成的统一体。

性格特征表现在人对现实的态度和行为方式中。人对现实的态度和与之相应的行为方式的独特结合,就构成了一个人区别于他人的独特性格。恩格斯简明而完整地阐明了性格概念的含义,他指出:"人物的性格不仅表现在他做什么,而且表现在他怎么做。"人的性格主要表现在两个方面——"做什么"和"怎么做"。"做什么"反映了人对现实的态度,表明一个人追求什么、拒绝什么;"怎么做"反映了人的行为方式,表明一个人如何去追求他所要得到的东西,如何去拒绝他所要避免的东西。一般来说,人对现实稳定的态度决定着他的行为方式,而人习惯了的行为方式又体现了他对现实的态度。这两个方面是统一的。

性格是稳定的,但又有一定的可塑性。研究表明,性格是人在实践活动中,在与客观世界相互作用的过程中形成和发展起来的。客观事物的各种影响通过主体的心理活动在个体的反映机构中保存、固定下来,构成一定的态度体系,并以一定的形式表现在个体的行动之中,构成个体所特有的行为方式。人的性格并不是一朝一夕形成的,但一经形成就比较稳定,并且会贯穿于他的全部行动之中。人的性格不仅在类似情境中,甚至在不同的情境中都会表现出来。因此,个体一时性的偶然表现不能认为是他的性格特征,只有经常的、习惯性的表现才能认为是他的性格特征。例如,某中学生经常表现得很诚实,偶尔表现出虚伪,那么不能认为他具有虚伪的性格特征,他的性格特征是诚实。性格是在主体与客体的交互作用过程中形成的,同时又在主体与客体的交互作用过程中发生缓慢的变化。

性格是具有核心意义的个性心理特征。个人对现实的态度和行为方式是与他的意识倾向和世界观紧密相连的,体现了人的本质属性。人的性格具有社会历史制约性,并且与人的道德评价有关。性格最能表征一个人的个性。我们通常讲的个性,主要是指一个人的性格。

2. 性格和气质

性格和气质是两个既有区别又有密切联系的概念。

两者的区别表现为气质是个体心理活动的动力特征,与性格相比较,气质受先天因素的影响大,并且变化比较难、比较慢;性格主要是在后天形成的,具有社会性,变化比较容易、比较快。气质是行动的动力特征,与行为的内容无关,因此气质无好坏善恶之分;性格涉及行为的内容,表现个体与社会的关系,因而有好坏善恶之分。

两者的联系表现为性格和气质相互渗透、彼此制约。一方面,气质影响性格的动态,使性格"涂上"一种独特的色彩,在性格的情绪性和表现的速度方面体现得比较明显。例如,具有勤劳性格特征的人,多血质的人表现为精神饱满、情绪充沛;黏液质的人表现为操作精细、踏实肯干等。气质还影响性格形成和发展的速度和动态。例如,黏液质和抑郁质的人比多血质和胆汁质的人更容易形成自制力的性格特征。另一方面,性格可以在一定程度上掩盖或改造气质,使之符合社会实践的要求。例如,从事精细操作的外科医生应该具有冷静、沉着的性格特征,在职业训练过程中有可能掩盖或改造容易冲动和不可遏制的胆汁质的气质特征。

具有不同气质类型的人可以形成同样的性格特征;具有同一气质类型的人也可以形成不同的性格特征。

3. 性格的结构特征

性格是一个十分复杂的心理构成物,它由各种不同的性格特征所组成。性格特征就是指性格各个不同方面的特征,主要有以下四个方面。

(1) 性格的态度特征。

人对客观现实的影响总是以一定的态度给予反应。客观现实的对象和现象是多种多样的,因此人对客观现实的态度的性格特征也是多种多样的。

性格的态度特征主要是指人在处理各种社会关系方面的性格特征,主要有以下三方面。

对社会、集体和他人的态度特征:公而忘私或假公济私,忠心耿耿或三心二意,善于交际或行为孤僻,热爱集体或自私自利,礼貌待人或粗暴,正直或虚伪,富有同情心或冷酷无情,等等。

对工作和学习的态度特征:勤劳或懒惰,认真或马虎,细致或粗心,创新或墨守成规,节俭或浪费,等等。

对自己的态度特征:谦虚或骄傲,自尊或自卑,严于律己或放任,等等。

(2) 性格的意志特征。

性格的意志特征是指人在对自己行为的自觉调节方式和水平方面的性格特征,主要有以下四个方面。

对行为目的明确程度的特征:目的性或盲目性,独立性或易受暗示性,纪律性或散漫性,等等。

对行为的自觉控制水平的特征:主动性或被动性,自制力或冲动性、缺乏自制力,等等。

在长期工作中表现出来的特征:持之以恒或三天打鱼、两天晒网,坚韧性或见异思迁、虎头蛇尾,等等。

在紧急或困难情况下表现出来的特征:勇敢或怯懦,沉着镇定或惊慌失措,当机立断或优柔寡断,等等。

(3) 性格的情绪特征。

性格的情绪特征是指人在情绪活动时,在强度、稳定性、持久性和主导心境等方面表现出来的性格特征,主要有以下四个方面。

情绪强度特征:表现为个人受情绪影响程度和情绪受意志控制的程度。例如,有人情绪体验比较微弱,容易用意志控制;有人情绪体验比较强烈,难以用意志控制。

情绪稳定性特征：表现为情绪起伏波动的程度。例如，有人不论在成功或失败时，情绪都比较平静，对情绪的控制也比较容易；有人成功时则沾沾自喜，失败时则垂头丧气，对情绪的控制也比较困难。

情绪持久性特征：表现为个人受情绪影响时间长短的程度。例如，有人遇到愉快的事，当时很高兴，事后很快恢复平静；有人愉快的情绪则持续很久。

主导心境特征：表现为不同的主导心境在一个人身上表现的程度。例如，有人经常愉快，有人经常忧伤；有人受主导心境支配的时间长（主导心境稳定性大），有人受主导心境支配的时间短（主导心境稳定性小）。

(4) 性格的理智特征。

性格的理智特征是指人在认知过程中的性格特征。人的认知水平的差异称为能力特征，人的认知活动特点与风格称为性格的理智特征，主要有以下四个方面。

感知方面的性格特征：人在感觉和知觉方面的个别差异可以区分出主动观察型和被动观察型，记录型和解释型，罗列型和概括型，快速型和精确型，等等。

记忆方面的性格特征：人在记忆方面的个别差异可以区分出主动记忆型和被动记忆型，直观形象记忆型和逻辑思维记忆型，在识记上有快慢之分，在保持上有长短之分，等等。

想象方面的性格特征：人在想象方面的个别差异可以区分出主动想象型和被动想象型，幻想型和现实型，敢于想象型和想象受阻型，狭窄想象型和广阔想象型，等等。

思维方面的性格特征：人在思维方面的个别差异可以区分出独立型和依赖型，分析型和综合型，等等。

在以上四个方面的性格特征中，最主要的是性格的态度特征和性格的意志特征，其中又以性格的态度特征更为重要。因为它直接体现了一个人对事物所特有的稳定的倾向，也是一个人的本质属性和世界观的反映。

性格的上述四个方面的特征并不是孤立的，而是相互联系的，在个体身上结合为独特的统一体，从而形成一个人不同于他人的性格。

参考例题

【单项选择题】

1. 田禾热爱学习，关心同学，助人为乐，组织班级活动认认真真。她的这些品质属于性格的哪种特征？（　　）

A. 态度特征　　　　B. 理智特征　　　　C. 意志特征　　　　D. 情绪特征

【参考答案】A。解析：性格的态度特征是指个体对自己、他人、集体、社会，以及对工作、劳动、学习的态度特征。田禾表现出对同学关心的态度，对班级活动认认真真的态度属于性格中的态度特征。

2. 初中生小黄热爱班集体，学习认真，对自己要求严格。小黄的这种性格特征属于（　　）。

A. 态度特征　　　　B. 理智特征　　　　C. 情绪特征　　　　D. 意志特征

【参考答案】A。解析：同上。

3. 小丽是一名热爱班级、团结同学、乐于助人和诚实正直的学生。这主要反映了小丽的哪种性格结构特征？（　　）

A. 态度特征　　　　B. 情绪特征　　　　C. 理智特征　　　　D. 意志特征

【参考答案】A。解析：同上。

(三) 自我调控系统

自我调控系统是人格中的内控系统或自控系统，包括自我认识、自我体验和自我控制三个子系统，也叫自我意识。其作用是对人格的各种成分进行调控，保持人格的完整、统一、和谐。

1. 自我认识

自我认识是主观的我对客观的我的认知与评价。它是对自己的洞察和理解，包括自我观察和自我评价。自我观察是指对自己的感知、思想和意向等方面的觉察；自我评价是指对自己的想法、期望、行为及人格特征的判断与评估，这是自我调节的重要条件。恰当地认识自我，实事求是地评价自己，是自我调节和人格完善的重要前提。

2. 自我体验

自我体验是伴随自我认识而产生的内心体验，是自我意识在情感上的表现。当一个人对自己做积极的评价时，就会产生自尊感；作消极的评价时，就会产生自卑感。自我体验可以使自我认识转化为信念，进而指导一个人的言行。自我体验还能伴随自我评价，激励适当的行为，抑制不适当的行为，如一个人在认识到自己不适当的行为后果时，会产生内疚、羞愧的情绪，进而制止这种行为的再次发生。

3. 自我控制

自我控制是个体对自身行为和心理活动自觉而有目的地调节和控制。它是自我意识在行为上的表现，是实现自我意识调节的最后环节，如一个学生意识到学习对自己发展的重要意义，会激发起努力学习的动机，在行为上表现出刻苦学习、不怕困难的精神。自我控制包括自我监控、自我激励、自我教育等。

个体自我意识的发展经历了从生理自我到社会自我，再到心理自我的过程。

(1) 生理自我。生理自我是自我意识最原始的形态。通常儿童在1岁末，开始将自己的动作和动作的对象区分开来，把自己和自己的动作区分开来，并在与成人的交往中，按照自己的姓名、身体特征、行动和活动能力来看待自己，并做出一定的评价。

(2) 社会自我。儿童在3岁以后，自我意识的发展进入社会自我阶段。他们从轻信成人的评价逐渐过渡到自我独立评价。但他们的自我评价通常不涉及个人的内心世界和人格特征，自我的调节控制能力也较差，常出现言行不一的现象。社会自我到少年期基本成熟。

(3) 心理自我。心理自我是在青春期开始发展和形成的。这时，他们开始形成自觉地按照一定的行动目标和社会准则来评价自己的心理品质和能力。青春期是自我意识发展的第二个飞跃期。初中生自我意识高涨，使其人格出现了暂时的不平衡性。高中生自我意识中的独立意向日趋强烈，在心理上将自我分成了"理想自我"与"现实自我"两部分，强烈关心自己的个性成长，自我评价逐渐成熟，有较强的自尊心，道德意识得到高度发展。

四、影响人格形成与发展的因素

当代心理学家认为，人格是在遗传与环境的交互作用下逐渐形成的。

（一）生物遗传因素

遗传对人格的作用，是一个有重要理论意义和实践意义的复杂问题，目前还难以得出明确的结论。根据现有的研究，我们对遗传的作用有以下一些看法。

（1）遗传是人格不可缺少的影响因素。例如，俗话说，"龙生龙，凤生凤，老鼠的儿子会打洞"。这就形象地说明了遗传的强大作用。

（2）遗传因素对人格的作用程度随人格特质的不同而异。通常在智力、气质这些与生物因素相关较大的特质上，遗传因素的作用较重要；而在价值观、信念、性格等与社会因素关系密切的特质上，后天环境的作用可能更重要。

（3）人格的发展是遗传与环境两种因素交互作用的结果。人既是一个生物个体，又是一个社会个体。人在胚胎状态时，环境因素的影响就已经开始了，这种影响会在人的一生中持续下去。后天环境的因素是多种多样的，小到家庭因素，大到社会文化因素。这些因素对人格的形成和发展都有重要的影响。

（二）社会文化因素

每个人都处在特定的社会文化环境中，文化对人格的影响是极为重要的。社会文化塑造了社会成员的人格特征，使其成员的个性结构朝着相似性的方向发展，而这种相似性又具有维系社会稳定的功能，使得每个人能稳定地"嵌入"整个文化形态里。

社会文化对人格具有塑造功能，这反映在不同文化的民族有其固有的民族性格。例如，米德等人研究了新几内亚的三个民族的人格特征。这三个民族居住在不同的自然环境中，有着不同的社会文化背景。他们在民族性格上的差异，显示了社会文化环境和自然环境对人格的影响。研究显示，居住在山丘地带的阿拉比修族，崇尚男女平等的生活原则，成员之间互助友爱、团结协作，没有恃强凌弱和争强好胜，人与人之间一派亲和景象。居住在河川地带的梦都古姆族，生活以狩猎为主，男女间有权力与地位之争，对孩子处罚严厉。这个民族的成员表现出攻击性强、冷酷无情、嫉妒心强、妄自尊大、争强好胜等人格特征。居住在湖泊地带的张不里族，男女角色差异明显。女性是这个社会的主体，她们每天劳动，掌握着经济实权；而男性则处于从属地位，其主要活动是艺术、工艺与祭祀活动，并承担孩子的养育责任。这种社会分工使女人表现出刚毅、支配、自主与快活的性格，而男人则有明显的自卑感。

若个人极端偏离其社会文化所要求的个性基本特征，无法融入社会文化环境之中，就可能会被视为行为偏差或心理疾病。

（三）家庭因素

家庭是社会的细胞，它不仅蕴含着自然遗传因素，也具有社会遗传因素，即家庭对子女的教育和培养。所谓"有其父必有其子"恰恰反映了这一现象。一般而言，个体在自己的原生家庭中生活时间较长，父母按照自己的愿望和方式施教于子女，就必然对其人格形成产生重要影响。

1. 家庭教养方式

一般研究者把家庭的教养方式分成三类，不同的教养方式对孩子的人格特征具有不同的影响。

（1）专制型教养方式。采用这种教养方式的父母在子女教育中，表现得过于支配，孩子的一切都由父母来控制。在这种环境下长大的孩子容易形成消极、被动、依赖、服从、懦弱，做事缺乏主动性,甚至会形成不诚实的人格特征。

（2）放纵型教养方式。采用这种教养方式的父母,对孩子过于溺爱,让孩子随心所欲,父母对孩子的教育有时呈现失控的状态。在这种环境中成长的孩子多表现为任性、幼稚、自私、服从、野蛮、无礼、独立性差、唯我独尊、蛮横无理、胡闹等。

（3）民主型教养方式。父母与孩子在家庭中处于一个平等和谐的氛围之中,父母尊重孩子,给孩子一定的自主权,并给予孩子积极正确的指导,父母的这种教养方式使孩子形成了一些积极的人格品质,如活泼、自立、彬彬有礼、善于交往、具有合作精神、思想活跃等。

由此可见,家庭确实是"人类性格的工厂",它塑造了人们不同的人格特质。

2. 依恋风格

"早期的亲子关系定出了行为模式,塑造出一切日后的行为。"这是麦肯侬有关早期童年经验对人格影响力的一个总结。20世纪70年代末,美国心理学家安斯沃斯通过陌生情境进行婴儿依恋的研究,将婴儿依恋模式分为安全依恋、回避依恋与矛盾依恋三类,并做了数十年的追踪研究,将婴儿时期的依恋对人格的发展进行了相关研究。结果表明:早期安全依恋的婴儿在长大后有更强的自信与自尊,确定的目标更高,表现出对目标更大的坚持性,更小的依赖性,并容易建立亲密的友谊。

奥地利精神分析学家斯皮茨对孤儿院里的儿童进行研究后发现,那些在早期缺失母亲照顾的孩子,长大以后在各个方面的发展均受到影响。许多孩子患有"失怙性忧郁症",其症状表现为哭泣、僵直、退缩和表情木然等。

（四）学校教育因素

学校教育在学生中的作用主要是通过教师与学生的相互影响来实现的。教师的品德修养、知识经验、教育和教学技巧、对学生的态度等,对中学生社会化与人格的发展都具有举足轻重的意义。同时,学校教育按照一定的社会教育目标,有计划、有步骤地对中学生施加影响,从而直接控制着中学生人格发展的方向和基本质量。

（五）个人主观因素

任何一种人格特征的形成和发展,都是个体把所接受的外部的社会要求逐步转变为自己内部需要的过程。在这个转化过程中,人的主体性起着越来越重要的作用。环境因素、一切外来的影响,都必须经过个体的自我调节才能起作用。因此,从这个意义上讲,每个人都在塑造着自己的人格。随着中学生自我意识的发展,他们常常能主动地分析自己的人格特征,自觉地扬长避短,培养自己良好的人格特征。这时,他们对自己人格的形成已从被控制者转变为自我控制者和自我教育者。

五、中学生良好人格的塑造

中学生良好人格的塑造需要遵循必要的原则,其实施途径和方式方法是多种多样的,主要需做好以下几个方面的工作。

（一）激发中学生自我教育的意识

教育者应充分尊重和调动中学生的主体能动性,想方设法地促使他们成为人格教育的主人,使其意识到自我的需要、自我存在的价值。要激发其进行人格教育的意向,确立人格教育的目标,培养人格教育的方法和能力,依靠人格自我教育积极性的发挥。

（二）进行人格素质的整合教育

经历了儿童期人格的发展，中学生人格素质具备了一定水平，对其进行人格教育应当在重视发展各方面人格素质的同时，把重点放在人格素质的整合上。

（三）实施以提高文化素质为基本内容的综合素质教育

实施以提高中学生的文化素质为基本内容的综合素质教育，首先要走出应试教育的泥潭，切实贯彻落实德智体美劳全面发展的素质教育；其次在丰富文化底蕴的同时，要强化思维训练；最后要注意传授新思想，学习新知识，及时用反映当代世界发展的新知识、新科技武装中学生的头脑，促使其人格尽快现代化。

（四）强化情感陶冶与行为训练

在中学生的人格培养中要注意和尊重情感、意志等因素在人格品质形成中的特殊地位和功能，要强化情境的陶冶及行为的训练。在现实生活的特定情境中获知、育情、炼意、导行，实现知、情、意、行的和谐、均衡、健康发展，达到身心的统一和人与社会的协调。

（五）优化育人环境，协调家庭、学校、社会教育，形成人格培养的整合力

学校进行人格教育时，应建立以学校教育为主体，家庭教育为基础，社会教育为延伸的人格教育体系，实现人格教育的整体化、系统化、一体化。

（六）大力开展心理健康教育和咨询

心理健康教育的水平很大程度上决定了人格培养的水平。普及心理健康知识，发展个性心理品质，培养心理调适能力，预防心理障碍，矫治行为偏差等都需要心理健康教育和咨询来完成，这样才有可能促使中学生人格的健康发展。

（七）建立健全良好人格培养的激励与约束机制

通过健全的激励和约束机制，鼓励和强化那些社会需要的思想行为，制约或惩罚那些不符合社会规范的言行，让中学生知道该做什么、不该做什么、社会倡导什么、社会反对什么，从而明确是非，掌握行为的准则和规范，逐步形成健全高尚的人格。

第二节 人格的基本理论

一、人格特质理论

人格特质理论起源于20世纪40年代的美国。主要代表人物是美国心理学家奥尔波特和卡特尔。特质理论认为，特质是决定个体行为的基本特性，是人格的有效组成元素，也是测评人格所常用的基本单位。

（一）奥尔波特的人格特质理论

奥尔波特于1937年首次提出人格特质理论。他把人格特质分为两类：一类是共同特质，指在某一社会文化形态下，大多数人或一个群体所共有的、相同的特质。在研究人格的

文化差异时,可以比较不同文化中的共同特质。另一类是个人特质,指个体身上所独具的特质。个人特质依其在生活中的作用又可分为首要特质、中心特质、次要特质。

首要特质是一个人最典型、最有概括性的特质,它影响到一个人的各方面的行为。如多愁善感可以说是林黛玉的首要特质,狡猾奸诈可以说是曹操的首要特质等。中心特质是构成个体独特性的几个重要的特质,在每个人身上大约有5—10个。如林黛玉的清高、率直、聪慧、孤僻、内向、抑郁、敏感等都属于她的中心特质。次要特质是个体的一些不太重要的特质,往往只有在特殊的情况下才会表现出来。这些次要的特质除了亲近他的人外,其他人很少知道。如一个人在外面很粗鲁,而在自己的母亲面前很顺从。这里的"顺从"就是他的次要特质。

参考例题

【单项选择题】人们通常认为"北方人开朗、豪爽,南方人含蓄、细腻"。根据奥尔波特的人格特质理论,上述人格特质属于(　　)。

A.共同特质　　　B.首要特质　　　C.次要特质　　　D.中心特质

【参考答案】A。解析:奥尔波特把人格特质分为两类:一类是共同特质,指在某一社会形态下,大多数人或一个群体所共有的、相同的特质;另一类是个人特质,指个体身上所独具的特质。个人特质又分为三种,即首要特质、中心特质、次要特质。

(二) 卡特尔的人格特质理论

奥尔波特强调特质具有独特性,而卡特尔则认为,所有的人具有相同的人格结构,人格研究的目的就在于发现这个结构的基本元素。1949年,卡特尔用因素分析方法提出了16种相互独立的根源特质(见表6-1),从而编制了"卡特尔16种人格因素调查表"。

表6-1　卡特尔人格特质理论的16种根源特质

因素	特质名称	低分者特征	高分者特征
A	乐群性	缄默孤独	乐群外向
B	聪慧性	迟钝、知识面窄	聪慧、富有才识
C	稳定性	情绪激动	情绪稳定
E	恃强性	谦逊顺从	支配、攻击
F	兴奋性	严肃审慎	轻松兴奋
G	有恒性	权宜敷衍	有恒负责
H	敢为性	畏怯退缩	冒险敢为
I	敏感性	理智、着重实际	敏感、感情用事
L	怀疑性	信赖随和	怀疑刚愎
M	幻想性	现实、合乎常规	幻想、狂放不羁
N	世故性	坦白直率、天真	精明能干、世故

续表

因素	特质名称	低分者特征	高分者特征
O	忧虑性	安详沉着、有自信心	忧虑抑郁、烦恼多端
Q1	激进性	保守、服从传统	自由、批评激进
Q2	独立性	依赖、随群附众	自立、当机立断
Q3	自律性	矛盾冲突、不拘小节	知己知彼、自律严谨
Q4	紧张性	心平气和	紧张困扰

卡特尔认为在每个人身上都具有这16种特质,只是在不同人身上的表现有程度上的差异。所以,他认为人格差异主要表现在量的差异上,可以对人格进行量化分析。

(三) 五因素模型

五因素模型的研究始于20世纪40年代至50年代,菲斯克首先提出了关于人格五因素的研究结论,然而他的研究并未引起太多关注。20世纪60年代,诺曼、伯格塔和史密斯分别使用不同的测量方法得出了基本一致的结论。对五因素模型的研究在20世纪80年代至90年代达到了高潮。后继的跨文化研究也表明,即便是土耳其、菲律宾这些与西方文化差异巨大的国家,五因素模型仍表现出很好的适用性。甚至有研究者认为这些因素(至少是其中的一些),适用于比人类低级的动物,如黑猩猩。五因素模型包括五个维度,分别是神经质、外向性、开放性、宜人性和责任心,具体描述如表6-2所示。

表6-2 五因素模型各维度的高、中、低分描述

五大维度	高分描述	中等分数描述	低分描述
神经质	感觉灵敏,感情脆弱,很容易体验到令人心烦意乱的感觉	总体上讲,很安静,有能力应付压力,但有时体验到负疚、愤怒或悲伤的感觉	无忧无虑,能吃苦耐劳,即使面对压力,一般也能保持轻松
外向性	外向、开朗、活泼、情绪高昂,大多数时间里愿意与人打交道	在行为和热情两方面保持不温不火,愿与人相处,但同时也注重个人隐私	内向、含蓄、庄重,喜欢孤独或只有几个密友交往
开放性	喜欢经历新鲜事物,兴趣广泛,想象力丰富	讲求实际,但也愿意尝试新方法,在新与旧之间寻找一种平衡	脚踏实地、讲求实际、因袭传统,固守自己的处世原则
宜人性	极富同情心,性情温厚,渴望合作,避免冲突	总体上讲,富有同情心,信任他人,性情随和,但有时会固执己见,不乏竞争意识	斤斤计较,怀疑心重,骄傲自大,争强好胜,直截了当地表达自己的愤怒
责任心	责任心极强,做事有条不紊,总是高标准、严要求,并努力实现自己的目标	为人可靠,做事较有条理,目标清晰,但有时也会将工作弃置一旁	生性闲散,做事缺乏条理,有时还马虎大意,不愿制订计划

二、人格的发展理论

(一) 弗洛伊德的人格发展理论

1. 人格的结构

弗洛伊德是精神分析学派的创始人,以无意识为基础的人格理论是弗洛伊德精神分析理论的核心。他认为人格是由本我、自我、超我三部分构成的。

本我是指原始的无意识的本能,包含生存所需的基本欲望、冲动和生命力。本我是一切心理能量之源。本我遵循"快乐原则",以寻求原始动机的满足为原则,追求最大限度的快乐,寻求不受约束的性、躯体和情绪的快感。

自我是指自己可意识到的,执行思考、感觉、判断或记忆的部分,是从本我中分化出来、受现实陶冶而渐识时务的部分。自我充当着本我与外部世界的联络者与仲裁者,并且在超我的指导下监管本我的活动。自我遵循的是"现实原则",它能根据周围环境的实际来协调本我的非理性需要与现实之间的关系。

超我是能进行自我批判和道德控制的理想化了的自我,它是个体在成长过程中通过内化道德规范、内化社会及文化环境的价值观念而形成,其机能主要在监督、批判及管束自己的行为。超我的特点是追求完美,它所遵循的是"道德原则"。

2. 早期决定论

弗洛伊德指出,个体的人格早在5岁左右即已定型,以后的发展只是在此基础上的修修补补。在他看来,人格发展的动力来自与生俱来的"性力"或"力比多(Libido)"。需要注意的是,弗洛伊德是在广义上使用"性力"这个术语,不同发展阶段的"性力"具有不同的表达形式,而并非狭义的成年期性行为。

(1) 口唇期(从出生到18个月)。

观察这段时期的婴儿你就会发现他们的嘴是多么繁忙(无论他们拿到什么东西总是先将其放进嘴里),因为这段时期婴儿获得快乐、缓解紧张的主要源头是嘴巴。那些仍然通过口唇的"吸入"来获得快感的成年人可能就是人格发展停滞在该阶段的结果(如无节制地吃东西、吸烟或说话的人)。固着于口唇期的人可能在心理上过于依赖他人,希望自己像婴儿般被照顾。

(2) 肛门期(18个月到3岁)。

弗洛伊德认为,肛门期是这一时期儿童获得快感的源泉,他们通过体验控制排便得到快乐。这一时期的父母也将通过对儿童的排便训练使其发展出一定程度的自我控制能力。如果儿童没有发展出良好的自我控制,成年后就会表现出懒散和邋遢;如果过于自我控制,则易在成年期出现强迫、洁癖、极端井井有条的行为特征。

(3) 性器期(3岁到6岁)。

此时的儿童已经发现了两性的生理区别所在,他们会去触摸或显露自己的性器,对他人的生理构造也很感兴趣,并从中得到快乐。这一阶段小男孩会爱上母亲,并对父亲产生嫉妒和敌对情绪,这就是所谓的"恋母情结";而小女孩会爱上父亲,并在潜意识中企图取代母亲的位置,这就是所谓的"恋父情结"。经历性器期之后,人格的"三我"结构已经完整地发展出来,因此,弗洛伊德认为早期经验对于人格发展至关重要。

> **知识拓展**
>
> **恋父情结与恋母情结的来源**
>
> 俄狄浦斯是古希腊神话中的一个人物,他本是国王的儿子,但因受到诅咒而被父母抛弃。长大成人后,他返回了家乡,在一次争斗中他杀死了当时的国王(也就是他的亲生父亲)。后来俄狄浦斯因为击退了妖女而被推举为国王,按照习俗他迎娶了当时的王后(也就是他的亲生母亲),后来他知道真相,承受不了心中的痛苦,刺瞎双眼,自我流放。心理学用俄狄浦斯情节来比喻有恋母情结的人。厄勒克特拉也是古希腊神话中的人物,她帮助弟弟杀母为父报仇。心理学用其来比喻有恋父情结的人。

(4) 潜伏期(6岁至青春期)。

此阶段儿童的力比多冲动处于暂时潜伏状态,对异性的兴趣被学习、课外活动、同伴交往等活动所取代,所以这个时期的男孩女孩更多地与同性伙伴交往,基本处于风平浪静的状态,但实质却是暴风骤雨的前夜。

(5) 生殖期(青春期至成年)。

在青春期,由于性的发育成熟,而产生性欲冲动,由于荷尔蒙及其他生理方面的发展,开始具有生育能力,攻击和性本能变得活跃。他们渴望寻求真正的异性关系,开始考虑婚姻等实际问题。

成熟的成年个体可以从健康的亲密关系和工作中获得快乐,而对于人格发展受困于某一阶段的个体,其人格发展就会出现停滞现象,导致不成熟或与年龄不相符的行为举止,甚至出现精神疾病。

弗洛伊德的人格发展理论有两个重要特点:一是强调生物本能即性本能在人格形成和发展中的重要作用;二是强调婴幼儿时期的经历和经验对人格形成和发展的重要作用。

(二) 埃里克森的社会性发展阶段理论

与弗洛伊德不同,埃里克森提出人格的终身发展观,他坚称发展将贯穿于生命的整个过程,个体必须尽最大努力解决一系列心理社会危机才能臻于成熟。为此,他将人格发展划分为八个阶段。

1. 信任对怀疑(出生到18个月)

婴儿在本阶段的主要任务是满足生理上的需要,发展信任感,克服不信任感,体验着希望的实现。如果父母或照料者给予婴儿良好的照顾和爱抚,婴儿就会对父母产生信任感,认为这个世界是安全、可信的。这种信任感是形成健康人格的基础。

2. 自主对羞愧(18个月到3岁)

儿童在这一阶段的发展任务是培养自主感,体验意志的实现。儿童渴望尝试独立自主处理事情。如果父母允许幼儿做力所能及的事,鼓励幼儿的独立探索愿望,幼儿就会逐渐认识自己的能力,养成主动自主的个性;反之,如果父母过分保护或过多地限制,幼儿就会开始对自己的能力产生怀疑,产生羞愧感。

3. 主动对内疚(3岁到6岁)

该阶段的发展任务是培养主动感,体验目的的实现。儿童的活动范围逐渐超出家庭的圈子,他们开始想象自己扮演着成年人的角色,并希望能在这些活动中获得成年人的欢迎和赞赏。此时如果父母或教师认可儿童的活动并进行恰当的指导,那么儿童的主动性、创造性将获得发展。反之,如果父母嘲笑儿童的探索,或过多干涉,就会造成儿童对自己的主动性行为产生内疚感。

4. 勤奋对自卑(6岁到12岁)

该阶段的发展任务是培养勤奋感,体验能力的实现。这个时期,儿童已经进入学校,开始体会到能力和成功之间的关系。他们开始追求对自己活动成就的认可与赞许,从而培养起勤奋向上的个性品质。如果父母或教师对儿童在活动中表现出的勤奋视而不见,阶段危机未得到合理解决,儿童则会发展出自卑的人格,影响到他们的学业成就和自我概念的形成。

5. 自我同一性对角色混乱(12岁到18岁)

该阶段的发展任务是培养自我同一性,体验忠诚的实现。自我同一性是有关自我形象的一种组织,它包括有关自我的动机、能力、信念和性格等一贯经验和概念。自我同一性的形成与职业的选择、性别角色和人生观的形成有密切的关系。如果个体在这一时期把这些方面很好地整合起来,其所想、所做与他的角色概念相符合,个体便获得了较好的自我同一性。如果不能整合,个体将会导致角色混乱或同一性延迟,产生同一性危机。

参考例题

【单项选择题】上初中以来,刘俊好像突然不认识自己了,"我是谁?""我将来做什么?"这类问题经常困扰她。根据埃里克森的社会心理发展理论,她处于哪个发展阶段?(　　)

A. 亲密对孤独　　　　　　　　　　B. 勤奋对自卑
C. 自我同一性对角色混乱　　　　　D. 信任对怀疑

【参考答案】C。解析:根据埃里克森的心理社会发展理论,青少年期面临的冲突是自我同一性对角色混乱。处在这一阶段的学生总是会问关于"自己是谁""在社会上应占什么地位""将来准备成为什么样的人",以及"怎样努力成为理想中的人"等一系列的问题。

6. 亲密对孤独(成年初期)

该阶段的主要任务是发展亲密感,体验友谊与爱情,避免孤独感。随着个体活动范围的扩大,人际关系变得更加复杂。如果个体乐于同他人交往,不过分计较得失,能在交往中获得乐趣,就可以形成一种亲密感。但如果一个人缺乏与朋友、配偶之间的亲密友爱关系,则会产生孤独感,从而逐渐被排斥在周围群体之外。

7. 繁殖对停滞(成年中期)

这一阶段的主要任务是获得繁殖感而避免停滞感,体验关怀的实现。这时男女建立家庭,个体面临着抚育和关怀下一代的任务,为社会造福,并且把下一代的发展看成是自己的延续。如果个体事业有成、家庭美满,则表现出较大的创造力,获得充沛感。但是,如果个体过于自我专注,满足私利,则容易产生颓废感,生活消极懈怠。

8. 自我整合对绝望(成年晚期)

这一阶段的主要任务是获得完善感且避免失望和厌倦感,体验智慧的实现。这时人生进入最后阶段,如果前几个阶段发展顺利,个体在这个时期会巩固自我感觉并完全接受自我,对自己的过去不再遗憾,获得自我满足感。反之,如果个体认为自己年轻时失去了太多的机会,对过去有过多的悔恨,但又感觉力不从心,时光不复,则会在绝望中度过余生。

同步训练二

一、单项选择题

1. 思维的不可逆性和自我中心在皮亚杰所描述的（　　）表现得最为明显。
   A. 感知运动阶段　　B. 前运算阶段　　C. 具体运算阶段　　D. 形式运算阶段
2. 在人格特征中，具有核心意义的心理特征是（　　）。
   A. 能力　　B. 气质　　C. 态度　　D. 性格
3. "三岁看大，七岁看老"体现的是（　　）对人格的影响。
   A. 同辈群体　　B. 家庭教育　　C. 早期童年经验　　D. 社会文化环境
4. 人们在面对"天灾人祸"时，体验到的情绪状态为（　　）。
   A. 心境　　B. 应激　　C. 恐惧　　D. 激情
5. 下列哪一项是基本的情绪分类？（　　）
   A. 快乐、悲哀、愤怒、恐惧
   B. 快乐、悲哀、愤怒、嫉妒
   C. 心境、激情、应激
   D. 快乐、悲哀、愤怒、惭愧
6. 正常行驶的汽车意外遇到故障时，司机紧急刹车，在这样的情况下他所产生的一种特殊的紧张的情绪体验，就是（　　）。
   A. 热情　　B. 心境　　C. 应激　　D. 激情
7. 在重大国际比赛中，为祖国争光所激起的拼搏精神，会激励运动员们克服重重难关去夺取金牌。这体现的情绪状态是（　　）。
   A. 心境　　B. 激情　　C. 应激　　D. 道德感
8. "人心不同，各如其面"，这句俗语为人格的哪种特性作了最好的诠释？（　　）
   A. 独特性　　B. 稳定性　　C. 社会性　　D. 整体性
9. 个人在适应环境的过程中所表现出来的系统的、独特的反应方式是（　　）。
   A. 气质　　B. 性格　　C. 人格　　D. 智力
10. 有人情绪爆发快，精力旺盛，争强好斗，做事勇敢果断，为人热情直率，朴实真诚，但是这种人的思维活动常常是不求甚解，遇事常欠思量、鲁莽冒失，做事也常常感情用事、刚愎自用，但表里如一。这种人的气质属于（　　）。
    A. 胆汁质　　B. 多血质　　C. 黏液质　　D. 抑郁质
11. 根据埃里克森的人格发展阶段理论，中学生人格发展的主要任务是（　　）。
    A. 发展勤奋感　　B. 培养主动感
    C. 形成亲密感　　D. 建立自我同一性
12. 儿童有不知足、不安全、忧虑、退缩、怀疑、不喜欢与同伴交往等特点是在（　　）教养方式下形成的人格特点。
    A. 放纵型　　B. 专制型　　C. 民主型　　D. 忽视型
13. 个体在解决问题的过程中表现为搜集或综合信息，运用逻辑规律，缩小解答范围，直至找到唯一正确的解答的认知方式为（　　）。
    A. 场独立型　　B. 场依存型　　C. 辐合型　　D. 发散型
14. 认识到抢夺他人的财物是不道德的行为，就算饿死也不能违背道德的原则，这是弗洛伊德人格结构中的( )。

　　A. 本我　　　　　　B. 自我　　　　　　C. 超我　　　　　　D. 他我

二、辨析题

1. 高智商一定有高创造性。

2. 中学生的情绪和情感已趋向成熟和稳定，他们能很好地控制情绪，比较理智。

3. 中学生的情绪不再像儿童那样天真直露、心口如一，表现出很强的隐蔽性。

4. 问题解决是指在具有明确目标的情况下，却不明确达到目标的途径或方法，为此而运用的一系列有指向性的具体操作过程。

三、简答题

1. 简述最近发展区的意义。

2. 简述中学生的情绪特点。

3. 简述影响人格发展的因素。

4. 简述埃里克森的人格发展阶段论。

四、材料分析题

阅读下面材料，回答问题。

小明、王东、赵敏、乐乐四个人都喜欢篮球运动，也很喜欢看篮球比赛。在看到自己喜欢的球队队员进球后，小明立即站起来，振臂大喊："好球！好球！"，王东也很兴奋，高呼："好球！"，但表现得不像小明那样激动，赵敏也觉得队员打得不错，说："打得精彩！"，乐乐则比较安静，没有什么特别表现。

问题1：请判断这四个人的气质类型。

问题2：这四种气质类型分别具有哪些特征？

问题3：对这四种气质的学生，应该如何进行教育？

第三篇

XUEXI XINLI

学习目标

1. 了解学习动机的功能，理解动机理论，掌握、激发与培养中学生学习动机的方法。

2. 了解学习迁移的分类，理解形式训练说、共同要素说、概括化理论、关系转换理论、认知结构迁移理论，掌握有效促进学习迁移的措施。

3. 了解学习策略的分类，掌握认知策略、元认知策略和资源管理策略。

4. 理解并运用行为主义、认知学习、人本主义、建构主义等学习理论促进教学。

5. 了解品德结构，理解中学生品德发展的特点。

6. 理解皮亚杰和柯尔伯格的道德发展理论，理解影响品德发展的因素，掌握促进中学生形成良好品德的方法。

7. 了解生存教育、生活教育、生命教育、安全教育、升学就业指导等的意义及基本途径。

第七章
学习理论

第一节 学习概述

一、学习的含义

（一）学习的概念

学习的概念有广义和狭义之分，广义的学习是指人与动物共有的普遍现象，无论低级动物或高级动物乃至人类，在其整个生活中都贯穿着学习。长期以来，心理学中对学习的概念，做出了各种界定。比如，教育家杜威认为，学习即经验改造和改组的历程。行为主义心理学家往往把学习定义为有机体由于经验的结果而发生的比较稳定的行为变化。目前最为广泛接受的界定是："学习是个体在特定情境下由于练习或反复经验而产生的行为或行为潜能的比较持久的变化。"

（二）学习的实质

1. 学习是由于练习或反复经验而引起的心理和行为的变化

学习是由练习或反复经验而引起的，这种学习主要有两种类型：一种是由有计划的练习或训练而产生的正规学习，如中小学生在学校中的学习；另一种则是由偶然的生活经历而产生的随机学习，如路遇交通事故而体会到遵守交通法规的重要性等。

学习是由于练习或反复经验而引起的心理和行为的变化。但是，并非所有的行为变化都是由经验引起的，有些行为变化也可以由本能、疲劳、适应和成熟等引起，由这些引起的行为变化就不能称之为学习的行为变化。成熟是在正常的环境条件下遗传导致的变化，如个子越来越高。

2. 学习的行为变化是比较持久的

学习的行为变化是比较持久的，而由疲劳、创伤和药物所引起的行为变化都比较短暂，并使行为水平降低，一旦原因被排除，行为就能恢复到原来的状况。

3. 学习引起个体行为或行为潜能的变化

学习引起的行为变化，有时是直接的，有时则可能要经过很长时间才能反映于行为上，因此，有的心理学家把它视为行为潜能的变化。例如，人们通过学习获得的一般性知识经验和道德规范，往往不一定能在人们的当前行为中立即表现出来，但它们却影响着人们未来的行为潜能。

4. 学习是人与动物共有的普遍现象，但二者存在本质差异

从学习的内容上看，人类学习不仅是掌握个体经验，更是掌握社会经验的过程；动物的学习则缺乏社会属性，是一种个体的行为。从学习的方式上看，动物的学习只有第一信号系统参与；人类学习则多以语言为中介，是第一信号系统与第二信号系统相结合的学习。从学习的性质上看，人类学习是自觉自发的、积极主动的过程；动物的学习则缺乏自觉性，是消极被动地适应其生存环境的过程。

(三) 狭义的学习

狭义的学习是指人类或学生的学习，是个体在教育环境中进行的有目的、有计划、系统地掌握知识技能和行为规范，并最终引起行为或行为潜能发生持久变化的过程。具体地说，学生的学习有其独有的特点。首先，学生的学习主要以接受学习为主，直接掌握现有的间接经验；其次，学生的学习比较系统，是在学校中有目的、有组织、有计划地进行的；最后，综合来看，学生的学习不仅需要学生自己主动去获取和掌握知识，同时也需要教师的讲授和指导，师生之间的互动与交流至关重要，只有学生和教师共同努力才能更好地促进学生的学习，这也是学生学习的重要特点之一。

参考例题

【辨析题】学习所引起行为或行为潜能的变化是短暂的。

【参考答案】这种说法是错误的。学习是个体在特定的情境下由于练习和反复经验而产生的行为或行为潜能的比较持久的改变。因此，学习引起的行为变化是持久的而非短暂的。

二、学习的分类

学习作为一种极为复杂的现象，涉及不同的对象、内容、形式、水平及结果。由于学习的复杂性，学习的分类也十分多样。理解不同类型的学习，能够更好地把握学习的本质，促进有效的学习和教学。下面介绍几种为大多数学者所认可的学习分类。

(一) 按照学习水平分类

1970年，美国心理学家加涅按学习的复杂性程度把学习分为八个水平。

(1) 信号学习。指学习对某种信号刺激做出一般性和弥散性的反应。这类学习属于巴甫洛夫的经典条件反射，其过程是刺激—强化—反应。

(2) 刺激—反应学习。指学习使一定的情境或刺激与一定的反应相联结，并得到强化，学会以某种反应去获得某种结果。这类学习属于桑代克的学习理论和斯金纳的操作性条件反射，其过程是刺激—反应—强化。

(3) 连锁学习。指学习联合两个或两个以上的刺激—反应动作，以形成一系列刺激—反应动作联结。各种动作技能的形成，都离不开这类学习。

（4）言语联结学习。指形成一系列言语单位的联结，即言语连锁化。也是一系列刺激—反应的联合，但它是由言语单位所形成的联结。

（5）辨别学习。指学会识别多种刺激的异同，并对不同刺激做出适当的反应。

（6）概念学习。指学会认识一类事物的共同属性，并对同类事物的抽象特征做出反应。例如，将兔子、狗、老虎等概括为"动物"，就是概念学习。

（7）规则或原理学习。指学习两个或两个以上概念之间的关系。例如，物理学中的"功＝力×距离"这一规则，涉及功与力和距离之间的关系，学习者应首先通过概念学习弄清楚什么是力和距离的概念，然后弄清力与功是什么关系，距离与功又是什么关系，最后"功＝力×距离"这一规则就能理解了。

（8）解决问题的学习。指学会在不同条件下，运用规则或原理解决问题，以达到最终的目的。

事实上，加涅的这种学习层次分类系统几乎概括了心理学家所研究的一切学习类型，它不仅包括了低级的动物学习，也包括了高级的人类学习。

（二）按学习结果分类

为了更好地与教学实际相结合，加涅根据学习结果对学习进行了分类。他认为，学习结果就是各种习得的能力或性情倾向，可以分为五种类型。

（1）智慧技能。表现为使用符号与环境相互作用的能力。它指向学习者的环境，使学习者能处理外部的信息。例如，把分数转换成小数。

（2）认知策略。表现为用来调节和控制自己的注意、学习、记忆、思维和问题解决过程的内部组织起来的能力。它是在学习者应付环境事件的过程中对自身认知活动的监控。例如，画出组织结构图。

（3）言语信息。表现为学会陈述观念的能力。即学生掌握的是以言语信息的形式传递系统的知识。例如，学习时间的识别、天体运行、四季形成等知识。

（4）动作技能。表现为平稳而流畅、精确而适时的动作操作能力。例如，游泳、打篮球等。

（5）态度。表现为影响着个体对人、对物或对某些事件的选择倾向。例如，喜欢听民族音乐、爱祖国等。

加涅认为，上述五类学习不存在等级关系，其顺序是随意排列的，它们是范畴各不相同的学习。这种分类是对学习层次分类的一种简缩，它集中于学习的更高水平，充分体现了人类学习的特点，尤其符合学校学习的性质。加涅认为，把学习结果作为教育目标，有利于确定达到目标所需要的条件；而从学习条件中可以派生出教学事件，告诉教师应该做什么。因此，通过对学习结果的分析，可以为教学设计提供可靠的依据，从而为达到教学目标铺平道路。

（三）按学习活动的性质划分

奥苏贝尔等人根据以下两个维度对认知领域的学习进行了分类。一个维度是学习进行的方式，将学习分为接受学习和发现学习；另一个维度是学习材料与学习者原有知识的关系，将学习分为机械学习和有意义学习。这两个维度互不依赖，彼此独立。且每一个维度都存在许多过渡形式，其具体的组合如图7-1所示。

图 7-1 奥苏贝尔学习分类图

（四）按学习的意识水平分类

（1）内隐学习。这一概念最早是由美国心理学家阿瑟·S.雷伯提出的。是指有机体在与环境接触的过程中不知不觉地获得了一些经验并因之改变其事后某些行为的学习。例如，人们能够辨别哪些语句符合语法，却不一定能够说出这些语法规则是什么。

（2）外显学习。指受意识支配、需要付出心理努力并按照规则做出反应的学习。例如，学习数学中的代数和几何规则。

（五）我国心理学家的学习分类

我国教育心理学家认为，教育系统是通过知识、技能的传递来形成和发展学生的能力和体力，通过行为规范的学习来形成和发展学生的态度和品德。因此，为促进学生德、智、体、美、劳的全面发展，主张把学生的学习分为知识的学习、技能的学习和行为规范的学习三类。

知识是客观事物的特征和联系在人脑中的主观映象，它是来自反映的对象本身的认知经验。这种经验既可以是关于事物是什么、为什么和怎么样的描述性经验，也可以是关于做什么和怎么做的操作性经验。学生有了这种认知经验，就可以解决知与不知、知之深浅的问题，从而可以在实际生活中更好地确立个体活动的方向。

技能是通过学习而形成的符合法则要求的活动方式，它是来自活动主体所做出的行动及其反馈的动作经验。这种经验既包括在人脑内部，借助于内部言语，以简缩的方式，对事物的主观表征进行加工改造的心智技能；也包括借助人的肢体或一定的器械，以展开的方式作用于客观对象的动作技能。学生有了这种动作经验，就可以解决会不会做和做得熟练不熟练的问题，从而可以在实际生活中更好地控制个体活动的执行。

行为规范是用以调节人际交往、实现社会控制、维持社会秩序的思想工具，它来自主体和客体相互作用的交往经验。这种经验的习得以一定的价值观为中介，并通过态度的形成与改变而最终培养学生的品德。学生有了这种交往经验，就可以协调个体与他人和集体之间的关系，从而在实际生活中更好地为个体的社会行为进行定向和调控。

以上我们介绍了学习的实质及学习的一般分类。但是，教育心理学家至今仍在有关学习的实质、学习的过程和学习的条件等方面存在争议，并未取得共识。下面，我们就来介绍对教育教学具有重要影响的集中学习理论。

第二节　行为主义学习理论

行为主义学习理论认为，一切学习都是通过条件作用，在刺激 S 和反应 R 之间建立直接联结的过程；强化在刺激-反应联结的过程中起着重要作用；在刺激-反应联结之中，个体学到的是习惯，而习惯是反复练习与强化的结果；习惯一旦形成，只要原来的或类似的刺激情境出现，习得的习惯性反应就会自动出现。

行为主义学习理论的主要代表人物有桑代克、巴甫洛夫、华生、斯金纳等，他们都依据自己的学习实验研究提出了有关学习的理论观点。

一、桑代克的尝试错误说

（一）迷笼实验

桑代克以动物为对象研究学习过程，其最著名的一个实验就是"饿猫打开迷笼"的实验。在这个实验中，将饿猫放在一个迷笼里，将小鱼放在笼外猫看得见的地方。猫只有用前爪踏到开门的机关，才能出笼获食。在经过一系列盲目尝试之后，猫终于踏到机关，逃了出来。把猫多次放回笼中，猫几经尝试，逃出笼子的速度越来越快，犯错误次数越来越少。经过反复尝试，猫学会了做出成功的反应，而抛弃不成功的反应，自动形成了迷笼刺激情境与踏动机关反应之间的联结。

（二）基本观点

桑代克根据"饿猫打开迷笼"实验，认为学习的过程是刺激与反应之间建立联结的过程，联结是通过"盲目尝试—逐步减少错误—再尝试"而形成的，因此他的观点称为尝试错误说，简称试误说。这是教育心理学史上第一个较为完整的学习理论。

（三）尝试错误说的基本规律

1. 准备律

在试误学习的过程中，当刺激与反应之间的联结在事前有一种准备状态时，实现则感到满意，否则感到烦恼；反之，当此联结不准备实现时，实现则感到烦恼。这里的"准备"不是指学习前的知识准备和成熟方面的准备，而是学习者在学习开始时的学习动机。如果桑代克实验中所用的不是饥饿的猫，而是刚吃饱饭的猫，就很难想象它会有动力去打开笼门寻找食物。饥饿的猫被关入迷笼后，想逃出去获得食物，这就是学习的准备。

2. 练习律

在试误学习过程中，任何刺激与反应的联结，一经练习运用，其联结的力量就会逐渐增大；如果不运用，则联结的力量会逐渐减小。也就是说，练习越多，联结就变得越强；练习越少，联结就变得越弱。

3. 效果律

在试误学习过程中，如果其他条件相等，在学习者对刺激情境作出特定的反应之后能够获得满意的结果时,则其联结就会增强;而得到烦恼的结果时,其联结就会削弱。可以设想,如果桑代克迷笼中的饿猫逃出迷笼后,得到的不是食物,而是空盘子,再把它放进迷笼之后,它是否要尽快逃出迷笼,就很难说了。但桑代克后期的实验也发现,满意或奖励的促进作用积极而显著,烦扰或惩罚的抑制作用则不太明确,两者的效果是不对称的。效果律是最重要的学习定律。

(四) 桑代克学习律在教学中的意义

桑代克的学习律为人们理解制约学习的因素提供了启示。虽然尝试—错误学习模式是从动物实验中推导出来的,但它对于人类学习来说,仍有很大的借鉴意义。科学发展史上的许多发明创造和技术革新都是通过尝试—错误的过程而获得的。中学生的学习也有这个特点,其特别强调"做中学",即在实际的操作过程中学习有关的概念、原理、技能和策略。在这一过程中,教师应该允许学生犯错误,并鼓励学生从错误中进行学习,这样获得的知识才会使学生终生不忘。同时,在实际的教育过程中,努力学习所引起的结果,复习程度高低,以及学习动机强弱都会对学生的学习产生影响。教师应努力使学生的学习得到自我满意的积极结果,防止一无所获或得到消极后果。同时,学生应注意在学习过程中加强合理练习,并注意在学习结束后不时地进行练习。此外,任何学习都应该在学生有准备的状态下进行,而不能经常搞"强迫性学习"。

桑代克的实验研究是对学习问题进行的开创性研究,对后继研究有重要的启发作用。他的准备律逐渐发展成今天的学习动机,而效果律逐渐演化为强化理论。桑代克认为,学习过程是尝试—错误的过程,其实质是刺激与反应的联结。这一结论只能解释人类的低级学习。桑代克的学习理论对人类的高级认知活动的实质揭示得较少。

二、巴甫洛夫的经典性条件作用

(一) 巴甫洛夫的经典试验

20世纪初,生理学家巴甫洛夫在研究动物消化腺的过程中,偶然发现了条件反射作用,随后开始了一系列有关条件反射形成过程的研究,后人将其研究结果称为"经典性条件作用"。后来,美国心理学家华生将巴甫洛夫对动物条件作用的研究结果应用到人类身上,认为学习的实质就是建立经典性条件作用,形成刺激与反应间联结的过程。

巴甫洛夫是俄国著名生理学家,1904年因对消化生理学的杰出贡献而获得了诺贝尔生理学奖。巴甫洛夫在研究消化系统的过程中发现:实验之初,狗总是在食物进入嘴里时才开始分泌唾液,但随着实验的进行,狗在听到实验者的脚步时就开始分泌唾液,狗的这种提前分泌唾液的现象引起了巴甫洛夫极大的兴趣,并由此展开了一系列关于条件反射形成过程的研究。尽管巴甫洛夫不愿承认自己是一位心理学家,但其研究成果深深地影响了心理学的发展。

巴甫洛夫对动物条件反射过程的研究包括四个阶段。实验的准备阶段:在狗的嘴边上开一个洞,将狗嘴里的唾液腺和导管相连,导管的另一端与可以测量唾液分泌量的计量装置相连。随后的正式实验在严格控制下的隔音实验室内进行。第一阶段:研究人员给狗喂食,测量狗的唾液分泌量。第二阶段:研究人员先给狗呈现铃声刺激,然后给狗喂食,再测量狗的唾液分泌量。这样的匹配刺激呈现若干次。第三阶段:研究人员仅向狗呈现铃声刺激,观察狗的分泌反应,并且测量其唾液分泌量。实验结果表明,在第三阶段,研究人员仅向狗呈现铃声刺激时,狗也会分泌唾液。

实验中,事物引发狗分泌唾液的反应是本能固有的,巴甫洛夫把这种先天的反应称为无条件反应;把能自然引发无条件反应的刺激物称为无条件刺激物;铃声不能诱发狗分泌唾液,所以铃声被称为中性刺激。

在实验观察中,当铃声与食物多次结合呈现后,再单独呈现铃声而不呈现食物时,狗也会出现分泌唾液的反应。此时,中性刺激铃声与唾液反应形成联系,即中性刺激通过与一个原来就能引起反应的无条件刺激相结合,动物就学会了对中性刺激作出反应,这就是经典性条件反射的形成过程。巴甫洛夫把单独呈现中性刺激便能引起唾液分泌的反应叫作条件反射。由此可见,所谓经典性条件作用,就是一个刺激替代的过程,即有一个新的、中性的刺激替代原先的、能自然引发某种反应的无条件刺激。尽管巴甫洛夫的实验对象是狗,但条件反射作用同样也存在于人类身上。例如,一些人对并无伤害性的中性刺激的惧怕可能就是通过条件反射作用建立起来的,所谓的"一朝被蛇咬,十年怕井绳"就是这个道理。学校情境中的厌学、考试焦虑等情绪的产生,也与经典性条件反射的建立存在密切的关系。

(二)经典性条件作用的基本规律

1. 获得与消退

在条件作用的获得过程中,条件刺激与无条件刺激之间的时间间隔十分重要,条件刺激和无条件刺激必须同时或近于同时呈现,间隔太久则难以建立联系;另一方面,条件刺激作为无条件刺激出现的信号,必须先于无条件刺激而呈现,否则也将难以建立联系。

2. 刺激泛化与分化

经典性条件作用一旦形成,有机体会对与条件刺激相似的刺激作出条件反应,这被称为条件作用的泛化。如"一朝被蛇咬,十年怕井绳"就属于条件作用的泛化现象;中学生学习 $a^2-b^2=(a+b)(a-b)$,然后能得出 $x^2-y^2=(x+y)(x-y)$ 也属于条件作用的泛化现象。

刺激分化指的是通过选择性强化和消退,使有机体学会对条件刺激和与条件刺激相类似的刺激做出不同的反应。如为了使狗能够区分圆形和椭圆形光圈,只在圆形光圈出现时才给予食物强化,而在呈现椭圆形光圈时则不给予强化,那么狗便可以学会只对圆形光圈做出反应而不理会椭圆形光圈。在实际的教育和教学过程中,也经常需要对刺激进行分化,如引导学生分辨大、太、天、犬等汉字的拼写。

刺激泛化和刺激分化是互补的过程,泛化是对事物的相似性的反应,分化则是对事物的差异的反应。泛化能使我们的学习从一种情境迁移到另一种情境,使学习更加灵活;而分化则能使我们对不同的情境做出不同的恰当反应,使学习更加准确。学生学习的过程,既有泛化,也有分化。

(三)经典性条件作用在教学中的应用

教师在教学中起到重要作用。当学生喜欢教师时,容易"爱屋及乌",喜欢教师所教授的课程。相反,当学生不喜欢某位教师时,容易对该门课程产生排斥的态度,甚至可能导致该门课程学习成绩下降,出现偏科现象。因此,教师在课堂教学中,要在学生喜欢的基础上,将自己与自己的课程"打包销售",促进学生对课程的喜爱。另外,在教学的具体安排中,教师要善于将学生喜欢的事情与教学联系起来。例如,通过小组间的竞赛开展教学,让学生在享受竞赛的同时,参与到教学之中。

知识拓展

动物行为

20世纪70年代,加西亚等使用经典条件反射来解决美国西部草原狼捕食家畜的问题。研究者将使动物恶心、呕吐的氯化锂置入羊肉中,使草原狼对羊形成条件性厌恶。草原狼在闻到羊的味道时,便迅速逃离。研究同时发现,躲避羊的草原狼并不排斥吃兔子等其他动物。这种容易习得特定食物味道与之后身体不适间关系的现象被称作"加西亚效应"。据称,该效应一方面能够满足农场主保护家畜的愿望,另一方面又实现了环境保护主义者保护草原狼的主张。

三、华生的行为主义学习观点

华生是行为主义心理学的创始人。1913年,华生发表了著名的论文《行为主义者眼中的心理学》,该文被认为是行为主义心理学的宣言。

(一)客观、科学、预测和控制的观点

在上述1913年的论文中,华生明确提出心理学是自然科学中的一个纯客观的实验研究的分支。在心理学研究中应该抛弃意识、心理状态等概念,心理学要以对行为的预测和控制作为自己的研究任务。心理学主要应该研究刺激、反应和习惯的形成。华生的论文给传统心理学以沉重的打击并标志着行为主义心理学的正式诞生。

(二)人类的后天行为都是通过经典性条件反射学会的

华生是第一位将巴甫洛夫的研究成果作为学习理论基础的美国心理学家。他认为人类所有的后天行为都是通过经典性条件反射建立刺激-反应联结而形成的。例如,华生曾以一名11个月大,叫阿尔伯特的婴儿为被试,采用经典性条件反射的原理,从事情绪反应实验以验证他的理论。华生用足以引起婴儿恐惧的大声音为无条件刺激,视婴儿的恐惧反应为无条件反应,用本来不引起婴儿恐惧的小白兔为条件刺激。华生发现,几次实验之后,即可形成婴儿对小白兔的恐惧反应。而且这种恐惧反应还会泛化到对其他相似毛状物上。

华生是一位极端的行为主义者,主张一切行为都是以经典性条件反射为基础的。华生的观点对于倡导心理研究的客观性和科学性具有积极意义,他所提出的预测和控制人的行为的思想,成为几代学者努力的目标,但他对外在客观的过分强调则忽视了人类学习的内部心理过程。

四、斯金纳的操作性条件作用

(一)斯金纳的经典实验

斯金纳是著名的行为主义心理学家,他的理论也是建立在动物学习实验的基础之上的。在斯金纳以白鼠等动物为被试进行的精密实验研究中,运用了一种特殊的实验装置——迷箱,也称作"斯金纳箱"。箱内有一个杠杆,下面有一个食物盘,只要箱内的白鼠按压杠杆,就会有一粒食丸滚到食物盘内,白鼠即可得到食物。斯金纳将饥饿的白鼠关在箱内,白鼠便在箱内不安地乱跑,活动中偶然压到了杠杆,则一粒食丸滚到食物盘内,白鼠吃到了食丸。之后白鼠再次按压杠杆,又可得到食丸。由于食物奖励了白鼠按压杠杆的行为,因此白鼠在后来按压杠杆的速度迅速上升。

(二) 基本观点

斯金纳发现,有机体作出的反应与其随后出现的刺激条件之间的关系对行为起着控制作用,它能影响以后反应发生的概率。他把反应之后出现的、能增强反应概率的手段或措施称为强化。他认为,学习实质上是一种反应概率上的变化,而强化是增强反应概率的手段。如果一个操作(自发反应)出现以后,有强化刺激尾随,则该操作的概率就会增加;已经通过条件作用强化了的操作,如果出现后不再有强化刺激尾随,则该操作的概率就会减弱,甚至消失。

(三) 操作性条件作用的基本规律

斯金纳认为,人和动物的行为有两类:应答性行为和操作性行为。应答性行为是由特定刺激所引起的,是不随意的反射性反应,是经典条件作用的研究对象。而操作性行为则不与任何特定刺激相联系,是有机体自发作出的随意反应,是操作性条件作用的研究对象,这是斯金纳关注的行为。在日常生活中,人的行为大部分都是操作性行为,操作性行为主要受强化规律的制约。

1. 强化

强化也是一种操作,强化的作用在于改变同类反应在将来发生的概率,而强化物则是一些刺激物,它们的呈现或撤除能够增加反应发生的概率。强化有正强化(实施奖励)与负强化(撤销惩罚)之分。

正强化是给予一个愉快刺激,从而增强其行为出现的概率。有机体自发作出某种反应,从而得到正强化物,那么,此类反应发生的概率便增加。这一现象表明了正强化在塑造行为中的重要作用。在日常生活中,人们常自觉或不自觉地运用奖励对他人的行为进行积极强化。如教师对上课遵守纪律的学生进行表扬,家长对考试成绩好的孩子给予物质奖励等。

负强化是摆脱一个厌恶刺激,从而增强其行为出现的概率。回避条件作用与逃避条件作用都是负强化的条件作用类型。

(1) 逃避条件作用。

当厌恶刺激出现时,有机体作出某种反应,从而逃避了厌恶刺激,则该反应在以后的类似情境中发生的概率也会增加,这类条件作用称为逃避条件作用,它揭示了有机体是如何学会摆脱痛苦的。在日常生活中,逃避条件作用也不乏其例,如看见路上的垃圾后绕道走开,感觉屋内人声嘈杂时暂时离开房屋等。

(2) 回避条件作用。

当预示厌恶刺激即将出现的刺激信号呈现时,有机体也可以自发地做出某种反应,从而避免了厌恶刺激的出现,则该反应在以后的类似情境中发生的概率便会增加,这类条件作用称为回避条件作用,它是在逃避条件作用的基础上建立的,是个体在经历过厌恶刺激的痛苦之后,学会了对预示厌恶刺激的信号做出反应,从而免受痛苦。如过马路时听到汽车喇叭声迅速躲避,违章骑车时遇到警察赶快下车等。

2. 惩罚

当有机体做出某种反应以后,呈现一个厌恶刺激,或撤销一个愉快刺激,以消除或抑制此类反应的过程,称作惩罚。惩罚与负强化有所不同,负强化是通过厌恶刺激的排除来增加反应在将来发生的概率,而惩罚则是通过厌恶刺激的呈现或愉快刺激的撤销来降低反应在将来发生的概率。但是,惩罚并不能使行为发生永久性的改变,它只能暂时抑制行为,而不能根除行为。因此,惩罚的运用必须慎重,惩罚一种不良行为应与强化一种良好行为结合起来,方能取得预期的效果。

总之,根据操作性条件学说,在教育过程中教师应多用正强化的手段来塑造学生的良性行为,用不予强化的方法来消除消极行为,而应慎重地对待惩罚,因为惩罚只能让学生明白什么不能做,但并不能让学生知道什么能做和应该怎么做。

参考例题

【辨析题】负强化就是惩罚。

【参考答案】此观点是错误的。负强化和惩罚是两个不同的概念。惩罚与负强化有所不同,负强化是通过厌恶刺激的排除来增加良好行为反应在将来发生的概率,而惩罚则是通过厌恶刺激的呈现来降低不良行为反应在将来发生的概率。

3. 消退

当有机体做出以前曾被强化过的反应,如果在这一反应之后不再有强化物相伴,那么,此类反应将来发生的概率便会降低,即称为消退。消退是一种无强化的过程,其作用在于降低某种反应在将来发生的概率,以达到消除某种行为的目的。因此,消退是减少不良行为、消除坏习惯的有效方法。

参考例题

【单项选择题】

1. 学生张亮在课堂上出现怪异行为时,老师和同学都不予理睬,他的这种行为便逐渐减少了。这种行为矫正法称为(　　)。

A. 强化　　　　　　B. 脱敏　　　　　　C. 消退　　　　　　D. 惩罚

【参考答案】C。解析:条件反射形成以后,如果得不到强化,该条件反应会逐渐减弱,直至消失,称为消退。

2. 小伟为获得老师和同学的关注,在课堂上总扮鬼脸,老师和同学都不予理睬,于是他扮鬼脸的行为逐渐减少。这体现了哪种强化原理?(　　)

A. 消退　　　　　　B. 负强化　　　　　C. 惩罚　　　　　　D. 正强化

【参考答案】A。解析:同上。

(四) 操作性条件作用在教学中的应用

斯金纳将操作性条件作用原理用于教学,提出程序化教学模式。该模式强调学生以小步子节奏,自定步骤进行学习,并在学习中做出外显反应,得到及时强化和反馈。在具体教学中,教师以小步子呈现教学内容,学生按照自己的速度进行学习,并给予积极回答,而不是被动地听讲。学生回答后,教师马上给予反馈,并就正确的回答进行强化。该教学能够做到个别化教学,曾风行一时,后结合计算机,发展成为计算机辅助教学。

知识拓展

动物训练

通过对动物行为给予恰当的强化,可以促使其形成各种定型的行为。例如,斯金纳曾训练鸽子用翅膀打乒乓球,他还曾研究用鸽子来引航导弹。又如,马戏团用食物对狗、马等动物进行强化,使其能够做出精彩的表演。另外,动物受到强化后,倾向于做出仪式化的行为,如鸽子会转圈、狗会数数等,似乎这样的行为更易于得到强化刺激。这种仪式化行为被称为迷信行为。

五、班杜拉的社会学习理论

(一) 班杜拉的经典实验

观察学习是由班杜拉提出的。他于1961年进行了观察学习的实验研究。研究选取了72名3—6岁的儿童,平均分为三组。在试验中,让学前儿童观看一场电影。在电影中,一个人正在踢打一个充气娃娃。第一组儿童看到那个人因为这种行为受到奖励;第二组儿童看到那个人受到惩罚;第三组儿童没有看到任何结果。看完电影后,这些儿童被带到摆放有充气娃娃的房间。结果发现,第一组儿童最具攻击性,踢打这些玩具。第二组儿童攻击性最少,但如果他们被告知,模仿电影中的人踢打充气娃娃可得到奖励,他们就会将攻击性行为表现出来。第三组儿童攻击性介于前两组之间。

(二) 基本观点

1. 学习和表现

班杜拉认为,学习是指个体通过对他人行为及其强化性结果的观察,从而获得某些新的行为反应,或已有的行为反应得到修正的过程。上述实验中,第二组儿童的行为表现,意味着尽管学习已经发生了,但除非情境是合适的或者有引起行为的刺激,否则是不会表现出来的。外在强化或者学习者对即将出现的后果的高度相信会影响表现而不是学习。

2. 观察学习

班杜拉描述了观察学习的具体过程,他认为观察学习指通过观察并模仿他人而进行的学习。观察学习包括注意、保持、再现和动机四个子过程。观察学习就是通过榜样的行为结果而习得新的反应,或改变原有行为方式的替代性学习。它不必直接做出反应,也无须亲身接受强化,只要通过观察他人在特定环境中的行为,并观察他人接受强化的情况,便可完成。

3. 观察学习的基本规律

班杜拉认为,在动机过程中,观察者的模仿动机存在三种来源:直接强化、替代强化和自我强化。

(1) 直接强化。

在社会认知理论中,直接强化的作用并不是增强行为,而是提供信息和诱因。观察者对强化的期望影响他注意榜样行为,激励他编码并记住可以模仿的、有价值的行为。

(2) 替代强化。

替代性强化指观察者因看到榜样受强化而受到的强化。例如,当老师强化一个学生的助人行为时,班上其他学生也将花一定时间相互帮助。替代强化往往能够唤起观察者的情绪反应。例如,当电视上播放的某篮球运动员因配合良好而不断进球时,观众将体验到篮球运动员因受到注意而感觉到的愉快。

(3) 自我强化。

自我强化依赖于社会传递的结果。社会向个体传递某一行为标准,当个体的行为表现符合甚至超过这一标准时,他就对自己的行为进行自我奖励。例如,补习了一年语文的学生为自己设立了一个成绩标准,他将根据成绩对自己的行为进行自我奖励或自我批评。

(三) 观察学习理论在教学中的应用

教师是教学中最具影响力的榜样。学生通过观察教师的示范行为,将其加以内化,成为自我评价的标准。例如,教师对自己制定的道德标准,将内化为学生表扬或批评自己的标准。另外,在教学中,教师对于如何做的程序性知识,如某种类型题目的解题思路,要通过自己的实际解决过程展现出来,为学生树立认知上的榜样。学生通过观察学习,将该知识内化到自己的头脑中。

知识拓展

媒体暴力

电视等媒体所描述的暴力,通过观察学习,使得青少年形成错误的认知过程,并进一步导致行为的模仿,甚至导致犯罪行为。虚构的大众媒体为攻击性行为方式提供了模仿对象。例如,美国某电视节目"末日航班"中,播出了勒索分子通过告知飞机上安装了气压敏感炸弹进行勒索的情节。节目播出后的两个月中,利用该炸弹进行勒索的事件骤然增加。非虚构的媒体节目也可能会鼓动暴力行为的发生。例如,电视报道攻击性行为的详细信息,报道暴力事件所配备的生动画面,都可能会鼓动类似情境中的攻击行为的发生。

第三节 认知学习理论

认知学习理论认为,学习不是在外部环境的支配下被动地形成刺激-反应联结,而是主动地在头脑内部构造认知结构;学习不是通过练习与强化形成反应习惯,而是通过顿悟与理解获得期待;学生当前的学习依赖于他原有的认知结构和当前的刺激情境,学习受主体的预期所引导,而不受习惯所支配。

一、柯勒的完形—顿悟说

(一)柯勒的经典实验

德国心理学家柯勒曾在1913—1917年间,对黑猩猩的问题解决行为进行了一系列的实验研究,从而提出了与尝试—错误学习理论相对立的完形—顿悟说。

在柯勒的黑猩猩问题解决的实验中,他把黑猩猩置于笼内,笼外放有食物,食物与笼子之间放有竹竿。对于简单的问题,黑猩猩只要使用一根竹竿便可获取食物,复杂的问题则需要黑猩猩将两根竹竿接在一起(一根竹竿可以插入另一根竹竿),方能获取食物。在复杂的竹竿问题情境中,最初只见黑猩猩一会儿用长竹竿、一会儿用短竹竿来回试着拨香蕉,但怎么也拨不着。它只得把两根竹竿拿在手里飞舞着,突然之间,它无意地把细竹竿的末端插入了粗竹竿,使两根竹竿连成了一根长竹竿,并马上用它拨到了香蕉。黑猩猩为自己的这一"创造发明"而高兴,并不断地重复这一接竹竿拨香蕉的动作。在第二天重复这一实验时,柯勒发现黑猩猩很快就能把两根竹竿连起来取得香蕉,而没有漫无目的地尝试。

(二)完型—顿悟说的基本内容

1. 学习是通过顿悟过程实现的

柯勒认为,学习是个体利用本身的智慧与理解力对情境及情境与自身关系的顿悟,而不是动作的累积或盲目尝试。顿悟虽然常常出现在若干尝试与错误的学习之后,但不是桑代克所说的那种盲目的、胡乱的冲撞,而是在作出外显反应之前,在头脑中要进行一番类似于"验证假说"的思索。换言之,顿悟是对目标和达到目标的手段、途径之间关系的理解。

2. 学习的实质是在主体内部构造完形

完形是一种心理结构,它是在机能上相互联系和相互作用的整体结构,是对事物关系的认知。柯勒认为,学习过程中问题的解决,都是由于对情境中事物关系的理解而构成一种"完形"来实现的。学习的过程就是一个不断地进行结构重组、不断地构建完形的过程。

完形—顿悟说作为最早的一个认知学习理论,肯定了主体的能动作用,强调心理具有一种组织的功能,把学习视为个体主动构造完形的过程,强调观察、顿悟和理解等认知功能在学习中的重要作用,这对于反对当时行为主义学习论的机械性和片面性具有重要意义。但是,柯勒的完形—顿悟学习与桑代克的尝试—错误学习也并不是完全互相排斥和绝对对立的。尝试—错误往往是顿悟的前奏,顿悟则是练习到某种程度时出现的结果。

二、布鲁纳的认知—结构学习理论

布鲁纳是美国著名的教育心理学家,他主张学习的目的在于以发现学习的方式,使学科的基本结构转变为学生头脑中的认知结构。因此,他的理论常被称为认知—发现说或认知—结构学习理论。

(一)学习观

1. 学习的实质是主动地形成认知结构

布鲁纳认为,学习的本质不是被动地形成刺激-反应的联结,而是主动地形成认知结构。学习不是被动地接受知识,而是主动地获取知识,并把新获得的知识和已有的认知结构联系起来,积极地建构其知识体系。其中,认知结构是个体关于现实世界的内在编码系统,表现为一系列相互关联的、非具体性的类目。作为加工新信息和进行推理活动时决策的参照框架,认知结构不是先天就有的,而是个体在先前的学习活动中逐步形成的,是理解和学习新知识的基础。

认知结构的一个重要特征是对相关的类别作出有层次结构的安排,其中概括性水平较高的类别处于高层,较具体的类别则处于低层。布鲁纳认为,个体就是根据类别或分类系统来与环境相互作用并认识外部世界的。个体通过借助环境中已有的类目编码系统感知和处理新信息,扩展或形成新的编码系统并获得对新事物认识的过程,就是类目化的过程。通过类目化过程,学习者将知识纳入一种有组织、有层次的结构中,经过组织化和结构化,知识也更便于保持与提取。因此,个体对具体知识的学习是为其形成类目化的编码系统所服务的。通过将新知识纳入原有的编码系统中,再借助编码系统的形成和关联进一步将低层次的类目过渡到高层次的类目,个体的认知结构就得以不断充实与扩展。布鲁纳进一步指出,这种类目化的过程应该是自下而上归纳性的,即从具体的、特殊的和包摄性水平低的类目到一般的、概括的、包摄性水平高的类目。因此,教育活动的目的就是向学生提供较低层次的类目或事物,让学生"发现"高层次的类目编码,这也是其"发现学习"的理论基础。

2. 学习包括获得、转化和评价三个过程

布鲁纳认为,知识的学习包含几乎同时发生的三个过程:新知识的获得、知识的转化和对知识的评价。如果这三个过程合理地进行,学习者就能够顺利地将新知识内化到自己的知识结构中,并进一步修改和完善已有的认知结构。

(1) 新知识的获得。

新知识的获得指个体运用已有的认知经验,在新知识与原有的认知结构间建立联系或进行区分,以理解新知识所描绘的事物及其意义的过程。由于新旧知识间产生了必要的联系,对新知识的理解使旧知识获得扩充,知识的结构最终得到完善。

(2) 知识的转化。

知识的转化指对新知识作进一步的分析、概括,用新知识重新建构原有认知结构的过程。知识的转化过程意味着个体可以超越新知识的形式,通过多种方式获得更多的信息,以适应新任务和新环境。转化的实质是对新知识所描述的现象或事物从不同的角度进行归类,拓展已有的信息。

(3) 对知识的评价。

对知识的评价是学习新知识的重要环节,通过此过程个体可以检查出对新知识的分类是否适当,问题解决是否正确,新的认知结构是否合理等,并在以后的学习中作出进一步调整。

布鲁纳指出,在学习新知识的过程中,教师要注意对学生学习过程的评估与指导。由于个体已有的认知结构、理解能力及学习动机间存在差异,他们对知识的掌握情况也不尽相同。如果不进行评估,教师就会忽略学生学习知识的动机和结果,也得不到及时的反馈,从而影响学生对新知识的学习与掌握;同时,评估也能帮助教师随时调整教学方法,更好地对学生进行指导。

3. 发现学习

布鲁纳认为,知识学习的最佳方式是发现学习,发现学习即学生利用教材或教师提供的条件自己独立思考,自行发现知识,最终掌握原理和规律的学习。在他看来,"发现"不仅指人类对未知世界的探索,也指学生依靠自己的努力总结出原理和规律,获得新知识并丰富自身认知结构的过程。

布鲁纳的发现学习观强调学生的发现活动在课堂教学中的重要作用,认为个体可以通过自主地发现知识之间的内部结构获得新知识。与传统学习相比,发现学习具有以下优势。首先,发现学习有效地培养了学生的抽象概括与综合分析能力。发现的实质就是重新整理或改造证据,使个体超越旧知识,并且形成良好洞察力的过程。在发现学习的过程中,学生需要根据材料自主地提出解决问题的方法,同时学习如何对信息进行转换和组织,并提出解决问题的探索模型。在此过程中,个体解决问题的能力就得到了提升。其次,发现学习有利于对知识的保持与提取。在发现和解决问题的过程中,个体对问题进行了深层次的思考,使新知识与原有认知结构间建立了复杂的联系,加强了知识的组织性和结构化,促进了对知识的学习与应用。再次,发现学习强调对直觉思维的培养。发现学习鼓励学生创造性地提出自己的猜想,并经过一系列严密的逻辑推理过程来验证猜想正确与否,促使学生的直觉思维能力得到锻炼与提高。最后,发现学习还有助于培养学生的内在动机。学生通过自己不断地探索,历经艰苦的学习过程后最终获得知识,能产生强烈的成就感。这促进了学生内部学习动机的形成与转化,有助于培养学生的自主性,从而使其形成独立学习的良好习惯。

(二)教学观

1. 教学的目的在于理解学科的基本结构

布鲁纳强调学习的主动性和认知结构的重要性,所以他主张教学的最终目标是促进学生对学科基本结构的理解。学科的基本结构是指一个学科围绕其基本概念、基本原理以及基本态度和方法而形成的整体知识框架和思维框架。学生理解了学科的基本结构,就容易掌握整个学科的具体内容,就容易记忆学科知识,就能促进学习迁移,促进智力和创造力的发展,并提高学习兴趣。

2. 掌握学科基本结构的教学原则

(1)动机原则。所有学生都有内在的学习愿望,内部动机是维持学习的基本动力。教师若善于促进并调节学生的探究活动,便可激发他们的这些内在动机,有效地达到预定的学习目标。

(2)结构原则。任何知识结构都可以用动作、图像和符号三种表象形式来呈现。至于究竟选用哪一种呈现方式为好,则视学生的知识背景和课题性质而定。

(3)程序原则。教学就是引导学习者通过一系列有条不紊地陈述一个问题或大量知识的结构,以提高他们对所学知识的掌握、转化和迁移的能力。通常每门学科都存在着各种不同的程序,它们对学习者来说,有难有易,不存在对所有的学习者都适用的唯一的程序。

(4)强化原则。教学规定适合的强化时间和步调是学习成功的重要一环。应恰好在学生评估自己作业的那个时刻知道结果。过早知道结果,易使学生慌乱,从而阻挠其探究活动的进行;太晚知道结果,易使学生失去受帮助的机会,甚至有可能接受不了正确的信息。

(5)教师在引导学生理解教材结构的过程中,首先,应注意教学本身的新异性,同时跨度应适当,教学难度不能过高或过低,要能激发学生的好奇心和胜任感;其次,应根据学生的经验水平、年龄特点和材料性质,选取灵活的教学程序和结构方式来组织实际的教学活动过程;最后,应注意提供有助于学生矫正和提高的反馈信息,并教育学生进行自我反馈,以提高学生学习的自觉性和能动性。

(三)认知—结构学习理论在教学中的应用

1. 发现法教学模式

发现学习的过程,是学习者主动探索的过程。发现法教学模式以此为基础,强调教师不应让学生被动接受知识,而应创设问题情境,引导学生主动探索问题,发现问题的内在联系,形成新的认知结构。这种教学模式的特点在于教学不采取固定的组织形式,以学生的发现活动为主,围绕问题情境展开,最大限度地发挥学生的主观能动性。例如,教师在进行植物分类的过程中,可以举出丰富的例子,让学生自己通过观察各种植物的相似与差异,来对植物进行识别和分类。

2. 结构教学观

发现学习的结果,在于形成认知结构。建立在发现学习基础上的教学,需要以知识结构为中心展开。首先,教学的目的在于促进学生对学科基本结构的理解。学生掌握了学科的基本结构,有利于其整合学科知识,有利于记忆效果的加强,有利于其举一反三,将知识迁移到其他领域中去。其次,教材与课程的中心在于学科的基本结构。教材的编写以及课程的设计,都要围绕学科基本结构展开。

三、奥苏贝尔的有意义接受学习论

(一)奥苏贝尔的学习分类

美国著名教育心理学家奥苏贝尔曾根据学习进行的方式把学习分为接受学习和发现学习,又根据学习材料与学习者原有知识结构的关系把学习分为机械学习和意义学习,并认为学生的学习主要是有意义接受学习。

奥苏贝尔认为,不能错误地认为接受学习就必然是机械的,发现学习就是有意义的。无论接受还是发现都可能是机械的,也都可能是有意义的。关键在于学生是否将新知识与原认知结构的已有知识进行了联系。

(二)有意义学习的实质和条件

1. 有意义学习的实质

奥苏贝尔认为,有意义学习就是将符号所代表的新知识与学习者认知结构中已有的适当观念建立起非人为的和实质性的联系。所谓实质性的联系,是指表达的语句虽然不同,但却是等值的,也就是说这种联系是非字面的联系。如三条边相等的三角形与顶角为60°的等腰三角形,两者表述的语句不同,但其内涵是等值的。所谓非人为的联系,是指新知识与原有认知结构中有关的观念建立在某种合理的或逻辑基础上的联系,而非人为强加的联系。如四边形内角和与三角形内角和之间的联系。

2. 有意义学习的条件

有意义学习的产生既受学习材料本身性质(客观条件)的影响,也受学习者自身因素(主观条件)的影响。

从客观条件来看,有意义学习的材料本身必须有逻辑意义,在学习者的心理上是可以理解的,是在其学习能力范围之内的。一般来说,学生所学的教科书或教材,是人类认识世界的概括,都是有逻辑意义的。

从主观条件来看,实现有意义学习的条件主要有,学习者的认知结构中必须具有能够同化新知识的适当的认知结构;学习者必须具有积极主动地将符号所代表的新知识与认知结构中的适当观念加以联系的倾向性;学习者必须积极主动地使这种具有潜在意义的新知识与认知结构中的有关旧观念发生相互作用,使认知结构或旧观念得到改善,使新知识获得实际意义即心理意义。有意义学习的目的,就是使符号代表的新知识获得心理意义。

(三) 促进有意义学习的教学策略——先行组织者

奥苏贝尔认为,影响接受学习的关键因素是认知结构中适当的起固定作用的观念的可利用性。为此,他提出了"先行组织者"的教学策略。所谓"先行组织者",是先于学习任务本身呈现的一种引导性材料,它要比学习任务本身有更高的抽象、概括和综合水平,并且能清晰地与认知结构中原有的概念和新的学习任务关联起来。设计"先行组织者"的目的,是为新的学习任务提供观念上的固定点,增加新旧知识之间的可辨别性,以促进学习的迁移。例如,奥苏贝尔曾研究过先行组织者对学习有关金属钢的性质的材料的影响。实验组学生在学习该材料之前,先学习了一个"先行组织者",它强调了金属和合金的异同、各自的利弊和冶炼方法的历史说明材料,以提高学习兴趣,但没有提供可作为理解钢的性质的观念框架的概念。结果两组学生在学习钢的性质的材料之后,实验组的平均成绩明显高于控制组。

事实上,接受学习是学习者掌握人类文化遗产及先进的科学技术知识的主要途径。在教师的讲授和指导下,学习者可以尽快在较短的时间内掌握大量的间接知识,所获得的知识是系统的、完整的、精确的和便于储存与巩固的。在实际的教学过程中,有意义接受学习理论的"先行组织者"策略很有价值,教师应灵活地运用这一策略,以促进知识的学习和保持。

(四) 有意义接受学习在教学中的应用

1. 讲授式教学模式

奥苏贝尔认为,讲授式教学长期遭受误解,学生接受教师的知识被视作"鹦鹉学舌",这仅发生在机械学习中。教师讲授有意义的知识,促进学生的意义学习,其实非常具有价值。教师在讲授时,需要帮助学生将知识细化为具体的知识要点,并促进已有知识与新知识之间的联系。这一教学模式尤其适合高年级学生的教学。

2. 教学基本原则

教学需遵循"逐渐分化"和"整合协调"的原则。逐渐分化原则是指学生应先学习最普遍、最具概括性的观念,然后逐渐学习具体的知识,并在基础知识之上,对具体知识加以分化,以促进下位学习。例如,先让学生学习三角形的概念及相关知识,然后才逐渐学习更为具体的锐角三角形、钝角三角形、直角三角形的概念及相关知识。

整合协调的原则是指学生应对认知结构的已有知识进行整理,通过理清新旧知识间的关系,形成良好的认知结构。从接受学习的角度来看,学习中的困难不在于对新旧知识的理解,而在于处理新旧知识间的矛盾。当学生无法在新旧知识的基础上形成新的认知结构时,他们往往会将新知识隔离起来,束之高阁。教学中需要对新旧知识间的关系进行详细的解释,尤其在进行上位学习时,需要帮助学生理清不同的知识结构,澄清新旧知识间的误解。

第四节 建构主义学习理论

建构主义是认知学习理论的新发展,对当前的教学改革产生了非常深远的影响。这种学习理论进一步揭示了学习者在学习过程中的主动性,突出了意义建构和社会文化互动在学习中的作用。建构主义不是一个学习理论,而是众多理论观点的统称。早在皮亚杰和维果斯基的思想中就已经有了建构的思想。在20世纪70年代末,以布鲁纳为首的美国教育心理学家将苏联心理学家维果斯基的思想介绍到美国以后,对建构主义思想的发展起到了极大的推动作用。

一、建构主义的发展

(一) 从一则寓言谈起

在一个池塘中生活着两个小动物——一条鱼和一只青蛙,它们是很要好的朋友。一天,青蛙告别了鱼,到陆地上去旅行。在游历一番之后,青蛙回到了这个池塘。鱼一见到青蛙,便迫不及待地迎上去,问道:"青蛙大哥,你都看到什么了?"青蛙说:"外面的世界真精彩!我看见了很多很新奇的东西。比如我看到了一种动物,它有两条腿,一对翅膀,身上、翅膀上和尾巴上都长着漂亮的羽毛,可在高空中飞翔。"鱼饶有趣味地听着青蛙的讲述,头脑中形成了如图7-2所示的形象。

青蛙作为"教师"准确地讲出了"鸟"这种动物的特征。鱼作为"学生",很有学习兴趣,而且很认真地听讲。但在结果上,鱼心目中的鸟却是一种"鱼化"的鸟。青蛙还对外面世界的牛、人都做了描

图7-2　鱼心目中的"鸟"

述,而鱼心目中出现的都是"鱼化"了的牛和人。因为它在以自己原有的经验为基础来建构对新知识的理解。虽然这是一则夸张化的寓言,但只要冷静反思一下现实的教学,我们不难发现在现实中这则寓言的影子。

(二) 建构主义的含义

建构主义强调,意义不是独立于我们而存在的,个体的知识是由人建构起来的,对事物的理解不是简单地由事物本身决定的,而是人以原有的知识经验为基础来建构自己对现实世界的解释和理解。不同的人由于原有经验的不同,对同一种事物会有不同的理解。学习是积极主动的意义建构和社会互动过程。教学并不是把知识经验从外部装到学生的头脑中,而是要引导学生从原有的经验出发,建构起新的经验,而这一认知建构过程常常是通过参与共同体的社会互动而完成的。

二、建构主义的基本观点

(一)知识观

在知识观上,建构主义在一定程度上对知识的客观性和确定性提出了质疑,强调知识的动态性。建构主义者一般强调,知识并不是对现实的准确表征,它只是一种解释、一种假设,不是最终答案。相反,它会随着人类的进步而不断被"革命"掉,并随之出现新的假设。另外建构主义认为,知识并不能精确地概括世界的法则,在具体问题中,并不是拿来便用,一用就灵,而是需要针对具体情境进行再创造。尽管我们通过语言符号赋予了知识一定的外在形式,甚至这些命题还得到了较普遍的认可,但这并不意味着学生会对这些命题有同样的理解,因为这些理解只能由每个学生基于自己的经验背景而建构起来。

(二)学生观

建构主义强调学生经验世界的丰富性和差异性。个人头脑中已有的知识经验不同,调动的知识经验相异,对所接受的信息的解释就不同。因此,教学不能无视学生的已有经验,而是要把学生现有的知识经验作为新知识的生长点,引导学生从原有的知识经验中"生长"出新的知识经验。

(三)学习观

建构主义在学习观上强调学习的主动建构性、社会互动性和情境性三个方面。

1. 学习的主动建构性

建构主义认为,学习不是由教师向学生传递知识,而是学生建构自己知识的过程,学生不是被动的信息吸收者,而是信息意义的主动建构者,这种建构不可能由其他人代替。

学习不是被动地接收信息刺激,而是主动地建构意义,是根据自己的经验背景,对外部信息进行主动地选择、加工和处理,从而获得自己的意义。

2. 学习的社会互动性

建构主义强调,学习是通过对某种社会文化的参与而内化相关的知识和技能并掌握有关工具的过程,这一过程常常需要通过一个学习共同体的合作互动来完成。所谓学习共同体是由学习者及其助学者(包括教师、专家、辅导者等)共同构成的团体,他们彼此之间经常在学习过程中进行沟通交流,分享各种学习资源,共同完成一定的学习任务,因而在成员之间形成了相互影响、相互促进的人际联系,形成了一定的规范和文化。

3. 学习的情境性

建构主义者提出了情境性认知的观点。强调学习、知识和智慧的情境性,认为知识是不可能脱离活动情境而抽象地存在的,学习应该与情境化的社会实践活动结合起来。知识是存在于具体的、情境的、可感知的活动中,只有通过实际活动才能真正被人了解。人的学习应该与情境化的社会实践活动联系在一起,通过对某种社会实践的参与而逐渐掌握有关的社会规则、工具、活动程序等,形成相应的知识。

(四)建构主义教学观

教学不能无视学习者的已有知识经验,不能简单强硬地从外部对学习者进行知识的"填灌",而是应当把学习者原有的知识经验作为新知识的生长点,引导学习者从原有的知识经验中,主动建构新的知识经验。教学不是知识的传递,而是知识的处理和转换。教师与学生、学生与学生之间,需要共同针对某些问题进行探索,并在探索的过程中相互交流和质疑。

三、建构主义学习理论在教学中的应用

（一）探究学习

通过有意义的问题情境,让学生通过不断地发现问题和解决问题,来学习与所探究的问题有关的知识,形成解决问题的技能以及自主学习的能力。

（二）支架式教学

这是指教师为学生的学习提供外部支持,帮助他们完成自己无法独立完成的任务,然后逐步撤去支架,让学生独立探索学习。

（三）情境教学

建立在有感染力的真实事件或真实问题的基础上的教学称为情境教学。知识学习是与情境化的活动联系在一起的。学生应该在真实任务情境中,尝试发现问题、分析问题、解决问题。

（四）合作学习

合作学习主要是以互动合作（师生之间、学生之间）为教学活动取向,以学习小组为基本组织形式,来共同达成教学目标。

四、建构主义学习理论对教育实践的启示

（一）建构主义的知识观告诉我们,知识并不是绝对的真理

教师在尊重书本知识的同时,不能用知识的权威来压制学生的创造性,要培养学生的批判精神,敢于向知识质疑、挑战。

（二）建构主义的学习观告诉我们,学习具有建构性、社会互动性和情境性

教师要认识到自主学习的重要性,在教学中应该创设问题情境,引导和帮助学生主动建构自己的认知结构;注意学习共同体在学习中的作用,运用合作学习等方式帮助学生建构认知结构;注意理论联系实践,积极开展实践活动课,在实践活动中帮助学生合理运用和领会知识。

（三）建构主义的学生观告诉我们,学生不是空着脑袋走进教室的

教师要对学生的学习模式、有关的先前知识和对教材的信息状况有所了解,要引导学生获得学习材料的新意义,修正以往的概念。

第五节　人本主义学习理论

促进学生的全面发展,关注学生的情感、态度和价值观,俨然成为当今教育改革的最强音。其实,早在20世纪60年代至70年代,在美国就兴起了一种有别于行为主义与精神分

析理论的号称"第三势力"的心理学思潮——人本主义心理学。这种思潮既反对行为主义机械的环境论,又反对精神分析本能的生物决定论,强调心理学应该研究人的本性和潜能、尊严和价值,强调社会文化应促进人的潜能的发挥以及普遍的自我实现。在教育上,人本主义旗帜鲜明地倡导全人教育和情感教育等。

人本主义主张,心理学应当把人作为一个整体来研究,而不是将人的心理肢解为不能整合的几个部分;应当研究正常的人,而且更应关注人的高级心理活动,如热情、信念、生命、尊严等内容。人本主义心理学的学习理论则从全人教育的视角阐释了学习者整个成长历程以发展人性;注重启发学习者的经验和创造潜能,引导其结合认知与经验,肯定自我,进而自我实现。人本主义学习理论重点研究如何为学习者创造一个良好的环境,让其从自己的角度感知世界,发展出对世界的理解,从而达到自我实现的最高境界。人本主义学习理论的代表人物为马斯洛和罗杰斯。

一、马斯洛的学习理论

美国心理学家马斯洛是人本主义心理学的领导人物之一,他以性善论、潜能论和动机论为理论基础,创建了理论化、系统化的自我实现心理学。

(一)马斯洛的教育目标论

马斯洛最关注成长的目标。教育目标论因而构成其教育观的核心。他把人的自我实现作为教育的终极目标。他认为,教育的根本目标在于开发潜能、完美人性、完善人格,成为世界公民。在马斯洛看来,理想的教育制度培养出来的"自我实现者都有一个他信仰的事业,一个他为之献身的使命"。

(二)马斯洛的内在学习论

马斯洛认为,外在学习是单纯依赖强化和条件作用的学习。其着眼点在于灌输而不在于理解,属于一种被动的、机械的、传统教育的模式。在他看来,目前学习者浸透着外在学习的态度,并且像黑猩猩对训练员的技巧做出反应那样对分数和考试做出反应。读一本书的唯一理由可能会是它带来的外部奖赏。为了获得"一纸文凭"或"赚取学位"可概括为这一外在教育的弊端。

马斯洛认为,理想学校应反对外在学习,倡导内在学习。所谓内在学习就是依靠学生内在驱动、充分开发潜能、达到自我实现的学习。这是一种自觉地、主动的、创造性的学习模式。这种内在教育的模式会促使学生内发地学习,打破各种束缚人发展的规则,自由地学习他想学的任何课程,充分发挥想象力和创造性。

(三)马斯洛的需要层次理论

马斯洛的需要层次理论认为,人有七种基本需要:生理需要、安全需要、归属与爱的需要、尊重需要、求知需要、美的需要和自我实现需要。这些需要从低级到高级排成一个层级,如图7-3所示。马斯洛认为,一个人只有在低级需要得到部分满足后才会寻求高级需要的满足,一个极度饥饿的人首先会想到的是最近的饭馆在哪,而不是最近的电影院在什么地方。

人们有意识地选择目标实际上是为了满足他们的基本需要。一位刚上高一的学生决心争取加入足球队,可能是为了满足他的爱与归属的需要。参加到由同龄人组成的、有共同兴趣的小组中,有助于他与同伴之间形成一种支持性的社会关系。

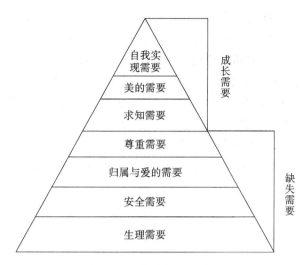

图 7-3　马斯洛需要层次图

个体目标的设置常常受到多种需要的影响。例如,一位学生参加足球队可以同时满足三种需要。通过与队友和体育老师建立一种有意义的联系而满足归属的需要。成为足球队队员使他赢得了同学们的尊重。最后,足球队与学校团体的稳定性有助于满足他的安全感。

马斯洛对这七种需要进行了进一步的区分。位于需要层次图底部的四种需要被归为缺失需要,它是个体生存所必需的,必须得到一定程度的满足,但是这些需要一旦满足,个体有关这方面的动机就将减少甚至消失。如果所有的缺失需要都得到了一定的满足,那么个体将继续追求上面的三种高层次的需要,这些需要被归为成长需要,它能够让个体生活得更有质量。与缺失需要相反,成长需要永远得不到完全的满足。实际上,求知和理解世界的需要得到的满足越多,个体学习知识的动机就越强。越是有才华、有成就的人,越觉得本领不足。其原因是知识的半径越长,所感知的未知世界就越多,故而越发觉得需要求知好学。

当较低层次的需要得到满足后,人最后要满足的是自我实现需要。自我实现是使自己更完备、更完美,能够充分发挥自己的能力,实现个人的最大价值的需要。

二、罗杰斯的学习理论

(一) 知情统一的教学目标

罗杰斯认为,认知和情感是人类精神世界中两个不可分割的有机组成部分,彼此是融为一体的。因此,罗杰斯的教育理想就是要培养既用认知的方式也用感情的方式行事的知情合一的人。要想实现这一教育理想,应该有一个现实的教学目标,即"促进变化和学习,培养能够适应变化和知道如何学习的人"。人本主义重视的是教学的过程而不是教学的内容,重视的是教学的方法而不是教学的结果。

(二) 有意义学习

罗杰斯认为,依据对个人的意义,学习可以分为无意义学习(Nonsignificant Learning)和有意义学习(Significant Learning)两种。无意义学习指只涉及心智而不涉及感情或个人意义的学习,是一种"颈部以上发生的学习",因而与完整的人的成长无关。所谓有意义学习,不仅仅是一种增长知识的学习,而且是一种与每个人各部分都融合在一起的学习,是一种使个体的行为、态度、个性及对未来行为方针的选择发生重大变化的学习。

有意义学习一般具有四个特征：①全身心投入。学习是学习者整个人全部身心参与的过程，既包括认知的参与，也包括情感的参与。②自我发起。学习是学习者自我发起的，虽然推动力量或刺激来自外界，但要求发现、获得、掌握和领会的感觉是来自内部的。③渗透性。学习能够使学生的行为、态度和个性都发生变化。④自我评价。学习的结果是由学习者自我评价的，他们知道自己想学什么和学到了什么。

人本主义反对传统教学中向学生灌输知识和材料的"无意义学习"，特别强调学习内容对学生的个人意义，注重学生的需要、愿望和兴趣等因素，主张进行与学生个人密切相关的"有意义学习"，认为提高教学效果的有效途径就是使学生进行有意义学习。罗杰斯指出："有意义学习把逻辑与直觉、理智与情感、概念与经验、观念与意义等结合在一起。当个体以这种方式学习时，就成了一个完整的人，即成了能够充分利用自己所有阳刚和阴柔方面的能力来学习的人。"

（三）学生中心模式

罗杰斯从人本主义的学习观出发，认为促进学生学习的关键不在于教师的教学技巧、专业知识、课程计划、视听辅导材料、演示和讲解、丰富的书籍等，而在于特定的心理气氛因素，这些因素存在于"促进者"与"学习者"的人际关系之中。

促进学习的心理气氛因素有三个：①真实或真诚。学习的促进者表现真我，没有任何矫饰、虚伪和防御。②无条件积极关注。即对一个人表示尊重、关注和接纳。学习的促进者尊重学习者的情感和意见，关心学习者的方方面面，接纳作为个体的学习者的价值观念和情感表现。③同理心。即设身处地，对学习者的内在反应感同身受，了解学生的学习过程。在这样一种心理气氛下进行的学习，是以学生为中心的，教师只是学习的促进者、协作者或者说是伙伴、朋友，学生才是学习的关键。

（四）人本主义学习理论在教学中的应用

1. 开放课堂教学模式

人本主义学习理论提出了一些课堂教学设计模式。其中最具特色的是开放课堂教学模式。这种教学模式的最大特点是学生充分主导自己的学习。学生不需要将自己限定在课堂中。他们可以学自己想学的任何科目。在开放课堂内，如果学生不感兴趣，可以随时退出。如果学生感兴趣，可以在下课后继续学习。教师破除固定课本教学的局限，采取多样化的教材。教师采取个别化的教学，充分以学生为中心，围绕学生设置教学情境，展开教学。

2. 夏山学校

夏山学校是极端人本主义教育的典型。该学校由尼尔于1921年创办于英格兰。该校具有如下四个特点：第一，入学年龄不限，多在5—15岁；第二，采取混合编班制，小班5—7岁，中班8—10岁，大班11—15岁；第三，学校虽有课程，但只为教师而设，学生上课与否不加限制，学校不举行任何成绩考查，更无所谓及格与否的问题；第四，学生人数始终未过百，全部住校，每周前五天活动完全自由，周六举行生活讨论会，凡事公决，师生共同遵守。

关于该学校的教育成效，有学者访问后指出，该校学生具有以下四个特点：第一，两性相处较为自然；第二，能在自由环境中发展个人兴趣；第三，成年后较多了解子女生活，有较好的亲子关系；第四，在校期间能学到以后从事社会生活所需的知识与能力。

第八章

知识学习

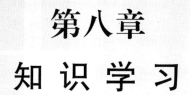

第一节 知识概述

一、知识的含义

从本质上说,知识是在人与客观事物相互作用的过程中形成的对事物属性与联系的能动反应。从概念的内涵来说,知识是人们对客观事物的认识,具有客观性;同时,知识也具有主观性,是个体对客观事物属性的能动反映。掌握知识的过程是个体心理的内部建构过程,会受到个体原有知识结构和环境经验的影响。

具体来说,知识有广义和狭义之分。狭义的知识,即一般意义的知识,指语言或言语活动中的各种符号和信息,如具体的科学概念、定理、物理图示、数学符号等,这类知识不仅能在大脑中储存,也可通过文字或言语的方式表达出来。本章所涉及的"知识"是一个广义的概念,不仅包括言语信息,也包括无法用言语准确表达的经验、操作技能等,是对个体与外界环境互动过程中获得经验的固话,能够指导人们的认识和实践。

在生活中要解决实际问题,仅有能力是不够的,必须同时具备相应的知识,并能将知识进行充分合理的运用。因此,知识是问题解决的前提,也是个体能力的重要组成部分,对人们的生活和社会实践都具有重要的指导意义。

二、知识的类型

人类的知识复杂多样,人们从不同角度对知识进行了不同分类。下面主要介绍两种知识的分类。

(一)陈述性知识和程序性知识

安德森根据知识的状态和表现方式把知识分为陈述性知识和程序性知识。

陈述性知识是关于"是什么"的知识,即描述事物的特征及其关系,是对事实、定义、规则、关系、原理等的说明。这类知识主要解决"是什么"的问题。例如,中国的首都在北京,下雪天路滑,一年有四季等,这些都是陈述性知识。这种知识具有静态的性质。

程序性知识是关于"怎么做"的知识,与完成某项任务的行为或操作步骤有关,涉及某一情境中解决具体问题的操作性步骤。比如怎样驾驶,怎样用计算机进行统计分析,怎样进行推理、决策或者解决某类问题等。这类知识主要用来解决"做什么"和"怎么做"的问题。这种知识具有动态的性质。

(二)显性知识和隐性知识

根据知识的形态,英国的哲学家波兰尼于1958年把知识分为显性知识和隐性知识。

显性知识是指用"书面文字、图表和数学表述的知识",通常是用言语等人为方式,通过表述来实现的,所以又称为"言明的知识"。

隐性知识是指尚未被言语或其他形式表述的知识,是"尚未言明的""难以言传的"的知识。波兰尼有一个经典的比喻证明隐性知识的存在,他说,我们能够从成千上万甚至上百万张脸中认出某一个人的脸,但是在通常的情况下,我们却说不出我们是怎么认出这张脸的。这便是波兰尼的著名命题:"我们知晓的比我们能说出的多。"

波兰尼一方面指出显性知识通过教育而传播,另一方面也强调了隐性知识在教育中的作用。认识和识别显性知识,并不是难事,教育教学任务的"基本知识"和"基本技能"就是指"显性知识",只是由于过去把显性知识当成是知识的全部所以就没有突出它的"显性"特征。隐性知识因为其尚处于"缄默"的状态,难以外显出来,一直没有得到足够的重视。但是在某种程度上,对学习者来说,隐性知识比显性知识更重要。隐性知识的开发利用方式已经成为一个重要的研究课题。

三、知识的表征

知识是通过个体与外界信息甚至整个情境的相互作用而获得的,个体一旦获得知识,就会在头脑中以某种方式来代表其意义,并将其储存起来。知识的表征是指知识或信息在人脑中记载和贮存的方式。由于所学知识、学习的过程及学习者自身情况不同,知识在个体头脑中的表征方式也有差异。现代认知心理学家有关陈述性知识和程序性知识分类中涉及的几种知识表征的类型,都是个体储存知识的常见方式。

(一)陈述性知识的主要表征形式

陈述性知识主要是通过概念、命题和命题网络、表象、图式等方式在大脑中储存的。

1. 概念、命题和命题网络、表象

概念代表着事物的基本属性和基本特征,相互联系的概念间具有一定的层次关系并在头脑中以层次网络组织形式储存。命题是意义或观念的最小单位,用于表述一个事实或描述一种状态;两个或多个命题常常因为有某个共同的成分而相互联系在一起,从而构成了命题网络,或称为语义网络。表象则是客观对象不在面前呈现时,个体所保持的客观对象的形象在观念中复现的过程,表征了事物的知觉特征具有鲜明、直观性的特征。

2. 图式

不论是概念、命题还是表象,都只涉及单个的观念,人的一生要学习和掌握大量的知识,这些知识会围绕某一主题相互联系起来形成有组织的知识单元,这就是图式。图式是认知结构的起点和核心,是将相互联系的概念、命题和表象组织起来而形成的有组织的认知单元,"是对范畴的规律性作出编码的一种形式。这些规律可以是知觉性的,也可以是命题性的。"由于命题仅表征事物的抽象含义而不能编码其知觉性质,因而图式不仅仅是命题表征的扩展。例如,在"梅花"图式中,既包含了其不畏严寒、铁骨冰心的高尚品格,也包含了梅花的颜色和形状等知觉特征。

(二)程序性知识的主要表征形式

程序性知识的表征形式主要是产生式和产生式系统,有时也通过图式的方式进行表征。

产生式是条件与动作的联结,即在某一条件下会产生某一动作的规则,它由条件项"如果"和动作项"那么"构成。人们在运用程序性知识完成各种活动时,总是根据当前条件("如果")的不同,而采取与之相适应的动作("那么")。即在满足某个条件的时候,我们做出某个行动。

众多的产生式联系在一起,就构成了复杂的产生式系统,表征复杂技能的完成过程。

第二节 知识学习

一、知识学习的类型

知识学习的类型从不同角度可分为不同类型。

(一)陈述性知识的学习和程序性知识的学习

人类对知识的学习存在各种不同的类型和水平,每种学习都能使学习者获得不同的能力。陈述性知识和程序性知识的划分是比较有代表性的划分方法。

1. 陈述性知识的学习

陈述性知识的学习一般包括符号表征学习、概念学习和命题学习。

符号表征学习指学习单个符号或一组符号的意义,或者说学习符号本身代表什么。符号学习的主要内容是词汇学习。它还包括事实性知识的学习和非语言符号的学习,如历史事件、历史人物、实物、图像、图表等的学习。

概念学习指掌握概念的一般意义,实质上是掌握同类事物共同的关键特征和本质属性。如"鸟"的概念,它包含了"前肢为翼""无齿有喙"和"卵生"这样三个共同的关键特征。如果掌握了这三个关键特征,就掌握了这个概念的一般意义,这就是概念学习。

命题学习指学习由若干概念组成的句子的复合意义,即学习若干概念之间的关系。如学习"圆的直径是它的半径的两倍"这一命题时,如果没有获得"圆""直径"和"半径"等概念,便不能获得这一命题的意义。可见,命题学习必须以符号学习和概念学习为基础,这是一种更加复杂的学习。

2. 程序性知识的学习

程序性知识的学习可以分为两类:一类是模式识别学习,另一类是动作序列学习。这两种类型是相互关联的,正确地使用行动序列需要识别适合的条件。

模式识别学习指将输入的刺激(模式)的信息与长时记忆中有关的信息进行匹配,从而辨认出该刺激属于什么范畴的过程。

动作序列学习指顺利执行、完成一项活动的一系列操作序列,这种学习主要是对产生式中动作项的学习。

(二)下位学习、上位学习和组合学习

根据新知识与原有认知结构的关系,奥苏贝尔将知识的学习可分为下位学习、上位学习和组合学习。

1. 下位学习(类属学习)

下位学习指将概括程度或包容范围较低的新概念或命题,归属到认知结构中原有的概括程度或包容范围较高的适当概念或命题之下,从而获得新概念或新命题的意义。例如,知道了"三角形内角和为180°",直角三角形是三角形的一个特例,那就很容易理解"直角三角形内角和为180°"。

2. 上位学习(总括学习)

上位学习是指新概念、新命题具有较广的包容面或较高的概括水平,这时,新知识通过把一系列已有观念包含于其下而获得意义,新学习的内容便与学生认知结构中已有观念产生了一种上位关系。例如,儿童在熟悉了"鸟""鱼""野兽""昆虫"等下位概念之后,再学习"动物"这一上位概念。

3. 组合学习

组合学习是指当学生的新概念或新命题与认知结构中已有的观念既不产生下位关系,又不产生上位关系时,它们之间可能存在组合关系,这种只凭组合关系来理解意义的学习就是组合学习。如凭借关于水流的知识来理解电流等。在这种学习中,实际上学习者头脑中没有最直接的可以利用的观念,只能在更一般的知识背景中为新知识寻找适当的固定点。因此,这种学习通常会更困难。

二、知识学习的过程

(一)知识学习的一般过程

知识学习主要是学生对知识的内在加工过程。这一过程包括知识获得、知识保持和知识提取三个阶段。

在获得阶段,新知识进入短时记忆,与长时记忆系统中被激活的相关知识建立联系,纳入原有的认知结构,从而出现新意义的建构。在这个阶段,知识的学习主要表现为知识的感知和理解,也就是通过这两种过程,把新知识与原有知识联系起来,纳入个体的认知结构和认知系统。而这两种过程一般是通过知识的直观和概括两种形式实现的。这一阶段应解决的主要心理问题是知识的同化。通过同化,学生运用自己已有的知识理解新知识,并使其在自己认知结构的适当地方找到位置。

在巩固阶段,新建构的意义储存于长时记忆系统中,如果不进行深层的认知加工,这些信息就会出现遗忘。这一阶段解决的主要心理问题是知识的保持。通过记忆使新知识得到巩固。

在提取阶段,个体运用所获得的知识回答"是什么"和"为什么"的问题,并应用这些知识来解决实际问题使所学知识产生广泛迁移。这一阶段解决的主要心理问题是知识的应用。

通过应用使知识产生广泛的迁移。

（二）知识直观与知识概括

1. 知识直观

知识直观就是主体通过对直接感知到的教学材料的表层意义、表面特征的加工，形成对事物具体的、特殊的、感性的知识的加工过程。直观是理解科学知识的起点，是学生由不知到知之的开端，是知识获得的首要环节。知识直观主要包括实物直观、模象直观和言语直观三种方式。

实物直观即通过直接感知要学习的实际事物而进行的一种直观方式。其优点在于能给人以真实感、亲切感，有利于激发学生的学习兴趣，调动学习的积极性。其缺点在于受时间、空间和感官特性的限制，许多事物难以通过实物直观获得清晰的感性知识。

模象直观即通过对事物的模象的直接感知而进行的一种直观方式。模象直观的优点在于，其对象可以人为制作，因而模象直观在很大程度上扩大了直观的范围，提高直观的效果。模象直观的缺点在于，模象只是事物的模拟形象，而非实际事物本身，因此模象与实际事物之间有一定距离。

言语直观是在形象化的语言作用下，通过学生对语言的物质形式（语音、字形）的感知及对语义的理解而进行的一种直观形式。言语直观的优点在于它不受时间、地点和设备条件的限制，可以广泛使用。它能运用语调和生动形象的事例去激发学生的感情，唤起学生的想象。言语直观的缺点在于其所引起的表象，往往不如实物直观和模象直观鲜明、完整和稳定。

2. 知识概括

知识概括是指主体通过对感性材料的分析、综合、比较、抽象等深度加工改造，从而获得对一类事物的本质特征与内在联系的抽象的、一般的、理性的认识活动过程。知识概括包括感性概括和理性概括。感性概括也称直觉概括，它是在直观的基础上自发进行的一种低级的概括形式。理性概括是指在有关理性知识的指导下，通过发挥主观能动性，对感性知识经验进行自觉的逻辑加工改造，来揭示事物的共同的、本质的特征与内在联系的高级概括形式。

知识概括的方法包括以下几方面。

第一，充分运用变式。变式是指通过变更对象的非本质特征以突出对象的本质特征而形成的表现形式。例如，在讲"哺乳动物"的概念时，不仅要列举陆地上的狮子、老虎、狗等，还要列举水中的海豚，以及空中的蝙蝠。这样才有利于学生看到哺乳动物的本质属性是哺乳、胎生，而舍弃一些无关特征。在教学中，教师应选取在不同时间、地点、条件下的多种事例，以突出内部的本质属性，舍弃非本质属性。这样可以防止不适当地扩大或缩小概念的内涵。

参考例题

【单项选择题】王老师在讲"果实"这个概念时，列举了苹果、花生等可食果实的例子，也列举了棉籽、橡树籽等不可食果实的例子。这种教学方法称为（　　）。

A. 变式　　　　　B. 范式　　　　　C. 原型　　　　　D. 演绎

【参考答案】A。解析：变式是指通过变更对象的非本质特征以突出对象的本质特征而形成的表现形式。

第二，进行科学比较。比较是从方法学的角度促进知识的概括。一般来说，比较主要有两种方式：同类比较和异类比较。同类比较即关于同类事物之间的比较。同类比较有利于区分对象的一般与特殊、本质与非本质特征，从而找出一类事物所共有的本质特征。异类比较即不同类但相似、相近或者相关的事物之间的比较。异类比较有利于确切了解彼此间的联系与区别，防止知识间的混淆与割裂，有助于建立系统的知识结构。

第三，适当运用正例和反例。正例又称肯定例证，指包含着概念或规则的本质特征和内在联系的例证；反例又称否定例证，指不包含或只包含了一小部分概念或规则的主要属性和关键特征的例证。如讲解"鸟"的概念，正例包含麻雀、鸽子、鸵鸟等，反例包含蝙蝠等。一般而言，概念或规则的正例传递了最有利于概括的信息，反例则传递了最有利于辨别的信息。

第四，启发学生进行自觉的知识概括。为了促进知识的获得，在实际的教学情境中，教师应该启发学生进行自觉的概括，鼓励学生自己总结原理、原则，尽量避免一开始就要求学生记忆或背诵。教师启发学生进行自觉概括的最常用的方法是鼓励学生主动参与问题的讨论。

第三节 技能学习

一、技能概述

（一）技能的含义

日常生活中，人们会经常提到技能，如运动技能、写作技能等。在有关技能的早期研究中，心理学家主要关注相对简单的一些技能，如打字技能等。随着研究的不断深入，现在的心理学家更重视对复杂技能的研究。虽然许多研究者都认同技能的重要性，但关于技能的含义却尚未达成统一意见。

在《心理学大词典》（1989）中，技能被定义为"个体运用已有的知识经验，通过练习而形成的智力动作方式和肢体动作方式的复杂系统"。《简明心理学百科全书》（1991）则将技能定义为"技能是通过练习形成的能完成一定任务的动作和智力操作系统"。皮连生认为，技能是在练习的基础上形成的按某种规则或操作程序顺利完成某种智慧任务或身体协调任务的能力。冯忠良等人则认为，技能是通过学习而形成的合乎法则的活动方式。综上所述，技能是指经过练习而形成的、合乎一定规则或操作程序的活动方式。

技能是通过练习而形成的合乎法则的活动方式。

（二）技能的特点

综合技能的含义及相关研究，可以归纳出技能的下述三个特点。

1. 练习是形成技能的途径

与本能行为不同,技能是通过后天的学习和练习获得的。其中,练习是一种有目的地对某种操作进行多次重复以达到熟练程度的过程,旨在改进操作,使动作趋于完善,达到自动化的熟练程度。需要注意的是,技能的联系不是机械重复,而是在每次反复练习中,改进操作、提高操作的有效性,从而使操作趋于完善。因此,练习是形成技能、获得技能的必由之路。俗话说"熟能生巧",这里的"巧"就是技能的表现。

2. 技能是一种活动方式

知识学习要解决的是"知与不知"的问题,而技能学习所要解决的则是"会与不会""熟练与否"的问题。技能是将程序性知识转化为相应的活动方式。程序性知识虽然与动作的执行密切相关,但它所涉及的仅是活动规则与方法的知识,而非活动方式本身。因此,要真正掌握技能,不仅需要掌握陈述性知识和程序性知识,更重要的是要通过实际活动表现出来。

3. 技能必须合乎一定的法则

合乎法则意味着技能不是一般的随意操作,也不是任意的操作组合。在技能形成的过程中,各动作的构成要素、执行顺序、执行要求都必须符合活动的内在规律。因此,只有合乎一定规则或操作程序的活动方式才能称为技能,才能对活动对象进行有效的加工与改造,也才能使活动在多次反复的练习中形成动力定型,逐步实现自动化并向能力转化。合乎法则意味着熟练的技能应该具有流畅性、迅速性、经济性、同时性和适应性等特征。

(三)技能的类型

根据技能的性质和特点,通常把技能分为动作技能和心智技能。

1. 动作技能

动作技能又称操作技能、运动技能,是指通过一系列的外部动作以合理顺序组成的操作活动方式。日常生活中的写字、绘画;音乐方面的吹、拉、弹、唱;体育方面的田径、球类、体操;生产劳动方面的铣、刨、磨等活动方式,都属于操作技能的范畴。动作技能的表现形式多种多样,但都是借助于肌肉、骨骼的动作及相应的神经系统活动来进行的。

操作技能具有三个一般性特点。①就动作的对象而言,操作技能活动的对象是物质性客体或肌肉,具有客观性;②就动作的进行而言,操作技能的执行是通过外部显现的肌体运动实现的,具有外显性;③就动作的结构而言,操作活动的每个动作必须切实执行,不能合并、省略,在结构上具有展开性。

2. 心智技能

心智技能又称智慧技能、智力技能、认知技能,是指通过内部语言在人脑中形成的心智活动方式。阅读技能、写作技能、心算技能、解题技能等都是常见的心智技能。

与动作技能相比,心智技能也具有三个特点。①动作对象的观念性。心智技能的活动对象是客观事物在人脑中的主观映象,是客观事物的主观表征,是知识和信息。客观事物的主观表征,属于主观观念的范畴,因此,心智活动的对象具有观念性。②动作执行的内隐性。由于心智活动是对观念性对象进行的加工改造,是借助于内部语言进行的,只能通过其作用对象的变化而判断活动的存在。因此,心智技能是在头脑内部进行的,具有内隐性。③动作结构的简缩性。心智技能是借助内部语言这一工具进行的,鉴于内部语言的不完全性和片段性,心智动作的成分是可以进行合并、简略及简化的。因此,心智技能具有简缩性。

二、动作技能的形成

实际生活中,动作技能往往是由一套复杂的动作系统构成的。动作技能形成的过程是个体通过练习,逐步掌握某种动作方式的过程。为了更好地理解动作技能的形成,研究者们提出了各种阶段模型,这里主要介绍冯忠良提出的四阶段模型。

(一)操作的定向

操作的定向即学习者理解操作活动的结构和程序的要求,在头脑中建立起操作活动的定向映象的过程。操作活动的定向映象包括两个方面:一是有关操作动作本身的各种信息,二是与操作技能学习有关的各种内外刺激的信息。在该阶段,学生首先通过对教师示范动作的直接感知形成动作表象,该表象主要反映肌肉动作的外部直观形象,以视觉形象为主;接着通过教师的进一步讲解,学生在头脑中正确区分动作的内部特性、基本概念,从而掌握动作要领。

(二)操作的模仿

操作的模仿即学习者通过观察实际,再现出特定的动作方式或行为模式。模仿是将头脑中形成的定向映象用外显的实际动作表现出来,把"知"转变为"行",将头脑中的认识与实际的肌肉动作联系起来。模仿是形成技能的重要环节:一是模仿可以检验已经形成的动作定向映象;二是可以加强个体的动作感受,有利于准确的动觉体验的产生。该阶段学习者动作的稳定性、准确性、灵活性较差,各动作要素之间的协调性较差,并且会互相干扰,个体动作主要依靠视觉控制,动觉控制水平较低,完成某一操作的效能也较低。

(三)操作的整合

操作的整合是指把模仿阶段习得的动作依据其内在联系联结起来,然后固定下来,并使各动作成分相互结合,成为定型的、一体化的动作。整合是技能形成过程中的关键环节,是从模仿到熟练的一个过渡阶段。在这一阶段,学习者的动作表现出一定的稳定性、精确性和灵活性;动作的各个成分趋于分化、精确,整体动作趋于协调、连贯,动作成分间的相互干扰减少;视觉控制开始让位于动觉控制;动作效能有所提高,疲劳感和紧张感降低。

(四)操作的熟练

操作的熟练是指所形成的动作方式对各种变化的条件具有高度的适应性,动作的执行达到高度的完善化和自动化。动作的自动化并非无意识,而是指它的执行过程不需要意识的高度控制,能够将注意分配给其他活动。该阶段是动作技能形成中的一个重要阶段,也是由动作技能转化为能力的关键环节。在操作熟练阶段,动作表现出高度的灵活性、稳定性和准确性;各个动作之间的干扰消失;动觉控制增强,视觉注意范围扩大;心理效能和体力消耗降至最低,紧张感、疲劳感减少,动作具有轻快感。

三、动作技能的培训要求

(一)准确地讲解与示范

讲解、示范是技能训练的第一步,准确的讲解与示范有利于学习者在头脑中形成准确的定向映象,进而在实际操作活动中调节动作的执行。

讲解是指导者在动作技能学习初期,以语言描述或提示的方式向练习者提供的有关动作技能本身的重要信息。通过讲解,可以明确练习目的、突出动作要领、描述动作的内部原理,从而提高学生对动作的认识水平。教师在进行讲解时,需要注意语言的简洁、概括与形象化。

示范是指导者将技能演示出来,以便学习者能够进行直接的观察与模仿。示范的有效性取决于许多因素,如示范的时机和频率、示范者的特征、示范的准确性等。

(二)必要而适当的练习

练习是形成各种操作技能所不可缺少的关键环节,是动作技能形成的基本条件和途径,对技能进步有促进作用。一般来说,随着练习次数的增多,动作的精确性、速度、协调性、灵活性都会逐步提高。

在各种动作技能形成的过程中,练习成绩的进步既有共同趋势,又有明显的个别差异,这些都可以从练习曲线上反映出来。练习曲线有几种共同趋势(见图 8-1):①开始进步快;②中间有一个明显的暂时的停顿期,即高原期,通常把学生在学习过程中出现一段时间的学习成绩和学习效率停滞不前,甚至学过的知识感觉模糊的现象,成为"高原现象";③后期进步较慢;④总体趋势是进步的,但有时也会出现暂时的退步。

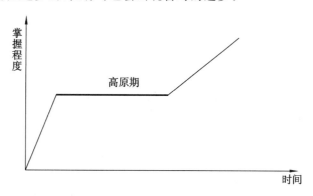

图 8-1　练习曲线图

(三)充分而有效地反馈

反馈是指在学习者知道自己的学习结果后,据此对其学习方法、计划和目标作出相应的调整。

一般而言,反馈分为外部反馈和内部反馈两个方面。所谓外部反馈是指练习者以外的人或事物给予的反馈,主要包括教师、教练、录像等外部信息源对学习者的动作结果及过程给予的反馈。内部反馈由具体动作所引起,让练习者自身的感觉系统提供反馈,主要包括练习者的视觉、听觉、触觉、动觉等获取的反馈信息。

一般而言,在学习初始阶段,外部反馈的作用较大。因为个体还未建立起准确的动觉感受,所以在此阶段,教师应该积极地向学生提供有关他们练习中身体动作和姿势方面的信息,学生可以利用这些反馈信息作为改进动作的主要线索。在学习中期和后期,个体已经具备了必要的内部动觉体验,这时内部反馈的作用较大。因此,这时教师应该指导学生细心体会自己的动作并力求发现自己的经验。

(四)建立稳定而清晰的动觉

动觉是由运动感觉和运动知觉构成的,是复杂的内部运动知觉,它反映的主要是身体运动时的各种肌肉活动的特性,如紧张、放松等,而不是外界事物的特性。动觉是运动知识获得的前提,是动作技能形成的心理基础。

动觉与视觉、听觉有所不同,如果不经过训练,它们很难被个体明确地意识到,并经常受到外部因素的影响,处于被掩盖的地位。由于动作知觉的模糊性,经常会发生学习者对自己的错误动作无法意识的现象,当然也就很难对动作进行有意识的调节或控制。这样就容易导致技术水平不稳定,难以找出动作失误的确切原因,使操作技能的学习陷入盲目状态。因此,有必要进行专门的动觉训练,以提高其稳定性和清晰性,充分发挥动觉在技能学习中的作用。

四、心智技能的形成

关于心智技能的形成,心理学界至今尚无定论。著名心理学家加里培林等人从反映论的观点出发,认为心智技能是通过实践活动的"内化"而实现的。他认为学生心智技能的形成需要经历五个阶段,"是外部物质活动转化到反映水平——转化到知觉、表象、概念水平的结果"。国内学者冯忠良在长期教学实验过程中,发现加里培林所划分的阶段可以进一步合并,并根据心智技能所形成的原型的重要性提出了三阶段模型。下面主要介绍这两位学者的心智技能形成的阶段模型。

(一)加里培林的五阶段模型

1. 活动定向阶段

该阶段是一个准备阶段,即让个体能够领会活动任务,从而在头脑里建立起活动的定向映象。在从事活动之前,个体首先需要了解做什么和怎么做,从而在头脑中形成活动本身和活动结果的表象,也就是对活动本身和活动结果进行定向。例如,让学生计算"3+2=?",教师必须先让学生知道运算的目的是要求两个数之和,知道这一过程是对事物数量的运算,知道运算步骤和顺序以及运算方法。

该阶段虽然是准备阶段,但却是心智活动必不可少的阶段,因为活动定向的性质、水平都会对心智活动的形成和发展起决定作用。从某种意义上来说,该阶段是决定学生智力活动能否顺利进行的重要因素。

2. 物质活动或物质化活动阶段

物质活动是指运用实物的活动,而物质化活动则是指利用实物的模象的活动,如运用图片、模型、表格、标本、示意图等进行的活动。物质化活动是物质活动的一种变形。在教学中,无论是科学基础知识还是社会知识的学习,学生都不可能通过直接经验的物质活动进行,尤其是历史、地理等科目。在不能利用物质活动时,物质化活动就成了学生进行智力活动的主要方式,这两者一起构成智力活动的源泉。根据加里培林的意见,"任何新的智力活动在最初都应当不是活动本身,而是作为外部的——物质或物质化的活动而形成的"。此阶段教师应注意先把活动展开,将其分成大大小小的各种操作,并指出之间的联系,然后再进行概括,使学生从对象的各种属性中区分出这一活动所需的属性,同时概括出进行这一智力活动的法则。例如,儿童在学习加法运算时,可以利用小木棒、手指、卡片等完成计算活动。当这个阶段达到最高水平时,活动就会离开它最后的外部依据,转向下一阶段。

3. 出声的外部言语活动阶段

这一阶段的活动不直接依赖实物或模象,而是用出声的外部言语形式来完成活动。如在物质和物质化活动阶段给儿童实物来帮助计算,这一阶段则收起实物,让儿童用出声的语言来进行计算,这样儿童不仅要对这个动作的对象内容进行定向,而且也要对这个对象内容的词的表述进行定向。加里培林认为,"如果没有言语范畴的练习,物质的活动根本不能在表象中反映出来",正是由于这一言语活动才使抽象化成为可能。因为言语水平的特点就是以抽象的客体来代替物质的客体,这既保证了活动的定型化(由抽象而来),又保证了活动迅速的自动化。这一阶段还不算是智力活动本身,虽然它脱离了实物,但还是不能在头脑中默不作声地完成活动。

4. 不出声的外部言语活动阶段

该阶段是仅靠内部语言在脑子里完成活动的阶段。也就是说,个体在离开实物,也无出声语言,只看到嘴动但听不到声音的情况下,以词的声音表象、动觉表象为支柱而进行的智力活动阶段。加里培林说这时"在头脑中,言语的有声形象成为词的声音形象的表象",例如,学生在运算时的"心算"、阅读时用手指着书进行的"默念"。该阶段也是向内部言语活动转化的开始,是将出声语言活动向言语的声音形象、动作形象转化的途径。

5. 内部言语活动阶段

这是智力活动的最后阶段,也是智力活动过程的简约化、自动化阶段。在这一阶段,学生凭借简化了的内部言语,似乎不需要多少意识的参与就能"自动化"地进行智力活动。例如,在学习演算进位加法时,学生已经不需要默念公式和法则,而是在头脑中出现几个关键词后,马上进行自动化操作。整个运算过程在他们头脑中被"简化"和"压缩",以至于他们只能觉察到运算的结果。

(二) 冯忠良的三阶段模型

1. 原型定向阶段

原型定向就是了解心智活动的实践模式,了解"外化"或"物质化"了的心智活动方式或操作活动程序,了解原型的活动结构(动作构成要素、动作执行次序和动作执行要求),从而使主体知道该做哪些动作和如何去完成这项动作,明确活动的方向。原型定向阶段也就是使主体掌握操作性知识(即程序性知识)的阶段。这一阶段相当于加里培林的"活动的定向阶段"。

在原型定向阶段,主体的主要学习任务可以归结为两点:首先要确定所学心智技能的实践模式(操作活动程序),其次要使这种实践模式的动作结构在头脑中得到清晰的反映。为完成这些任务,教师必须做到以下几点。

(1) 要使学生了解活动的结构,即了解构成活动的各个动作要素及动作之间的执行顺序,并了解动作的执行方式。这样,学生对于活动才能有一个完整的映象,才能为以后的学习奠定基础。

(2) 要使学生了解各个动作要素、动作执行顺序和动作执行方式的各种规定的必要性,提高学生学习的自觉性。

(3) 采取有效措施发挥学生的主动性与独立性。构成活动的动作不能以现成的形式教授,而应该激发学生的学习需要,发挥学生的主动性和独立性,师生共同总结各个动作及其执行顺序。这样,才能使学生体会到各动作划分的原因及动作顺序的合乎法则性,从而为学生所理解和接受。

(4)教师的示范要正确,讲解要确切,动作指令要明确。

总之,通过原型定向阶段的教学,学生建立起了关于活动的初步的自我调节机制,从而为进行实际操作提供了内部控制条件。

2. 原型操作阶段

原型操作就是依据智力技能的实践模式,把主体在头脑中建立起来的活动程序计划,以外显的操作方式付诸实施。

在这一阶段,活动的执行是在物质与物质化水平上进行的,因而在加里培林模型中称之为"物质或物质化活动阶段"。其实,活动的最初形式可以是物质的,也可以是物质化的。在物质的活动形式中,动作的客体是实际事物,是对象本身。在物质化的活动形式中,动作的客体不是对象本身,而是它的代替物。但不论哪种情况,都是对原型的操作,因而我们称此阶段为"原型操作阶段"。

研究表明,为了使心智技能在操作水平上顺利形成,教师必须做到以下几点。

(1)要使心智活动的所有动作以展开的方式呈现。也就是说,主体要依据心智活动的原型,把构成这一活动的所有动作系列,依次按照一定的顺序作出,不能遗漏或缺失。而且每个动作完成之后,要及时检查,考查动作的方式是否能正确完成,对象是否发生了应有的变化。因为只有在展开的活动中,主体才能确切了解活动的结构,才能在头脑中建立起完备的动作映象,同时也才能获得正确动觉经验及确保活动方式的稳定性。

(2)要注意变更活动的对象,使心智活动在知觉水平上得以概括,从而形成关于活动的表象。心智技能作为合乎法则的活动方式,其适用范围应具有广泛性。采用变式加以概括,有利于学生心智技能的掌握和内化。

(3)要注意活动的掌握程度,并适时向下一阶段转化。强调原型操作阶段应以展开的方式出现,并不是说最终不要简缩。当学生连续多次能正确顺利地完成有关动作程序时,应及时转向内化阶段,以免活动方式总停留在展开水平,阻碍心智活动的发展。

(4)为了使活动方式顺利内化,动作的执行应注意与言语相结合,一边进行实际操作,一边用言语来标志和组织动作的执行。因为心智技能作为一种心智活动方式,是借助于内部言语默默进行的,而内部言语必须以外部言语为基础。在原型操作阶段,外部言语作为心智动作的标志及执行工具,在"内化"过程中具有十分重要的作用。因而,在边做边说的场合下,活动易于向言语执行水平转化。

总之,通过原型操作,学生不仅有了程序性知识,而且通过实际操作获得了完备的动觉映象,这就为原型内化奠定了基础。

3. 原型内化阶段

所谓原型内化,是指心智活动的实践模式(实践方式)向头脑内部转化,由物质的、外显的、展开的形式变成观念的、内潜的、简缩的形式的过程。这一过程又可划分成三个小的阶段,即出声的外部言语阶段、不出声的外部言语阶段和内部言语阶段。要想使操作原型成功地内化成心智技能,教学中必须注意以下几点。

(1)动作的执行应遵循由出声的外部言语到不出声的外部言语再到内部言语的顺序,不能颠倒。

(2)在开始阶段,操作活动应在言语水平上完全展开,即用出声或不出声的外部言语完整地描述原型的操作过程(此时已没有实际操作),然后逐渐缩减。

（3）在这一阶段也要注意变换动作对象,使活动方式得以进一步概括,以便广泛适用于同类课题。

（4）在进行由出声到不出声、由展开到压缩的转化过程中,也要注意活动的掌握程度,不能过早转化,也不宜过迟,而应适时。

总之,依据心智活动是实践活动的反映这一观点,任何新的心智技能的形成,在原则上必须经过上述三个基本阶段才能实现。不过,分阶段练习的要求只是针对心智技能中新的、主体未经掌握的动作成分来说的。如果某种心智技能,其动作成分是由主体已掌握了的一些动作构成的,则此心智技能的形成就可利用已有动作经验的迁移得以实现,不必按前面提到的心智技能形成的三个基本阶段分别进行严格训练。

五、心智技能的培养要求

由于心智技能是按一定的阶段逐步形成的,因此在培养方面必须分阶段进行,才能获得良好的教学成效。为提高分阶段训练的成效,必须充分依据心智技能的形成规律,采取有效措施。为此,必须注意以下几点。

（一）激发学习的主动性与积极性

我们知道,任何学习任务的完成均依赖于主体的学习积极性和主动性。学习的积极性取决于主体对学习任务的自觉需要。对学习任务缺乏自觉的学习需要就不可能有高度的学习积极性,而自觉的学习需要的产生往往同对学习任务的必要性的认识及体验分不开。由于心智技能本身具有难以认识的特点,主体难以体验其必要性。因此,主体完成这一学习任务时,往往缺乏相应的学习动机及积极性。为此,在培养工作中,教师应采取适当措施,激发主体的学习动机,调动其学习的积极性。

（二）注意原型的完备性、独立性与概括性

心智技能的培养,始于主体所建立起来的原型定向映象。在原型建立阶段,一切教学措施都要考虑到有利于建立完备、独立而具有概括性的定向映象。所谓完备性,是指对活动结构（动作的构成要素、执行顺序和执行要求）要有一个清晰而全面的了解,不能模糊或缺漏。所谓独立性,是指应从学生的已有经验出发,让学生独立地来确定或理解活动的结构及其操作方式,而不能是教师给予学生现成的活动结构和操作方式的模式。所谓概括性,是指要不断变更操作对象,提高活动原型的概括程度,使之具有广泛的适用性,扩大其迁移价值。

有关研究表明,定向映象的完备性、独立性与概括性不同,则活动的定向基础有差异,就会影响到心智技能最终形成的水平。

（三）适应培养的阶段特征,正确使用言语

心智技能是借助于内部言语而实现的,因此言语在心智技能形成中具有十分重要的作用。言语在不同的阶段上,其作用是不同的。言语在原型定向与原型操作阶段,其作用主要在于标志动作,并对活动的进行起组织作用。因此,这两个阶段的培养重点在于使学生了解动作本身,利用言语来标志动作,并巩固对动作的认知,切不可忽视对动作的认知而片面强调言语标志练习。学生过于注意言语而忽视动作,对心智技能的形成非但无益,而且起阻碍作用。为此,一定要在学生熟悉动作的基础上再提出言语要求,以言语来标志所学动作,并组织动作的进行。此外,在用言语来标志动作时,用词要恰当,要注意选择表现力强而学生

又能接受的词来描述动作。

言语在原型内化阶段,其作用在于巩固形成中的动作表象,并使动作表象得以进一步概括,从而向概念性动作映象转化。这时言语已转变成为动作的体现者,成为加工动作对象的工具。所以,这时培养的重点应放在考查言语的动作效应上。在这一阶段上,不仅要注意主体的言语动作是否正确,而且要检查动作的结果是否使观念性对象发生了应有的变化。此外,还要随着心智技能形成的进展程度,不断改变言语形式,如由出声到不出声,由展开到简缩,由外部言语转向内部言语。

（四）注意学生的个体差异

由于学生所面临的主观条件及客观条件不同,其在学习过程中会出现个体差异,教师在集体教学中应注意学生的这种个体差异,并针对学生存在的具体问题采取相应的教学辅助措施,最大限度地发展学生的心智技能。

第九章 学习动机

第一节 学习动机概述

一、学习动机的含义

（一）学习动机的概念

当今社会，学生厌学已经成为家长和教师十分头疼的事。有些学生迷恋手机而逃避学习；有些学生过度焦虑而难以集中注意力；有些学生偏爱语文而害怕数学。有些家长和教师想尽手段，迫使他们主动学习，但效果不大。有道是，"你可以把马儿牵到河边，但你不能逼他喝水"。为了有效解决这些问题，家长和教师必须了解隐藏在这些行为背后的各种动机，然后才能采取针对性的措施，激发学生的学习动机。

学习动机对学生学习行为具有重要的推动作用。学生的学习动机与学习行为的关系，如同火车头与火车跑起来的关系。我们常说，"火车跑得快，全靠车头带"。如果没有车头给予动力和方向的引导，那么火车也就无法驱动。

学习动机是引发和维持学生的学习活动，并将学习活动指向一定学习目标的一种内部启动机制。学习动机一旦形成，就会自始至终贯穿于某一学习活动的全过程。

（二）学习动机的构成要素

1. 学习需要与内驱力

学习需要是指个体在学习活动中感到有某种欠缺而力求获得满足的心理状态。它的主观体验形式是学习者的学习愿望或学习意向，包括学习的兴趣、爱好和学习的信念等。内驱力也是一种需要，但它是动态的。从需要的作用上来看，学习需要即为学习的内驱力。所以，学习需要对学习的作用，就称为学习内驱力。

2. 学习期待与诱因

学习期待是个体对学习活动所要达到的目标的主观估计。学习期待与学习目标密切相关，但两者不能等同。学习目标是个体通过学习活动想要达到的预期结果，而在个体完成学习活动之前,这个预想结果是以观念的形式存在于头脑之中的。因此,学习期待就是学习目标在个体头脑中的反映。

诱因是指能够激起有机体的定向行为,并能满足某种需要的外部条件或刺激物。学习期待就其作用来说就是学习的诱因。

学习需要和学习期待是学习动机心理结构中的两个基本成分,两者密切相关。学习需要是个体从事学习活动最根本的动力,学习需要在学习动机结构中占主导地位。学习期待则指向学习需要的满足,促使个体去达到学习目标。学习期待也是学习动机结构中必不可少的成分。

二、学习动机的功能

(一)激发功能

学习动机能激发个体产生某一学习行为。学习动机是引起某种学习行为的原动力,对学习行为起着驱动作用。例如,一个中学生知道自己的英语听力比较差,产生要训练听力的动机,他便会在这一动机的驱动下,出现相应的行为——上网看英语电影、听英语故事等。

(二)指向功能

学习动机使学生的学习行为在初始状态时就指向一定的学习目标,并推动学生为达到这一目标而努力学习。如上例中,那位学生在要训练听力的动机引导下,将看英语电影、听英语故事的行为明确指向训练听力这一目标,把注意力集中于外国原版电影或故事中人物的对话上。

(三)维持和调节功能

学习动机能够使学生在学习过程中,集中注意力,克服影响,提高努力程度,遇到困难时坚持不懈,直达学习目的。学习动机能调节个体学习行为的强度、时间和方向。学习动机是调节某种学习行为的控制器,对学习行为起着调控作用。如上例中,那位学生在看英语电影、听英语故事时,把注意力集中于人物对话这一行为的强度、维持时间的长短,都受到该生学习动机的制约。如果这一行为活动未达到训练听力的预定目标,该生学习动机还会驱使他转换行为方向,寻找更好的学习行为。

第二节 学习动机的分类

从不同的角度,学习动机可以分为不同的类型,这里列举对教学实践较有影响的几种分类。

一、内部动机与外部动机

根据动机产生的诱因来源,可以把学习动机分为内部动机和外部动机。

内部动机是指人们由学习活动本身的意义和价值所引起的动机。动机的满足在活动之内,不在活动之外。如有的学生刻苦学习是因为他们在学习方面有强烈的好奇心、求知欲、兴趣、责任心、上进心等,这种学习动机就是内部动机。

外部动机是指人们由学习活动的外部后果而引起的动机。从事学习活动是达到某一结果的手段。动机的满足不在活动之内,而在活动之外。如有的学生努力学习只是为了得到父母和教师的表扬和奖励,避免受到批评和惩罚,这种学习动机就是外部动机。

在学生学习活动中,即使是同一种行为,其动机也可能是不同的。既有可能是内部动机驱使,又有可能是外部动机诱发;而且,更为重要的是,内部动机和外部动机之间实际上是可以转化的,两者是相互联系的。

二、高尚动机与低级动机

根据学习动机内容的社会意义,可以把学习动机分为高尚动机与低级动机。

高尚的学习动机的核心是利他主义,学生把当前的学习同国家和社会的利益联系在一起。例如,中学生勤奋努力学习各门功课,是因为他们意识到自己在不久的将来是国家建设的中坚力量,肩负着祖国繁荣昌盛的重任,所以他们现在要打好基础,踏实地掌握科学知识。

低级的学习动机的核心是利己的、自我中心的,学习动机只来源于自己眼前的利益。例如,有的学生努力学习只是为了个人的名誉、地位或者报答父母的养育之恩等。

三、近景的直接性动机与远景的间接性动机

根据学习动机的作用与学习活动的关系,可以把学习动机分为近景的直接性动机和远景的间接性动机。

近景的直接性动机是指由活动的直接结果或活动的兴趣所引起的对活动的动机。例如,学生的求知欲望、成功的愿望、对某门学科的浓厚兴趣以及老师生动形象的讲解、教学内容的新颖等都直接影响到学生的学习动机。这类动机作用的效果比较明显,但稳定性比较差,容易受到环境或一些偶然因素的影响。例如,初中的某位学生的数学成绩很好,这是因为数学老师讲课很生动,使枯燥的数学变成了一串串美丽的音符,容易理解与记忆。因此,学生在课后认真预习与复习,取得了好成绩。但这位学生对数学的兴趣并没有保持下去,因为换了任课老师,这位老师讲课比较死板、乏味,学生觉得学得没意思,所以其不怎么用心,成绩自然下降了。

远景的间接性动机是指由于了解活动的社会意义、活动结果的社会价值而引起的对某种活动的动机。如为了实现个人对社会做贡献的远大理想而努力学习。这种学习动机既具有一定的社会性和理智色彩,又与个人的志向、理想、世界观相联系,因此,具有较强的稳定性和持久性,能在相当长的时间内起作用。

参考例题

【单项选择题】最近,王华为了通过下个月的出国考试而刻苦学习外语,这种学习动机是(   )。

  A. 外在远景动机　　　　　　　　　　B. 内在远景动机
  C. 外在近景动机　　　　　　　　　　D. 内在近景动机

【参考答案】C。解析:王华为了出国而学习属于外部动机,下个月的出国考试

是直接结果,属于近景动机,所以王华的这种动机属于外在近景动机。

四、认知内驱力、自我提高内驱力和附属内驱力

奥苏贝尔认为,学校情境中的学业成就动机分为认知内驱力、自我提高内驱力和附属内驱力三个方面。

认知内驱力,指一种个体渴望了解、理解和掌握知识以及系统地阐述问题并解决问题的需要。它以求知作为目标,从知识的获得中得到满足,是学习的内部动机。在有意义学习中,认知内驱力是最重要而稳定的动机。这种动机指向学习任务本身(为了获得知识),满足这种动机的奖励(知识的实际获得)是由学习本身提供的,属于内部动机。

自我提高内驱力,指个体因自己的胜任或工作能力而赢得相应地位的需要。它并非直接指向知识和学习任务本身,而是把成就看作赢得地位和自尊的根源,它显然是一种外部的动机。

附属内驱力,是个体为了获得长者们(家长和教师等)的赞许或认可而表现出把学习、工作做好的一种需要,显然属于学习的外部动机。

在儿童早期,附属内驱力最为突出,他们努力学习获得学业成就,主要是为了从长者那里获得赞许和认可。到了儿童后期和少年期,附属内驱力的强度有所减弱。到了青年期,认知内驱力和自我提高内驱力则成为学生学习的主要动机,学生学习的主要目的在于满足自己的求知需要,并从中获得相应的地位和威望。

应该说明的是,认知内驱力、自我提高内驱力和附属内驱力在动机结构中所占的比重并非一成不变的,通常是随着年龄、性别、个性特征、社会地位和文化背景等因素的变化而变化。

参考例题

【单项选择题】进入初中后,小磊为了赢得在班级的地位和满足自尊需要而刻苦学习,根据奥苏贝尔的理论,小磊的学习动机属于(　　)。

A. 认知内驱力　　　　　　　　B. 自我提高内驱力

C. 附属内驱力　　　　　　　　D. 生理内驱力

【参考答案】B。解析:本题主要考查自我提高内驱力的含义。

五、学习动机与学习效率的关系

一般情况下,学习动机水平增加,学习效率也会提高。但是,动机水平并不是越高越好,动机水平超过一定限度,学习效率反而更差。美国心理学家耶克斯和多德森的研究表明,中等程度的动机水平最有利于学习效率的提高。同时,他们还发现,最佳的动机水平与任务难度密切相关;任务越容易,最佳的动机水平越高;任务难度中等,最佳的动机水平也适中;任务越困难,最佳的动机水平越低(见图9-1)。这就是有名的耶克斯-多德森定律(简称倒U形曲线)。

在学习动机与学习效果的分析中可以发现,学习动机与学习效果之间的关系并非直接关系,其关系如表9-1所示。

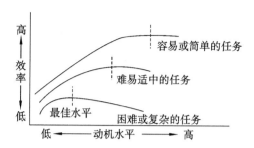

图 9-1　学习动机与学习效率之间的关系

表 9-1　学习动机与学习效果之间的关系

	正向一致	负向一致	正向不一致	负向不一致
学习动机	+	−	−	+
学习积极性	+	−	−	+
学习行为	+	−	+	−
学习效果	+	−	+	−

从表 9-1 中可以看出,学习动机与学习效果的关系存在一致和不一致之分。在一致的情况下,学习动机强,学习积极性高,学习行为良好,则学习效果好(正向一致);如果学习动机弱,学习积极性不高,学习行为也不好,则学习效果差(负向一致)。在不一致的情况下,学习动机强,学习积极性高,如果学习行为不好,其学习效果也不好(负向不一致)。如果学习动机不强,学习积极性不高,如果学习行为好,其学习效果也可能好(正向不一致)。可见,学习效果不仅受到学习动机的影响,同时也受到学习行为的影响。在教学中,教师不仅要注重激发学生的学习动机,同时也应注意培养学生良好的学习习惯。

参考例题

【单项选择题】

1. 耶克斯和多德森在研究动机强度与学习效率之间关系时发现(　　)。

A. 动机越低,学习效率越高　　B. 任务难度不同,其最佳动机强度不同

C. 动机越高,学习效率越高　　D. 任务难度不同,其最佳动机强度相同

【参考答案】B。解析:耶克斯-多德森定律表明,任务难度不同,所需要的动机强度也不同。

2. 心理学研究表明,动机强度与问题解决效果的关系可以描绘成(　　)。

A. 波浪线　　　　　　　　　　B. 斜线

C. U 形曲线　　　　　　　　　D. 倒 U 形曲线

【参考答案】D。解析:耶克斯-多德森定律简称倒 U 形曲线。

【辨析题】学习动机是学生进行学习活动的内部动力,学习动机越强,学习效率越好。

【参考答案】这种说法是错误的。动机强度与学习效率之间的关系并不是一种

线性关系,而是呈倒 U 形曲线关系。中等强度的动机最有利于任务的完成,即动机强度处于中等水平时,学习效率最高。动机过低或过高都不利于任务的完成。

第三节 学习动机的理论

对于引发、定向与维持学习行为的诸种原因,学习动机与学习的互动关系,学习动机对学习的中介作用机制等问题,心理学家们做出了各种不同的解释,这些解释反映在各种学习动机理论中。

一、强化理论

学习动机的强化理论是行为主义学习理论家提出来的,主要代表人物是巴甫洛夫和斯金纳。他们不仅用强化来解释学习的发生,而且用它来解释动机的产生。按照他们的观点,任何学习行为都是为了获得某种报偿。因此,在学习活动中,采取各种外部手段,如奖赏、赞扬、评分、等级、竞赛等,都可以激发学生的学习动机,引起相应的学习行为。

强化理论曾在教育领域盛行过一段时间,也取得了一定的效果,但它只强调了引起学习行为的外部力量,而忽视了人的学习行为的自觉性与主动性,因而具有较大的局限性。

二、需要层次理论

美国人本主义心理学家马斯洛提出了需要层次理论。他认为,任何人的行为动机都是在需要发生的基础上被激发起来的。他认为人有七种基本需要即生理需要、安全需要、归属与爱的需要、尊重需要、求知需要、美的需要、自我实现需要。这些需要从低级到高级排成一个层级,较低级的需要得到满足或部分得到满足之后,较高级需要才会出现。低级需要直接关系个体的生存,因而也叫缺失需要,高级需要的满足能使人健康、长寿、精力旺盛,从这个意义来说,高级需要也叫生长需要。

需要层次理论说明,在某种程度上,学生缺乏学习动机可能是由于某种缺失性需要没有得到充分满足而引起的。如家境清贫使得温饱得不到满足,父母离异使得归属与爱的需要得不到满足,教师过于严厉和苛刻,动辄训斥和批评学生,使得安全需要和尊重需要得不到满足等。而正是这些因素,成了学生学习和自我实现的主要障碍。所以,教师不仅要关心学生的学习,也应该关心学生的生活和情感,以排除影响学生学习的一切干扰因素,激发其学习动机。

三、成就动机理论

个体成就动机最初于 20 世纪 40 年代至 50 年代由麦克利兰和阿特金森提出,后来由阿特金森加以发展。成就动机是激励个体乐于从事自己认为重要的或有价值的工作,并力求取得成功的内在驱动力。成就动机是人类所独有的,它是后天获得的具有社会意义的动机。在学习活动中,成就动机是一种主要的学习动机。

成就动机可以分成两部分,其一是追求成功的意向;其二是避免失败的意向。也就是说,成就动机涉及对成功的期望和对失败的担心两者之间的情绪冲突。追求成功的意向指力求克服障碍,施展才能,从而尽快尽好地解决某一难题的心理意向;避免失败的意向指为了避免因失败而在他人心中形象受损时带来的不良情绪,如因失败而体验到的羞愧感。追求成功者倾向于选择成功概率在50%的任务,因为这样的任务能够给他们提供最大的现实挑战。相反,避免失败者则倾向于选择非常容易或者非常困难的任务,因为选择容易的任务会保证成功,避免失败;而选择非常困难的任务,即使失败也可以找到适当的借口,得到自己和他人的原谅,从而减少挫败感。

在教育实践中对力求成功者,应通过给予新颖且有一定难度的任务,安排竞争的情境,严格评定分数等方式来激起其学习动机;而对于避免失败者,则要安排少竞争或竞争性不强的情境,如果取得成功则要及时表扬给予强化,评定分数时要求稍稍放宽些,并尽量避免在公众场合下指责其错误。

四、成败归因理论

归因是指个体对他人或自己的行为结果进行分析,推论行为结果形成原因的过程。在学习和工作中,人们会把成败归结为不同的原因,并产生相应的心理变化,从而影响今后的行为。归因理论源自心理学家海德的研究,之后由维纳继承和发展。

维纳对行为结果的归因进行了系统探讨,发现人们倾向于将活动成败的原因即行为责任归结为六个因素,即能力高低、努力程度、任务难易、运气好坏、身心状态、外界环境。同时,维纳认为这六个因素可归为三个维度,即内部归因和外部归因、稳定性归因和非稳定性归因、可控归因和不可控归因。最后,将三个维度和六个因素结合起来,就组成了成败归因的模式(见表9-2)。

表9-2 成败归因的模式

因素 \ 维度	成败归因维度					
	内在性		稳定性		可控制性	
	内部	外部	稳定	不稳定	可控	不可控
能力高低	✓		✓			✓
努力程度	✓			✓	✓	
任务难易		✓	✓			✓
运气好坏		✓		✓		✓
身心状态	✓			✓		✓
外界环境		✓		✓		✓

能力属于内部稳定性的不可控因素,努力程度属于内部不稳定的可控因素,任务难易属于外部稳定性的不可控因素,运气属于外部不稳定的不可控因素,身心状况属于内部不稳定的不可控因素,外界环境属于外部不稳定的不可控因素。

由于归因理论是从结果来阐述行为动机的,因此它的理论价值与实际作用主要表现在三个方面:一是有助于了解心理活动发生的因果关系;二是有助于根据学习行为及其结果来推断个体的心理特征;三是有助于从特定的学习行为及其结果来预测个体在某种情况下可

能产生的学习行为。

一个总是失败并把失败归于内部的、稳定的和不可控的因素（即能力低）的学生会形成一种习得性无助的自我感觉。习得性无助是指由于连续的失败体验而导致个体产生的对行为结果感到无法控制、无能为力的心理状态。这是美国心理学家塞利格曼提出的。

参考例题

【辨析题】习得性无助感与人们对失败的归因有关。

【参考答案】此观点是正确的。习得性无助是指由于连续的失败体验而导致个体产生的对行为结果感到无法控制、无能为力的心理状态。一个总是失败并把失败归于内部的、稳定的和不可控的因素（即能力低）的学生会形成一种习得性无助的自我感觉。

维纳认为，归因的每一维度对动机都有重要的影响。归因对学习动机的影响具体表现在以下几个方面。

（1）对成功和失败的情感反应。如果将成功归为内部因素，个体会感到自豪和满意，如果成功是源于他人或外部力量，学生感到的是感激而不是自豪。相反，如果将失败归因内部因素，学生会感到自责、内疚和羞愧；如果归因于外部因素，则会感到生气和愤怒。

（2）对成功和失败的期望。学生将成败归因于稳定因素时，对未来结果的期待和目前的结果一致，即成功者预期以后的成功，失败者看到的是以后的失败。但如果归因为不稳定的因素，则对以后的成败预期影响较小。

（3）所投入的努力。如果学生认为失败是因为不努力导致，他在以后有可能更加努力，遇到困难也能坚持。若将失败归因缺少能力，即努力也无法取得成功，那他就很容易放弃。

从以上三点叙述可知，教师要引导学生进行正确归因，以便于激发学生的学习动机。

五、自我效能感理论

自我效能感指人对自己是否能够成功地从事某一成就行为的主观判断，它与自我能力感是同义的。这一概念由班杜拉最早提出。

班杜拉在他的动机理论中指出，人的行为受行为的结果因素与先行因素的影响。行为的结果因素就是通常所说的强化，但是，他认为行为的出现不是由于随后的强化，而是由于人认识了行为与强化之间的依赖关系后，形成了对下一强化的期待。

所谓"期待"，包括结果期待和效能期待。结果期待指的是个体对自己的某种行为会导致某一结果的推测。如果个体预测到某一特定行为会导致某一特定的结果，那么，这一行为就可能被激活和被选择。如学生认识到只要上课认真听讲，就会获得他所希望的好成绩，那么他就很可能认真听课。

效能期待则指个体对自己能否实施某种成就行为的能力的判断，即人对自己行为能力的推测。当个体确信自己有能力进行某一活动时，他就会产生高度的"自我效能感"，并会去实施那一活动。例如，学生不仅认识到认真听课可以带来理想的成绩，而且还感到自己有能力听懂教师所讲的内容时，才会真正认真听课。在人们获得了相应的知识、技能后，自我效能感就成为学习行为的决定因素。

影响自我效能感主要有四个因素:成败经验、对他人的观察、言语说服、情绪和生理状态。班杜拉指出,影响自我效能感形成的最主要因素是个体自身行为的成败经验。

(1) 成败经验。学习者的亲身经验,对效能感的影响是最大的。成功的经验会提高人的自我效能感,不断地成功会使人建立起稳定的自我效能感,它不会因一时的挫折而降低,而且会泛化到类似情境中去。反之亦然。

(2) 对他人的观察。学习者通过观察示范者的行为而获得的间接经验对自我效能感的形成也具有重要影响。当一个人看到与自己的水平差不多的示范者取得了成功,就会增强自我效能感;反之就会降低自我效能感。

(3) 言语说服。这是试图凭借说服性的建议、劝告、解释,来改变人们自我效能感的一种方法。然而,依靠这种方法形成的自我效能感不易持久,一旦面临令人困惑或难以处理的情境时,会迅速消失。一些研究结果表明,缺乏体验基础的言语说服,在形成自我效能感方面的效果是脆弱的,人们对说服者的意见是否接受,往往要以说服者的身份和可信度为转移。

(4) 情绪和生理状态。班杜拉认为情绪和生理状态也影响自我效能感的形成。在充满紧张、危险的场合或负荷较大的情况下,情绪易于唤起,高度的情绪唤起和紧张的生理状态会妨碍行为操作,降低对成功的预期水准。焦虑水平高的人往往会低估自己的能力,烦恼、疲劳则会使人感到难以胜任所承担的任务。当人处于过度焦虑或恐惧状态下,会产生恶性循环,心情紧张、浑身颤抖会使恐惧加剧,无能感会不断加强。

第四节 学习动机的培养与激发

一、学习动机的培养

(一) 利用学习动机与学习效果的互动关系培养学习动机

学习动机可以影响学习效果。学习动机强的学生,必然在学习活动中表现出较高的学习积极性,他们在学习中能专心致志,具有深厚持久的学习热情,遇到困难时有顽强的自制力和坚强的毅力。反之,缺乏学习动机的学生,必然学习积极性低。

心理学研究表明,不仅学习动机可以影响学习效果,学习效果也可以反作用于学习动机。如果学习效果好,学生在学习中付出的努力与所取得的收获成正比例,学生的学习动机就会得到强化,从而巩固了新的学习需要,使学习更有成效。这样,学习需要与学习效果相互促进,从而形成学习上的良性循环;反之,则出现恶性循环。要想使学习动机与学习效果的恶性循环转变成良性循环,关键在于:首先,改变学生的成败体验,使他获得学习上的成就感;其次,改善学生的知识技能掌握情况,弥补其基础知识和基本技能方面的欠缺。

(二) 利用直接发生途径和间接转化途径培养学习动机

新的学习需要可以通过两条途径来形成。一是直接发生途径,即因原有学习需要不断得到满足而直接产生新的更稳定更分化的学习需要。利用直接发生途径,主要应考虑的就是如何使学生原有学习需要得到满足。二是间接转化途径,即新的学习需要由原来满足某种需要的手段或工具转化而来。利用间接转化途径,主要应通过各种活动,提供各种机会,满足学生其他方面的兴趣和爱好。

二、学习动机的激发

(一) 创设问题情境,实施启发式教学

启发式教学与传统的填鸭式教学相比,具有极大的优越性。要想实施启发式教学,关键在于创设问题情境。所谓问题情境是指具有一定难度,需要学生努力克服困难而又力所能及的学习情境。也就是指在教学中提出一些学生用已有知识和习惯的方法不能立即解决的问题,从而在问题与学生的求知心理之间制造一种不协调,引起学生的认知矛盾,把学生引入与问题有关的情境之中,从而激起学生求知的欲望和积极的思维。

要想创设问题情境,首先要求教师熟悉教材,掌握教材的结构,了解新旧知识之间的内在联系。此外,要求教师充分了解学生已有的认知结构状态,使新的学习内容与学生已有发展水平形成一个适当的跨度,这样才能创设问题情境。

创设问题情境的方式多种多样,既可以用教师设问的方式提出,也可用作业的方式提出;既可以从新旧教材的联系方面引进,也可以从学生的日常经验引进。如在实验课上,教师先演示实验或学生先按教师要求进行实验操作,然后针对实验中学生看到的现象,要学生说明现象变化的原因。这是在教学过程中创设的一种问题情境。又如在数学课上,教师在讲解完同分母分数加法的运算法则后,提出一个异分母加法的题目,以激起学生学习新材料的愿望。这是在教学结束时创设的一种问题情境。

(二) 根据作业难度,恰当控制动机水平

由耶克斯-多德森定律可知,教师在教学时,要根据学习任务的不同难度,恰当控制学生学习动机的激起程度。在学习较容易、较简单的课题时,应尽量使学生集中注意力,让学生尽量紧张一点;而在学习较复杂、较困难的课题时,则应尽量创造轻松自由的课堂气氛;在学生遇到困难或出现问题时,要尽量心平气和地慢慢引导,以免学生过度紧张和焦虑。

(三) 充分利用反馈信息,妥善进行奖惩

心理学研究表明,来自学习结果的种种反馈信息对学习效果有明显影响。这是因为,一方面学习者可以根据反馈信息调整学习活动,改进学习策略;另一方面学习者为了取得更好的成绩或避免再犯错误而增强学习动机,从而保持了学习的主动性和积极性。当然,如果在提供定量的信息反馈的基础上,再加上定性的评价,效果会更明显,这就是奖励和惩罚的作用。

虽然表扬和奖励对学习具有推进作用,但使用过多或使用不当,也会产生消极作用。有许多研究表明,如果滥用外部奖励,不仅不能促进学习,还可能破坏学生的内部动机。所以要根据学生的具体情况进行奖励,把奖励看成某种隐含着成功的信息,其本身并无价值,只是用它来吸引学生的注意力,促使学生由外部动机向内部动机转换,对信息任务本身产生兴趣。运用奖励和惩罚时应注意:第一,要使学生树立正确的奖惩观;第二,奖励和惩罚一定要公平;第三,奖励应注意学生的年龄特点、个性特点和性别差异。

(四)正确指导结果归因,促使学生继续努力

研究表明,学习结果的归因对学生以后的学习行为会产生影响。正确指导结果归因,可以从两方面入手。

一是"努力归因",无论成功或失败都归因于努力与否的结果。因为学生将自己的成败归因于努力与否会提高学生学习的积极性,当学生学习困难或成绩不佳时,一般不会因一时的失败而降低将来会取得成功的期望。

二是"现实归因",针对一些具体问题采取现实归因,以提高学生克服困难的能力,增强自信心。这种归因训练的好处在于,在学生做"努力归因"时又联系现实,在做"现实归因"时又强调努力。

参考例题

【简答题】简述激发与维持内在学习动机的措施。

【参考答案】①创设问题情境,实施启发式教学;②根据作业难度,恰当控制动机水平;③充分利用反馈信息,妥善进行奖惩;④正确指导结果归因,促使学生继续努力。

【材料分析题】小美很喜欢唱歌,从小就希望自己在音乐方面有所成就。在她还没有确定是否报考音乐学院前,她在众人面前能很好地展现自己的歌声。她确定报考音乐学院后,学习更加勤奋努力,希望实现自己的目标。但是在音乐学院的专业课面试过程中,由于她极度渴望有完美的表现,结果事与愿违,没有发挥应有的水平,而且比平时更差,导致面试失利,这个结果让大家很诧异,她自己也无法接受。

问题:

(1)请运用动机相关知识解释小美专业课面试失利的原因。

(2)假设你是班主任,你如何帮助小美在下次面试中发挥正常水平?

【参考答案】

(1)耶克斯-多德森定律:动机强度与工作效率之间并不是线性关系,而是倒U形的曲线关系。具体体现在:动机处于适宜强度时,工作效率最佳;动机强度过低时,缺乏参与活动的积极性,工作效率不可能提高;动机强度过高时,工作效率会随强度增加而不断下降,因为过强的动机使个体处于过度焦虑和紧张的心理状态,会干扰记忆、思维等心理过程的正常发挥。

(2)为避免小美下次考试失利,应引导小美进行正确归因。

第十章 学习迁移

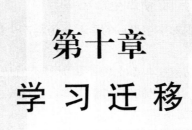

第一节 学习迁移概述

一、学习迁移的概念

一般认为,迁移是指一种学习对另一种学习的影响,进一步说,迁移是在一种情境中技能、知识和理解的获得或态度的形成对另一种情境中的技能、知识和理解的获得或态度的形成的影响。利用所学的技能、知识等去解决问题的过程也是一种迁移的过程。

迁移不仅发生于同一类型的学习或经验内部,而且也存在于不同类型的学习与经验之间,比如词汇知识的学习将促进阅读技能的形成,而阅读技能的掌握也促进个体获得更多的词汇。所以,迁移表明了经验间的相互影响,通过迁移能使经验得以沟通,经验结构得以整合。

二、学习迁移的分类

从不同的角度,学习迁移可以分为不同的类型。

(一) 正迁移与负迁移

根据迁移的结果,学习迁移分为正迁移和负迁移。

正迁移即一种学习对另一种学习起到积极的促进作用。如汉语拼音字母书写的掌握有助于英文字母的书写。正迁移通常可以使学生的学习效率提高。因此,实际的教育工作中所说的"为迁移而教"就是指正迁移在教学中的应用。

负迁移即一种学习对另一种学习产生消极的干扰、阻碍作用。如汉语拼音字母拼读的掌握干扰了英文字母的拼读。

参考例题

【辨析题】

1. 学习迁移是学习过程中常见的现象,它对新知识、新技能的学习起促进作用。

【参考答案】这种说法是错误的。学习迁移是指一种学习对另一种学习的影响。学习迁移按照不同的分类标准,会有不同的分类结果。如根据迁移的结果来划分,可以把学习迁移分为正迁移和负迁移,其中正迁移对学习起促进的积极作用,负迁移对学习起干扰、阻碍的消极作用。由此,笼统地说学习迁移对学习新知识起促进作用是不准确的。

2. 两种学习材料的相似度越高越容易产生正迁移。

【参考答案】这种说法是错误的。两种学习材料的相似性越高,越容易产生迁移,但并不一定就是正迁移。如果前面学习的材料对后面学习的材料产生的是积极的影响,那么就是正迁移;反之,如果产生的是消极的影响,就是负迁移。

(二) 顺向迁移与逆向迁移

根据迁移发生的前后方向,学习迁移分为顺向迁移和逆向迁移。

顺向迁移即先前的学习对后继的学习产生的影响。例如,在物理中学习了"平衡"概念,就会对以后学习化学平衡、生态平衡、经济平衡产生影响。通常所说的"举一反三"就是顺向迁移的例子。

逆向迁移即后继的学习对先前的学习产生的影响。如学习了微生物后,对先前学习的动物、植物的概念会产生影响等。

参考例题

【单项选择题】

1. 李红学习了英语语法后,加深了对以前学过的中文语法的理解,这种现象属于( )。

A. 负向迁移　　　　B. 垂直迁移　　　　C. 顺向迁移　　　　D. 逆向迁移

【参考答案】D。解析:逆向迁移是指后面学习的内容对先前学习的内容产生的影响。

2. 学生小辉由于会打羽毛球,很快就学会了打网球。这种现象属于( )。

A. 顺向、正迁移　　B. 逆向、正迁移　　C. 顺向、负迁移　　D. 逆向、负迁移

【参考答案】A。解析:顺向迁移是指先前学习对后继学习产生的影响,先学会打羽毛球再打网球,是顺向迁移;正迁移是指一种学习对另一种学习起到积极的促进作用,学会打羽毛球之后很快学会打网球,说明是正迁移。

【辨析题】逆向迁移即负迁移。

【参考答案】这种说法是不正确的。逆向迁移是指后继学习对先前学习产生的影响。负迁移也叫"抑制性迁移",是指一种学习对另一种学习产生阻碍作用。两者本质完全不同。

(三) 一般迁移与具体迁移

根据迁移内容的不同,学习迁移分为一般迁移和具体迁移。

一般迁移也称"非特殊迁移",是指在一种学习中所习得的一般原理、方法、策略和态度等对另一种学习产生的影响。例如,数学学习中形成的认真审题的态度及其审题的方法也将影响到化学、物理等学科中的审题活动。

具体迁移也称"特殊迁移",是指将一种学习中习得的具体的、特殊的经验直接迁移到另一种学习中去,或经过某种要素的重新组合,将其以迁移到新情境中去。例如,学会写"石"这个字后,有助于学习写"磊"字;在英语学习中,当学会单词"eye"(眼睛)后,再学习"eyeball"(眼球)时,即可以产生特殊迁移。

（四）水平迁移和垂直迁移

根据迁移内容的抽象和概括水平的不同,学习迁移分为水平迁移和垂直迁移。

水平迁移也叫横向迁移,是指处于同一概括水平的经验之间的相互影响。学习内容之间的逻辑关系是并列的,例如,化学里的铜、铁、铝等金属元素,它们的概念处于同一抽象和概括层次,这些概念的学习之间的相互影响即为水平迁移。

垂直迁移也称纵向迁移,指处于不同抽象、概括水平的经验之间的相互影响。也就是具有较高的概括水平的上位经验与具有较低的概括水平的下位经验之间的相互影响。垂直迁移表现在两个方面:一是自下而上的迁移,即下位的较低层次的经验影响上位的较高层次的经验的学习;二是自上而下的迁移,即上位的较高层次的经验影响下位的较低层次的经验的学习。例如,学了"角"的概念后,再学习"直角""锐角"的概念,这就是自上而下的迁移。

（五）同化性迁移、顺应性迁移与重组性迁移

根据迁移过程中所需的内在心理机制的不同,学习迁移分为同化性迁移、顺应性迁移与重组性迁移。

同化性迁移是指不改变原有的认知结构,直接将原有的认知经验应用到本质特征相同的一类事物中去。原有认知结构在迁移过程中不发生实质性的改变,只是得到某种充实。平时我们所讲的"举一反三""闻一知十"等都属于同化性迁移。

顺应性迁移指将原有认知经验应用于新情境中时,需调整原有的经验或对新旧经验加以概括,形成一种能包容新旧经验的更高一级的认知结构,以适应外界的变化。这也表明,迁移并非仅是先前的学习或经验对以后的影响,也包括后面对前面的影响。比如,学生头脑中有一些日常概念,当这些前科学的日常概念不能解释所遇到的事例时,就要建立一个概括性更高的科学概念来标志某一现象或事物,新的科学概念的建立过程也是一种顺应的过程。

重组性迁移指重新组合原有认知系统中的某些构成要素或成分,调整各成分间的关系或建立新的联系,从而应用于新情境。在重组过程中,基本经验成分不变,但各成分间的结合关系发生了变化,即进行了调整或重新组合。比如,将已掌握的字母进行重新组合,形成新的单词;在操作技能形成过程中,许多不同成分的动作被组合成连续的整体动作,其中不涉及新的动作的增加,只是各动作成分的重新组合、重新排列。通过重组性迁移,可以提高经验的增值性,扩大了基本经验的适用范围。

（六）近迁移与远迁移

从学习迁移作用情境的相似程度来看,可以将学习迁移分为近迁移与远迁移。

近迁移指将已习得的知识和经验迁移到与原学习情境比较相似的情境中。例如,利用掌握的数学公式完成某一数学题的解答;学习了化学方程式的配平方法之后,利用这种方法来配平各种不同的方程式。

远迁移指已习得的知识和经验在新的、与原学习不相似的其他情境中的运用。例如,学生把在数学中学习到的逻辑推理规则运用于医学问题的解决。

第二节 学习迁移的理论

探讨学习的迁移规律,必须研究迁移是如何实现的,其基本的过程是怎样的。迁移是自动实现的?还是在一定条件下,通过一系列的认知活动实现的?从早期的形式训练说到现在的各种迁移观点,都是围绕着这些基本的问题进行的。

一、早期的迁移理论

(一) 形式训练说

形式训练说是以官能心理学为基础的最古老的迁移理论。官能心理学认为,个体心理的组成部分是各种官能,即注意、知觉、记忆、思维、想象等一般的心理能力,它们互相配合就构成了各种各样的心理活动。各种官能可以像训练肌肉一样通过练习增加力量。如记忆的官能通过记忆的训练而得到加强,推理和想象的官能通过推理和想象的训练而得以加强。由于对各种官能施加的训练不同,各种官能活动的强弱就会有所不同。形式训练说缺乏与实验相关的科学依据,所以逐渐被其他的学说所代替。

(二) 共同要素说

共同要素说是桑代克等人在对形式训练说的检验过程中提出来的。桑代克通过面积实验发现,只有当学习情境与迁移情境具有共同成分时,一种学习才能对另一种学习产生影响。实验结果使他否定了形式训练说,提出了相同要素说,后经伍德沃斯修改为共同要素说。所谓的相同要素或共同成分,即相同的刺激与反应的联结,相同的联结越多,迁移越大。

共同要素说解释了迁移现象中的一些事实,对当时的教育发展起到了积极作用。比如,根据共同要素说,学校在课程设置上开始注重应用科学,教育内容开始与实际相结合。但这种观点具有一定的片面性和机械性,在某种程度上否认了迁移过程中的复杂的认知活动。

> **知识拓展**
>
> **面积实验**
>
> 1901年,桑代克以大学生为被试,训练他们判断各种大小和形状的面积。被试先估计了127个矩形、三角形、圆形和不规则图形的面积,通过这一程序来预测他们判断面积的能力。然后,用10—100平方厘米的90个平行四边形让每一个被试进行充分训练。最后被试接受两种测验:第一种测验要求他们判断13个与训练图形相似的长方形的面积;第二个测验要求他们判断27个三角形、圆形和不规则图形的面积。这27个图形是预测中使用过的。桑代克的研究表明:通过平行四边形训练,被试对矩形面积的判断成绩提高了,但他们对三角形、圆形和不规则图形的判断成绩与预测时相比,并没有提高。

(三) 概括化理论

美国心理学家贾德提出了概括化理论,也称为"经验类化说"。这个理论认为,一个人只要对他的经验进行了概括,就可以完成从一种情境到另一种情境的迁移。

贾德在1908年所做的"水下击靶"实验,是概括化理论的经典实验。在实验中,贾德发现学习了光的折射原理的被试在增加水中目标的深度后,成绩明显优于控制组。他们对结果的解释是,实验组在理论的高度上把握了实际情况后,就能利用概括了的经验去迅速地解决需要按实际情况作分析和调整的新问题。根据概括化理论,对原理了解、概括得越好,在新情境中学习的迁移也就越好。但概括化的经验仅是影响迁移成功与否的条件之一,并不是迁移的全部。

知识拓展

水下击靶的实验

贾德的水下击靶实验以小学五、六年级学生为被试,根据教师的评定把他们分为能力相等的甲乙两个组,让他们射击置于水中的靶子。甲组在事前学习光学折射原理,乙组则不学。最初射击潜于水下30厘米的靶子时,这两个组的成绩基本相同,这说明理论不能代替实际的练习。但当情境改变,将靶子置于水下10厘米时,学习光学折射原理的甲组学生,不论在速度,还是准确度上,都大大超过没有学过光学折射原理的乙组学生。贾德认为,这是由于经过训练的儿童对不同深度的目标可以作出更适当的调整,将折射原理概括化,并运用到特殊情境中去。他说:"理论(指折射原理)可以把有关的全部经验(水外的、深水的与浅水的经验)组织成为整体的思维体系……学生在理论知识的背景上,理解了实际情况以后,就能利用概括了的经验,迅速地解决需要按实际情况作分析和调整的新问题。"

(四) 关系转换理论

关系转换理论是由格式塔心理学家柯勒提出的一种学习迁移理论。其主要观点是习得经验能否迁移取决于对情境中各种关系的理解或顿悟。即迁移的产生依赖于两个条件:一是两种学习之间存在有一定的关系;二是学习者对这一关系的理解和顿悟。

格式塔心理学家通过实验证明迁移产生的实质是个体对事物间的关系的理解。他们用"小鸡觅食实验"证明了关系转换的学习迁移理论。迁移的产生并不取决于是否存在某些共同的要素,也不取决于对原理的孤立掌握,而是取决于能否理解各个要素之间形成的整体关系,能否理解原理与实际事物之间的关系。个体越能发现事物间的关系,则越能加以概括、推广,迁移也越普遍。该理论强调了学习者的认知因素在迁移中的作用,这是具有积极意义的。

> **知识拓展**
>
> **小鸡觅食实验**
>
> 德国心理学家柯勒1929年用小鸡、3岁幼儿为被试进行寻找食物的实验。他让这些被试在两张纸中找食物,一张为浅灰色,一张为深灰色,食物总是放在深灰色的纸上。被试必须学会只有在深灰色纸上才能拿到食物。然后,再用一张更深灰色的纸代替浅灰色的纸,在这种情况下,原来深灰色的纸张现在成了浅灰色的。这样可以考察被试是到先前放置食物的那张纸(现在的浅灰色纸)上去找,还是到更深的灰色上去找。柯勒认为,如果被试是到总是放置食物的那张纸上去找(前后两个情境中的相同要素),就证明迁移是由于相同要素而产生的。但实验结果是被试到更深的那张灰纸上去找食物,这就证明被试不是对相同要素作出反应,而是对关系作出反应。被试的选择不是比较刺激的绝对性质,而是由两种刺激的相对关系所规定的。

事实上,关系转换理论、共同要素说与概括化理论等迁移理论都各自强调了迁移的一个侧面。

二、现代的迁移理论

当代认知心理学家都十分重视认知结构在迁移中的重要作用。其中奥苏贝尔提出的认知结构迁移理论代表了从认知观点来解释迁移的一种主流倾向。

奥苏贝尔认为,任何有意义学习都是在原有学习的基础上进行的,不受学习者原有认知结构影响的有意义学习是不存在的。有意义学习中一定有迁移。学生原有的认知结构是实现学习迁移的最关键的因素。原有认知结构的清晰性、稳定性、概括性、包容性、连贯性和可辨别性等特性都始终影响着新的学习的获得与保持。学生已有的认知结构对新知识的学习发生影响,这就是迁移。

三、影响学习迁移的主要因素

从前面众多的迁移理论中,我们可以看到,迁移的发生并非无条件的,而是受到主客体诸多因素的影响。事实上,迁移是学习过程中普遍存在的一种现象,甚至可以说影响学习的所有因素都会直接、间接地对迁移产生影响。

(一) 相似性

相似性的大小主要是由两任务中含有的共同成分决定的,较多的共同成分将产生较大的相似性,并导致迁移的产生。如英语和法语这两种学习材料在语音、词汇、语法等方面具有许多共同特征,学习这两门外语时,在听、说、读、写以及记忆、思维等学习过程、学习结果方面也具有共同的要求,这些共同的成分决定了两种学习具有很大的相似性,因此彼此之间很容易产生迁移。

(二) 原有认知结构

原有的学习对后继学习的影响是比较常见的一种迁移方式,原有认知结构的特征直接

决定了迁移的可能性及迁移的程度。奥苏贝尔的认知结构迁移理论对此进行了明确的阐述。

(三) 学习的心向与定势

心向与定势常常指的是同一种现象,即先于一定的活动而又指向该活动的一种动力准备状态。定势的形成往往是由于先前的反复经验,它将支配个体以同样的方式去对待后继的同类问题,正因如此,定势在迁移过程中也起到一定的作用。定势对迁移的影响表现为两种:促进和阻碍。定势既可以成为积极的正迁移的心理背景,也可以成为负迁移的心理背景,或者成为阻碍迁移产生的潜在的心理背景。

陆钦斯的"量杯"实验是定势影响迁移的一个典型例证。因此,教师要根据心向对迁移的双重影响,注意在教学中定势的建立,既要使学生建立将所学知识应用于新情境的迁移心向,又要注意变化课题,以帮助学生具体问题具体分析,减少定势的干扰作用。

第三节 促进学习迁移的方法

研究学习迁移的实践意义主要是在教学中促进学习的迁移,迁移虽然在学习活动中具有重要的意义,但积极的迁移并不总是自动产生的,个体所获得的知识技能和概念原则也并不意味着在学习新知识和解决实际问题时都能获得较好的迁移效果,老师应根据学习迁移的理论和实验研究来创设适当的条件,促使学生产生积极的迁移。

一、确立明确具体的教学目标

明确具体的教学目标可以使学生对于学习目标有关的已有知识形成联想,教学目标可以起到先行组织者的作用,有利于迁移的发生。在教学实践中,教师在每个新的单元教学之前,可以为学生确立明确具体的教学目标,如有可能还可让学生一起参与教学目标的制定,并要求学生了解某一阶段学习的子目标,这样能够促进学生建立清晰稳定、辨别性强的先行组织者,从而起到整合具体知识的作用,达到更好的迁移效果。

二、注意教学材料和教学内容的编排

奥苏贝尔认为,学生的认知结构是从教材的知识结构转化而来的,好的教材结构能够简化知识,促进知识的良好组织,更好地促进迁移。因此,在教材的编排和教学内容的安排上,教师必须兼顾学科知识本身的性质、特点和逻辑结构,使之和学生已有的知识经验水平、智力状况、年龄特征等相匹配。同时,教师还应考虑教学时间和教法上的要求,力求将最佳的教材结构展示给学生。教学中,教师应充分利用教学材料中的内在联系,引导学生产生正迁移;对缺乏内在联系的教材,则利用教学进行弥补。

三、让教学对学生产生意义

有研究表明,学生对材料的理解程度以及教学方式的有意义程度对学习迁移有直接的

影响。学习材料对学生有意义的条件包括:所呈现的教学内容要有价值,要对学生离开学校走入社会有所帮助;教学过程要有趣,符合学生的特点和接受能力,如可以采取真实生活中的例子;教学内容能够激起学生的主动探索意识,提高学生的卷入程度等。这些都能够促进正迁移的发生。

四、在不同情境下呈现多种实例

教师在教学中帮助学生建立抽象的知识结构和认知图式时,应该在最大范围内给学生呈现实例,使其了解课堂中习得的知识是如何应用的。而且这些例子最好与真实地生活背景相联系。通过呈现各种各样的正例和反例,特别是让学生自主举例证明,这有利于学生了解概念原理的适用条件,促进正迁移的发生。

五、有意识地教学生学会如何学习,灵活运用各种策略

布朗等人在阅读理解方面的实验表明,使用了元认知策略的学生,不仅当前任务正确反应的百分数明显提高,而且更多地把这种学到的策略迁移到了他们的常规课堂的其他学习中。但是当前学生对策略的重视不够,可能是因为学习策略太浪费时间,或者没有意识到策略能给他们的学习带来哪些变化。这就需要教师采用灵活多样的方法促进学生对策略的重视,使学生达到灵活运用各种策略的程度。

六、改进对学生的评价

作为教学活动的组成部分,教学条件下的评价同样应该具有教育性。有效地运用评价手段对学生形成积极的学习态度、有效的学习迁移都具有积极的促进作用。传统应试教育条件下,教师对学生的评价主要是终结性评价(主要以学习成绩为依据),这种评价为某一阶段的学习提供了一个成果总结,但对后继学习的帮助不大。教师应该更多地应用形成性评价手段,在教学发生之前或教学之中进行评价,用于指导自己教学计划的制订,引导学生认识自身知识结构的特点,对学生的学习提供及时反馈并强化后继的学习。

对教学来说,"为迁移而教"的内涵十分丰富,除了上面所提到的,还包括许多内容,如加强策略性知识的教学、注意对学生应用知识过程的指导、加强课堂所学知识与实践的联系等。总之,教师要在充分理解迁移发生规律及其影响因素的基础上,在每一项教学活动中,在每一次与学生的正式或非正式的接触中,都注意创设和利用有利于积极迁移的条件和教育契机,把"为迁移而教"的思想渗透到每一项教育活动中去。

第十一章 学习策略

第一节 学习策略概述

一、学习策略的含义

学习策略是指学习者为了提高学习的效果和效率,有目的、有意识地制定的有关学习过程的复杂的方案。这一界定明确了学习策略的四个方面的特征。

(一) 学习策略是学习者为了完成学习目标而积极主动使用的

一般来说,学习者采用学习策略是有意识的心理过程。学习时,学习者先要分析学习任务和自己的特点,然后根据这些条件,制订适当的学习计划。因此,使用学习策略体现了学习者学习的主动性。

(二) 学习策略是有效学习所需的

策略是相对于效果和效率而言的,如果个人在做事时,使用最原始的方法,最终也可能达到目的,但效果不好,效率也不会高。例如,记忆一系列英语单词时,如果一遍又一遍地朗读,只要有足够的时间,最终也会记住。但是,保持时间不会长,记得也不是很牢固。如果采用分散复习或尝试背诵的方法,记忆的效果和效率一下子就会有很大的提高。每个人的学习动机水平、学习能力和学习风格都不尽相同,但为了提高学习效率,各类学习者都需要不断选择适合自己的、行之有效的学习策略。

(三) 学习策略是有关学习过程的

计划性是学习策略的核心,它规定学习时做什么不做什么、先做什么后做什么、用什么方式做、做到什么程度等诸多方面的问题,将学习转化为程序性方案。

(四) 学习策略是学习者制订的学习计划,由规则和技能构成

严格来说,所有学习活动的计划都是不相同的,每一次学习都有相应的计划。但相对而言,同一种类型的学习存在基本相同的计划,这些基本相同的计划就是我们常见的一些学习策略,如阅读策略等。

二、学习策略的分类

根据不同的角度,对学习策略可以有很多分类方法。迈克卡等人将学习策略划分为认知策略、元认知策略和资源管理策略三个方面。其中,认知策略划分为复述策略、精细加工策略和组织策略;元认知策略划分为计划策略、监控策略和调节策略;资源管理策略划分为时间管理策略、学习环境管理策略、努力管理策略和学习工具的利用策略等。

第二节 典型的学习策略

一、认知策略

认知策略指加工信息的一些方法和技术,有助于有效地从记忆中提取信息。它主要包括复述策略、精细加工策略和组织策略。

(一)复述策略

复述策略是指在工作记忆中为了保持信息,运用内部语言在大脑中重现学习材料或刺激,以便将注意力维持在学习材料上的策略。在某些简单的任务中,如查找一个电话号码,人们会用到复述策略。为了在长时记忆中建立信息,人们也需要复述策略。

1. 画线

画线是一种最常用的学习策略。画线可以帮助我们快速找到和复习课文中重要的信息。但在使用画线策略的时候,我们应该注意只画出确实重要的信息,并将画线与其他策略(如在画线的旁边作注释)结合起来使用,可能会取得更好的效果。常用的画线方法有:画出不知道的术语、标出定义、标出例子、列出观点和原因、标出事件的序号、在重要段落前加某种符号、在混乱部分加问号、标出可能的测验项目、画箭头表明事件或观点之间的关系。

参考例题

【单项选择题】林琳在听课时,经常将学习内容要点以画线的方式在书上做标记,这种学习策略属于(   )。

A. 复述策略　　　　B. 调节策略　　　　C. 监控策略　　　　D. 计划策略

【参考答案】A。解析:复述策略是指在工作记忆中为了保持信息,运用内部语言在大脑中重现学习材料或刺激,以便将注意力维持在学习材料上的策略。

2. 复习

复习是学习的一种重要形式,它对学习有重要的促进作用。良好的复习策略有及时复习、分散复习、复习形式多样化、尝试背诵等。

(1)及时复习。

心理学家艾宾浩斯等人发现,遗忘的进程是先快后慢。在识记后的20分钟,就差不多遗忘了40%左右,不过几天,就忘得差不多了。如果过了很长时间,直到考试前才复习,就几乎等于重新学习了。复习的黄金2分钟是指在学习后的10分钟就开始进行复习,只用2分钟就能取得良好效果。

(2)分散复习。

指每隔一段时间重复学习一次或几次。对于大多数学习,分散复习更有益于长期保持。学习之后要复习四五次才能将所学内容长期牢固地储存在头脑里。大体时间安排为10分钟、一天、一周、一个月、两个月、半年之后,对同一个材料按时间安排各复习一次。

(3)形式多样化。

如将所学的知识用实验来证明、写成报告、做出总结、与人讨论,以及向别人讲解等,这比单调重复更有利于理解和记忆。某一领域的专家之所以能记得住许多专业知识,是因为他们在反复地应用这些知识。只有善于在不同的情境下反复应用所学的知识,才能加深对知识的理解和操持。

(4)尝试背诵。

复习时可以采取阅读与回忆相结合的方法。阅读两遍后,自己觉得记住了,就合上书,回忆书中的内容,回忆时用自己的话说出来效果更好。回忆后再对照书或笔记看哪些地方有错、有难点,就多下点功夫,直到熟练回忆为止。

(5)自问自答。

复习时可以一面阅读,一面自己提问题自己回答,而后根据回答或背诵的情况,检查自己的错误和薄弱环节,以便重新分配努力。

(二)精细加工策略

精细加工策略是一种将新学材料与头脑中已有知识联系起来,从而增加新信息意义的深层加工策略。精细加工策略是一种理解性的记忆策略,和复述策略结合使用,可以显著提高记忆效果。

1. 记忆术

(1)位置记忆法。

位置记忆法是指一种传统的记忆术。使用位置记忆法,就是学习者在头脑中创建一幅熟悉的场景,先在这个场景中确定一条明确的路线,再在这条路线上确定一些特定的点,最后将所要记的项目全都视觉化,并按顺序和这条路线上的各个点联系起来。回忆时,按这条路线上的各个点提取所记的项目。

(2)缩简和编歌诀。

缩简就是将识记材料的每条内容简化成一个关键性的字,然后变成自己所熟悉的事物,从而将材料与过去经验联系起来。有时,可以将材料缩减成歌诀。歌诀韵律和谐,抑扬顿挫,非常有助于记忆。例如,《二十四节气歌》:春雨惊春清谷天,夏满芒夏暑相连,秋处露秋寒霜降,冬雪雪冬小大寒。在缩减材料编歌诀时,最好靠自己动脑筋,自己创造的东西印象深刻。歌诀力求精练准确,富有韵律。当然,也可以利用现成的歌诀,但也要仔细分析,弄清楚歌诀的真实含义,把它变成自己的东西。

(3)谐音联想法。

学习一种新材料时运用联想、假借意义,对记忆亦很有帮助,这种方法被称为谐音联想法。在记忆历史年代和常数时,使用这种方法较为有效。例如,有人记忆马克思的生日"1818年5月5日"时,联想为"马克思一巴掌一巴掌打得资产阶级呜呜地哭"。在化学学习中,金属元素的活动顺序是钾、钙、钠、镁、铝、铁、锡、铅、铜、汞、银、铂、金,有人把它们编成"加个那美丽新的锡铅,统共一百斤"。

(4)关键词联想法。

关键词法就是将新词或概念与相似的声音线索词,通过视觉表象联系起来。例如,英文单词"Tiger"可以联想成"泰山上一只虎";"Battle"即"班头"带我们去战斗。这种方法在教外语词汇时非常有用,有研究表明,这种记忆术也同样适用于其他信息的学习,如地名、地理信息等。我们运用这一方法时应注意,关键的谐音词只起"检索"的作用,它不能代替知识本身的精确感知。例如,记外语单词时,不能用谐音当作准确的读音,它只是帮助我们在准确发音和表达中文意义之间建立人为的联系。

参考例题

【单项选择题】小丽在学习时为了记住数字、年代等枯燥无味的知识,常对其赋予意义,使记忆过程生动有趣。小丽使用的学习策略是(　　)。

A.复述策略　　　　　　　　B.精细加工策略
C.组织策略　　　　　　　　D.计划策略

【参考答案】B。解析:精细加工策略是一种将新学材料与头脑中已有知识联系起来,从而增加新信息意义的深层加工策略。

2. 做笔记

做笔记是阅读和听讲时常用的一种精细加工策略。教师要引导学生做笔记,如讲得慢一点,重复复杂的主题材料,呈现做笔记的线索,在黑板上写出重要的信息,给学生提供结构式的辅助手段,如提纲或二维表格等。

同时,教师还要传授给学生一些记笔记的技巧,如笔记要简单清楚,记录主要的论点,而不是详细的内容;笔记本上不要写得密密麻麻的,必要时,可以画出表格或图形;也可以在笔记本的右边留出一定的空白,除了笔记正文外还要随时记下老师讲的关键词、例子、证据以及自己的疑问和感想。此外,学生不仅要做好笔记,还应积极地思考笔记中的观点,并与其他所学的信息进行联系。

3. 提问

提问是一种有助于学生学习课文、进行阅读以及专心听讲的策略。学生要经常评估自己对课文、阅读材料及教师讲解的理解。他们会思考这样一些问题:这一新信息意味着什么,与课文中的其他信息以及以前所学的信息有什么联系,或者还可能用哪些例子来说明这种新知识。也就是说,学生能学会在阅读课文、解数学题、创作过程等中成功地进行自我谈话。可见,老师在教学中,引导学生在阅读时提一些"谁""什么""哪儿"和"如何"的问题,能使学生领会得更好。例如,学习的标题是"郑和下西洋的原因",可以引导学生提问"郑和为什么要下西洋?",学生心中有了问题,就会想知道答案,这便驱使他们集中精神阅读有关部分,以便找出该问题的答案。

4. 生成性学习

生成性学习就是要训练学生对他们所阅读的东西产生一个类比或表象,如图形、图像、表格和图解等,以加强其深层理解。这种方法最重要的一点,就是需要积极地加工,既不是简简单单地记录和记忆信息,也不是从书中寻章摘句或稍加改动,而是要改动对这些信息的知觉,产生一个新的理解。要产生课文中没有的句子,与课文中某几句重要信息相关的句子或用自己的话组成的句子,从而把所学的信息和自身的知识及经验联系起来。例如,学生在老师的指导下,归纳总结出文章的段落大意、中心思想。

5. 利用背景知识,联系实际

精细加工强调在新信息和已有知识之间建立联系,背景知识的多少在学习中是非常重要的。对于某一事物,我们到底能学会多少,最重要的一个决定因素就是我们对这一方面的事物已经知道多少。有人曾让大学生学习棒球和音乐方面的信息,结果发现,那些熟悉棒球但不熟悉音乐的学生,棒球方面的信息学得多一些。相反,那些熟悉音乐而不熟悉棒球的学生,音乐方面的信息学得多一些。

事实上,背景知识比一般学习能力更能使我们预测学生能学会多少。一个学习者如果非常了解某一课题,那他就有更完美的图式融合新的知识。但是,学生往往不会使用他们先前的知识来帮助其学习新的材料。教师一定要引导学生将新的学习内容与其已有的背景知识联系起来,以帮助他们理解这些信息的意义,使他们感觉到这些信息有用,进而加深记忆。有效的教学要求教导学生如何利用信息,以便他们把这些信息和其他信息联系起来,并在课堂以外的环境中应用它们。

(三) 组织策略

组织策略是整合所学新知识之间、新旧知识之间的内在联系,形成新的知识结构的策略。与精细加工策略不同,组织策略更侧重于对学习材料的内在联系的构建。当然组织与精细加工两者联系密切,有的精细加工策略里实际上就有组织策略的参与,如做笔记和写提要等实际上是两种策略的有机结合。

1. 列提纲

列提纲是一种非常有效的学习策略,它旨在把握学习材料的纲目及内在联系。列提纲时,先对材料进行分析、归纳和总结,然后用简要的语词按材料中的逻辑关系,写下材料中的主要观点、次要观点。所列出的提纲要具有概括性和条理性,其效果取决于学习者是如何使用它的。

一种有效的列提纲的方法是让学生每读完一段后用一句话进行概括;另一种方法是让学生准备一个提要来帮助别人学习这些材料,这种活动可以促使学习者认真考虑什么重要、什么不重要。

2. 利用图形

(1) 系统结构图。学完一科知识,对学习材料进行归类整理,将主要信息归成不同水平或不同部分,然后形成一个系统结构图。复杂的信息一旦被整理成一个金字塔式的层次结构,就容易理解和记忆。在金字塔结构里,较具体的概念要放在较抽象概念之下。

(2) 流程图。流程图可用来表现步骤、事件和阶段的顺序。流程图一般是从左向右或者从上到下展开,用箭头连接各步。流程图可以与层次结构图相结合。

(3) 模式图或模型示意图。模式图就是利用图解的方式来说明在某个过程中各要素之间是如何相互联系的。例如,在政治经济学中,可以把生产力和生产关系、生产关系和经济基础、经济基础和上层建筑之间的关系,制成一张模式图。模型示意图是用简图表示事物的位置(静态关系),以及各部分的操作过程(动态关系)。

(4) 网络关系图或称概念图。网络关系图越来越受重视,目前,人们将它称为概念图,在学习、教学和测评中被广泛运用。利用关系图可以图解各种观点是如何相互联系的。制作关系图时,首先应找出主要的观点;然后找出次要的观点或支持主要观点的部分;接着标出这些部分,并将次要的观点和主要的观点联系起来。网络关系图由结点(观点)和连线(观点之间的关系)组成,主要观点位于图正中,支持性的观点位于主要观点的周围。

3. 利用表格

将学习内容通过表格形式直观地表示出来,有利于学习者记忆。常用的表格包括一览表和双向表。

(1) 一览表是首先对材料进行全面的综合分析,然后抽取主要信息,并从某一角度出发,将这些信息全部陈列出来,力求反映材料的整体面貌的一种表格。例如,学习中国历史时,可以时间为轴,将朝代、主要历史人物、历史事件全部展现出来,制成一幅中国历史发展一览图。

(2) 双向表是从纵横两个维度罗列材料中的主要信息的一种表格。层次结构图和流程图都可以衍变成双向表。

二、元认知策略

在认知加工过程中,存在着一个对信息流动的执行控制过程,它监视并指导认知活动的进行,承担评估学习中的问题,确认用哪些学习策略来解决问题,评价所选策略的效果,进而改变策略以提高学习效果。这种执行控制功能的基础就是元认知。

元认知这一术语是美国心理学家弗拉维尔于20世纪70年代提出的。他认为元认知就是对认知的认知。具体地说,元认知是个体关于自己认知过程的知识和调节这些过程的能力。元认知包括元认知知识、元认知体验和元认知监控三个成分。

元认知知识是有关认知的知识,即关于个人的认知活动以及影响这种认知活动的各种因素的知识。具体来说,可分为三个方面。

(1) 关于个人的知识,即关于自己与他人作为认知思维者的主体的一切特征的知识。具体来讲,包括三个方面的知识:①关于个体内差异的认识,例如,正确地认识自己的兴趣、爱好、学习习惯、能力及其限度,知道如何克服自己在认知方面存在的不足,并且认识自己的学习观和知识观等;②关于个体间差异的认知,例如,知道人与人之间在认知方面以及其他方面存在种种差异;③关于主体认知水平和影响认知活动的各种主体因素的认识,例如,知道记忆、理解有不同的水平,知道注意在认知活动中的重要性,知道人的认知能力是可以改变的。

(2) 关于任务的知识,即对学习材料、学习任务和学习目的的认知。

(3) 关于策略的知识,即个体意识到自己对学习策略的选取、调节和控制。

元认知体验是人们在进行认知活动时伴随而生的认知和情感体验。它包括知和情两个方面的体验。即一方面是认知活动进行时对知识获取的觉知,另一方面是对认知活动中经历的情绪、情感的觉察。

元认知监控是指人们在进行认知活动的过程中,对自身认知活动所进行的积极的、自觉的监视、调节和控制。它包括认知活动前制订计划;认知活动中实施监控、评价与不断反馈;认知活动中对结果的不断检查、调节与修正。

(一) 计划策略

计划策略指根据认知活动的特定目标,在一项认知活动之前计划各种活动,预计结果、选择策略,想出各种解决问题的方法,并预估其有效性。元认知计划策略包括设置学习目标、浏览阅读材料、产生待回答的问题,以及分析如何完成学习任务。

给学习做计划就好比是篮球教练在比赛前针对对方球队的特点与出场情况提出对策。不论是为了完成作业,还是为了应付考试,学生在每一节课都应当有一个一般的"对策"。成功的学生并不只是听课、做笔记和等待教师布置考查的材料。他们会预测完成作业需要多长时间,在写作业前获取相关的信息,在考试前复习笔记,在必要时组织学习小组,以及使用其他各种方法。换句话说,成功的学生是一个积极的而不是被动的学习者。

(二) 监控策略

监控策略指在认知活动进行的实际过程中,根据认知目标及时评价、反馈自己认知活动的结果与不足,正确估计自己达到认知目标的程度、水平,并根据有效性标准评价各种认知行动、策略的效果。元认知监控策略包括阅读时对注意进行跟踪、对材料进行自我提问、考试时监视自己的速度和时间。

这些监控策略使学生警觉自己在注意和理解方面可能出现的问题,以便找出来,并加以修改。例如,当学生为了应考而学习时,会向自己提出问题,并且会意识到某些章节自己并不懂、自己的阅读和记笔记的方法对这些章节行不通,需要尝试其他的学习策略。

(三) 调节策略

调节策略指根据对认知活动结果的检查,如发现问题,则采取相应的补救措施,根据对认知策略效果的检查,及时修正、调整认知策略。元认知调节策略与监控策略有关。例如,当学习者意识到他不理解课文的某一部分时,他们就会退回去重读困难的段落;在阅读困难或不熟的材料时放慢速度;复习他们不懂的课程材料;测验时跳过某个难题先做简单的题目等。调节策略能帮助学生矫正他们的学习行为,补救他们理解上的不足。

参考例题

【单项选择题】丁力有意识地对自己的学习活动进行检查与监控,他所运用的学习策略属于( )。

A. 复述策略　　　　　　　　　　B. 精细加工策略
C. 组织策略　　　　　　　　　　D. 元认知策略

【参考答案】D。解析:学习的元认知策略是指学生对自己整个学习过程的有效监视及控制的策略。

元认知策略的几个方面总是相互联系在一起的。在学习过程中,学习者一般先认识自己的当前任务,然后使用一些标准来评价自己的理解、预计学习时间、选择有效的计划来学习或解决问题,最后执行学习计划,同时监视自己的进展情况,并根据监视的结果采取补救措施。

元认知策略总是和认知策略一起起作用的。如果一个人没有使用认知策略的技能和愿望,他就不可能成功地进行计划、监视和自我调节。元认知过程对于帮助我们估计学习的程度和决定如何学习是非常重要的;认知策略则帮助我们将新信息与已知信息整合在一起,并且存储在长时记忆中,因此,我们的元认知和认知必须一起发生作用。认知策略(如划线、口头复述等)是学习内容必不可少的工具,而元认知策略则可监控和指导认知策略的运用,也就是说,可以教学生使用许多不同的策略,但如果他们没有必要的元认知技能来帮助其决定在某种情况下使用哪种策略或改变策略,那么他们就不是成功的学习者。

三、资源管理策略

资源管理策略是辅助学生管理可用环境和资源的策略,有助于学生适应环境并调节环境以适应自己的需要,对学生的动机具有重要作用。它包括学习时间管理、学习环境管理、学习努力管理、学习工具的利用以及学业求助等。

(一) 学习时间管理策略

1. 统筹安排学习时间

每个人都应当根据自己的总体目标,对时间作出总体安排,并通过阶段性的时间表来落实。例如,将中学时期的时间表转变为不同的学年时间表、学期时间表、每月时间表、每周时间表以及每天时间表。在制订学习计划时,要注意将学习计划落实在学习成果上。在执行学习计划时,要有效防止拖拉。

2. 高效利用最佳时间

在不同的时间里,人的体力、情绪和智力状态是不一样的,也就是说,各个学习时间的质量可能是不一样的。首先,要根据自己的生物钟安排学习活动;其次,要根据一周内学习效率的变化安排学习活动;再次,要根据一天内学习效率的变化来安排学习活动;最后,要根据自己的工作曲线安排学习活动。学习时,随着学习的进行,人的精神状态和注意力会发生变化。一般来说,存在三种变化模式:先高后低;中间高两头低;先低后高。每个人要根据自己的模式,安排学习内容,确保状态最佳时学习最重要的内容。

3. 灵活利用零碎时间

首先,可以利用零碎时间处理学习上的杂事;其次,可以读短篇文章或看报纸杂志,拓宽自己的知识面,或者背诵诗词和外文单词;最后,还可以进行讨论和沟通,与他人进行交流,在轻松的气氛里与人交流,有助于创造性思维的启发。

(二) 学习环境管理策略

学习环境管理策略主要是善于选择安静、干扰较小的地点学习,充分利用学习情境的相似性等。学习环境可影响学生学习时的心境,从而影响到学习的效率,因此,为学习创设适宜的环境很重要。首先,要注意调节自然条件,如流通的空气、适宜的温度、明亮的光线及和谐的色彩等;其次,要设计好学习的空间,如空间范围、室内布置、用具摆放等因素。

(三) 学习努力管理策略

学习努力管理策略主要指掌握一些方法来排除学习干扰,使自己的精力有效地集中在

学习任务上。为了使学生维持自己的意志努力,需要不断地鼓励学生进行自我激励。这包括激发内在动机,树立为了掌握而学习的信念,选择有挑战性的任务,调节成败的标准,正确认识成败的原因,自我奖励等。

(四) 学习工具的利用策略

学习工具的利用指善于利用参考资料、工具书、图书馆、广播电视及电脑与网络等。

(五) 学业求助策略

学业求助策略指当学生在学习上遇到困难时,向他人请求帮助的行为。它是一种重要的社会支持管理策略。学业求助策略按照求助者的目的可将其分为执行性求助和工具性求助两大类。

执行性求助策略指学习者面临不能解决的学习困难时,请求他人"替"自己解决困难。这种求助类型的学生通常只想要答案或者希望尽快完成任务,自己不做任何尝试就放弃了获得成就的能力,选择了依赖而非独立掌握。工具性求助策略指学习者遇到困难时,借助他人的力量以达到自己解决问题或者实现目标的目的。工具性求助策略的目的是独立地学习,而不是仅仅为了获得正确答案。因此,采用工具性求助策略的学生,在自己能够解决问题的时候会拒绝他人的帮助;在需要帮助时,又能够主动寻求他人的帮助。除了这两种求助类型的学生,还有一些学生在遇到无法独立解决的困难时选择了回避求助,因为他们担心别人会认为他们很笨。

参考例题

【简答题】简述学习策略的类型。

【参考答案】学习策略分为三类。

第一类是认知策略。认知策略是加工信息的一些方法和技术,即信息加工的策略。包括复述策略、精细加工策略、组织策略。

第二类是元认知策略。元认知策略是学生对自己整个学习过程的有效监视及控制的策略,即对信息加工过程进行调控的策略。包括计划策略、监控策略、调节策略。

第三类是资源管理策略。资源管理策略是指帮助学生有效地管理和利用环境和资源,以提高学习效率和质量的策略。包括学习时间管理策略、学习环境管理策略、学习努力管理策略、学习工具的利用策略等。

第三节 学习策略的训练

一、学习策略训练的原则

人们在学习、阅读时常常使用各种不同的策略,但很少有什么策略总是有效的,也很少有什么策略总是无效的。显然,学习策略的价值依赖于其具体情况和使用。在进行学习的训练时,不管教什么策略、怎么教这些策略,都应遵循一定的基本原则。

(一) 主体性原则

主体性原则指任何学习策略的使用都依赖于学生主动性和能动性的充分发挥。它既是自我调节学习训练的目的,又是必要的方法和途径。主体性是自我调节学习的核心特征,指学生在学习目标、过程、方法、评价等方面能够发挥积极主动性。教师在培训中要向学生阐明训练的目的和原理,教他们何时、何地与如何使用策略,给予他们充分地运用学习策略的机会,并指导他们分析和反思策略使用的过程和效果。

(二) 内化性原则

内化性原则是指训练学生不断实践各种学习策略,逐步将其内化成自己的学习能力,并能在新的情境中加以灵活应用。内化过程是需要学生将所学的新策略与头脑中已有的有关策略的知识整合在一起,并能熟练地加以应用,形成新的认识的能力。

(三) 特定性原则

学习策略一定要适于学习目标和学生的类型。同样一个策略,年长和年幼的,成绩好的和成绩差的,用起来的效果就不一样。在阅读中写出阅读提要可能是一种有效的学习方法,但对小学生则可能比较困难。教师要针对学习者的发展水平,确定哪些策略是最有用的,而且要考虑学习策略的层次,给学生提供各种各样的策略。

(四) 生成性原则

学习策略是否有效,其重要的原则之一就是学习者要利用学习策略对学习材料进行重新加工,生成某种新的东西,这需要高度的心理加工。例如,写内容提要、向别人提问、将笔记列成提纲等。

(五) 有效的监控

有效的监控指学生应当知道何时、如何应用他们的学习策略并能反思、描述自己对学习策略的运用过程。

(六) 个人自我效能感

个人自我效能感是指学生可能知道何时与如何使用策略,但是,如果他们不愿意使用这些策略,他们的一般学习能力是不会得到提高的。而那些能有效使用策略的人相信使用策略会影响他们的成绩。因此,教师在培训时,一定要给学生一些机会使他们感觉到策略的效力以及自己使用策略的能力。

二、学习策略训练的方法

(一) 指导教学模式

指导教学模式与传统的讲授法十分相似,由激发、演讲、练习、反馈和迁移等环节构成。在教学中,教师先向学生解释所选定学习的策略的具体步骤和条件,在具体应用中不断给予提示,让学生口头叙述和解释所操作的每一个步骤,报告自己应用学习策略时的思维。通过不断重复这种内部定向思维,可加强学生对学习策略的感知、理解与保持。同时,教师在教学中依据每种策略来选择许多恰当的示例来说明其应用的多种可能性,使学生形成多策略的概括化认识;提供的示例应从学生的认识水平出发,由简到繁,使学生从单一策略的应用发展到多种策略的综合应用,从而形成一种综合应用能力。

(二) 程序化训练模式

程序化训练模式就是将活动的基本技能,如解题技能、阅读技能、记忆技能等,分解成若干有条理的小步骤,在其适宜的范围内,作为固定程序,要求活动主体按此进行活动,并经过反复练习使之达到自动化程度。

程序化训练的基本步骤:①将某一活动技能,按有关原理,分解成可执行、易操作的小步骤,而且使用简练的词语来标志每个步骤的含义;②通过活动实例示范各个步骤,并要求学生按步骤活动;③要求学生记忆各步骤,并坚持练习,直至使其达到自动化程度。

(三) 完形训练模式

完形训练就是在直接讲解策略之后,提供不同程度的完整性材料,促使学生练习策略的某一个成分或步骤,然后逐步降低完整性程度,直至完全由学生自己完成所有成分或步骤。例如,在教学生列提纲时,教师可先提供一个列得比较好的提纲,然后解释这些提纲是如何统领材料的,下一步就给学生提供一个不完整的提纲,分步对学生进行训练:①提供一个几乎完整的提纲,需要学生听课或阅读时填写一些支持性的细节;②提供一个只有主题的提纲,要求填写所有的支持性细节;③提供一个只有支持性细节的提纲,而要求填写主要的观点。如果学生加以适当的练习,就能学会写出很好的提纲来。

完形训练的好处就在于能够使学生有意注意每一个成分或步骤,而且每一步训练所需的心理努力都是学生能够胜任的,更为重要的是,每一步训练都给学生以策略应用的整体印象。

(四) 交互式教学模式

交互训练是一种教师与学生轮流承担教的角色的课堂教学组织形式。一般由教师和一小组学生(大约6人)一起进行。它旨在教学生这样四种策略:①总结——总结段落内容;②提问——提与要点有关的内容;③析疑——明确材料中的难点;④预测——预测下文会出现什么。在交互式教学中,教师提供运用学习策略的示范和指导,学生自然地承担教的角色和责任,积极模仿教师;教师则不断根据学生的活动情况,灵活调整指导,对学生的活动给予及时反馈。

交互式教学经常运用于阅读监控策略之中。在阅读监控策略训练时,教师首先示范,指导学生运用阅读策略。在学生逐步由观察到参与,再到独立承担监控活动之后,教师再进行适当的评价与必要的指导。

(五) 合作学习模式

合作学习模式的基本思想是合作性成为当今基础教育改革所倡导的基本理念。在这种学习活动中,两个学生一组,一节一节地彼此轮流向对方总结材料,当一个学生主讲时,另一个学生听着,纠正错误和遗漏。然后,两个学生彼此交换角色,直到学完所学材料为止。关于这种学习方法的一系列研究证明,以这种方式学习的学生比独自总结的学生或简单阅读材料的学生,其学习效果和保持时间都有效得多。有意思的是,合作性讲解的两个参与者都能从这种学习活动中受益,而主讲者比听者获益更大。

在实际教学中,教师不管采用什么方法进行学习策略的教学,都要结合学科知识。教师要善于不断探索优化自己的教学步骤,为学生提供可以仿效的活动程序;同时要根据学生原有的学习方式基础来启发学生的思路,让其有意识地内化有效的学习策略。

第十二章
品德学习

第一节 品德概述

学生道德品质的培养是全面发展教育的重要组成部分,也是学校教育的一项重要社会职能。德育心理与品德培养是教育心理学的一个重要部分,它主要阐述学生品德的形成过程的心理规律及如何有效地促进学生品德的形成。

一、品德的含义

(一)品德的概念

要正确理解品德的含义,首先要了解道德的内涵。道德的概念最早可以追溯到先秦思想家老子所著的《道德经》一书。老子说:"道生之,德畜之,物形之,势成之。是以万物莫不尊道而贵德。道之尊,德之贵,夫莫之命而常自然。"其中"道"是指自然运行与人世共通的真理;而"德"是指人世的德性、品行、王道。可见,"道"是人关于世界的看法,应属于世界观的范畴。在当时道与德是两个概念,并无道德一词。"道德"二字连用始于荀子《劝学》篇:"故学至乎礼而止矣,夫是之谓道德之极。"此外,我国古代《论语》中也提到"以德报德""以政为德"。

现代社会学认为,道德是指以善恶为标准,通过社会舆论、内心信念和传统习惯来评价人的行为,调整人与人之间及个人与社会之间相互关系的行动规范的总和。遵守这些行为规范就会受到社会舆论的赞赏,而违反这些规范就会引起舆论的谴责。

道德是一种社会现象,它产生于社会生活,并随着社会的发展而发展,随着社会基础的改变而改变。遵守社会道德准则会受到公众舆论的赞赏,个人也会感到自在舒心;而违反社会道德准则,虽然不会受到法律的惩罚,但会引起社会舆论的谴责,个人也会感到羞愧和内疚,这就是道德现象。

品德,即道德品质的简称,在我国又称为德行或品行、操行等。它是指人依据一定的社会道德准则和规范行动所表现出来的稳定的心理特征或倾向。品德是就对个人道德面貌而言的,是社会道德现象在个人身上的反映。道德品质是一定的社会或阶级的道德准则,转化成个人的道德信念和道德意向,在言行中表现出来的稳固的心理特征。例如,勤奋学习、热爱劳动、遵守纪律、真诚待人等。

在理解品德的含义时,应把握以下几点。

首先,品德反映了人的社会特性,是将外在于个体的社会规范的要求转化为个体的内在需要的复杂过程。它不是个体的先天禀赋,是通过后天学习形成的。

其次,品德具有相对的稳定性,若只是此一时、彼一时地偶然表现,则不能称之为品德,只有经常地表现出一贯的规范行为,才标志着品德的形成。

最后,品德是在道德观念的控制下,进行某种活动、参与某件事情或完成某个任务的自觉行为,也就是说,它是认识与行为的统一。如果没有形成道德观念或道德认识,那么,即使个体的行为符合社会规范,也不能说是有品德的。反之亦然。比如,精神病患者的行为尽管可能不符合社会规范,但也不能说是不道德的。

（二）品德与道德的关系

1. 品德与道德的区别

（1）品德与道德所属的范畴不同。

道德是一种社会现象,是调整人们相互关系的各种行为规范和准则,人们根据道德规范来辨别是非、善恶、美丑,指导或调节行为。品德是一种个体现象,是社会道德在个体头脑中的主观映象。

道德属于社会意识形态范畴,其产生、发展、变化服从于整个社会的发展规律,不以个别人的存在或个别人是否具有社会道德为转移。当一个人按自己所处的社会生活中的行为规范或行为准则去行动时,就会受到舆论的赞许,反之则会受到舆论的谴责,自己也会感到内疚和不安。品德虽然也是社会现实在人脑中的反映,是在社会道德舆论的熏陶及家庭、学校道德教育的影响下形成的,但品德的形成与发展除了受社会条件制约之外,还要受个体心理发展的影响。因此,品德属于个体意识形态范畴,将随着个体的产生、成长、死亡而发生、发展以至消亡。

（2）品德与道德所反映的内容不同。

道德产生的力量源泉是社会需要,因此道德反映的是整个社会生活的要求,它作为调节社会关系的行为规范的完整体系,其内容全面又完整;而品德产生的力量源泉则是个人的社会性需要,人们为了满足这种需要就必须自觉地按照道德要求发展与完善自我品德,因此它是社会道德规范局部的具体体现。从反映内容上看,道德反映的内容比品德反映的内容丰富得多,也概括得多。

（3）品德与道德产生的力量源泉不同。

道德产生的力量源泉是社会需要。在社会生活中,人们为了维护共同的利益,协调物质利益关系、人际关系等社会关系,以保障社会的稳定与发展而制定了道德行为准则与规范,正是这种社会稳定、生存和发展的需要赋予了道德以力量。品德产生的力量源泉是个人的需要。个人为了归属于一定的社会群体,为社会所接纳,就必须遵守一定的社会道德规范,协调个人与社会、个人与集体、个人与他人的关系,正是这种社会性需要（包括归属、交往与尊重等需要）,才促使人们自觉地按道德准则与规范来发展并完善自身的品德。

2. 品德与道德的联系

（1）个体品德的内容来源于社会道德。

个体品德的内容来源于社会道德,没有社会道德规范就难以评价个体的品德。道德为评价个体的品德好坏提供了一个善恶尺度。个体身上的某种道德品质之所以是良好的,是因为它与社会规范和公众期望相符;而那些与社会规范不相符的道德品质,无疑将被评价为恶劣。同时,一个社会的道德环境好坏也会潜移默化地影响个体品德的形成与发展。

（2）个体品德反作用与社会道德。

众多的个体品德能构成和影响社会的道德面貌和风气。某些具有代表性的人物的品德可以作为社会道德的典范,对社会风气产生深远的影响。如果离开了社会中具体人的道德品质表现,道德就只能成为无实际意义的行为规范,也就失去了其作用,更谈不上发展,所以,从某种意义上来说,品德是道德的基础。

二、品德的心理结构

一般来说,品德主要由道德认识、道德情感、道德意志、道德行为四种心理成分构成。这些成分既相互独立,又相互联系、相互影响,从而构成一个完整的品德结构,简称品德的知、情、意、行结构。

（一）道德认识

道德认识是指人们对社会道德规范及其意义的理解,以及在此基础上形成的道德观念和评价能力。如学生对爱祖国、爱人民、爱劳动、爱公物和爱社会主义的重要意义,都有了较好的了解和理解,就表明他们的道德认识达到了一定的水平。道德认识包括道德观念（即道德表象）、道德概念、道德信念、道德评价等方面。其中,道德概念的掌握、道德信念的形成和道德评价能力的发展是衡量青少年学生道德认识形成和发展的主要标志。道德认识是个体品德的核心部分。

（二）道德情感

道德情感是指根据一定的道德准则与规范去评价自己和别人的行为时产生的一种内心体验。它既可以表现为人们根据道德观念来评价他人或自己行为时产生的内心体验,也可以表现为在道德观念的支配下采取行动的过程中所产生的内心体验。一般来说,如果现实生活中的各种事件、自己或别人的行为符合自己的道德认识或自己所维护的道德观念,那么人们就会产生积极的情绪体验;相反,人们就会产生消极的情绪体验。

道德情感渗透在人们的道德观念和道德行为中。道德情感的内容主要包括爱国主义情感、集体主义情感、义务感、事业感、自尊感和羞耻感,其中,义务感、责任感和羞耻感对于青少年尤为重要。缺乏义务感、责任感和羞耻感,也就无所谓品德的发展。

道德情感从表现形式上看,主要包括三种。一是直觉的道德情感,即由于对某种具体的道德情境的直接感知而迅速发生的情感体验。由于其产生得十分迅速,当事人往往不能明显意识到这个过程。如由于儿童突然的不安感而制止了某些不道德的要求,或由于某种突如其来的自尊感而激起大胆而果决的行动。二是想象的道德情感,即通过对某种道德形象的想象而发生的情感体验。道德形象之所以能引起人们的情感,是因为它是以社会道德标准的化身而存在的,又具有极大的鲜明性,因而能使人更容易理解道德规范的要求及其社会意义,也更容易使人受到感染和激励。如通过长辈的讲述想象英雄人物的先进事迹和高大形象,而受到他们的影响和激励。三是伦理性的道德情感,即以清楚地意识到道德概念、原理和原则为中介的情感体验。它具有清晰的意识性和明确的自觉性,具有较大的概括性和较强的理论性,具有稳定性和深刻性。例如,爱国主义情感和集体主义情感就属于伦理性的道德情感。

(三)道德意志

道德意志是一个人自觉地调节行为,克服困难,以实现一定道德目的的心理过程。它体现在实现道德目标过程中的支持与控制行为的力量,例如,有的学生长年帮助孤寡老人打扫卫生就是意志支持的结果。道德意志还能使人抵御现实中的各种诱惑,不以外界环境为转移,始终坚持道德行为。道德意志的作用就在于发动与既定目的相符合的行动,制止与既定目的相悖的行动。道德意志一般经历下决心、树信心、立恒心三个阶段。

道德意志是道德意识的能动作用,帮助个体将道德动机贯彻于道德行动之中。意志行动过程包括:头脑中产生各种可供选择的行动方案;预测各种行动方案的结果;衡量行动后的利弊得失;按自己的决定行动;现实生活中结果的出现;接受行为结果的反馈;反馈影响心理结构。

(四)道德行为

道德行为是在一定的道德认识支配下表现出来的对待他人或社会的有道德意义的活动,是一个人遵照道德规范所采取的言论和行为。它是道德认识和道德情感的具体表现和外部标志,是衡量品德的重要指标。道德行为包括道德行为技能和道德行为习惯,它们与一般的技能和习惯并无区别,只是在用来完成一定的道德任务时,它们便具有了道德的性质。道德意志调节和控制着人的道德行为,使其贯彻始终,经过多次反复和实践,便形成道德行为习惯。道德行为习惯的形成则是品德形成的客观标志。例如,一个人做点好事并不难,难的是一辈子做好事。因此,只有学生具有良好的道德行为及其习惯,学校的道德品质教育才具有社会价值。

在品德结构中,以上四种心理成分有机组合,缺一不可,其是思想教育原则"晓之以理,动之以情,导之以行,持之以恒"的心理依据。品德的四个心理成分是处在一个互动的、开放的统一整体中。它们的发展虽然有阶段性,但严格地说,它们是不能单独地割裂开来的,而是互为前提、相互制约和相互促进的。

一般来说,道德认识是品德心理结构的思想基础,是道德情感产生的依据。道德情感是伴随着认识而产生的一种内心体验。在一定的情境下,道德情感的激发又会促进道德认识水平的提高。道德认识和道德情感的深化、交融的结果就产生了道德动机。道德动机是一股内部动力,推动个人产生道德行为,并驱动人以道德意志来实现道德行为。道德意志是通过一系列具体的行动表现出来的。换句话说,道德意志只有支配道德行为的实现才具有意义。道德行为是道德认识、道德情感和道德意志的具体表现和外部标志。

道德行为是在道德认识、道德情感、道德意志的基础上,在练习、训练掌握行动技能与养成习惯中形成起来的。道德行为的一个客观特征是其行为后果的直接现实性,即道德行为的结果是客观的。因此,道德行为是品德的一个循环中的始末环节,也是更高循环中的依据和基础。道德行为既可使道德认识、道德情感、道德意志得到检验,又可以加深和提高道德认识,增强道德情感,锻炼道德意志。

由此可以看到,品德的四种成分是交织在一起,互相影响,密不可分的。如果某一成分有所偏离,就会相互削弱,影响将社会道德规范转化为个人的品德。如果对道德观念认识不清,那么道德情感、道德意志、道德行为就会缺乏正确的指导思想;如果道德情感体验不深,就会缺少推动道德行为的力量;如果道德意志不坚定,道德信念就会动摇,情感也不易控制;如果不重视对道德行为习惯的培养,就可能使学生言行脱节,产生只会说不会做的情况。因此,品德的形成是这些心理成分共同发生作用的综合过程。

参考例题

【辨析题】

1. 个体的道德认识与道德行为是一致的。

【参考答案】这种说法是错误的。道德认识是指对道德行为准则及其执行意义的认识。道德认识的结果是获得有关的道德观念、形成道德信念。道德行为是个体在一定的道德认识指引和道德情感激励下所表现出来的对他人或社会具有道德意义的行为,它是道德观念和道德情感的外在表现。道德行为的形成受到主观和客观等各方面的影响。有了正确的道德认识,也不一定能形成相应的道德行为。所以二者不一定完全一致。

2. 有什么样的道德认识,就一定有什么样的道德行为。

【参考答案】错误。分析见上题。

【简答题】简述品德的结构。

【参考答案】品德的心理结构包括四种成分,分别是:①道德认识;②道德情感;③道德意志;④道德行为。

【单项选择题】

1. 衡量学生思想品德水平高低的根本标志是( )。

A. 道德认识　　　　B. 道德意志　　　　C. 道德情感　　　　D. 道德行为

【参考答案】D。解析:道德行为是衡量学生的根本标志。

2. 王军写了保证书,决心遵守《中学生守则》,上课不再迟到,但是因天气冷,王军冬天迟迟不肯钻出被窝,以至于再次迟到,对王军进行思想品德教育的重点在于提高其( )。

A. 道德认识水平　　　　　　　　B. 道德情感水平

C. 道德意志水平　　　　　　　　D. 道德行为水平

【参考答案】C。解析:王军虽然知道不能迟到,但是不能够坚持下去,这说明道德意志水平薄弱,对王军进行思想品德教育的重点应在于提高其道德意志水平。

第二节　品德学习的一般过程

品德的学习一直被教育心理学家和社会心理学家所关注,较为有代表性的观点是美国

社会心理学家凯尔曼在1961年提出了态度改变与品德形成的三阶段。他认为,态度的形成不可能立竿见影,要经历服从、同化及内化三个阶段。结合凯尔曼的理论观点和其他相关研究,品德的形成一般可归纳为三个阶段:依从阶段、认同阶段和内化阶段。

一、品德形成的一般过程

(一)依从

依从是指个人为了获得奖酬或避免惩罚,按照社会的要求、群体的规范或别人的意志而采取的表面服从的行为。依从包括从众和服从两种类型。

从众是指人们对于某种行为要求的依据或必要性缺乏认识与体验,跟随他人行动的现象,即在群体影响下放弃个人意见而与大家保持一致的心理行为。社会心理学家阿希等人通过著名的"线段判断实验"证实,群体成员的行为通常有跟从群体的倾向,当成员发现自己的意见和行为与群体不一致时,会产生紧张感,促使自己与群体趋向一致。

服从是指在权威命令、社会舆论或群体气氛的压力下,放弃自己的意见而采取符合他人或规范要求的行为。服从可能是自愿的,有可能是被迫的。被迫的服从也就是顺从,即表面接受他人的意见或观点,在外显行为方面与他人相一致,而在认识与情感上与他人并不一致。服从现象的发生是由于权威的命令及现实的压力。

依从阶段的态度与行为往往具有盲目性、被动性和不稳定性,且随情境的变化而变化。因此,个体在集体中独处时,其行为举止会有所不同;他们在这一集体中与在另一集体中,其行为举止也会有所区别。集体具有改变个人行为的心理影响能力。

虽然,依从阶段的品德水平较低,但却是一个不可缺少的阶段,是品德建立的开端环节。依从阶段是品德学习和形成不可忽视的阶段,因为个体在依从的过程中可以学习并反复训练各种具体的行为,从中认识并体验到它的必要性和价值,逐渐形成个体正确的道德认识、道德情感、道德意志和道德行为。

知识拓展

阿希的从众实验

阿希以大学生为被试,被试7人一组,其中6人是实验助手(即假被试),第7人是真正的被试。被试的任务是,在每呈现一套卡片时,判断 a、b、c 三条线段中哪一条与标准线段 x 等长。

实验开始前几次判断,大家都一致做出了正确的选择,从第7次开始,假被试(即实验助手)故意做出错误的选择,实验者开始观察真被试的选择是独立还是从众。面对这一实验情境,真被试在作出反应前需要考虑以下三个问题:是自己的眼睛有问题,还是别人的眼睛有问题?是相信多数人的判断,还是相信自己的判断?在确信多数人的判断是错误时,能否坚持自己的对立性?阿希从1951年开始,在1956、1958年又多次重复这项实验,结果发现:大约有四分之一到三分之一的被试始终保持独立性,无从众行为;约有15%的被试平均作了总数四分之三的从众行为;所有被试平均作了总数三分之一的从众行为。

（二）认同

认同是指个体在思想、情感、态度和行为上主动地接受他人的影响，使自己的态度和行为与他人或集体保持一致。简单地说，认同就是个体与群体或社会的一些重要的事情和原则问题保持一致的看法和评价，认同实质上就是对榜样的主动模仿。

当个体的品德学习和形成进入认同阶段，就意味着个体不再是对社会压力的被迫服从，也不是被动地模仿，而是自觉地接受他人的观点、信念和行为的影响，使自己的行为接近他人或集体的要求、规范。认同阶段的主要特征是不受外界压力控制，行为具有一定的自觉性、主动性和稳定性。其中，榜样的特点、榜样行为的性质、示范的方式都会影响认同的发生。

（三）内化

内化是指在思想观点上与他人的思想观点一致，将自己所认同的思想和自己原有的观点、信念融为一体，构成一个完整的价值体系。这是真正地在思想观点上或者说在内心深处相信并接受他人或集体的观点、信念、态度和行为，并将自己的观点、信念、态度和行为融为一体，构成一个完整的思想体系。

内化阶段是人的品德真正形成或彻底改变的阶段，在此阶段，个体的行为具有高度的自觉性和主动性，并具有坚定性，表现为"富贵不能淫，贫贱不能移，威武不能屈"。此时，稳定的品德便形成了。

参考例题

【单项选择题】学生能相信并接受他人的观点，从而改变自己的态度与行为，同时将这些观点纳入自己的价值体系，说明其品德发展达到（　　）。

A. 服从阶段　　　B. 依从阶段　　　C. 认同阶段　　　D. 内化阶段

【参考答案】D。解析：品德的形成要经历依从、认同、内化三个阶段。内化指在思想观点上与他人的思想观点一致。将自己所认同的思想和自己原有的观点、信念融为一体，构成一个完整的价值体系。

二、影响品德形成的因素

影响品德形成的因素可以分为外部因素与内部因素两类。

（一）外部因素

1. 家庭因素

家庭是学生接受品德教育的启蒙学校，父母是子女的第一任教师，他们的一言一行潜移默化地影响着子女品德的形成。家庭不仅是孩子重要的活动场所，而且是影响孩子品德发展最早、最连续、最持久的环境因素。

家庭对学生品德形成的影响，主要有以下两点。首先，家庭结构是否完整对孩子的身心发展起着重要的作用。某些单亲家庭孩子由于得不到完整的爱，不仅心灵易受到创伤，品德发展也会受影响。品德的形成和发展与父母的言传身教关系密切，单亲家庭的孩子在成长过程中很可能缺乏必要的家庭品德影响，从而造成这类孩子易沾染社会不良习气，影响其良

好品德的形成。其次,父母的品行也会影响孩子良好品德的形成。父母品行的高低,直接决定了家庭品德的层次,父母的品行会渗透于其日常生活中的一言一行,从而对孩子品德的形成产生潜移默化的影响。由于幼儿好模仿的特点,使得家长的言行对幼儿起着言传身教和人格示范的作用,这是一种直观的教育。幼儿最初得到的概念、是非标准都来自家庭对他的教育。父母是幼儿最直接的榜样,幼儿是父母的一面镜子。俗话说,"有其父,必有其子,有其母,必有其女""种瓜得瓜,种豆得豆"。这些话虽不完全正确,但也有一定的道理。

此外,家庭教养方式也是影响孩子品德的重要原因之一。研究证明,信任型和民主型的家庭教养方式对儿童品德的形成与发展会起到良好的教育作用,过分严厉型和放任型的家庭教养方式则会对儿童品德的形成与发展产生不良的影响。

家庭环境对儿童和青少年的品德既有有意识、有目的的教育和促进,同时更有潜移默化的影响。因此,家长要注重加强自身品德修养,注重正确而科学的教育方式,创造出融洽的、和谐的家庭气氛,那么其子女的品德往往会朝着正确的方向发展。

2. 社会风气

如果说儿童的品德主要受家庭教育的影响,那么随着儿童进入青少年时期,社会风气对他们的影响越来越大。社会风气是由社会舆论、大众媒介传播的信息、成年人的榜样作用等构成的。学校的青少年不可能与社会隔绝,他们的道德信念和道德价值观正处于形成的过程中。他们既容易接受良好的社会风气影响,也容易接受不良的社会风气的影响。据美国帕克等人研究,在其他生活条件相似的情况下,观看暴力电影的学生比其他学生有更多的攻击性行为出现。彼得逊等人对美国7—11岁学生的一次全国性调查显示,常看暴力电视节目的学生有更多的恐惧感,担心一个人在外玩的时候被人杀害,有时甚至对社会失去信心。

当前我国实行的改革开放政策,有助于学生从多方面获得信息。但是青少年不善于作出选择,而且易受不良社会风气的影响,因此,从某种意义上说给品德教育工作增加了新的难度。

3. 学校教育因素

学校教育不同于一般的社会环境的影响,它是一种有目的、有计划、有系统地对学生品德的形成与发展施加影响的过程。学校教育也是学生品德形成与发展的外部条件,在学生品德的形成与发展中起着主导作用。学校教育通常通过四个方面影响学生品德的形成与发展。

校风和班风的影响。校风和班风是指在学校和班级群体中占优势的作风和言行倾向。好的校风有助于学生抵制社会上的不良风气,而且会将良好风气带到社会上,推动社会良好风气的建立。班风对学生的品德形成影响更为直接,班级是学生生活和学习的直接场所,班级集体的凝聚力、班级集体的舆论都会带给学生最直接、最深刻的影响。林崇德对先进班集体作用的系统研究发现,集体道德心理从两个方面影响着集体成员的个体的品德因素,即知、情、意、行的发展。第一,良好的集体的道德品质促使大部分正常儿童与青少年形成良好的品德;第二,良好的集体的道德品质能改造品德不良的学生。在美国,哈桑等人曾对校风、班风进行了一定的研究,他们发现,如果班集体的主导风气(即班风)不健康,将会影响到该班集体中几乎所有的成员。他们注意到,在某个班级中,几乎人人都有欺骗行为,而在另一个对照班中,却没有一个儿童进行欺骗。我国的另一项调查发现,具有良好而稳定班风的班集体对改造学生的不良道德行为习惯的效果是很明显的。

教师的榜样示范作用。教师具有一定的权威性,学生常常以教师的言行为自己行为和模仿的标准,因此,教师要为人师表和以身作则,其对学生品德的形成与发展意义重大。

品德教育课程。适合学生身心发展的德育课程,有利于学生品德的形成与发展。此外,学生也可以通过一些实践教育活动,切实将日常学习到的品德知识,直接运用到社会品德实践中,这是品德发展的直接基础。

学校同伴群体的影响。学生的道德行为在很大程度上受到他们所归属的同伴群体的行为准则和风气影响,小团体思想的健康与不健康都对青少年品德的形成和改变具有重要影响。

(二)内部因素

1. 认知失调

认知失调又称为认知不和谐,是指一个人的行为与自己先前一贯的对自我的认知(而且通常是正面的、积极的自我)产生分歧,从一个认知推断出另一个对立的认知而产生的不舒适感、不愉快的情绪。

勒温、皮亚杰、费斯汀格和海德等人的研究都表明,人们在学习和工作中具有一种维持平衡和一致性的需要,即力求维持自己的观点、信念的一致,以保持心理平衡。当认知不平衡或不协调时,内心就会有不愉快或紧张的感受,个体就会试图通过改变自己的观点或信念,以达到新的平衡。也就是说,认知失调是态度改变的先决条件。

2. 态度定势

定势是指一定的心理活动所形成的心理准备状态。个体由于过去的经验,对所面临的人或事可能会具有某种肯定或否定、趋向或回避、喜好或厌恶等内心倾向性,这种事先的心理准备或态度定势常常支配着人对事物的预料与评价,进而影响着是否接受有关的信息和接受的量。假如学生对教师有消极的态度定势,则教师的教诲与要求可能会成为耳旁风,甚至引起冲突。帮助学生形成对教师、对集体的积极的态度定势或心理准备是使学生接受道德教育的前提。

3. 道德认知

道德认知即对现实道德关系和道德规范的认识,包括道德印象的获得、道德概念的形成和道德思维能力的发展等。品德的形成与改变取决于个体头脑中已有的道德准则、规范的理解水平和掌握程度,取决于已有的道德判断水平。因此,在实施品德教育时应结合学生的实际生活和切身体验,从学生身心发展的实际出发,进行相应的品德教育活动。

此外,个体的智力水平、受教育程度、年龄等因素都影响着个体品德的形成。智力是一个人的一般认知能力,这种一般认知能力对道德判断、道德行为发展的影响已经被许多心理学实验所证实其存在。低年级的学生或文化水平不高的成人,常常因道德观念水平低,为细小的事情而冲动,发生不道德的行为。也有研究认为,学校正规教育是影响一个人道德发展的重要因素,受正规教育的多与少,将影响一个人最终会达到什么样的道德水平。

三、中学生品德发展的基本特征

(一)伦理道德发展具有自律性、言行一致

在整个中学阶段,学生的品德迅速发展,处于伦理形成时期。伦理是人与人之间的关系

以及必须遵守的行为准则,它是道德关系的概括,伦理道德是道德发展的最高阶段。

1. 形成道德信念与道德理想

中学阶段是道德信念和道德理想形成,并以此指导行为的时期。中学生逐渐掌握伦理道德,并服从于它,表现出独立、自觉地依据道德信念、价值标准等去行动的行为,使学生的道德行为更有原则性、自觉性。

2. 自我意识增强

在品德发展的过程中,中学生更加关注自我道德修养,并努力加以提高。中学生对自我道德修养的反省性和监控性有明显的提高,这为产生自觉的道德行为提供了有效的前提。

3. 道德行为习惯逐步巩固

由于不断地实践、练习,加之较为稳定的道德信念的指导,中学生逐渐形成了与道德伦理相一致的、较为定型的道德行为习惯。中学阶段是人一生中道德行为习惯形成的关键时期。

4. 品德结构更加完善

中学生的道德认识、道德情感、道德意志与道德行为之间相互协调,形成了一个较为完善的动态结构。品德结构使他们不仅按照自己的道德准则去行动,而且也逐渐成为稳定的个性心理结构的一部分。

(二)品德发展由动荡向成熟过渡

1. 初中阶段品德发展具有动荡性

从总体上看,初中阶段即少年期的品德虽然具有伦理道德的特性,但仍旧不成熟、不稳定,具有动荡性。其表现在道德观念的原则性、概括性不断增强,但带有一定程度的具体经验的特点;道德情感表现丰富、强烈,但又好冲动;道德行为有一定的目的性,渴望独立自主行动,但愿望与行动经常有距离。这一时期既是人生观开始形成的时期,又是容易发生品德的两极分化的时期。品德不良、违法犯罪多发生在这个时期。根据研究,初二年级是品德发展的关键期。

2. 高中阶段品德发展趋向成熟

高中阶段即青年初期的品德发展进入了以自律为主要形式,应用道德信念来调节道德行为的成熟时期。其表现在能自觉地应用一定的道德观点、信念来调节行为,并初步形成人生观和世界观。

总体来看,初中生的伦理道德已开始形成,但具有两极分化的特点。高中生的伦理道德的发展具有成熟性,可以比较自觉地运用一定的道德观念、原则和信念来调节自己的行为。

教育者应以中学生品德发展的基本特征为德育工作的出发点,在德育的内容、形式和评价标准等方面都应该遵循发展规律,重视发展过程中的关键期,采取合理的教育措施,有的放矢,因材施教。

第三节 道德发展理论

一、皮亚杰的道德认知发展理论

（一）基本观点

皮亚杰认为，道德是由种种规则体系构成的，道德的实质或者说成熟的道德，包括两个方面的内容：一是对社会规则的理解和认识；二是儿童对人类关系中平等、互惠的关心，这是公道的基础。儿童的道德认知主要指儿童对是非、善恶行为准则及其执行意义的认识。皮亚杰着重从儿童对规则的理解和使用，对过失和说谎的认识及对公正的认识来研究儿童道德的开始和发展规律。

皮亚杰采用对偶故事法对儿童的道德发展进行了系统的研究，并用认知发展的观点解释道德发展，为儿童道德发展研究领域提供了一个理论框架和一套研究方法。他在大量研究后指出，儿童道德发展具有一条总的规律，这条规律就是从他律发展到自律。所谓他律，是指早期儿童的道德判断只注意行为的客观效果，不关心主观动机，是受自身以外的价值标准所支配的道德判断，具有客体性。所谓自律，则是指儿童自己的主观价值标准所支配的道德判断，具有主体性。他律水平与自律水平是儿童道德判断的两级水平。儿童的道德判断从他律到自律的发展是贯穿在皮亚杰关于儿童道德发展理论中的一条思想主线。此外，皮亚杰在此基础上进一步提出儿童道德发展的年龄阶段。

1. 自我中心主义阶段（2—5岁）

儿童大约从2岁起开始模仿别人接受规则，但由于与成人或同伴之间尚未形成相互合作的关系，儿童会按照自己的想象去接受规则。规则对他来说不具有约束力，他还不能把规则当作一种义务去遵守。儿童的这种既模仿别人接受规则，又按个人的意愿去应用规则的二重性，皮亚杰称之为道德的自我中心主义。因此，这一阶段的儿童在道德要求上，有时采取毫无异议的顺从态度，有时采取拒绝甚至反对的非顺从态度。正是儿童的这种道德的自我中心主义的特征，使得他不能按照我们称之为道德的方式去行动。皮亚杰认为，促进儿童和同伴之间形成合作关系，是使儿童摆脱这种自我中心主义的唯一方法。皮亚杰认为，儿童在5岁以前还是"无律期"，顾不得人际关系，而是以"自我中心"来考虑问题。

2. 权威阶段（5—8岁）

这一阶段也称作"他律期"。在这一阶段，儿童的道德生活几乎完全是以服从权威为特征的，服从权威的力量是一种约束的道德判断和道德品质。儿童把人们规定的准则看作是固定的、不可变更的，只了解规则对行为的作用，但不理解其意义。他们常以表面的、实际的结果来判断行为的好坏。他们认为服从成人就是最好的道德观念，服从成人的意志就是公正。如果违背成人的法则，不管动机如何都应该受到惩罚，而且惩罚越厉害越公平。他们对行为对错的判断只看重行为的结果，不考虑行为的动机，因而被称为道德现实主义。

3. 可逆阶段（8—10岁）

在这一阶段，儿童的道德判断不再是以单方面服从权威为特征，而是以相互遵从规则为特征。该阶段的儿童已不把准则看成是不可改变的，而把它看作同伴间共同约定的。儿童一般都形成了这样的概念：如果所有的人都同意的话，规则是可以改变的。儿童不再按是否服从权威来判断行为的好坏，而是以是否公平来判断行为的好坏，认为公平的行为就是好的，不公平的行为就是坏的。由此可见，儿童的道德判断已经开始摆脱外界的约束，并具有自律道德水平的初步萌芽。

4. 公正阶段（11—12岁）

公正阶段是从可逆的道德观发展而来的。在皮亚杰看来，从同伴之间的可逆关系转变到公正关系的主要原因是利他主义因素。当可逆的道德观念从利他主义角度去考虑时，就产生了关于公正的观念。公正观念不是一种判断是或非的单纯的规则关系，而是一种出于关心与同情人的真正的道德关系。也就是说，儿童不再刻板地按固定的规则去判断，他已认识到在依据规则判断时，应先考虑到同伴的一些具体情况，从关心和同情出发去判断。皮亚杰认为公正观念是一种高级的平等关系，这种道德观念已经能够从内部对儿童的道德判断起决定性的作用。

皮亚杰早在20世纪20年代至30年代就对儿童的道德判断进行了创造性的研究，开创了现代道德认知发展学派的先河。无论是他采用的对偶故事法，还是他提出的儿童道德发展水平和阶段理论，都对后继的研究产生了深远的影响。然而，皮亚杰的理论在当时并没有引起人们的重视，对他的理论的认识、继承和发展是由美国心理学家科尔伯格完成的。

知识拓展

对偶故事法是皮亚杰研究道德判断时采用的一种方法。利用讲述故事向儿童提出有关道德方面的难题。利用这种难题测定儿童是依据对物品的损坏结果还是依据主人公的行为动机做出道德判断。皮亚杰每次都是以成对的故事测试儿童，因此，此方法被称为对偶故事法。

下面就是其中的两对对偶故事。

对偶故事一：

（1）一个叫约翰的小男孩在他的房间时，家里人叫他去吃饭，他走进餐厅。在门背后有一把椅子，椅子上有一个放着15个杯子的托盘。约翰并不知道门背后有这些东西，他推门进去，门撞倒了托盘，结果15个杯子都撞碎了。

（2）从前有一个叫亨利的小男孩。一天，他母亲外出了，他想从碗橱里拿出一些果酱。他爬到一把椅子上，并伸手去拿。由于放果酱的地方太高，他的手臂够不着。在试图取果酱时，他碰倒了一个杯子，结果杯子倒下来打碎了。

对偶故事二：

（1）有一个小男孩叫朱利安，他的父亲出去了，朱利安觉得玩他爸爸的墨水瓶很有意思，于是他拿着父亲的钢笔玩。后来，他把桌布弄上了一小块墨水渍。

(2) 一次,一个叫奥古斯塔斯的小男孩发现他父亲的墨水瓶空了。在他的父亲外出的那一天,他想帮爸爸把墨水瓶灌满,这样他父亲回来时就能用了。但在打开即将空了的墨水瓶时,奥古斯塔斯把桌布弄上了一大块墨水渍。

皮亚杰对每个对偶故事都提两个问题:①这两个孩子的过失是否相同?②这两个孩子中,哪一个更不好?为什么?

(二) 对教育的启示

1. 重视提高学生的道德判断能力

学校德育应该改变重视道德知识传授,而忽视能力培养的理论倾向,要把重点放在发展学生的道德判断能力上,选择符合学生年龄发展水平的健康的德育内容。

2. 不同年龄阶段的儿童需要采取不同的道德方法

虽然年幼儿童在成人的道德要求下,能够按照成人的要求做事,但他们实际上并不明白为什么要做,而部分成人利用权威对儿童发号施令,随便对他们的行为加以强制和约束,这样不仅不能达到促进儿童智慧和道德发展的目的,还会对儿童智慧道德的发展造成严重不良影响。年长儿童能够根据自己的观念上的价值标准对道德问题做出判断,能用公道或不公道这一新的道德标准去判断是非。对这一阶段的儿童施以强制和约束是没有用处的,应该以理服人,才会取得良好的效果。

参考例题

【单项选择题】晓霞能根据他人的具体情况,以平等为标准,在同情、关心的基础上对学习和生活中的道德事件进行判断,根据皮亚杰的理论,晓霞的道德发展处于( )。

A. 自我中心阶段　　B. 权威阶段　　C. 可逆阶段　　D. 公正阶段

【参考答案】D。解析:公正阶段的表现主要有出现利他主义,晓霞能以平等为标准,在同情、关心的基础上判断道德事件。说明她处于公正阶段。

二、科尔伯格的道德发展阶段理论

(一) 基本观点

美国心理学家科尔伯格继承并发展了皮亚杰的道德认知发展理论。在20世纪60年代提出了道德发展阶段理论。他开创了道德两难故事法来研究道德发展问题。他采用这种方法测试了十来个不同国家六七岁至二十一岁的被试,发现尽管种族、文化和社会规范等各方面都不相同,但道德判断能力随年龄发展而发展的趋势却是一致的。

知识拓展

科尔伯格的道德两难故事:海因茨偷药

欧洲有一位妇女患了癌症,生命危在旦夕。医生告诉她的丈夫海因茨,只有本城一个药剂师最近发明的一种药可以救他的妻子。但该药价钱十分昂贵,要卖到成本价的十倍。海因茨四处求人,尽全力也只借到了购药所需钱数的一半。万般无奈之下,海因茨只得请求药剂师便宜一点卖给他,或允许他赊账。但药剂师坚决不答应他的请求,并说他发明此种药就是为了赚钱。海因茨在走投无路的情况下,为了挽救妻子的生命,在夜间闯入药店偷了药,治好了妻子的病。但海因茨因此被警察抓了起来。

科尔伯格围绕这个故事提出了一系列问题,让被试参加讨论,如海因茨该不该偷药?为什么该?为什么不该?海因茨犯了法,从道义上看,这种行为好不好?为什么?

科尔伯格按照个体道德判断结果的性质,将个体的道德发展划分为三级水平六个阶段,提出了全面的阶段模型。

1. 前习俗水平

该水平儿童的道德观念的特点是纯外在的。他们为了免受惩罚或获得奖励而顺从权威人物规定的行为准则,并根据行为的直接后果和自身的利害关系判断好坏是非。

阶段1:惩罚与服从定向阶段。这一阶段的儿童根据行为的后果来判断行为是好是坏及严重程度,他们还没有真正的道德概念,服从权威或规则只是为了避免惩罚,认为受赞扬的行为就是好的,受惩罚的行为就是坏的。

阶段2:相对功利定向阶段。这一阶段的儿童道德价值来自对自己需要的满足,他们不再把规则看成是绝对的、固定不变的,评定行为的好坏时主要看是否符合自己的利益。

科尔伯格认为,大多数9岁以下的儿童和许多犯罪的青少年在道德认识上都处于前习俗水平。

2. 习俗水平

处在这一水平的儿童,能够着眼于社会的希望与要求,并从社会成员的角度思考道德问题,已经开始意识到个体的行为必须符合社会的准则,能够了解社会规范,并遵守和执行社会规范,规则已被内化。按规则行动被认为是正确的。

阶段3:寻求认可定向阶段,也称"好孩子"定向阶段。处在该阶段的儿童,个体的道德价值以人际关系的和谐为导向,谋求大家的赞赏和认可。他们总是考虑到他人和社会对"好孩子"的要求,并尽量按这种要求去思考。他们认为好的行为是使人喜欢或被人赞赏的行为。

阶段4:遵守法规和秩序定向阶段。处于该阶段的儿童,其道德价值以服从权威为导向,他们服从社会规范,遵守公共秩序,尊重法律的权威,以法制观念判断是非,知法懂法。他们认为准则和法律是维护社会秩序的,因此,应当遵循权威和有关规范去行动。

科尔伯格认为大多数青少年和成人的道德认识处于习俗水平。

3. 后习俗水平

达到这一道德水平的人,其道德判断已超出世俗的法律与权威的标准,有了更普遍的认识,想到的是人类的正义和个人的尊严,并将此内化为自己内部的道德命令。

阶段5:社会契约定向阶段。处于这一水平阶段的人认为法律和规范是大家商定的,是一种社会契约。他们看重法律的效力,认为法律可以帮助人维持公正,但同时认为契约和法律的规定并不是绝对的,可以应大多数人的要求而改变。他们在强调按契约和法律的规定享受权利的同时,认识到个人应尽义务和责任的重要性。

阶段6:原则或良心定向阶段。这是进行道德判断的最高阶段,表现为能以公正、平等、尊严等最一般的原则为标准进行思考。在根据自己选择的原则进行某些活动时,他们认为只要动机是好的,行为就是正确的。在这个阶段上,他们认为人类普遍的道义高于一切。

科尔伯格认为后习俗水平一般要到20岁以后才能出现,而且只有少数人能达到。

参考例题

【单项选择题】

1. 小李认为服从、听话就是好孩子,对权威应绝对的尊敬和顺从。依据科尔伯格的道德发展理论,小李的道德发展处于哪个阶段?(　　)

A. 惩罚与服从 　　　　　　B. 相对功利
C. 寻求认可　　　　　　　　D. 遵守法规和秩序

【参考答案】A。解析:惩罚与服从定向阶段的孩子认为所谓对的,就是绝对服从规则和权威,避免惩罚,不造成实际伤害。

2. 小辉因害怕被教师批评而遵守上课纪律。根据科尔伯格的道德认知发展阶段理论,小辉的道德发展处于哪个阶段?(　　)

A. 相对功利　　　　　　　　B. 惩罚与服从
C. 寻求认可　　　　　　　　D. 遵守法规和秩序

【参考答案】B。解析:惩罚与服从定向阶段,即儿童根据后果来判断行为是好是坏及严重程度,他们服从权威或规则只是为了避免惩罚,认为受赞扬的行为就是好的,受惩罚的行为就是坏的。

(二)教育价值

1. 提倡民主化的道德教育

科尔伯格的道德发展理论提倡的是一种公正、民主的原则。在进行道德教育时也应体现出一种民主化的教育氛围,教育者与教育对象之间,教育对象相互之间都应该充分地体现出一种民主,彼此之间平等信任、相互尊重。

2. 遵循学生的道德发展规律

科尔伯格提出的"三水平六阶段"理论反映的是个体从低级向高级发展的一般趋势。根据科尔伯格的道德发展阶段论,每一阶段的发展都各具特点,在进行道德教育的实践活动中,应遵循学生的道德发展规律,只有抓住学生每一阶段的特点,才能有针对性地开展教育,促使学生向更高更好的水平发展。

3. 尊重学生的主体性地位

该理论认为要改变传统的教育模式,尊重学生的主体地位,发挥学生的主观能动性,教育主体与教育客体之间平等地交流,注重学生的自我教育和自我管理,变被动的学习为主动地学习。

4. 采用多样化的教育方式

单一的教育方式不能吸引学生的兴趣,激发学生的学习积极性。在进行道德教育的实践活动中,倡导多样化的教育方式,应注重教育者的引导作用,发挥教育对象的主体作用,提高学生的道德水平。

参考例题

【单项选择题】

1. 方雨认为社会法制应符合社会大众权益,当它不符合时就应修改,据科尔伯格理论,他处于道德发展的哪个阶段?(　　)

　　A. 惩罚与服从　　　　　　　　B. 社会契约
　　C. 遵守法规和秩序　　　　　　D. 普遍伦理

【参考答案】B。解析:处于社会契约定向阶段的人看重法律的效力,但同时认为契约和法律的规定并不是绝对的,可以应大多数人的要求而改变。

2. 小青常在课堂上玩手机,小娜提醒小青学校规定课堂上不能玩手机,可小青不听,因此小娜认为小青不是好学生。根据科尔伯格道德发展理论,小娜的道德发展处于哪一阶段?(　　)

　　A. 惩罚与服从　　　　　　　　B. 相对功利
　　C. 遵守法规和秩序　　　　　　D. 道德伦理

【参考答案】C。解析:处于遵守法规和秩序定向阶段的儿童其道德价值以服从权威为导向,他们服从社会规范,遵守公共秩序,尊重法律的权威。小娜的表现是严格遵守学校的纪律规定,符合遵守法规和秩序阶段的特点。

第四节　学生品德不良的矫正

一、学生品德不良的心理分析

品德不良的学生,指的是经常违反道德准则或是犯有比较严重道德错误的学生,有的甚至处在犯罪的边缘或已经有轻微的犯罪行为(或称准犯罪水平)。品德不良既不能等同于道德过错,也不同于违法犯罪。道德过错是品德不良的前奏,其严重性、稳定性还没达到品德不良的程度。违法犯罪是指触犯法律的犯罪行为。品德不良一般有经常性、倾向性、有意性等特点。根据国内外的研究资料表明,13—15岁是初犯品德不良或初犯劣迹行为的高峰年龄。他们最初的表现,如不遵守纪律、对人没礼貌、损坏公物、好逸恶劳等。这些过错行为虽然在其严重性和稳定性上还没有达到违法的程度,但是如不及时加以矫正,就会不断恶化,成为品德不良甚至违法犯罪的前奏。因此,正确地分析这些学生的心理特点与发展规律,研究形成不良品德的外部诱因和内在因素,掌握矫正不良品德的心理依据与措施,这不仅具有重要的理论意义,而且还有重要的现实意义。

（一）品德不良产生的原因

学生品德不良是在某些客观原因的影响下,通过学生的一定心理活动而形成的。分析品德不良产生的主客观因素,有助于在教育上采取预防与矫正措施。

1. 学生品德不良的客观原因

（1）不良社会风气的影响。

从总体来看,我们的社会风气的主导方面是好的,是有利于青少年学生成长的。但社会上存在的某些不正之风,黄、赌、毒,一些腐朽的思想意识如贪图享乐、损人利己、官僚主义、贪污受贿等,也在浸染着我们道德判断标准本来就不高的青少年学生,使他们难辨是非,不明美丑。

各种文化生活中的消极的、不健康的、有害因素的影响。如一些反动书刊、淫秽小说、电视剧或电影里出现某些不健康的镜头等。

社会上具有各种恶习的人对学生的影响。社会上有些反动分子,常常利用学生的无知和好奇,采取欺骗、引诱、教唆等手段对学生进行腐蚀和拉拢,使学生沾染上恶习,有些甚至走上犯罪道路。

（2）家庭教育不当。

家庭是学生接受品德教育的启蒙学校,父母是子女的第一任教师,他们的一言一行潜移默化地影响着子女品德的形成。父母对子女的溺爱、迁就会使孩子产生性格上的畸形:自我中心、自私、专横、任性等,以致逐渐发展成为不良的品德。父母教育方式的失误,如专制、暴力、暴虐,也会使孩子秉承父母的待人风格,动辄拳头相见。另外,家长在教育上的不一致,也使孩子无所适从。家庭成员本身的恶习或家庭结构的巨变,也会使儿童心灵受到创伤,有可能导致品德不良。

（3）学校教育的失误。

学校教育工作者在教育观点上的偏颇或方法上的不当,也会在一定程度上间接地造成或助长学生的不良品德。如片面追求升学率,只教书不育人;对学生不一视同仁、处理问题不公正;对待品德不良的学生或忽严忽松,或睁一眼闭一眼,或一推了之,结果使他们的问题每况愈下;有的教师对学生的要求忽高忽低,教育方法不恰当,使学生产生厌恶反感情绪,造成师生之间的对立,教育效果甚微,等等。

2. 学生品德不良的主观原因

（1）缺乏正确的道德观念和道德信念。

不良品德的形成与学生道德认识上的错误或无知常有密切的联系。有的学生不理解或不能正确理解有关的道德要求和道德准则,如把违反纪律视为"英雄行为",把敢打群架等同于"勇敢"。有的学生虽知道什么能做、什么不能做,但这种认识没有转化为指导行为的信念,一旦在富有诱惑力的不良环境影响下,其就可能走上邪路。

(2) 情绪调节能力差。

不良品德的形成与学生伴随着道德认识上的错误而产生不良的情绪情感体验关系相连。有的学生在家庭中是娇生惯养的，他们脾气大、易冲动，稍有不如意就大发雷霆、火冒三丈。有的爱憎不明，有时情感失去理智的控制，他们同教师、父母和其他一些关心他们的人情感对立，存有戒心，而与他们的"伙伴"却情感相投。这些情感的特点既是品德不良的一种结果，也是引起新的不良行为的重要原因。在某些特殊的情境下，他们可能激情冲动，暴跳如雷，甚至丧失理智，爆发出不良行为，造成严重后果。

(3) 道德意志薄弱，自制力不强。

有些品德不良学生在道德认识方面并非无知，他们对是非、善恶的判断是清楚的，甚至也想做好事，但他们道德意志薄弱，正确的道德认识不能战胜不合理的个人需要，个人欲求在外界某种诱因的影响下占了优势，结果做出了违背社会道德规范和侵犯他人或集体利益的行为。

(4) 不良行为习惯的作用。

按社会学习理论的观点，一切品德行为无论好坏，都是受外界强化的结果，都是习得的。个体偶尔产生的过错行为如受到强化，就会形成不良的行为习惯，固化成为其品德的一部分，并因此而产生愉快的情绪体验。不良行为习惯如不予以根除，任其发展，就必然会导致品行不良。

品德不良多发生在青少年时期，也并非是青少年心理特点本身造成的，只有当这种特点与失败的教育、恶劣的环境等社会因素交互作用时，才会导致青少年学生品德不良行为的发生。

(二) 品德不良学生的类型

1. 顽固型

这是一些在学校里表现较差，教育难度较大的学生。他们常常打架闹事，无事生非，屡教不改，无羞耻心、自尊心可言，通常是一伙落后学生的"头头"。他们认识糊涂，是非颠倒，不知荣辱、美丑，不分公私。这样的学生人数不多，能量甚大，在同伙中有一定的号召力、威慑力，是学校和班级不安定因素的主要根源。

2. 随流型

这是一些未定型的品德不良学生。他们没有坚定的道德信念，其行为、观点、评价，完全取决于当时当地的情境，取决于影响他们的势力。当他们暂时没有遇到不良影响时，往往比较平静，但遇到不良影响时，就随流而下。他们对不良影响没有辨别力、抵抗力，常不知不觉、糊里糊涂地犯下了错误。

3. 忏悔型

这是一些由于受自己直接需要的刺激、诱惑而犯道德错误的学生，他们缺乏自制力，抵抗不住自己的直接需要的冲动，常常采取不道德的手段满足自己的需要。但一旦犯了道德错误之后，悔恨不已，受到良心的责备。他们懂得什么是好的、什么是坏的，并且犯了错误之后，自己也体会到道德堕落的痛苦。但当直接需要再次刺激的时候，他们还是难以控制自己而重犯错误，结果又用忏悔、悔恨的形式来减轻良心的谴责。

4. 冲动型

这是一些难教的学生。他们情绪激昂，不善于在集体中找到自己的位置。他们经常受到批评羞辱,因而觉得人们对他们不公平,只看他们的缺点。因此,其常常愤愤不满、十分敏感,只要别人稍有轻视他们的表示,或他们觉得受辱时,就火冒三丈,怒不可遏。这些学生自尊心特强,有正义感,会"路见不平,拔刀相助",但往往好心办坏事。

二、品德不良的矫正

虽然这些学生犯有品德不良的过错,但并不是不可以纠正的。应当看到,他们的思想还未定型,可塑性很大。教师作为培养人类灵魂的工程师,担负着教书育人的历史责任,只要我们采取符合其心理活动规律和心理特点的教育措施,满怀热情地去关怀和引导他们,实践证明,学生的品德不良是完全可以纠正和改变的。

(一)矫正学生不良品德的心理依据

1. 建立良好的师生关系,消除疑惧心理与对立情绪

消除学生的疑惧心理与对立情绪,使他们相信教师的真心诚意,把老师当作知心朋友。凡是品德不良的学生,都担心别人看不起自己,甚至因曾经受到别人的斥责与嘲笑而心虚、敏感,对人有戒心,有敌意。有时在某种情境中,他们还会认为教师轻视自己、厌弃自己,甚至认为教师监管自己。因此,他们会对教师采取沉默、躲避,甚至顶撞的态度,不接受教师的教育。情不通则理不达,在这种情况下,教师如果急于求成,马上对他们进行批评教育,往往容易把关系搞得很僵。所以要想促使他们转化,教师应从多方面关心和帮助他们,首先要感化他们,使他们在生活实践中亲身体会到教师的善意,相信教师的真心,赢得他们的信任,再以明朗的态度消除学生的顾虑,用满腔的热情去融化他们冰冷的心,激起他们上进的愿望。

2. 培养、利用学生的自尊心和集体荣誉感

学生的自尊心是一种个人要求受到社会、集体尊重的感情。个人自尊心的缺乏是由于过多受到指责与惩罚所造成的。具有不良品德的学生既有自卑感,也有自尊心,两者交织在一起。教师如果无视他们的自尊心,一味批评指责,他们就容易表现出"破罐子破摔"或对立抵触的情绪。因此,矫正学生的不良品德,一定要重视学生自尊心的培养。为了培养学生个人自尊心,教师应当采用赞许、表扬、奖励、给予信任性委托或设置荣誉称号等措施。

人人都有长处,也有不足,具有不良品德的学生也是如此,只是他们的长处往往被不足之处所掩盖,不易被别人发现、重视。教师的任务,首先在于发现他们的长处,肯定他们的长处,使他们感到自己还是有希望、有前途的。这种自我认识会增强他们的自尊心,能使他们自爱、自重、自强。

3. 形成正确的是非观念,提高学生辨别是非的能力

辨别是非就是清醒地认识到行为的正确与错误。它与道德评价密切相关。提高辨别是非的能力是形成正确的道德认识的重要一环。有些学生形成不良品德的原因之一就是是非观念不清。缺乏是非观念与是非感的学生不能在出现错误举止的企图时,及时加以辨别和制止,在行动之后也不可能产生忏悔与改正的意向,因而,错了不知其非、不知其丑,一错再错,逐渐变成品德不良的学生。所以,矫正学生的不良品德,首先要培养学生正确的是非观念,提高辨别是非的能力,把他们心目中颠倒了的是非再颠倒回来。其次还要使他们产生对不良行为的不满和愤恨,逐步体验到由于做出正确行为而受到周围人们赞许的欢愉,以形成是非感。

4. 锻炼意志力，抵制外界诱惑，巩固良好行为习惯

锻炼与诱惑做斗争的意志力，巩固新的行为习惯。错误行动一方面受到内部错误的观念因素的支持，另一方面也总是由一定的外部诱惑所引起。为了改变这种联系，一方面必须注意内部观念的改变，另一方面也应该控制诱因的影响以及培养和诱因做斗争的能力。在改造不良行为习惯的初期，新的行为习惯还不十分巩固，旧的行为习惯仍然具有潜在力量。这时，引起旧的行为习惯的一些诱因便成为改造工作的巨大威胁。教育经验表明，在教育的初期，让存在不良品德的学生更换环境，暂时避开某些诱因（如繁华的都市、易犯错误的场所、合谋的伙伴、非正式团体等）是有益的。

5. 根据学生的个别差异，运用教育机制

考虑学生的个别差异，运用教育机制。学生的错误行动与不良品德由于年龄、个性以及事情的性质与严重程度不同，其行动的表现方式也是不相同的。为了有效地解决具体对象的具体问题，应该采取多样而灵活的教育措施。

（二）学生品德不良的矫正过程

品德不良学生的矫正是有规律可循的，矫正过程一般可以划分为以下三个阶段。

1. 萌发阶段

学生萌发上进的愿望，开始向前迈进的阶段。此阶段是品德不良学生道德观念开始战胜非道德观念的阶段。教育影响是引起学生改过的主要条件，如先进人物事迹的感染、推心置腹的交谈、接受深刻的教训都能激起改过上进的愿望。但这种愿望或不稳固、易消失，或稳定而明显。教育者必须有高度的敏感性，发现萌芽，抓住时机，积极引导。

2. 矫正阶段

这是品德不良学生矫正的关键阶段。所谓矫正，是指品德不良学生在萌发改过愿望的基础上，行动上开始有改正错误的表现。此阶段有两个特点。第一个特点是学生心理复杂，处于矛盾态度。一方面对过错行为感到羞愧，想将功补过，想行为得到他人的尊重与信任，这些要求是推动他们实现转化的动因；另一方面他们又很自卑，对错误认识不深，与集体对立的情绪使他们徘徊、犹豫，阻碍行为转化。第二个特点是出现反复。品德不良学生在转变过程中出现反复有两种情况，一是前进中的暂时后退，二是反复中出现倒退。这都是正常现象。因为品德的矫正过程中经历着新旧道德认识、情感和行为习惯的冲突和斗争。认识上的动摇、情感上的留恋、老朋友的引诱、周围人们的偏见都是反复现象出现的原因。教育的关键在于把反复当作矫正时机，分析原因，循循善诱，有针对性地做好品德不良学生的矫正。

3. 稳定、巩固阶段

在此阶段，学生的不良行为习惯已基本改正，不再出现反复，或很少有反复。积极因素在品德行为总体中逐渐占主导地位，自信心、责任感、集体荣誉感代替了消极情感。作为教育者，要加倍爱护、关心、信任、尊重他们；要有计划地提高他们的道德认识水平，防止骄傲和停步不前，及时地提出高一层次的行为标准，鼓励他们再接再厉，不断前进。

同步训练三

一、单项选择题

1. 如果一个家长想用看电视作为强化物奖励儿童认真按时完成作业的行为,最合适的安排应该是(　　)。
   A. 让儿童看完电视后立即督促他完成作业
   B. 规定每周看电视的适当时间
   C. 惩罚孩子过分喜欢看电视的行为
   D. 只有按时完成家庭作后才能看电视

2. 下列有关学习动机与学习效果之间关系的描述,正确的是(　　)。
   ①学习难度大,学习动机水平高,学习效果好
   ②学习难度大,学习动机水平低,学习效果好
   ③学习任务容易,学习动机水平高,学习效果好
   ④学习任务容易,学习动机水平低,学习效果好
   A. ①②　　　　B. ①④　　　　C. ②③　　　　D. ②④

3. 一般而言,把学习成败归因于以下哪一因素对学习动机的激励作用最大?(　　)
   A. 努力程度　　B. 能力高低　　C. 任务难度　　D. 运气好坏

4. 列提纲属于(　　)。
   A. 组织策略　　B. 精细加工策略　　C. 复述策略　　D. 监控策略

5. 心理学上"水下击靶"实验所支持的迁移理论是(　　)。
   A. 形式训练说　　B. 相同要素说　　C. 经验类化说　　D. 关系转换说

6. 日常教学活动中,教师应该引导学生做到"举一反三""触类旁通""闻一知十",这种现象在教育心理学上称为(　　)。
   A. 迁移　　　　B. 同化　　　　C. 顺应　　　　D. 模仿

7. 学会写"石"这个字后,有助于学习写"磊"字。这种现象属于(　　)。
   A. 一般迁移　　B. 具体迁移　　C. 水平迁移　　D. 垂直迁移

8. 有位学生已知道"先乘除,后加减"的运算法则,但在运算11+3×7=?时,还是把11与3加起来再乘以7,这是受(　　)影响。
   A. 定势　　　　B. 逆向迁移　　C. 正迁移　　　D. 水平迁移

9. 美国心理学家布鲁纳认为学习的实质在于(　　)。
   A. 获得知识　　　　　　　　　B. 习得学习方法
   C. 主动形成认知结构　　　　　D. 建立知识系统

10. 按照皮亚杰的道德发展阶段论,(　　)的儿童处于他律道德的发展阶段。
    A. 1岁　　　　B. 6岁　　　　C. 12岁　　　　D. 18岁

11. 按照科尔伯格的道德发展阶段论,后习俗水平包括社会契约定向阶段和(　　)。
    A. 寻求认可定向阶段　　　　　B. 遵守法规和秩序定向阶段
    C. 相对功利定向阶段　　　　　D. 原则或良心定向阶段

12. (　　)年级是品德发展的关键期。

A. 初一　　　　　B. 初三　　　　　C. 初二　　　　　D. 高一

13. （　　）运用（　　）进行研究，提出道德发展的"三水平六阶段"理论。

A. 科尔伯格，两难故事法　　　　　B. 皮亚杰，两难故事法

C. 科尔伯格，动物实验法　　　　　D. 皮亚杰，动物实验法

14. （　　）、（　　）、（　　）并称"三生教育"。

A. 生存教育　生命教育　生活教育　　　B. 生存教育　生理教育　生活教育

C. 生存教育　生理教育　知识教育　　　D. 生存教育　生命教育　知识教育

15. 一学生决心改掉迟到的毛病，遵守学校纪律，可冬天一到，他迟迟不肯起床，结果又迟到了。对该生的教育应该培养（　　）。

A. 道德认识　　　　B. 道德情感　　　　C. 道德意志　　　　D. 道德行为

二、辨析题

1. 按照马斯洛的需要层次理论，人的需要从低到高分为七个层级，只有低级的需要完全得到满足后，才能产生更高级的需要。

2. 负强化是运用惩罚排除不良行为的过程。

3. 学习动机越强烈，学习效率越高。

4. 柯勒提出学习迁移的关系理论与共同要素说等其他迁移理论是全然矛盾的，它们从不同的角度解释了迁移。

5. 迁移决定于教学内容，和教学目标无关。

6. 检查学习内容是否被领会，知识的预备度或熟练度是否不足，属于元认知调节策略。

7. 资源管理策略就是指导如何管理、利用图书、电视、网络等学习资源的策略。

8. 认知学习理论认为，学习不仅是在外部环境的支配下被动地形成刺激-反应联结，而且是主动地在头脑内部构造认知结构。

9. 建构主义者一般强调，知识是对现实的准确表征，不只是一种解释、一种假设，而是问题的最终答案。

10. 德育必须从提高道德认识开始。

三、简答题

影响中学生品德发展的外部因素有哪些？

四、材料分析题

阅读下列材料，并回答问题。

甲同学在小学时学业成绩优良，对数学特别感兴趣，还在数字竞赛中得过奖。升入初中后，在第一次摸底测验中，他的成绩很不理想，班级的排名在30几名，回家又受到父母的责骂，使他很有挫败感。他很想取得好成绩，但又认为自己做不到，甚至连他最感兴趣的数学也出现考试不及格现象。有一次，老师还用鲜红的水笔在他的试卷上批注"字迹潦草，思维混乱，简直不是人写的"。久而久之他便对学习丧失了信心，上课不认真，拖欠作业，对考试成绩也抱着无所谓的态度。

问题1：分析甲同学对学习丧失信心的原因。

问题2：结合材料阐述教师应如何激发学生的学习动机？

第四篇

管理心理

GUANLI XINLI

学习目标

1. 了解班集体的发展阶段。
2. 熟悉班主任工作的内容,掌握培养班集体的方法。
3. 了解课外活动组织和管理的有关知识,包括课外活动的意义、主要内容、特点、组织形式以及课外活动组织管理的要求。
4. 了解课堂管理的原则,理解影响课堂管理的因素;了解课堂气氛的类型,理解影响课堂气氛的因素,掌握创设良好课堂气氛的条件。
5. 了解课堂纪律的类型,理解课堂结构,能有效管理课堂;理解课堂问题行为的性质、类型,分析课堂问题行为产生的主要原因。
6. 理解协调学校与家庭联系的基本内容和方式,了解协调学校与社会教育机构联系的方式等。

第十三章 班级管理

第一节 班级与班集体建设

一、班级的概念

班级是现代学校制度的产物。同一年龄段、发展水平相当的一群学生根据学校的安排固定地聚集在一起,形成了"班";又因为"班"处在一定的教育阶段上,这就是"级"。从教育者为实现一定教育目标所开展的活动来看,班级是一定年龄阶段、发展水平相当的一群学生组成的学校教育基层组织;从学习者的学习活动看,班级是一种学习组织;从学习者的社会生活经验看,班级也是一种社会关系的存在。

（一）班级是班级授课制的产物

我们知道,现代学校的班级与"班级授课制"的建立是联系在一起的。在古代,无论东西方国家,学校教育都是个别或少数学生进行的,这种教学方式还不属于班级。

古罗马教育家昆体良的时代,已经有了班级授课的形式,昆体良也有班级授课制的思想,但这种教学组织形式并未在那个时代发展起来。班级授课制公认的奠基人是17世纪捷克教育家夸美纽斯,他不仅总结了当时已有的班级教育实践经验,而且从理论上阐明了这一学校教育组织制度。他在《大教学论》中设计的学校教育方式为,国语学校的一切儿童按规定要在校度过六年,其应当分成六个班,如有可能,每班一个教室,以免妨碍其他班次。在这里每班就是一个年级,所以"班"和"级"是紧密联系在一起的。而现代学校均有一定的规模,一个年级一个班就不合适了,这就形成了在一个年级里有若干个班。在现代学校里,"班"是学校里学生人群的单位,"级"所表示的是这个学生人群的发展水平。比如,我们经常会问某学生:"你是哪个班的？你是几年级？"

（二）班级是一种正式组织

班级在学校教育活动中出现,标志着在人类社会群体生活中又产生了一种正式组织。

人们的结群方式是不同的。如果人们明确地以某种目标作为一个群体的共同目标,根据这样一个目标建立了群体内部的关系和行为准则等,那么这个群体就是一个正式的组织。

可以说,"组织就是被正式组织起来的群体"。从这个意义上说,正式组织就称为正式群体。

班级是按照一定的教育目标组织起来的,班级内部有确定的交往关系与行为准则等,所以说,班级就是一种正式组织。

（三）班级是一种教育组织

人类社会中有各种各样的正式组织,不同组织之间的差异是由组织的目标和任务决定的。班级是由教育目标和特定的教育任务组织起来的,因此班级是一种教育组织。

从个别教学到班级教学,即从原本分散教学到组织在一起进行教学,意味着学校教育活动产生了质的变化。班级并不只是许多个体的简单集合,它一旦建立就作为一种教育影响因素而存在。许多学生在一起听课、学习,并不只是简单的一个教师同时对许多个学生发生影响,而是教师的影响必须通过班级环境对学生发生作用,班级本身也是影响学生发展的因素。班级作为一种教育组织而存在,成为学校的基层教育组织。

（四）班级是一种社会关系的存在

班级为学生的社会交往学习提供了环境。一定的班级中的社会关系,也反映了一定的现存的社会关系。学生不仅在班级中学习着今天的交往,也学习着明天的交往。

（五）班级是一种学习组织

从教育者的角度看,班级是为实现一定的教育目标和任务的完成而建立起来的。但是,教育目标指向的是学生的学习,在班级组织中,学生是这个群体的主要成员,学生在班级中的主要活动是学习,完成的主要任务也是学习。从作为班级群体主要成员的学生活动看,班级是一种学习组织。

二、班集体的形成与发展

（一）班级与班集体的区别

班集体与班级具有不同的意义。班级是学校教育和教学活动的基本单位,也是学校行政管理的最基层的行政组织,班级教学是现代最具代表性的一种教育形态。而班集体不同于班级,班集体是按照班级授课制的培养目标和教育规范组织起来的,以共同学习活动和直接性人际关系交往为特征的社会心理共同体。

简单来说,班集体不是学生的简单集合,是不会自发形成的。班集体是班级群体的高级形式,班集体的形成需要全班学生和班主任以及各科教师的共同努力。

（二）班集体的基本特征

一个成熟的班集体一般具备以下四个基本特征。

第一,明确的共同目标。就班级而言,其成员在文化上表现出的同质性,原因在于集体追求共同的目标。

第二,健全的组织结构和坚强的领导核心。就班级环境而言,成立了班委会、小组等机构。

第三,一定的共同生活准则。如规章制度、班级守则等。由于是正式的集体组织,班级中通常会有各种比较严格的关于考试、考勤、作业等方面的一系列的规章制度,这是班级得以顺利开展活动的前提和保障。

第四,集体成员之间平等、心理相容的氛围。班级的互动往往都是在直接的、面对面的情况下发生的,情感在这个过程中起着相当重要的维系作用,对集体的归属感,对某种制度或荣誉的维护,对本班成员的亲近感等都是班级不可或缺的重要因素。

(三) 班集体的发展阶段

一般来说,新的班集体从其初建到成熟,是一个连续的动态的过程,需要依次经过四个动态发展的阶段。

1. 组建阶段

学生初进学校,同学们在形式上同属一个班级,实际上还是比较孤立的个体,大家共同依赖班主任,班集体工作主要靠教师指挥。这一时期,班集体的目的任务大都来自教师个体的要求。班集体的人际关系是松散的,集体意识和集体精神尚未形成。因此,这一时期是班主任工作最繁忙的时期,也是班主任工作能力经受考验的关键期。

2. 形成阶段

这一时期的班级学生在经历初始阶段的共同学习与生活后,彼此开始熟悉,并产生了一定的人际关系,通过正式与非正式的交往形成了各种小团体或小交际圈。在班主任引导下,班级中开始涌现出热心为大家服务的积极分子,协助班主任开展各项工作,班级的凝聚力开始显现,大多数学生在集体中获得了归属感。因此,形成期是班主任培养班级骨干的重要时期。

3. 发展阶段

这一时期,班集体已成为教育主体。多数学生能够互相严格要求,教育要求已转化为集体成员的自觉需要,也无须外在监督,学生已能管理和教育自己。同学之间团结友爱,形成强有力的舆论与良好的班风。

4. 成熟阶段

这一阶段是班集体趋向成熟的时期,集体的特征得到充分体现,并为集体成员所内化,全班已成为一个组织制度健全的有机整体,整个班级洋溢着一种平等、和谐、上进、合作的氛围,学生积极参与班级活动,并使自己的个性特长得到发展。这时学生具有了自己解决集体问题的意识和能力,甚至可以自己来设计和变革班级组织管理方式,使之能更好地适应班级集体和成员发展的需求。

知识拓展

正式群体与非正式群体

根据群体的构成原则可以划分为正式群体和非正式群体。正式群体是由正式文件明文规定而构成的群体,其成员有固定的编制、明确的权利、义务和职责分工。

非正式群体没有正式文件规定而构成的群体,其成员以某种共同利益、观点、爱好为基础,以感情为纽带。

非正式群体对学生个体和正式群体既有积极影响,也有消极影响。教师在管理非正式群体时,要注意:一要摸清非正式群体的性质;二要对积极的非正式群体给予鼓励和帮助;三要对消极的非正式群体给予适当的引导和干预。

第二节 班主任工作内容

一、班主任的含义

班主任是学校中的一种管理角色,他对学校的基层教育组织——班级发挥管理的职能。班主任这种管理角色也有自己的特殊性,班主任既通过教育进行管理,又通过管理来进行教育。班主任还应当是一种领导者。

(一)班级的出现产生了班级管理者

学校班级的出现并不是为"管理"而出现的,而是为充分利用教育资源、普及教育服务的。因此,人们对班级管理的认识、对班级管理者角色的认识,也是随着班级管理实践的深入而深入的。

班级组织一旦建立起来,要能够正常运转,组织管理者是必须的。夸美纽斯在他的《泛智学校》中设想给每个班"指派固定的教师"。这个时候,对班级管理者是从一种特殊的教师角色来认识的。中国的现代学校教育制度受到苏联学校教育制度的影响。苏联的班主任制度对中国的班主任制度产生过比较深刻的影响。有了班级就需要班级管理者,并且要给这种管理者确定一个名称。最早是把"班级"和"教师"合在一起构成了班级管理者这一角色的名称,叫"级任教师"。后来认识到班级管理者,并不是一种教师角色,而是管理者角色,就将"班级"与"主任"联系到一起,形成了"班主任"这一名称。1952年开始,我国学校班级管理者角色正式定名为"班主任"。

(二)班主任是一种特殊的管理角色

2009年8月12日,教育部颁发的《中小学班主任工作规定》指出:"班主任是中小学日常思想道德教育和学生管理工作的主要实施者,是中小学生健康成长的引领者,班主任要努力成为中小学生的人生导师。"这样一种关于班主任角色的表述,说明班主任是班级组织的管理者,不能简单地认识它。

(三)班主任应当是领导者

领导是对组织负有重大责任的人,他同时给予一个组织不断创新的生活。班主任对整个班级负有全部的责任。如果班主任能够给班级带来创新的、对于学生发展有意义的生活,这种班主任就是一个领导。当然,如果班主任不能这样做,那就不是领导。所以,我们说班主任应当是领导者。

二、班主任的素质要求

班主任的基本素质要求主要可以概括为三个方面:思想道德素质、专业素质和身心素质。

（一）思想道德素质

坚定、正确的政治方向,忠于人民教育事业,关爱学生、品德高尚、作风正派、为人师表。

（二）专业素质

爱岗敬业,具有符合素质教育要求的教育观和较强的教育教学能力,以及组织管理能力、教育科研能力。具有较强的团队协作能力和较强的人际沟通能力,善于与学生、学生家长以及各任课教师进行沟通、协作。

（三）身心素质

身体健康,勤于锻炼身体,能够胜任班主任的辛苦工作。勤于思考、勇于探索,具有自信、乐观向上的人格品质,善于进行自我调节保持心理健康。

三、班主任工作内容

2006年《教育部关于进一步加强中小学班主任工作的意见》中提到"中小学班主任与学生接触较多,沟通便利,影响深刻,肩负着育人的重要职责",并对班主任的具体工作职责作出了明确规定。

（一）做好中小学生的教育引导工作

认真落实学校德育工作的要求,积极主动地与其他任课教师一道,利用各种机会开展思想道德教育,引导学生明辨是非、善恶、美丑,从身边小事做起,逐步树立社会主义荣辱观,树立远大理想,增强爱国情感,明确学习目的,端正生活态度,养成良好的行为习惯。

（二）做好班级的管理工作

加强班级的日常管理,维护班级良好的教学和生活秩序。培养学生的规则意识、责任意识和集体荣誉感,营造民主和谐、团结互助、健康向上的集体氛围。坚持正面教育为主,对学生的点滴进步及时给予表扬鼓励,对有缺点和错误的学生要晓之以理、动之以情,进行耐心诚恳的批评教育。做好学生综合素质的评价工作,科学公正地评价学生的操行,向学生提出奖惩建议。努力营造互助友爱、民主和谐、健康向上的集体氛围,形成有特色的充满活力的班级和团队文化。加强安全教育,增强学生的自护意识和能力。

（三）组织好班集体活动

指导班委会、少先队中队、团支部开展工作,担任好少先队中队辅导员,组织开展丰富多彩的团队活动;积极组织开展班集体的社会实践活动、课外兴趣小组、社团活动和各种文体活动,充分发挥学生的积极性和主动性,培养学生的组织纪律观念和集体荣誉感。

（四）关注每一位学生的全面发展

关心爱护全体学生,平等对待每一个学生,尊重学生人格。使学生明确学习目的,端正学习态度,掌握正确学习方法,养成良好的学习习惯,增强创新意识和学习能力。了解和熟悉每一个学生的特点和潜能,善于分析和把握每一个学生的思想、学习、身体、心理的发展状况,科学、综合地看待学生的全面发展,及时发现并妥善处理可能出现不良后果的问题。注意倾听学生的声音,关注他们的烦恼,满足他们的合理需求,有针对性地进行教育和引导,为每一个学生的全面发展创造公平的机会,采取多种方式与学生沟通,有针对性地进行思想道德教育,促进学生德智体美劳全面发展。

(五)做好学校基层的组织与协调工作

班主任是学校教育第一线的骨干力量,是学校教育工作最基层的组织者与协调者。履行好班主任的职责,必须树立正确的教育理念,遵循中小学生身心发展的规律,运用科学的教育方法,善于利用各种教育资源。班主任不仅应该努力协调好各任课教师,做好班级的管理和建设工作、学生的教育和引导工作,积极支持少先队、共青团、班委会开展班级活动,还应该成为沟通学校、家庭、社会的纽带,及时了解学生在家庭和社区的表现,引导家长和社区配合学校共同做好学生的教育工作。

第三节 班主任工作方法

一、制定班级规章制度

班级规章制度对保证班集体建设和正常运转具有非常重要的意义。有了规章制度才能保证集体行动一致,不至于偏离目标、各行其是;有了规章制度班主任才有管理的依据,不至于随意和盲目;有了规章制度才能保证统一、严格的班级纪律,使集体的活动井然有序;有了规章制度,才能培养学生遵守纪律的自觉性与主动性等。

(一)班级规章制度的内容

一个良好的班集体必定是积极向上、人际关系协调、团结一致、行为有规范的。要做到这一点,班集体全体成员必须共同遵守一定的行为准则,这些班级全体成员共同认可并自觉遵守的行为准则称为班级规章制度,简称班规。

班级规章制度的内容主要有两部分:一是学校规章制度,二是班级特有的规章制度。

1. 学校规章制度

学校的规章制度是国家和社会要求的体现,是必须恪守的准则,是中小学生教育要求的重要组成部分。有些制度内容,甚至不能当作知识教育的手段,其本身就是教育目的的要求,如《中小学生守则(2015年修订)》《中学生日常行为规范(修订)》等,都是一些基本要求和学校教育中必须贯彻的内容。

2. 班级特有的规章制度

班主任要根据学校要求和本班特点制定班级的规章制度,作为班集体成员具体的行动要求,这些制度大致包括学习制度、考勤制度、卫生制度、文体活动制度、课外活动制度、公益活动制度、值日生制度、班级财务制度、班级奖惩制度等。

(二)班级规章制度的制定

1. 制定班级规章制度的策略

班规应以个性化为取向。班规要适合中小学生的年龄特点,适合中小学生的身心发展规律。制定班规时要根据中小学生不同年龄阶段的特点而有不同的内容。中小学生在生理、心理、品德等方面发展变化很大,不同的年级往往具有很大差异。因此,不同年级的班规应该具有不同的内容。

班规应以发展性为取向。班规的最终目的是促进学生的发展。制定班规要使学生改变不良行为,养成良好的行为习惯,包括学习习惯、生活习惯等,为学生以后的成长发展奠定基础。要根据"每日目标""每周目标""每月目标""学期目标"的不同而制定不同的内容。

班规应以科学性为取向。首先,班规要依法制定。创立班规所依据的法,应是广义上的法,特别是那些与班级管理相关的法。班主任应重点关注《中华人民共和国义务教育法》《中华人民共和国未成年人保护法》《中华人民共和国教育法》及《中小学生守则(2015年修订)》等,这些都是创建班规的最主要的法律依据。其次,班规要重奖慎罚。在班规制定过程中,既要重视奖励性的激励方式,又要善于利用惩罚方式,贯彻重奖慎罚的精神。最后,班规要保证公平公正。班主任应承认每个学生都有发展的潜力,平等地对待班里的每一个学生,尊重每一个学生的个性,为所有学生提供公平竞争的机会。

2. 制定班级规章制度的方法

制定班级规章制度的方法与确立班集体奋斗目标的方法一样,有班主任制定法、班主任与学生协商制定法、学生制定法三种方法。

班主任制定法。它是指在确定班级规章制度时,由班主任根据自己掌握的相关理论知识和管理班级的经验,并结合班级的实际情况独自做出决定,确定班级行为准则的方法。这种方法适用于新建班级。

班主任与学生协商制定法。它是指在确定班级规章制度时,班主任与班级干部或小组长等学生组成班级规章制度制定小组,每位小组成员都要对班级规章制度发表自己的意见,然后小组成员经过多次磋商确定班级规章制度的方法。该方法适用于已经组建一定时间的班级,同学之间比较熟悉,已经形成稳定的班级领导核心(即班委干部)的班级。

学生制定法。它是指在确定班级规章制度时,完全由学生根据班集体发展和学生成长的需要,自行协商确定班级规章制度的方法。该方法适合于班集体发展的高级阶段,班级已经形成良好的班风与学风,班级凝聚力较强,同学之间团结友爱,人人都努力学习,争先创优。该方法有利于激发学生的积极性与主动性,有利于培养学生的创新能力。

(三) 班级规章制度的执行

1. 班级规章制度的学习

班级规章制度要得到执行,必须做到深入人心、人人皆知,这就需要班级全体师生学习、掌握班级规章制度。

广泛宣传。学生刚入学或一项班级规章制度刚刚颁布时,要通过班主任讲解、主题班会讨论、学生宣读、个人背诵、家长监督等多种形式,让学生明确班级有哪些规章制度,各种制度有几条,各条的具体内容是什么,对学生的行为有哪些要求,使学生清楚奖惩标准,理解实质,清楚目的。真正做到对班级规章制度人人明白,个个清楚。

教室张贴。班主任要把各种班级规章制度张贴在教室的醒目之处,时时刻刻给学生"提个醒",让学生随时随地能够看到班级规章制度,生活在人人遵守班级规章制度的氛围中。

平时温习。班主任应该有规律地组织全班学生温习班级规章制度的内容,强调遵守班级规章制度会给学生带来的良好结果,让学生牢记自己的行为准则。

2. 班级规章制度的监督执行

组织监督。它是指班主任、各任课教师、家长、班委干部按照班级规章制度的要求,对班集体成员遵守班级规章制度的情况进行检查、督导。这种监督具有一定的权威性,作为监督主体的班主任、各任课教师、家长、班委干部要实事求是、以身作则、公正民主,千万不能感情用事。

相互监督。它是指班集体成员之间按照班级规章制度的要求,对班集体成员遵守班级规章制度的情况进行检查、督导。这种监督具有一定的群众性,作为班级规章制度执行情况的总裁判——班主任,要对学生反映的他人遵守班级规章制度的情况进行认真的分析,然后采取符合实际情况的奖惩措施。

自我监督。它是指学生个体按照班级规章制度的要求,对自己遵守班级规章制度的情况进行的检查、督导。这种监督具有一定的自觉性与主动性。这是班级规章制度执行的最高阶段,班主任在班级规章制度的执行过程中,要注意教育引导学生多进行自我监督,努力做到学生自觉遵守班级规章制度,促进学生健康成长。

3. 班级规章制度执行困难的原因

制定时缺乏民主基础。班规是班委会成员制定的,没有广泛地征求班级成员的意见和建议。没有广泛的民主参与,制定出来的班规体现的只是小团体的意志,不能代表广大同学的根本利益,不能激发同学们的主人翁精神,更不用说提高同学们遵守和执行的自觉性了。

目的上急功近利,重处罚轻教育。在班规的制定过程中贯穿了一种不正确的理念——制度就是用来管人的,而忽略了制度本身的教育意义。班规往往在制度中明确了对学生的违纪行为要进行处罚,但是处罚后就算完成了任务,缺乏教育引导、心理疏导、学生申诉机制。

内容上缺乏人文精神,缺乏凝聚力。班规没有体现班级文化的特色,缺乏必要的文化精神作为支撑。缺乏人文关怀的班规很难增强同学们的认同感,这样的班规给人的感觉是冷冰冰的,要限制大家活动的自由。

可操作性不强。这主要表现在班规缺乏一个可操作的"度",处罚措施过于单一,缺少层次,没有把握好学生的接受度,不能触及学生的灵魂,因此班规对学生缺乏约束力。

推行时没有群众基础。过于依赖班干部,过于相信学生的自制能力,执行过程中缺少有效的监督机制,因此难逃失败的结局。

贯彻上缺乏连续性。政策最忌讳朝令夕改,多次修订班规,打乱了班规执行的连续性。学生在这样混乱的规则面前无所适从。当规则可以如此随意地修改时,它的权威性也就一点点消失了。

二、建设优良班风

(一) 班风的内涵

在心理学上,班风是指班级所有成员在长期交往中所形成的一种共同心理倾向。它反映了班级成员的整体精神风貌与个性特点,体现出班级的内在品格与外部形象,引领着班级未来发展的方向。

(二) 良好班风的标准

班风能反映一个班级相对稳定的价值取向、道德情操和行为准则。班级可能有好的班风,也可能有坏的班风。良好的班风往往各具特色,没有统一的标准。如有的班级文明礼

貌、尊师爱生、团结友爱、互相帮助;有的班级遵守纪律、勤奋刻苦、令行禁止、雷厉风行;有的班级学习气氛浓厚、竞争意识强、学科成绩突出;还有的班级思维活跃、民主气氛浓厚、富有创新精神。

班风的好坏,应以是否有利于学生的学习和健康成长来衡量。良好的班风,能引领班级不断前进,激励学生奋发向上。概括地讲,良好班风应使班集体具有较强的凝聚力,使绝大多数班级成员都能珍惜班集体荣誉,产生较强的归属感和自豪感,有正确的舆论导向、你追我赶的学习氛围、积极向上的人生态度、符合道德的行为方式、民主和谐的人际关系、严肃活泼的班级气氛等。

(三)班风形成的过程与心理机制

1. 班风形成的过程

良好班风的形成过程实际上是以学生为基础、以班干部为中坚、以班主任为导向,各种价值观和行为习惯不断碰撞、磨合和提升的矛盾运动过程。这一过程可分为以下三个阶段。

第一阶段是班风生成期。新生入学,面临新的陌生环境,班级多数成员会产生一种尽快适应周围环境、融入新的班集体的心理倾向,并有体现自身价值、展现自己良好形象、获得班级接纳和认可、参与班级建设的美好愿望,这时是建设良好班风的有利时机。这时的班级成员一般都会暂时约束自己的行为,观察周围同学,了解班主任的特点和能力,寻找适合自己的伙伴和表现自己的机会,所以新班级建立初期,一般都比较平静。

随着时间推移,每个人又开始用原先形成的思维方式和行为习惯行事,尝试以原来的处事原则处理自己与周围人的矛盾。不同爱好、不同追求、不同见解的学生通过试探和选择,各自找到了新的朋友,从而形成了一个个小群体,也就是友伴群。如爱好学习的凑在一起交流学习问题,自由散漫的凑在一起闲逛聊天,对老师和学校管理有逆反抗拒心理的则凑在一起发泄不满等。

如果班主任能在这一时期多深入班级了解学生,把握学生的思想动态,通过班级环境和文化建设,以及选拔培养班干部、建立班规,开展有针对性的教育活动,引导学生树立集体归属感与荣誉感,营造班级正向舆论,则能初步形成班级的良好班风。如果班主任因责任心不够或能力不足,不能掌控班级局势和把握班级的发展方向,则班级的问题学生组成的非正式群体会成为班级的主流力量,从而导致班级失控,使不正之风逐步蔓延。这一时期,班级各种力量会相互作用并试图扩大各自的影响,最终影响大的力量逐步占据上风并成为主导,这一时期通常称为班风生成期。班主任对班风的掌控和主导应主要作用于这一时期。

第二阶段是班风成长期。班风一旦生成,就基本确定了班风的主流方向和价值取向。班级舆论加强,班级学生在归属需求和从众心理作用下,越来越多地按照新的班风来思考问题和约束自己的行为,从而使班风不断得到强化,这一时期称为班风成长期。在这一时期,班主任的作用开始减弱,班干部或班级非正式群体的作用开始增强。所以,如果这一时期的班风存在不足,班主任能够通过努力进行一些调控,但效果不会像生成期那样理想。

第三阶段是班风成熟期。班风通过一段时间的发展和成长,力量越来越强大,对全班的道德和行为控制得到大多数同学的认可,每个同学也都基本确定了自己在班级的位置,这一时期已进入了班风成熟期。在这一时期,如果是一种良好的班风,则班主任应进行总结,并通过一些班级活动,加深学生对道德和价值观的理解,提升学生的思想境界,推动班风的进一步升华。如果此时的班风不够理想,则班主任要想改变它,就非常困难了。尽管这样,班主任仍应进行反思,加大工作力度,调整教育和管理策略,尽力促进班风好转,至少应保持班风不向坏的方向发展。

2. 班风形成的心理机制

班风实质上是一种心理倾向,是影响班级发展的无形力量,而不是班级显性的规章制度和管理措施。因而,它的形成需要班级不同个体或群体有一个认同理解、相互影响、逐渐加强的过程。班风形成的心理机制主要有心理感染、群体规范、集体凝聚等。

心理感染——同化集体舆论。社会心理学认为,心理感染就是指个人对某种心理状态无意识的不自主的顺从。它不是由于自觉地接受了某种信息或行为的模式,而是由于直接受到别人情感传播的感染。新建班级在其主流舆论影响下形成的心理环境,通过潜移默化的影响,使个体将这种新的集体心理环境非强制、非逻辑地移植到自己的心理系统之中,经过同化而成为个体的心理特征。

因此,在班风的生成阶段,需要班主任把握住新生入学初期的大好时机,在充分了解和分析学生特点的基础上,利用一切舆论途径,调动各种力量,造成一股强大的正向舆论声势和良好氛围。同时,为实现舆论的同化、价值观的确立,还必须采取相应的教育管理措施和手段,以推动正向舆论的形成。例如,建设一支团结有力的班干部队伍,加强品德教育,开展班级活动,民主制定班级规章制度,赏罚措施要严明,破除各种不良习气,公平公正地开展学生考评,培养学生自主管理意识和能力,调动学生参与班级管理的积极性;正确利用良好的校风和社会风气对班风的促进作用,抵制各种不良习气的侵袭。通过一系列的组织和引导,新的班级舆论和价值观便会影响学生的理念,即让学生知道什么是正确的,什么是错误的,班级期待自己有什么样的表现,应当如何表现等。否则,便为班级所不容,会受到排斥和谴责。一种共同观念和准则便在班级初步形成,为新的良好班风的形成打下基础。

群体规范——建立共同的情感气氛。在新组建的班级里,班级舆论和道德观念通过心理感染和相互影响得到初步认同,但这往往是形式上的认同,需要进一步通过一系列教育和管理活动进行强化,使之逐步成为群体规范,成为班级所有成员的行为准则。

这种准则不同于各种规章制度以强制约束发生作用,而是通过人们的心理产生约束力,进而在班级的各种场合、不同个体心中和非正式群体内产生一种共同的情感气氛。班主任、班干部和普通学生通过深入沟通和理解,形成了和谐的人际关系,使个体的心理得到调整而趋同于集体心理,集体心理也因此而得到加强和巩固,并植根于每个个体之中,内化为个体言行的准则,形成优良的班风。

集体凝聚——形成共同的行为倾向。集体舆论的同化以及共同情感气氛的形成,必然产生共同的行为方式,构成班级新的带有普遍性、占主导地位的行为模式和习惯风尚,成为集体中绝大多数人的自我要求。此时,集体也就成了教育的主体。

班风一旦形成便产生出一种强大的向心力和凝聚力,使班级成员产生集体归属感和荣誉感。班级有强大的凝聚力,也就有强大的生命力。班风具有无形的力量,可以振奋精神、激励斗志,促进班级成员迸发出积极向上、努力拼搏的学习和生活热情,形成共同的行为倾向,从而进一步加强班风。

(四)班风建设的内容

1. 班级纪律

一个班级的学习、活动和生活纪律最能体现班级的风貌,也是学校不断强调的重要方面,因此它是班主任建设班风时应特别注重的问题。班级纪律的好坏,应有科学合理的标准,并不是纪律越严明、行动越统一就越好。比如,中学生自习课时的纪律应有利于小范围讨论和分析解决问题,活动时的纪律应有利于学生最大限度地参与,课间和课后的纪律应在保证安全的前提下有利于学生放松和休息。

对于违反纪律屡教不改的或有意挑战班级规则的学生,对其实施批评、惩罚是必要的,也就是说,采用一些强硬的措施维持班级纪律是必不可少的。但大多数违反纪律的现象,往往是规则意识不强或行为习惯不好造成的,这就需要班主任多组织学生喜欢的班级活动,在活动中培养学生的规则意识和好习惯,这是通过软措施来培养纪律,是应当采用的主要方式。通过软硬两种手段促进学生遵守纪律,形成活泼而紧张的班级秩序,是形成良好班风的重要基础。

2. 班级舆论

班级舆论,就是在班集体中占优势,为多数人所赞同的言论和意见。它以议论、褒贬等形式肯定或否定集体的动向和集体成员的言行,成为影响个人发展的一种巨大的教育力量。

积极正确的舆论能起到明辨是非、扶正祛邪、凝聚人心、催人奋进的促进作用,是先进班集体建设的重要因素,也是形成集体荣誉感,培养良好品德和克服不良行为的重要条件。在正确的舆论面前,班级成员会自觉地调节个人与集体的关系,改变与之不适应的思想和行为,把个人置于集体之中,从而促进自身的健康成长。而消极错误的舆论则会起到混淆是非、涣散人心、毒化风气的不良作用。因此,班主任应高度重视,营造和引导班级舆论,充分发挥舆论的评价作用、同化作用、激励作用和监督作用。

营造良好的班级舆论,需要做到以下四个方面。第一,要加强班级民主作风,保证学生在班级管理中的话语权,提高班级成员的主人翁意识和责任感。第二,班主任应注重以身作则,以自己的言行把舆论引向正确方向。班主任的言行、思想、观点,很容易被学生接受和内化,进而形成一种普遍认同的班级舆论,这正是班主任影响班级舆论的优势所在。第三,要抓住舆论培育契机,建立班级舆论阵地,如举行班会活动、团队活动、文艺汇演、运动会等,把准备和组织活动的过程作为培养和形成正确集体舆论的过程。第四,要充分运用黑板报、墙报、专栏和班级日记等,开展教育宣传,强化舆论氛围,促进舆论的健康发展。

3. 班级学风

学风简单地讲就是学习上的风气,具体是指学生在学习态度、动机、兴趣能力等方面长期形成的相对稳定的心理素质、行为倾向和思维特征。优良学风应当具有目的明确、态度端正、动机纯正的学习观念,有勤奋努力、刻苦钻研、百折不挠的学习意志,有博学慎思、独立思考、与时俱进的创新精神,有切磋研讨、学以致用、善于实践的学习氛围。

学风是班风的重要组成部分,是班级精神面貌的重要体现。建设良好学风是班主任工作的重要内容,是学生完成学习任务,提高学习效果的重要保证。

建设良好学风,首先要引导学生弄清学习目的,引导学生"为满足自己的兴趣爱好而学习""为实现自我价值而学习""为中华民族之崛起而学习"。其次是培养良好的学习态度。

学习态度是由学生对学习这一特定活动作出的准则(认知)判断(价值选择)和评价,以及内心体验(情感)、反应倾向(意向)等协调构成的心理活动,所以培养良好的学习态度必须从社会学习(榜样)、直接经历(尝到甜头)入手,增加学生的成功体验和学习兴趣。

(五)班风建设的策略

班主任建设班风的措施虽有所不同,但其基本方针和常用方式方法大致是一致的。归纳起来,主要有以下几个方面。

1. 目标导向

班级共同的发展目标,标示着班级努力的方向,体现着班集体共同的价值取向,凝聚着班级成员的集体力量,对班风建设具有较强的导向作用。班主任应重视班级目标的制定,组织班级同学民主讨论,适时确立班级的总体目标,引导班风朝着正确的方向发展。

班级总体目标可分步实施,使学生在实现目标的过程中,不断地受到激励,增强对班集体的信心,从而形成强大的班级凝聚力、集体荣誉感和责任感,并能体验到目标达成时的快乐和喜悦。如有的班主任将班级总目标具体分解为"遵守纪律""团结互助""自强自立""积极进取"四个阶段目标,并赋予一定的教育内容,及时进行总结和评价,以提高教育的针对性和可操作性。

班级学习目标可根据学生不同基础和智力水平合理确立,从而激励学生刻苦学习,培养学生进取精神;班级日常行为可以"语言美、行为美、仪表美、心灵美"为目标进行引导和规范,从而促进学生良好行为习惯的养成。

2. 环境熏陶

班级环境包括物质环境和人文环境。物质环境包括座椅排列、物品摆放、卫生状况等。良好的物质环境会使学生感到心情舒畅,激发学生热爱班级和建设班级的主动性与积极性。人文环境主要包括教室布置、班级人际关系等。

班主任可以通过教室标语、名人名言、荣誉榜、成果展示、读书角等项目的布置,建设温馨、优雅、美观的教室环境,使学生感到赏心悦目,激发学生积极向上的学习热情。平等交流、相互关心、相互帮助、相互鼓励等标语能够营造团结、民主、和谐的人际关系,使学生处于安全、舒心、快乐的学习环境,从而激发学生的班级归属感和乐观豁达的处事态度。通过班级物质环境和人文环境的建设为学生创设积极健康的成长氛围,这是建设良好班风的重要途径。

3. 骨干示范

班风建设需要骨干力量的带动。班级骨干包括班主任、班干部和先进分子。

班主任经常和学生在一起,其一言一行都在学生的视线之内,会有意无意地影响和感染学生。班主任高尚的人格、不凡的气质、高雅的举止,都能成为学生的表率,成为学生模仿的榜样。

班干部是班主任与学生联系的桥梁,他们的工作能力、整体素质和行为表现、工作作风和方法、在同学中的威信等,往往能够决定一个班级的精神风貌。因此,班主任要特别注重班干部的选拔、任用和培养。在班风建设中注意发挥班干部的示范作用,使班干部成为班风建设的积极分子和带头人。

班风建设还应注意在学生中培养先进分子,及时表扬和奖励在思想品德、课程学习、劳动卫生、体育美育等方面的好人好事和先进事迹,在班级中形成弘扬正气的良好班风。

4. 舆论引导

正确的班级舆论是一种无形而有力的教育力量,对班级成员有约束、感染、熏陶、激励的作用,对学生的价值取向、人生态度和行为方式具有很大的影响,进而对班级的凝聚力和班级风气的形成也有很大影响。因此,建设良好班风,需要营造正向的班级舆论。营造舆论的方式和途径主要有宣传鼓动、说服教育、班级活动和评价激励等。

宣传教育可通过板报专栏、报告、讲解等方式进行,以提高全班学生对培养良好班风的认识和参与班风建设的积极性。班级活动或主题班会能够以寓教于乐和体验的方式引导学生提高认识,营造班级舆论氛围。如通过体育竞赛培养学生团队精神;通过学科竞赛和科普活动培养学生进取精神;通过研究性学习小组活动培养学生的科学态度和探究精神等。

教育评价对学生有很强的激励作用,是形成班级舆论、引导班风建设的重要方式。班主任可探索采用适合素质教育的评价方式,如目标评价法,即根据学生的不同层次确立阶段性奋斗目标,让学生通过阶段性的努力获取进步,体验成功的喜悦,从而增强学生自我发展的动力;也可以采用动态评价法,即为每个学生建立个人成长记录,随时跟进学生的思想品德、学业成绩、个人发展情况,并进行适时评价,从而促进学生的持续发展。

(六) 制度约束

班级制度建设是班风建设的重要保证。班级制度的制定要在班主任指导下经过学生民主讨论并通过宣讲和示范,获得学生的认同和接受。班主任要促进学生自觉遵守和执行班级制度,使学生最终把制度的要求转化为自身的精神需要。

班级制度应包括学习、生活、活动、管理、奖惩、评价等多个方面,是对班级组织结构和运行制度的规定。班级成员要按照制度规定行事。在制度约束下,实施养成教育,对学生的言行、作风、态度和交往方式等进行规范,遏制班级成员的不良思想和言行,培养他们良好的行为习惯和道德品质。

三、班级活动的设计与组织

班级活动是在班主任指导下,有目的、有计划地为实现班级教育目标而举行的各种班级教育活动。设计与组织班级活动,是班主任工作的一项重要内容,也是班主任必须掌握的一项基本功。

我们知道,班级活动是学生认识客观世界、认识他人与自我、适应学校生活与社会生活的重要途径。同时,在班级活动中,学生能够明确自己在集体中的地位和作用,密切个人与集体的关系,从而培养学生对集体的责任感、荣誉感和自豪感。班级也会因此产生强大的吸引力和凝聚力,进而形成一个良好的班集体。

(一) 设计与组织班级活动的原则

1. 班级活动要有鲜明的教育性

开展班级活动,不仅要丰富学生的学习生活,而且要寓教育于活动之中。学生的素质通过生动活泼、丰富多彩的活动形式得到提高。班级活动的教育意义是多方面的,它可以提高学生思想道德水平,也可以增强审美情趣;可以开发智力,也可以强身健体;可以拓展课外知识,也可以提高实际操作能力。好的班级活动应发挥教育的综合功能。

2. 班级活动要凸显学生的主体性

在班级活动中,班主任处于主导地位,学生处于主体地位。要让每一个学生都参与到活动中去,充分发挥自我教育功能。从活动主题的确定和设计,到活动的准备与实践,都应该让学生参与其中。提倡学生的主体性,并不是要放任自流,而是班主任要给予必要的指导。

3. 班级活动要强调活动的整体性

整体性是指班级活动的内容、活动的全过程、活动的教育力量要成为一个系统,用整体的教育思想指导整体的教育活动,实现教育目标的整体性和学生身心发展整体性的最高境界。从活动内容看,要包含德、智、体、美、劳诸方面的活动,使学生得到多方面的教育和发展。从活动的全过程看,整体活动和个别活动是辩证统一的。就一次活动来说,只有从酝酿、设计、准备阶段就发动学生全身心地投入进来,活动实施时才会有激情,教育性也就蕴含其中了。从整体活动看,活动之间也应有一个系统性和连贯性的安排。

4. 班级活动要体现针对性

班级活动要讲求针对性,针对性越强,收获越多。班级活动的针对性具体体现在以下几个方面。

要针对学生年龄特征和身心发展的需要,在不同的年级,开展具有年级特色的活动。初中学生大多积极向上、争强好胜,因此可以多设计一些带有竞赛性质的活动。根据学生不断增长的自主心理,设计的活动可充分发挥学生的自主作用,如以"我来露一手"等为主题开展活动,可以展示学生才艺。高年级学生正处于生长发育阶段,他们渴望友情,憧憬爱情,希望得到关注。因此可以设计一些充满活力,注重交往的活动。如开展"男孩女孩""异性交往大家谈"等班级活动,引导学生正确对待友谊和异性交往,顺利地度过青春期。

要针对班级里实际存在的问题开展班级活动。越是针对班级现实存在的问题开展的活动,效果会越好。比如,有学生沉迷网络游戏,可开展"电脑和人脑"文明上网教育活动;针对学生对统一校服有意见,开展"统一服装与张扬个性"的教育活动,等等。

要针对社会上各种有影响的现象开展班级活动。社会上的"热点"现象,有的是积极的,通过活动引入班级,能促进集体的发展和每个成员的成长,像北京奥运会、和谐社会建设、提倡诚信等。有些现象是消极的或比较复杂的,则要通过活动引导学生认清现象的实质,分清是非,自觉抵制消极影响,像"明星热""山寨热"等,都可以是班级活动讨论的主题。

(二)班级活动的基本类型

1. 班级日常活动类型

班级例会,是指定期召开的以对学生进行常规教育为主的班级会议。主要包括班务会和民主生活会,具有实效性和灵活性的特点。

班级晨会活动,是指班级(有时是学校)在早晨举行的集会性的教育活动,一般时长安排为10分钟比较适宜。晨会时间短,可以每天进行,既能紧密结合班级教育目标,又能密切联系本班学生的实际,具有针对性、及时性、灵活性的特点。

班级值日活动,是指学生以天为单位,为班级服务。值日活动涉及班级生活的方方面面,是一项极为日常化的班级工作,是实现学生自我管理和自我教育,培养学生的自主创新意识的重要途径,具有变更性、自律性、互动性、教育性等特点。

2. 主题班会

主题班会是在班主任的指导下,由班委会组织领导,针对班级中某一倾向性问题,全班同学围绕一个主题开展活动而召开地对学生进行集体教育的班级会议。它既是班主任运用班集体对学生进行教育的一种重要形式,又是中小学生进行自我教育的一种有效途径。

主题班会主要有以下几种类型。

(1) 季节性主题班会。这类班会是在一年的时令、节日与纪念日里开展的主题班会,有一定的规律性,时间固定,年年重复。长期以来,有许多节日、纪念日已经在人们心目中直接成为爱国主义和革命传统的象征,也已经成为学校向学生进行爱国主义教育、革命传统教育、共产主义理想教育的最佳时机。如在端午节进行以"由屈原想起的……"为主题的爱国主义教育,在"五一"进行以"热爱劳动和热爱劳动人民"为主题的劳动教育等。

(2) 教育性主题班会。班主任针对班上学生普遍存在的某一共性问题可以组织、设计教育性较强的主题班会。这类主题班会的特点是针对性强,能及时抓住班上学生的思想动态进行教育。学生在学习、生活、成长、发展的过程中,不可避免地会遇到各种各样的问题,如不懂得珍惜时间,不会抓紧时间进行学习,不懂得人生的真正价值,不会处理人际关系以及个人与社会的关系等,这些都可以成为班会的主题。

(3) 模拟式主题班会。模拟式主题班会是根据社会和班集体在一定时期的教育要求,通过设计、模仿某种具体的生活情境,组织学生扮演生活中的某种角色,让他们身临其境地感受到生活的丰富多彩,从中受到感染、启迪、教育的主题班会。其特点是情境性和模仿性强。如组织设计以"少年法庭""在公共汽车上""一日班主任"等为主题的班会,引导学生通过模仿角色经历事件,从而丰富阅历和经验,增长知识和才干,逐步培养起适应社会和改造社会的能力。

(4) 知识性主题班会。知识性主题班会寓德育于文化科学知识的学习过程之中,使学生既受到深刻的思想品德教育,又获得一定的科学文化知识的主题班会。其特点在于知识性强。如以"学海初航品甘苦""方寸天地趣无穷"等为主题组织班会,用科学知识来充实、丰富主题班会的内容,激发学生热爱科学、学习科学的热情。

(5) 系列性主题班会。系列性主题班会是指围绕一个总的教育主题开展多层次、多侧面的相互关联的多次完成的主题班会。其特点是在一个相当长的阶段里,始终围绕一个总的主题,用班会的形式把若干次分主题活动有顺序地加以组合和串联,有计划、分步骤地引导全班学生开展活动,对学生进行综合的、系统的、长期一贯的教育。如以"你、我、他,都是家乡的一朵花"为总主题,可设计以"今日家乡在腾飞""家乡,请听我们的报告""为了家乡,我愿……"等为分主题的班会,培养学生热爱家乡、热爱家乡人民和为建设家乡做贡献的美好思想和情感。

3. 班级文艺活动

班级文艺活动是指班级中的文化艺术娱乐活动,经常举行的文艺活动有小说、诗歌、音乐、绘画、舞蹈、戏剧、摄影、书法等艺术作品的创作、欣赏、评论等。形式主要有联欢会、舞会、歌咏比赛、诗朗诵、营火会、电影会等。

班主任在日常工作中要善于发现学生文艺特长,激发学生兴趣,培养学生爱好;要指导学生从实际出发,师生互动,共同确定活动主题,帮助学生选择活动项目,要进行必要的组织,为参加活动提供条件,让学生积极投身到班级文艺活动中。

开展文艺活动前要精心策划,指导学生设计班级文艺活动方案。撰写班级文艺活动方案要做到目标明确、准备充分、过程具体、及时反思。

4. 班级体育活动

班级体育活动主要是指在课外时间以班级或小组为单位进行的体育锻炼,含健身性活动和竞技性活动两种。

在健身性活动中,应以强身健体为目的,根据个人特点,循序渐进,持之以恒。训练内容上,有身体训练、技术训练、心理训练和思想教育等方面。在竞技性活动中,应着力培养学生积极向上、团结奋进、勇敢拼搏的精神。体育活动的内容主要有田径、球类、广播操等,比赛方法有单项赛、对抗赛、友谊赛、测验赛、表演赛和运动会等。无论是哪种活动,采用新颖有趣的形式才能提高学生的参与性和活动的有效性。

5. 班级学习活动

班级学习活动是指为拓展学生的知识领域,提高学习积极性和学习能力,增强学习效果而开展的班级活动。这种活动的形式主要有优秀作业展、学习经验交流会、学习方法讲座、知识竞赛、课外阅读活动等。

6. 班级社会教育活动

班级社会教育活动是班级学生在班主任指导下,走出教室,进入社会情境,直接参与并亲历各种社会生活而开展的各种力所能及的班级活动。其基本形式有参观访问、社会调查、考察活动等。

7. 班级劳动活动

学生的劳动活动主要包括社会公益劳动和自我服务性劳动等形式。社会公益劳动直接服务于社会,不计报酬,对学生的教育作用很大。班主任可以根据学生的年龄特征和社会需要,组织宣传遵守交通规则,节假日去车站、码头维持秩序,拥军助残助老,以及植树造林等活动。自我服务性劳动是指学生自己的事情自己做,学会料理自己的生活、学习环境中的一些基本事情。包括家务劳动和校内自我服务性劳动。

班主任要对学生从事家务劳动进行必要的指导教育。首先,要对学生家长进行宣传指导,使家长认识到学生参与家务劳动的目的意义,防止家长包办代替;其次,要对学生的家务劳动情况进行必要的督促和检查。同时,还可以组织"家务劳动竞赛""野炊"等集体活动,来提高学生进行家务劳动的积极性,锻炼学生的家务劳动能力。

在进行劳动活动时,班主任应注意对学生进行劳动教育,使学生树立正确的劳动观,热爱劳动,养成艰苦奋斗、勤俭节约的优良作风;自觉抵制和克服好逸恶劳、贪图享受、损公肥私、挥霍浪费等不良作风。

班级活动还有其他的类型和方式,这里难以尽述。班级活动最重要的是班主任在工作实践中要充分发挥学生的创造性,使班级活动丰富多彩。

(三) 班级活动设计

班级活动设计,就是根据本班学生发展的需要和学校教育的要求,对班级活动体系及每个活动的主题、内容、方式等进行系统设想和具体策划的过程。通过活动设计把班集体建设的设想和教育要求转化为师生共同参与的班级活动及具体行动。班级活动设计包括班级活动的规划和班级活动方案设计两个层面。

1. 班级活动的规划

班级活动的规划是班级活动在一定时期内总的价值取向、活动目标和安排等的依据,体现了班级活动的长远性和整体性思路。具体来说,就是对一学期(或一学年)班级活动的目标指向、内容结构、主要教育主题等进行总体设想,形成班级活动体系的实施框架。班级活动规划应依据本班集体建设的总体目标进行规划,并由教师和班级成员共同参与,合作完成。

班级活动规划的步骤:一是分析班级情况,明确班级建设需要;二是了解和研究学生,确定学生发展需要;三是发动学生,共同参与制定班级活动规划。

班级活动规划的内容如下。

(1) 班级基本情况分析。班主任首先要对班级现状进行分析,具体包括班级男女学生人数、优秀学生人数、落后学生人数、全班学生的思想状况、班风、班貌、知识、技能的掌握情况、智力发展水平、学习中存在的问题及产生的原因;其次还要对全班学生的身心健康状况、劳动卫生状况、课外校外活动、团队活动、家长情况、各任课教师情况等进行分析。

(2) 班级活动目标。班级活动目标可以分为总体目标和具体目标。总体目标从学生发展、班集体建设两个方面进行总体规划;具体目标可以从班风建设、品德教育、日常规范、文体教育、学习教育、能力培养等方面进行具体设计。

(3) 班级活动内容。班主任要在充分考虑班级学生的具体情况和学校德育目标的基础上,结合班级自身条件和现实环境,把班级活动规划的重点放在班级活动内容设计上。

(4) 班级活动的具体安排。针对已确定的活动内容,根据学校的统一计划和班级的具体情况,大致规划每次活动的时间、地点和具体要求。活动安排要明确每次活动的负责教师、班委,明确每个学生具体的活动任务,并形成活动安排表。

(5) 班级活动的组织与管理。班级活动的组织与管理涉及社区、家庭、学校、相关教师和全体学生,所以对活动规划要进行周密考虑。在社区中开展的活动要明确有关单位联系人,涉及家长的活动要事先明确告诉家长,对于教师的安排要提前请示学校并通知相关当事人。

(6) 班级活动的成果展示。班级活动成果展示的目的是引导学生自我反思、自我评价和自主体验。活动成果展示包括每一次活动、每一类型活动、一学期活动的成果展示等,具体的展示形式可以是经验报告会、活动专题展览、活动日记交流等。

2. 班级活动方案设计

班级活动方案是具体班级活动的计划与安排,是在活动之初预先拟定的活动内容和步骤,主要包括以下内容。

(1) 活动标题。活动标题应由班主任、班委会以及全班同学共同确定,当然班主任应发挥主导作用,在充分思考后召开班委会,或在班级工作例会时征求意见,调整、修改、补充、完善活动标题。活动标题应简练、醒目、易记,充满学生成长气息,能反映活动主题。

(2) 活动目的和内容。班主任在组织班级活动时,要有具体明确的目标,及为什么要举行这次活动。在活动结束时,期望达到什么样的效果。活动内容的选择必须紧扣主题,服务主题,面向全体学生,注重全面发展。同时必须从实际出发,充分考虑学生的思想基础和活动能力、文化素养和兴趣爱好,在此基础上,选择活动的角度、增加活动的深度。

(3) 活动的形式。活动形式要求新求变,丰富多彩,寓教于乐。班级活动可以有表演、演讲、竞赛、野外活动、报告会、座谈和讨论等形式。开展班级活动没有一成不变的形式,要根据活动内容、实际条件、学生的年龄特点、班主任自身特长和其他实际情况来选择恰当的活动形式。

（4）活动的时间、地点、人物。班级活动的基本构成要素是时间、地点和人物。班级活动一般以班级或小组为单位，应根据班级学生特点、知识水平、学校总体安排及教学日历等确定时间、地点和人员构成。

（5）活动步骤。活动步骤一般由计划制订、活动准备、具体实施和总结评价四个阶段构成。在活动的每一阶段的实施中，都要有目的、有计划地进行，充分预测可能出现的问题及解决方法，指明注意事项，以引起学生注意。

（6）活动的准备与检查。班主任要对开展活动的场地、所用器材及工具设备做周密考虑，必须对班级活动的各项准备工作进行全面的检查，及时发现不足之处，尽快加以弥补以确保活动的顺利进行。

（7）活动的评价与总结。活动是否成功，有何疏漏，都得通过活动总结才能清楚。活动总结的方法有开小范围座谈会、写活动总结、广泛征求意见、开总结会等，不管用一种或是几种方式，班委会的总结是必须进行的。班委会要对活动的全过程进行反思，从选题开始直到活动结束。班委会的总结内容，还要以口头或板报形式通知全班学生，以便听取反馈意见。

第四节　课外活动的组织与管理

一、课外活动概述

（一）课外活动的含义

课外活动是指在课堂教学之外，由学校组织指导或由校外教育机关组织指导的，用以补充课堂教学，实现教育方针要求的一种教育活动，是根据受教育者的需要和自己的努力以及教育教学的需要，在教育者的直接或间接指导下，来实现教育目的的一种活动。

课外活动又可分为校内活动和校外活动，二者的区别在于组织指导的不同。校内活动是由学校领导，教师组织指导的活动；校外活动是由校外教育机关组织指导的活动。这里应注意的是，校内活动并不仅仅限于学校范围之内，也可以是在学校范围之外，它与校外活动的区别只是在组织和领导方面的不同。一般来说，校内活动和校外活动统称为课外活动。

（二）课外活动的特点

1. 参与的自愿性、自主性

在课外活动中，学生可以根据自己的兴趣爱好和现有知识水平选择参加不同的活动。教师的职责是尽可能地创造条件，组织多种多样的活动供学生选择，并对不同的学生给予启发引导，指导他们参加适宜的活动。

2. 内容的灵活性、综合性

课外活动的具体内容是根据课外活动的目的，从现有设备条件、辅导教师的特点、能力，以及学生的不同需要出发确定的。活动的组织形式也是多种多样的，它包括小组活动、群众性的调查参观、竞赛讲演、个人活动等。学生在活动中，不仅能获得综合运用各学科知识技能解决问题的机会,还可以接受其他多方面的综合影响。

3. 过程的开放性、实践性

课外活动不受学校工作计划和学校围墙的限制,活动的内容更贴近现实,能为学生打开更广阔的生活实践领域。课外教育活动注重学生的实践环节。在活动中,学生的知识和技能主要通过自己设计、动手获得。那些经由辅导教师获得的知识和技能,学生可运用到实践当中来验证它的科学性,这样也就培养了学生的实践能力。

(三) 课外活动的意义

1. 促进学生全面发展,促进学生社会化

课外活动强调学生自主参与、自愿组合,能够充分发挥学生的个性。在活动过程中,学生的主体作用得到充分发挥,才能得到施展,学生的独立性、责任心、参与意识等也得到进一步的发展。有人认为"交往和社交策略尤其可以通过参与课外活动而获得",校内外活动为学生提供了一个理想的环境。在这里,学生渐渐习得一些成人社会的行为,同时,学生还要解决一些与同伴相处的问题,这些都有助于学生从儿童向成人转化。

2. 促使学生在社会化过程中个性化

如果没有个性化,所谓个性的社会化就失去了现实意义,甚至是不可能的。社会要求各种各样的人才为其服务,在这一点上,个体的社会化与个性化是一致的,课外活动恰好能够在促进个体社会化的过程中最大限度地满足个体在个性化方面的需要。

3. 课外活动给学习生活增添了乐趣

一般来说,课外活动是学生自愿参加的,他们没有多少心理负担,有的只是探索的愉快;另外,相对于课内学习,课外活动内容比较新颖,容易给人以新鲜刺激感,使人身心得到享受;课外活动也能帮助学生学会利用闲暇,培养健康的兴趣爱好,丰富其精神生活。

4. 课外活动在发挥学生特长方面也有重要作用

在普及层级的课外活动中,通过有计划的丰富多彩的活动,每个学生都能找到发展自己特长的领域,尤其对一些差生来说。另外,在提高层次的课外活动中,一部分学生可以脱颖而出。国内外许多著名的科学家、学者都有这样的经历:学校教育虽然给他们的发展奠定了坚实的基础,但其专业方面的成就,往往是与他们在青少年时代的课外兴趣和活动相联系的。

二、课外活动的内容与形式

课外活动的内容非常丰富,具体包括班会、科技活动、文体活动、节日纪念日活动、课外阅读活动及其他活动。活动形式从参加活动的规模看,主要分为三类:集体活动、小组活动和个人活动。

(一) 班会

班会是比较固定的班级活动形式。一般都在课程表中,每周一次。由班主任、班委会成员或者其他同学来主持。班会依据是否有明确教育主题分为主题班会和常规班会两种形式。主题班会是班主任依据教育目标,指导学生围绕一定主题,由学生自己主持、组织进行的班会活动,它是班级活动的主要形式,通常进行主题教育;常规班会又称为"班务会",是班主任依照固定的日程组织安排的班会活动,主要是布置班级计划,讨论集体建设情况。

(二) 科技活动

班级的科技活动可以通过科技班(队)会、科技参观、科技兴趣小组三种形式来进行。

(三) 文体活动

联欢会是经常采用的文艺活动形式,其他还有生日会、朗诵、辩论赛、班级才艺展示或大赛等。班主任还可以组织各种文体小组利用课余时间开展小型体育竞赛,来达到锻炼身体、陶冶情操的目的。

(四) 节日纪念日活动

节日纪念日活动可利用端午节、中秋节、国庆节、元旦等中国传统节日或纪念日开展歌咏比赛、感念亲情等活动,进行爱国、感恩等相关主题教育。

(五) 课外阅读活动

课外阅读活动可与各科教师相互配合,推荐阅读科目,建立班级图书室或图书角,定期或不定期召开读书心得交流会,开展好书推荐等活动,扩展学生的知识面,培养学生的阅读习惯。

(六) 其他活动

其他活动包括学习经验交流会,知识竞赛,自我服务性劳动,社会公益劳动,社会调查或参观等。

三、课外活动的设计与组织实施

班级课外活动的设计与组织实施主要分为以下三个步骤。

(一) 选题

选题过程中的几个依据:一是班集体的奋斗目标和发展计划,看集体建设过程中对活动内容的需要;二是班集体的现实情况,是否有需要解决的"热点"问题;三是学校教育计划和活动安排。选题范围大致确定后,班主任应广泛征求各学科老师和同学的意见,充分讨论,初步确立活动选题,商议活动开展的基本形式。

(二) 制订活动计划

活动计划是由班主任和班委会成员共同制订的。活动计划应包括以下内容:活动的目的和内容、活动的基本方式和程序、活动的时间和地点安排、具体准备工作及组织管理等。

在制订活动计划中,还要注意两个方面:一是尽可能发动和安排全体学生积极参与,力求使每个学生都能在活动中找到相应的位置或体验的角色;二是考虑适当地借助外力,根据活动的主体和目的,邀请学校领导、科任教师、家长共同参与进来。

(三) 活动实施与总结

活动实施是课外活动的中心环节。在活动开始之前,要利用集体舆论营造活动氛围,调整全班同学的心理状态,将各种可能的干扰因素降到最低。在活动当天,要做好充分心理准备,应对活动过程中可能出现的偶发事件,保障活动的顺利进行。

活动结束之后要做好总结,可以开展小范围的座谈会,也可以广泛征求意见,然后形成书面总结。还要考虑后续活动,以及与下一项活动的衔接。

四、课外活动组织管理的要求

(一) 要有明确的目的

课外活动是实现教育目的的重要途径。每项活动都要有明确而具体的目的,防止出现"为活动而活动"的形式主义倾向。同时,课外活动作为学校教育的组成部分,应纳入学校工作的整体计划之中。在具体开展活动时应有周密的计划,以保证活动有序进行,并取得良好的效果。

(二) 活动内容要丰富多彩,形式要多样化,要富有吸引力

课外活动要充分考虑到参加活动的学生的兴趣爱好和特长,要符合他们的年龄特征。课外活动的内容和形式应强调科学性、知识性和趣味性,让知识教育、思想教育寓于生动活泼的形式之中,使活动本身对学生具有强烈的吸引力,使他们乐于参加各项课外活动。

(三) 发挥学生的积极性、主动性,并与教师的指导相结合

学生集体和个人是课外活动的主体,活动的开展主要依靠他们的积极性和主动性。教师在活动中要让学生独立思考,注意培养他们的创造精神和创造能力。同时,应重视发挥教师在活动中的指导作用,当学生遇到困难时,教师要给予鼓励和帮助,为学生创造和提供活动的条件。

第十四章
课堂管理

第一节　课堂管理概述

一、课堂管理的含义

　　课堂不仅是教师和学生学习的物理空间，还是一个独特的社会组织，蕴藏着复杂多变的结构、情境与互动，是一个充满生机与活力的整体系统。其中，教师是课堂的组织者与主导者，学生则是主体，师生通过课堂环境中的互动实现教与学，实现教育目标。

　　一般而言，课堂管理是指教师为了有效利用时间、创造愉悦和建设性的学习环境以及减少问题行为等，而采用的组织教学、设计学习环境、管理课堂行为等一系列的活动与措施。

　　对课堂管理的认识有两种取向：一是强调维持课堂秩序，监督与控制学生行为；二是强调建设课堂环境，引导与激励学生的学习。传统的课堂管理被定义为对课堂教学中诸因素及其相互作用进行有效控制的过程，主要是前一种取向。而现代课堂管理强调后一种取向，是以促进学生的全面健康发展为最终目标，要求教师与学生遵循一定的规则，协调课堂教学内各要素及其关系并使之发挥最大功能，营造平等和谐的课堂教学氛围，使课堂教育教学的质量向着最优化方向发展的一个创造性过程。

二、课堂管理的理念

（一）坚持"以人为本"的管理理念

　　课堂管理的核心是人，它通过作为管理主体的人对既是管理客体也是主体的人的管理，最后达到发挥人的价值、发掘人的潜能、促进人的个性发展的目的。坚持"以人为本"的管理理念就是把满足学生的心理需求，激发积极正向的课堂氛围，保持学生的良好状态作为课堂管理的基础目标。促使学生产生良好反应和保持学习动机的最好策略，就是老师采取积极的态度肯定学生，提高学生的自信心。同时，教师要根据学生的差异设置不同的管理策略，使每一个学生都有表达和发展自己思想的空间与机会。

（二）坚持"民主平等"的管理理念

民主思想的精髓在于"平等参与，共同决策"。教师是课堂的组织者和领导者，学生是课堂的主体，因此教师课堂管理决策应鼓励并引导学生共同参与，调动学生参与的主动性，最终激发其学习动机与创造性。此外，教师和学生思考时的立场与角度也不尽相同，教师必须发扬民主作风，积极营造宽松的管理氛围，让每个人都有机会参与课堂管理工作，充分发挥学生的作用。同时，在课堂管理中，教师必须树立公正、平等的管理理念，即教师和学生保持人格上完全平等的关系，而不是支配与被支配的关系；教师应一视同仁地对待所有学生，不受自身对学生的偏好或厌恶情绪的干扰。

（三）树立"管理即教育"的管理理念

课堂是学生学习、生活的场所，是学生精神生活必然依赖的地方。课堂管理不是通过强行要求学生遵循课堂规则、维持课堂秩序来保证教学任务的完成，而是一个教育的过程。在课堂管理中，教师应该根据学生的个性和特点培养其思想和行为，使学生尽快调整自己的行为以适应新的教师和陌生环境，尽力避免不必要问题的出现，并使已解决的问题不反复出现。总之，课堂管理行为本身要发挥其教育作用。

三、课堂管理的功能

美国教育心理学家班尼曾通过实验得出结论，在教师从事的一切事务中，没有什么比管理技巧更加重要的了，课堂管理在课堂教学中具有非常重要的作用。

（一）维持功能

课堂管理的维持功能是指在课堂教学中长时间地维持良好的学习环境，有效地排除各种干扰因素，使学生的心理活动始终保持在学习活动上，以保证教学任务的顺利完成。

（二）促进功能

有效的课堂管理能够在课堂中提高教师的教学效果，促进学生间、师生间的有效交流及提高学生的学习效率。课堂是师生学习和成长的互动情境，课堂教学是一个动态的过程。在课堂教学中，教师可以通过一系列课堂管理技巧主动创设教学情境，促进师生间和学生间的互动与合作，调动学生学习的积极性，最大限度地发挥其潜能。

（三）发展功能

教学本身可以交给学生一些行为准则，促进学生从他律走向自律，帮助学生获得自我管理能力并逐步走向成熟。同时，通过与学生的互动，教师自身的教学管理能力与技巧也能获得提高。因此，课堂管理的发展功能集中地体现为在课堂中调动各种可能的因素，挖掘课堂的活力，促进师生的持久发展。

（四）协调功能

协调功能是由课堂管理对象的特点来决定的。由于课堂是由人、物、信息、时间等要素组成的复杂系统，就其中的主要因素——人来说，当几十个学生在一起活动，没有行动上的协调一致，教学就无法进行。因此，要想发挥课堂系统的整体功能，要想取得良好的教学效果，教师必须充分发挥课堂管理的协调功能。

四、课堂管理的目标

课堂管理的根本目的是创设良好的环境条件,促进学生有效学习。其具体目标如下。

(一)为学生争取更多的有效学习时间

课堂管理的一个重要目标就是为学生争取更多的学习时间,即在特定时间段里,使学生真正投入到有价值的学习活动,提高时间的利用率。陈琦、刘儒德将教学时间分为四个层次:①分配时间,课程设计中分配给某一课程的时间,是课表中规定的教学时间;②教学时间,去除完成常规课堂管理(如考勤、处理课堂问题行为等)后的教学时间;③投入时间,是学生实际上积极投入学习和专注于学习的时间;④学业学习时间,是学生高效率完成学习任务的时间。教学时间的四个层次具体情况如图 14-1 所示。

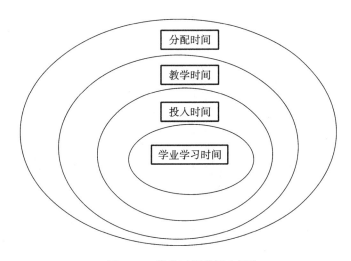

图 14-1　教学时间的四个层次

因此,课堂管理的第一个重要目标是教师应维持课堂活动的流畅性,使课堂活动间的过渡时间最小化,使学生实际学习的投入时间和学业学习时间最大化。

(二)使更多学生投入有效学习中去

有更多的学生投入学习的环境能增强课堂学习氛围,为学生营造一个积极向上的学习氛围。教师可通过优化课堂学习活动的参与结构,为学生创设更多地参与课堂学习活动的机会,使更多的学生投入学习中去。参与结构即制定关于如何参与不同活动的规则,如谁可发言、发言内容、发言时间及时长等。

(三)帮助学生形成自我管理能力

培养学生的自我管理能力是课堂管理的又一重要目标。这一点越来越为广大研究者所倡导。对于学生来说,其从学校毕业后最终是要走向社会、独立进行工作的。因此,把学生培养成为负责任、自主、独立的个体极具长远意义。

第二节 课堂环境管理

一、什么是课堂环境

课堂环境主要指师生生活于其中的并能影响其行为的一切内外部条件的总和,具体可以分为有形的物质环境和无形的心理环境两个方面。有形的物理环境是指时空环境(即时间的分配与安排、空间的组合形式等)、设施环境(即课堂中的照明、各种设备及资料)、自然环境(即课堂所处的地理位置)等。无形的心理环境主要包括人际环境(即师生、生生之间的关系)、组织环境(即课堂中各种正式与非正式群体及其规范、活动等)、情感环境(即课堂中的合作、竞争、期望、奖惩因素的运用等)和课堂心理氛围等。

二、课堂环境管理对学生发展与成长的意义

(一)良好的课堂环境管理能够促进学生的智力发展

环境心理学和教学环境的研究结果都表明,学生的智力发展和智力活动的效率与课堂教学环境因素有很大的关系。良好的课堂环境能激发学生的积极情感,并以此为中介促进智力活动有效进行。现代心理学的研究表明,情感对个体的认知过程具有组织或瓦解的效能。愉快的情绪有利于智力活动,沮丧、愤怒的情绪则不利于智力活动。课堂中,教师深切的期望与爱、师生间和谐友好的人际关系、积极向上的学习风气等环境条件都能激起学生积极的情感体验,从而对智力活动起到良好的调节作用。

(二)良好的课堂环境管理能够增强学生的学习动机

积极向上的课堂教学氛围具有很强的感染力,可以形成一种催人向上的教育情境,使学生从中受到感化和熏陶,提高学习的积极性。另外,良好的师生关系也会使学生对教师产生更深沉的爱,并产生情感迁移现象,对教师所教的科目产生浓厚的兴趣。

(三)良好的课堂环境管理还能提高学生的满意感

研究者对学习环境与学生的满意度之间的关系进行了研究,结果表明:学习环境与学生的满意感,无论在班级层次还是在个体层次上都存在着显著的相关。

三、课堂物理环境的管理

(一)时空环境

时空环境主要包括时间的分配与安排、空间的组合形式(主要指座位的安排)等。

合理安排时间是时间环境管理的一个重要方面,其中包括严格遵守时间表,按教学计划分配时间,随时监听课堂情况,保证在教学时间内学生都能参与学习而不是在开小差或做其他的事。比如,学生在临近下课的前几分钟精力容易分散,教师更应考虑如何充分利用最后几分钟总结或做些易于提起兴趣、集中精力的活动,而不要抢时间讲新内容或拖延下课时

间,以免影响教学效果。

在课堂空间环境中,座位的安排是最引人注意的。主要原因如下。

(1)座位的安排方式在很大程度上限制了课堂活动,表现为直接限制了师生活动的内容和方式;直接决定了活动空间的大小,桌椅布局不同,活动的空间就不同;直接决定了教师和学生之间、学生和学生之间的信息交流方式。例如,"稻田式"格局就不利于小组各成员之间的信息沟通,而适合于讲解式课堂,适合于以教师为主体的课堂。在这样的课堂上,学生是一种被动倾听的角色。

(2)课堂座位安排对学生的课堂行为有较大影响。目前的课堂中,教师一般按学生的身高、性别分配座位,男女分开,小个在前,大个在后,依次就座;或者是为了减少课堂混乱,试图把爱吵闹的学生分开,让爱吵闹的学生坐在前排或者讲台前。这样的课堂座位安排只是有利于教师对课堂违纪行为的调控,却不利于学生之间开展合作学习和竞赛。如果教师在安排座位时,能够按照组内异质,组间同质的原理,即使得每一个学习小组好、中、差搭配,不同小组大致平衡,这样既有利于小组内学生之间的互相帮助和开展合作学习,又有利于小组间展开公平合理的竞赛。

另外,座位的安排还要保证以下几点。

(1)保证学生有足够的活动空间。

(2)保证每位学生都在教师的视野之内。成功的课堂管理是教师能随时与每个学生进行良好的交流,哪怕只是眼神的交流。这就要求教学区、教师讲台、学生课桌等物品之间没有视线障碍,不能让教学仪器挡住了教师的视线。因此,在正式授课前教师要站在教室的不同位置检查视觉盲点。

(3)确保每位学生都能轻松看到教学演示。座位的安排必须保证便于学生观看教学演示,使他们不需要移动桌椅或扭转身体就可以看到演示。

(二)设施环境

设施环境包括教学场所和教学用具等物质因素,教学设施是否完备和良好直接关系到课堂环境的质量和教学活动的正常进行。

一个良好的教学场所应该具备以下条件。

(1)有良好的位置和适当的空间。教室要有良好的位置,以保证良好的采光、通风条件,以及便利的交通条件。教室空间如果太狭窄会让学生产生压抑感,影响学生学习时的情绪,也不利于教师在课堂上巡视和了解学生对教学内容的掌握情况。教室空间如果过于空旷,则不利于学生集中注意力,也会影响课堂教学的效果。

(2)教室要有良好的通风、采光、照明条件。在学生人数多而教室空间小的情况下,如果不能及时通风,没有新鲜的空气,课堂环境就会变得很闷热,从而使师生精神不振,影响课堂教学效果。另外,教室通常需要良好的位置和朝向,这样可以有更好的采光条件,要保证白天上课充分借助自然光,同时又不要产生直射和强烈的日光照射;在阴雨天、夜晚自然光不足的时候,要安排充分的人工照明。

(3)要保持适当的温度,无噪声。课堂中温度适宜,没有噪声,可以让学生产生一种愉悦的感受和积极的情绪,从而减少问题行为的发生,有利于形成安定的课堂秩序和较好的教学氛围。

(4)教室的造型设计和色彩搭配要适当。色彩运用应当充分考虑不同颜色对师生心理

造成的不同影响。一般而言,浅绿色和浅蓝色使人平静,易于缓解大脑疲劳,提高用脑效率。

(三) 自然环境

自然环境主要包括学校教室的地理位置、周边环境等,这些自然环境可以作为潜在因素对学生产生潜移默化的影响。一般认为,过分喧闹的周边环境容易分散学生在课堂上的注意力,环境噪声、污染等容易导致学生情绪低落,不利于课堂活动的组织与开展。因而,在建校的时候要尽量选择环境优美、相对安静的地方。

四、课堂心理环境的管理

课堂心理环境可以表现出课堂的独特风格,对整个课堂活动有很大的影响力,尤其影响课堂活动效率和目标的实现。课堂心理环境一般包括人际环境、组织环境、情感环境和信息与舆论环境。

人际环境指班级内部的各种人际关系所构成的一种特殊的社会心理环境,其中最重要的人际关系包括师生关系和同伴关系。组织环境则主要指班级的社会氛围,这种氛围一旦形成,便成为一种约束力,影响着班级中的每个成员。情感环境是指在班级教学过程中形成的一种情绪情感状态。教师的态度、期望、教学行为、教学方法都是影响学生情绪情感状态的无形的环境因素。情感环境对于人际关系、班级社会氛围、学生的发展等都会产生重要影响。除此之外,构成班级环境的要素还包括舆论环境、规范环境、信息环境等。

下面将重点介绍师生关系的建立与课堂心理氛围的维护。

(一) 师生关系

师生关系是教育过程中最基本的人际关系,它的变化和发展时刻影响着教育过程的每一个因素。法国著名教育家加里曾指出,教师与学生的关系是一种特殊的人际关系,区别于父母和子女,区别于兄弟姐妹,区别于朋友同事,在教育活动中不可忽视。建立和谐的教育与愉快的师生关系是提高课堂环境管理的重要环节,也是提高教育质量的首要前提。教师可以从以下几个方面来建立和谐的师生关系。

(1) 关爱、尊重学生。现代师生关系是一种民主平等的关系,教师不仅要关心学生,更要尊重学生,特别是要尊重学生的个体差异。学生由于先天生理条件、家庭环境、成长经历等的不同,在性格、能力、认知方式和行为习惯等方面存在个体差异。教师在教学实践中要了解这些差异,做到因材施教,实现学生的个性化发展。另外,教师也要重视对学生生存权、发展权等的保护。

(2) 倾听学生。在课堂教学中,教师不仅要站起来讲,还要能够俯下身听。尤为重要的是,在学生表达时要注意倾听,给予其足够的关注。在倾听中,了解学生的性格、行为、困扰和需要等。在倾听中,能够应用非口头与口头的暗示来表达对学生的共鸣和专心。比如,点头、身体前倾、微笑、扬眉等身体动作,如果用得恰当,会让学生觉得老师在听自己讲,尊重自己。教师在倾听过程中,还要学会适时追问,尤其在学生吞吞吐吐、欲言又止的情况下,要凭借敏锐的感觉适时追问,以便问出个中缘由、是非曲直,帮助学生找出症结所在,并对学生的言语作出恰当的评判和引导,使倾听更有实效。

(3) 在言语交流中禁用负面信息,多表扬、少批评。教师在和学生交流时,应注意自己的言语对学生的影响,多表扬,多呈现积极信息,巧妙呈现负面信息,批评要有艺术性。比如,要做到用微笑来暗示、用表扬来反衬、用商讨来提醒、用沉默来责备、用严词来说服、用故事来感化、用幽默来感召等。

(4) 要善于应用肢体语言。肢体语言是人内心情感的自然流露,它是促进师生之间正常愉快交往、形成和谐教学气氛的重要因素。肢体语言的运用,优势在于胜似万语千言,能达到"润物细无声"的效果。在教学中,教师应经常注意和巡视学生,减少注视黑板或教案的时间,让学生感受到教师时刻在关注他们的听课情况;教师应经常变换所站位置,适度在教室走动,便于与每位学生都有较平均的身体接近机会,师生间距离的拉近可以促进师生的双向沟通;教师的手势是能辅助教学"表演"的工具,手势可以指示人和事物,也可以表达形状、大小和动作。教师可借助手势调控学生的注意力。

(二) 课堂心理氛围

1. 课堂心理氛围的含义

课堂心理氛围也称作课堂气氛,是指班集体在课堂上所表现出来的心理氛围,通常是指课堂里某些占优势的态度与情感的综合状态。个别学生的态度与情感并不构成课堂心理氛围,但多数学生的态度与情感就会组合成占优势的综合状态而形成课堂心理氛围。也就是说,课堂心理氛围主要指群体的心理状态,是在课堂活动中师生相互交往中表现出来的相对稳定的知觉、注意、情感、意志、定势和思维等心理状态。

2. 课堂心理氛围的类型

在通常情况下,课堂心理氛围可以分成积极的、消极的和对抗的三种类型。①积极的课堂心理氛围是恬静与活跃、热烈与深沉、宽松与严谨的有机统一。②消极的课堂心理氛围通常以学生的紧张拘谨、心不在焉、反应迟钝为基本特征。③对抗的课堂心理氛围则是一种失控的课堂氛围,在课堂活动中,学生过度兴奋、各行其是、随便插嘴、故意捣乱,教师失去了对课堂的驾驭和控制能力,因此有时不得不中止讲课而维持秩序。

3. 影响课堂心理氛围的因素

课堂心理氛围是在课堂活动中由师生相互作用而产生的,它主要受到教师、学生、课堂物理环境三个因素的影响。

(1) 教师的因素。

教师是课堂活动中的主导者,教师的教学能力、领导方式、对学生的期望等是影响课堂心理氛围的决定因素。

教师的领导方式是教师用来行使权力与发挥其领导作用的行为方式。勒温曾在1939年将教师的领导方式分为集权型、民主型和放任型三种类型。这三种不同的领导方式会使学生产生不同的行为反应,从而形成不同的课堂气氛,其中民主型的课堂气氛最佳。

(2) 学生的因素。

学生是学习的主体,其个体心理特征无疑也是课堂心理氛围的重要影响因素。例如,学生的学习态度和学习动机各不相同,在课堂教学中也会有不同的表现。具有积极学习动机的学生在课堂上一般发言积极、反应迅速,这对于形成良好的课堂心理氛围有重要作用。而学习动机消极的学生则注意力不集中、经常走神、不爱发言,在课堂上表现较沉闷、压抑。

(3) 课堂物理环境的因素。

课堂物理环境又称为教学的时空环境,主要指教学时间和空间因素构成的特定的教学

环境,包括教学时间安排、班级规模、教室内的设备、教具、光线、温度、座位编排方式等。

4. 良好课堂心理氛围的营造策略

良好课堂心理氛围,即良好课堂气氛的营造不仅需要教师能够有效调控和应对影响课堂气氛形成的因素,还需要教师掌握基本的营造策略,二者缺一不可。

(1)准确地鉴定、分析课堂气氛是营造良好课堂气氛的前提和基础。通过多种方法的综合运用,了解课堂气氛的状况,发现问题、分析问题并寻找到解决问题的有效路径。

(2)时刻保持积极的情绪状态感染学生。教学活动不仅是教师传授知识的过程,而且是师生双方情感和理智的动态交往的过程。

(3)树立典型,利用榜样示范积极引导学生。教师根据对班级学生的了解,在学生中选择具有说服力的优秀典型,通过榜样示范的作用使其他学生明确应遵守的行为规范和应追求的发展目标。

(4)妥善处理矛盾冲突,建立良好的师生、生生关系。师生关系融洽、生生关系友善是课堂气氛的基础与反映。当师生之间、同学之间发生分歧或者矛盾时,教师需要正视并及时有效地处理,尤其是当师生之间发生冲突时,教师应高姿态,主动承担责任,给学生作出好的榜样。

第三节 课堂行为管理

一、课堂纪律及其维持策略

(一)课堂纪律的含义

为了维持正常的教学秩序,协调学生的行为,以求课堂目标的最终实现,必然要求学生共同遵守课堂行为规范,从而形成课堂纪律。课堂纪律是对学生课堂行为所施加的准则与控制。

良好的课堂纪律是课堂教学得以顺利进行的重要保障条件。课堂纪律具有约束性、标准性和自律性三大特征。

(二)课堂纪律的类型

根据课堂纪律形成的途径,可以将课堂纪律分成以下四种类型。

1. 教师促成的纪律

所谓教师促成的纪律,主要指在教师的帮助指导下形成的班级行为规范。这类纪律在不同年龄阶段所发挥的作用有所不同,年龄越小,学生对教师的依赖越强,教师促成的纪律所发挥的作用越大。

2. 集体促成的纪律

集体促成的纪律主要是指在集体舆论和集体压力的作用下形成的群体行为规范。集体促成的纪律主要有两类:一是正规群体促成的纪律,如班集体的纪律、少先队的纪律等;二是非正规群体促成的纪律,如学生间的友伴群体的纪律等。教师应着重对非正规群体加以引导,帮助他们形成健康的价值观和行为准则,并使之融合到正规群体中来,使每个学生都认同班集体的行为规范。

3. 任务促成的纪律

任务促成的纪律主要指某一具体任务对学生行为提出的具体要求。这类纪律在学生的学习过程中占有重要地位。任务促成的纪律是以个人对活动任务的充分理解为前提,学生对任务的意义理解越深刻,就越能自觉遵守任务的纪律要求。教师要较好地运用学习任务来引导学生,加深学生对任务的理解,这样不仅可以有效地减少课堂纪律问题,还可以大大提高学习效率。

4. 自我促成的纪律

简单来说就是自律,是在个体自觉努力下外部纪律内化而成的个体内部约束力。自我促成的纪律是课堂纪律管理的最终目的。当学生能够自律并客观地评价自己和集体的行为标准时,便意味着他能够为新的更好的集体标准的发展做出贡献,同时也标志着学生的成熟水平大大提高。

(三)课堂纪律的影响因素

学生、学习过程和学习情境是课堂的三大要素,这三大要素相对稳定的组合模式就是课堂结构。课堂结构包括课堂情境结构与课堂教学结构,其对课堂纪律有着重要的影响。

1. 课堂情境结构

课堂情境结构的安排要考虑以下几个方面。

(1)班级规模的控制。

过大的班级规模限制了师生交往和学生参加课堂活动的机会,阻碍了课堂教学的个别化,因而有可能导致较多的纪律问题,从而间接影响学习成绩。然而,过小规模的班级又不经济,所以中小学班级最好以25—40人为宜。

(2)课堂常规的建立。

课堂常规是每个学生必须遵守的最基本的日常课堂行为准则。从上课、发言、预习、复习、作业,到写字姿势、自修、教室整洁,课堂常规为学生提供了行为标准,具有约束和指导学生的作用。

(3)学生座位的分配。

分配学生座位时,最值得教师关注的应该是对人际关系的影响。因此分配座位时,一方面要考虑课堂行为的有效控制,预防纪律问题的发生;另一方面要考虑促进学生间的正常交往,并有助于学生形成良好的人格特征。

2. 课堂教学结构

课堂教学结构是在一定的教育思想的指导下为完成一定的教学目标,对构成教学的诸因素在时间、空间方面所设计的比较稳定的、简化的组合方式及其活动程序。课堂教学结构能使教师满怀信心地按照教学计划有条不紊地教学。而教师良好的心理状态又会感染全班学生,从而增强他们的安全感和自信心,减少背离性,避免课堂秩序混乱。

课堂教学结构的安排要考虑以下几个方面。

(1)教学时间的合理利用。

课堂活动分为学业活动、非学业活动和非教学活动三种类型。通常情况下,用于学业活动的时间越多,学习成绩便越好。因此,不应该使学生把过多的时间花费在等待教师帮助、上课做白日梦以及在课堂上嬉闹等方面。解决这一问题的关键就在于建立完善的课堂秩序,有效地将学生吸引到学业活动上来,使花费在维持纪律上的时间减少到最低限度。

(2) 课程表的编制。

课程表是课堂教学有条不紊地进行的保证。在其编制过程中要注意三点。第一,尽量将语文、数学等核心课安排在学生精力最充沛的上午第一、第二节课,而将音乐、美术、体育等技能课安排在下午。第二,文科与理科、形象性与抽象性学科应交错安排,避免学生产生疲劳和厌烦。第三,新、老教师教平行班的时间间隔要不同,新教师间隔时间应较短,以保证第二班的教学效果更优;老教师间隔时间应较长,以避免简单重复而产生乏味感。

(3) 教学过程的规划。

良好的教学设计是维持课堂纪律的又一重要条件。不少纪律问题是因为教学过程规划不合理造成的。因此,无论是教学目标的设立,还是教学方法的选择,教师都应认真对待。

(四) 维持课堂纪律的策略

1. 建立有效的课堂规则

课堂规则是课堂成员应遵循的课堂基本行为规范和要求。积极、有效的课堂规则有两个特点。第一,由教师和学生充分讨论,共同制定;第二,尽量少而精,内容表达多以正面引导为主。

2. 合理组织课堂教学

教师应做到:首先,增加学生参与课堂的机会;其次,保持紧凑的教学节奏,合理布置学业任务;最后,处理好教学活动之间的过渡。

3. 做好课堂监控

教师应能及时预防或发现课堂中出现的一些纪律问题,并采取言语提示、目光接触等方式提醒学生注意自己的行为。

4. 培养学生的自律品质

促进学生形成和发展自律品质,是维持课堂纪律的最佳策略之一。教师应做到:首先,要对学生提出明确的要求,加强课堂纪律的目的性教育;其次,引导学生对学习纪律持有正确、积极的态度,产生积极的纪律情感体验,进行自我监控;最后,集体舆论和集体规范是促使学生自律品质形成和发展的有效手段,教师应对其加以有效利用。

二、课堂问题行为管理

(一) 课堂问题行为的含义

课堂问题行为是指不能遵守公认的正常儿童的行为规范和道德标准,不能正常与人交往和参与学习的行为。课堂问题行为不仅影响学生的身心健康,而且常常引起课堂纪律问题。研究发现,一个学生的问题行为不只是影响他自己的学习,同时也影响课堂上其他同学的学习。在一般情况下,一个学生的问题行为可能简单诱发另一个学生不听课,也可能把问题蔓延开来,诱发许多学生产生类似的问题行为,从而破坏课堂秩序、影响教学活动的正常进行。这种问题行为是许多教师常常遇到的。因此,对课堂问题学生及时加以控制和防范,也是课堂管理的重要内容之一。

通常从以下几个方面来判断学生的行为是否属于问题行为。

(1) 频率——此种行为是否经常发生。

(2) 维度——此种行为是否影响了其他学生的正常学习,被影响者有多少人。

(3) 强度——此种行为对个体及他人的干扰到了何种程度。

(4) 时间——此种行为持续多长时间。

(5) 态势——此种行为有无自然消失的可能。

(6) 刺激源——此种行为是否来自课堂当中。

(7) 离差——此种行为是否偏离学生的年龄特征。

(二) 课堂问题行为的类型

中外学者从不同角度对课堂问题进行了分类。奎伊等人在其研究的基础上,把课堂问题行为分为人格型、行为型和情绪型。

人格型问题行为带有神经质特征,常常表现为退缩行为。如有的学生在课堂上忧心忡忡,不信任教师,害怕教师提问和批评;有的学生不信任自己的能力,缺乏信心和兴趣;有的学生在教室里焦虑不安、心神不定,常常手足无措、答非所问。

行为型问题行为主要具有对抗性、攻击性或破坏性等特征。如有的学生缺乏耐心、容易冲动、不能安静;有的学生多嘴多舌、交头接耳。

情绪型问题行为主要是由于学生过度焦虑、紧张和情绪多变而导致社会障碍的问题行为。如有的学生漫不经心、冷淡漠视、态度忸怩;有的学生过分依赖教师和同学,不敢自做决定,不能独立完成作业。

我国也有学者将课堂问题行为分为行为不足、行为过度和行为不适三种类型。行为不足主要是指人们期望的行为很少发生或从不发生,如沉默寡言等;行为过度主要是某一类行为发生太多,如经常侵犯他人;行为不适是指人们期望的行为在不适宜的情境下发生,但在适宜的情境下却不发生,如上课时放声大笑等。

(三) 课堂问题行为的成因

学生在课堂上出现问题行为不是单一原因导致的结果,而是多种原因共同导致的。根据课堂参与者角色,其主要可以概括为学生和教师两个方面。

1. 学生方面的原因

(1) 寻求注意。

埃里克森曾指出,需要时刻获得他人的关注是人类的天性。对学生而言,获得教师的关注是学校生活中一项重要内容,但一些学生却无法通过优异的成绩或出色的表现使自己的这种需要得到满足。在感受到无数次的被忽视之后,一旦一次偶然的违纪和教师的关注相联系,那么这种"操作性条件反射"便得以建立,并不断地被强化。学生会错误地认为,只要违纪就能得到教师的关注,哪怕这种关注是批评和责罚,也比忽视自己的存在要好得多。

(2) 对规则、纪律的"限度检测"。

在课堂教学实践中,教师一般都会对学生讲明违反课堂规则的后果,但学生心目中仍充满了疑问:老师是认真的吗?什么样的情况下才能真正把老师激怒?惩罚究竟会给自己带来什么样的后果?在这种好奇心的驱使下,学生会用自己的行为对以上问题进行检测,心理学家将这一现象称为"限度检测"。"限度检测"实际上是学生探索外部世界、获取知识的行为,具有一定的学习性质,因此决不能将他们的违规行为机械地理解为存心捣乱(一些实习教师和刚上任的新教师还会将其看作"欺生"的表现),而应当作审慎、客观的分析。教师应该用建设性的方式对学生进行告诫,尽量避免学生进行"限度检测"。

(3) 学生的个体差异。

不同的个体,由于其性别、年龄、身体及个性等方面的不同,其行为表现也会有所不同。在性别差异上,通常女孩子比男孩子更乐于配合,对协助教师组织课堂教学更感兴趣;而男孩子则对室外活动和主动学习感兴趣。因此,在中学,女孩子表现出课堂问题行为的次数一般少于男孩子。年龄较小的学生表现出的课堂问题行为,一般都比较单纯,大多属于不能自控的表现。而年龄较大的学生的课堂问题行为不仅扰乱课堂秩序,往往还具有挑衅的意味,从而增大了课堂问题行为的危害性和教师的管理难度。此外,学生的生理特点(如精力过剩、身体虚弱或存在视听说等方面的障碍)、个性特点(如情绪不稳定、缺乏自信心等)等都会导致学生在课堂上表现出问题行为。

2. 教师方面的原因

(1) 教师教学失误。

如果教师缺乏教学组织能力,备课不充分、语言不生动等,也会直接影响学生的课堂状态,从而引发诸如开小差、不认真听课、消极排斥课堂等问题行为。

(2) 教学管理方式不当。

一些教师放弃管教的责任,采取不闻不问的立场,学生也因缺乏被指正的机会而出现违反课堂规则的行为;有些教师则对学生的问题行为过于敏感,处处设防,让学生在课堂里感到冷酷,从而产生问题行为;此外,教师在教学管理上主观武断,不尊重学生、体罚学生等不当行为也会导致学生在课堂上表现出问题行为。

(3) 教师个性因素。

乌申斯基认为,"只有个性才能作用于个性的形成和发展,只有性格才能养成性格"。教师只有自己个性日趋完善,才能有助于教学。古德和布罗菲也认为,要保持良好的课堂教学秩序,首要的因素是教师必须能被学生所喜爱。因此,教师应具备能让人喜爱的一些个性特征,如真诚、友善、快乐、情绪稳定等。而懒惰、内向羞涩、自命清高等不良个性因素会降低教师在学生心目中的威信,从而降低其对学生问题行为的约束力,使学生更易于表现问题行为。

(四) 管理课堂问题行为的方法

1. 移走分心物

课堂上,学生有时会因其他事物而分心,如一把尺子或杂志等。当教师看到这些东西影响了学生的学习时,教师可以直接走过去没收这些东西,并低声告诉学生这些东西下课后才能归还。教师的态度要温和,但又坚决、不啰嗦。

2. 言语警告或提醒

当学生表现出违纪或与学习无关的活动时,教师可以采取直接干预的方法。如通过言语警告和提醒,对学生提出明确要求或指导他们该做什么,从而减少或终止学生的不当行为。如教师可以给学生提出直接建议:"某某,请你现在停止讲话,继续做练习。"这种方法对中等程度的行为问题较为有效,但不适用于严重的违纪行为。

3. 冷淡处理

有些时候,学生的课堂违纪行为是为了吸引教师的注意,这时候教师就可以采用冷淡处理的方法,故意漠视学生的违纪行为,这是基于"消退"原理,即对学生的违纪行为故意视而不见,不给予强化,以达到违纪行为逐渐减少进而消失的目的。

4. 接近控制

接近控制是教师靠近分心的学生,以帮助他将注意力收回到学习上。例如,一个学生在课堂上做小动作或看课外书,教师就可以站在学生的课桌旁,以此来提醒该学生。

5. 暗示

暗示法是教师常用的一种课堂管理方法。教师通过非言语暗示向违纪学生传递其行为不恰当的信号,让学生明白自己的行为是不恰当的,应该回到学习上来。

通常教师还可以通过与违纪学生的目光交流,调节自己的音量、语速、语调,以及使用肢体语言等方式向学生传达信息。

6. 责任承担

每个人都应该为自己的行为负责,学生也不例外。合理运用责任承担法,一方面可以有效减少课堂违纪行为,另一方面也可以培养学生的责任感。责任承担法通过让学生自己去体验其问题行为所产生的结果来达到减少学生课堂问题行为的目的。例如,学生在课桌上乱写乱画,他就必须把桌子擦干净;上课时不用心听讲,不能按时完成课堂练习,他就必须牺牲课后时间,把知识弄懂弄透;损坏学校财物,他就必须赔偿。

通常教师都会事先制定一些规则,即学生作出什么样的违纪行为对应着什么样的责任承担。比如,上课不用心听讲、打瞌睡,就要从座位上站起来;上课吃零食,就要在全班同学面前道歉,并为山区小朋友捐献一块钱等。

7. 隔离

当学生发生不当行为影响到其他同学上课时,可以采用隔离法。例如,课堂上,两同学因发生口角而突然大打出手,教师一时难以平息他们的怒气,可暂时将他们分开,并明确告诉他们:"当你们平静下来决定好好听课时,再回到座位上。老师相信你们能够做到!"

8. 私下交流

学生的有些行为不具备共性,或者原因不清,如果在课堂上来不及解决或在课堂上的纠正不起作用时,便可以采用这种策略。如有的学生频繁迟到、不愿意做某种特定的作业等。教师可利用课后时间了解具体情况,要求学生如实告知具体真相,共同商讨进一步解决问题的办法。

9. 交付处理

当学生出现严重的问题行为,任课教师一时解决不了时,可以交给学校其他部门来处理,如年级组长、教导主任以及学校校长等,必要时告知学生家长。

总之,学生课堂问题行为多种多样,课堂问题行为的处理技巧也多种多样,教师应本着"一切以学生发展为中心"的指导思想,根据具体情况,灵活运用各种策略,协助学生养成良好的课堂行为习惯,促进学生身心健康、全面发展。

(五) 课堂问题行为的预防和处置

对于学生课堂问题行为的调控,应以预防为主,引导和促进学生端正学习态度,帮助学生适应课堂环境,减少问题行为的发生。

1. 建立良好的教学环境

建立良好的教学环境是一种从宏观上调控问题行为的策略。狭义的教学环境指教学活动所处的客观物理环境,如教室色彩、教室布置、教学设备等。广义的教学环境还包括教学过程中人与人、人与物理环境相互作用而产生的心理环境,如师生关系、同伴关系、课堂气氛等。不良的物理环境有可能引发问题行为,但对问题行为影响更大的是心理环境。

对于一个学生来说,如果师生关系紧张、同伴关系恶劣、得不到他人的尊重和认可,就很容易出现问题行为。因此,良好的教学环境有助于形成良好的纪律,减少问题行为的发生。教师应致力于营造愉快、和谐、有序的课堂气氛,建立融洽的人际关系,对于有问题行为的学生给予尊重和理解,创造机会使他们能在班集体中发挥自己的才能,提高他们在班级中的地位。

2. 养成遵守课堂规则的习惯

有效的课堂管理,实际上是在建立有序的课堂规则的过程中实现的。实践证明,教师适时地将一些一般性要求固定下来,形成学生的课堂行为规范并严格监督执行,不仅可以提高课堂管理效率,避免秩序混乱,而且一旦学生适应这些规则后会形成心理上的稳定感,增强对课堂教学的认同感。例如,音乐课上要求学生上课时随着教师的琴声一行行列队轻轻走入教室,在音乐声中向教师问好、坐下,下课后仍按小组队形踩着音乐节奏轻轻退出教室。这种要求一旦成为学生的行为习惯,就可以长久地发挥作用,产生积极的管理效益和教学效益。

3. 积极开展心理辅导

课堂问题行为的背后,往往隐藏着深层的心理问题,如自我认知偏差或人格障碍等。如果教师只是单纯地制止或惩罚,而不去深入分析学生行为背后的心理原因,不进行细致的心理辅导,可能会"治标不治本",甚至会导致更严重的问题行为。

心理辅导是指在一种建设性的人际关系中,辅导教师运用其专业知识和技能,通过心理教育、心理训练和心理咨询等途径,给学生提供其需要的帮助与服务的过程。它通过调整学生的认知、调节学生的情绪、塑造学生的人格来改变学生的外部行为。因此,我们应该面向全体学生开展积极、主动的心理辅导,从而预防问题行为的发生。特别是那些所处不良社会环境的学生、生活发生了重大变故的学生、自我期望高而又屡遭挫折的学生,应对其重点实行早期干预。

4. 运用积极的言语和非言语手段调控

一般说来,教师发现学生出现问题行为时,不要指名道姓地批评,而要尽量用非言语行为控制。如教师用目光、面部表情、手势、动作、走近学生等非言语手段,提示学生注意控制自己的不良行为。

教师还可以采用点头表扬来调控学生的问题行为。其可以分别采用两种方式。一是,表扬出现问题行为的学生的良好行为。譬如学生上课爱搞小动作,教师就在这个学生认真学习时表扬他;如果学生常擅自离开座位,教师就要在他们坐在座位上认真听讲时表扬他们。二是,表扬其他学生的良好行为。一般是选择他邻座的同学或他最要好的同学加以表扬,这样可使行为不当的学生意识到,教师已经知道他的行为表现,他应控制不当行为。

表扬良好的行为不仅可以终止学生的问题行为,而且也可以使他们知道应该做出哪些合适的行为。因此,这是一种比较好的问题行为调控策略。

5. 实施必要的行为矫正

行为主义的学习理论认为一切行为都是学习得来的,因此是可以改变的。运用条件反射的原理,对有问题行为的学生进行反复训练,以达到矫正不良行为,形成良好行为的目的。行为矫正程序有行为观察、程序完成、程序评定等一系列步骤,基本环节如下。

(1) 观察问题行为性质。观察学生的问题行为,并将学生的具体表现记录分析,以一个或少数几个行为作为目标行为。第一个被定作目标的行为应当是最严重、最容易看出、最重要、发生的频率较高的行为,要看看是什么强化物在维持这一行为。观察的另一个意图就是设立一个基点,以便比较后改进。

(2) 设立基点行为频率。问题行为矫正之前,教师需要明确界定这一行为的构成。例如,如果目标行为是"打扰同伴",那么教师就得明确是什么具体行为构成了"打扰"(或许是逗乐、伸头)。教师可以根据频率(如李某擅自离座位多少次)或时间(离座位多少分钟)来测量行为基点。

(3) 选择强化物和强化标准。行为主义学习理论和行为矫正实践,都赞成强化适当行为而不是惩罚不当行为,实施惩罚和强化同样奏效,应当避免实施惩罚。在某些情况下可能需要一两种惩罚,但只有在无法使用强化策略时才予以实施。典型的课堂强化物包括表扬、权利、奖品等。在一个结构严密的行为矫正程序里,表扬对改善学生的行为是极其有效的,有意忽视不当行为与表扬适当行为效果常常相当。除了表扬以外,许多教师发现,给学生以微笑或其他小的奖品也是很有用的。从课堂管理的角度,多给予非物质性奖励更有助于学生保持对学习的兴趣和全身心的投入。

(4) 恰当地运用惩罚。当使用强化程序也无法解决某一个严重的行为问题时,就需要实施惩罚了。首先,要让学生明白为什么受到惩罚,以及如何改变自己的行为。其次,注意选择惩罚的方式,对有些学生来说,不予关注、不予表扬、撤销特权就已经是惩罚了,但对另外一些学生则可能需要更加严厉的处罚,如训斥、暂时隔离和告知父母。不管怎样,都要避免对学生进行体罚。教师应明白要少用惩罚,它不仅会破坏师生关系,也不利于创设和谐友善的教学气氛。学校里常见的惩罚有申斥、逐出教室、停止学习等。教师应当尽量少用"请出去"的方法,一旦使用,就应当平静而坚定地去做,学生要到指定的地方等待,直到时间满了为止。逐出去的时间应当较短,通常以5分钟为宜。

(5) 实施行为矫正的程序,评估行为矫正效果。在行为矫正计划的实施过程中,教师要做好观察记录,将学生的问题行为频率与基点行为进行对比。如果发现学生的问题行为发生的频率已经显著下降,说明矫正计划有效,这时,应该适当减少强化的频率;如果发现学生的问题行为发生的频率并没有降低,说明矫正计划没有产生相应的效果,教师应考虑改变行为矫正的方法。

同步训练四

一、单项选择题

1. 以下（　　）不是课堂管理的原则。
   A. 目标原则　　　　B. 激励原则　　　　C. 反馈原则　　　　D. 民主原则

2. 师生关系融洽，课堂气氛宽松而不涣散，严谨而不紧张，这样的课堂气氛属于（　　）。
   A. 积极的课堂气氛　　　　　　　　B. 消极的课堂气氛
   C. 中立的课堂气氛　　　　　　　　D. 对抗的课堂气氛

3. 课堂纪律管理的最终目的是（　　）。
   A. 自我促成的纪律　　　　　　　　B. 教师促成的纪律
   C. 任务促成的纪律　　　　　　　　D. 集体促成的纪律

4. 八年级二班的小明在数学课上大家都很安静的时候忽然大笑起来，按照我国学者对课堂行为的划分，这属于（　　）。
   A. 行为过度　　　　B. 行为不足　　　　C. 行为失常　　　　D. 行为不适

5. 明显干扰课堂教学的行为属于（　　）。
   A. 积极的课堂行为　　　　　　　　B. 消极的课堂行为
   C. 中性的课堂行为　　　　　　　　D. 恶劣的课堂行为

二、辨析题

1. 教师的焦虑水平过低，就会缺乏激励力量，对教学和学生容易产生无所谓的态度，师生之间很难引起情感共鸣，容易形成消极的课堂心理气氛，因此教师的焦虑水平越高越好。

2. 一个班级的纪律越严格，说明这个班级的纪律越好。

三、简答题

1. 简答课堂问题行为的处置与矫正方法。
2. 怎样营造良好的课堂气氛？
3. 简答班风建设的策略。
4. 简答班级活动的基本类型。

第五篇

健康心理

JIANKANG XINLI

学习目标

1. 了解心理健康的概念,理解心理健康的标准,熟悉中学生常见的心理健康问题,包括抑郁症、恐怖症、焦虑症、强迫症、网络成瘾等。

2. 理解心理辅导的主要方法,包括强化法、系统脱敏法、认知疗法、来访者中心疗法、理性-情绪疗法等。

第十五章
青少年的心理健康

第一节　心理健康概述

一、心理健康的概念

1948年,世界卫生组织(WHO)把健康定义为,不但没有身体的缺陷和疾病,还要有生理、心理和社会适应能力的完满状态。这表明人们必须既注意身体健康又注意心理健康,才能达到真正的、全面的健康。

心理健康是健康的重要组成部分。关于心理健康的概念,学界众说纷纭,但现在学者们普遍赞同以下定义:心理健康是一种良好的、持续的心理状态与过程,表现为个人具有生命的活力,积极的内心体验,良好的社会适应能力,能够有效发挥个人的潜力以及积极的社会功能。可见,心理健康至少应包括两层含义:一是无心理疾病,二是有积极发展的心理状态。

二、心理健康的标准

心理健康标准是心理健康概念的具体化。虽然确立心理健康标准的依据各不相同,但总体看来,可以归纳为以下几个方面。

(一) 智力正常

智力是人的观察力、记忆力、想象力、思维能力和操作能力的有机综合。智力正常是人们生活、学习、工作的最基本的心理条件,也是衡量一个人心理健康的重要标志。智力正常的人能客观反映客观事物,并在环境发生变化的前提下正确地定向,使心理和行为表现出对社会的适应。人们通常采用智力测验的方法衡量青少年学生智力发展的水平,一般智商在70分以上者属于智力正常范围,低于70分的为智力低下者。

(二) 自我意识正确

自我意识是人对自己的观点、看法与评价。了解自我与悦纳自我是心理健康的重要标志。一个心理健康的人,他们首先能了解自己,有自知之明,即对自己的知识和能力的水平、性格的优缺点等都能做出恰当的、客观的认识与评价,对自己不会提出苛刻的、非分的期望和要求,自己的生活目标和理想也能定得切合实际。一个心理健康的人,他们还能悦纳自己,即接纳自己、喜爱自己、爱惜与保护自己。他们能体验到自己存在的价值与意义,努力发展自身的潜能,对人生、未来抱有乐观的态度。整体而言,他们对自己是满意的,即使对自己无法补救的缺陷,也能泰然处之。

(三) 人际关系和谐

人际关系和谐是心理健康的重要标准,也是维持心理健康的重要条件之一。所谓人际关系和谐主要表现在两个方面。一方面,心理健康的人能了解和理解他人。他们能客观地了解他人的认识和情感需要,了解他人的个性、兴趣和品质,善于发现并学习他人的优点,能够善意地指出他人的问题。另一方面,心理健康的人乐于接受他人与被他人所接受。他们喜欢他人,也容易得到他人的喜爱和欢迎。他们乐于与人交往、善于与人交往,不仅接受自己,也接纳他人,认可别人存在的重要性和作用;既能与他人相互沟通和换位思考,又能获得别人的理解和接受;在集体中能与他人融为一体,与挚友聚会之时共享欢乐,独处沉思之时无孤独感;在与人交往的过程中,积极的态度(如尊重、友善、信任、理解等)总是大于消极的态度(如敌视、嫉妒、畏惧、猜疑等);在社会生活中,有较强的适应能力和较充足的安全感。

(四) 情绪积极稳定

情绪活动是人的基本心理活动,能否有积极稳定的情绪是个体心理健康的重要内容。心理健康的人首先表现为人的心情愉快,生活中乐观、开朗、满意等积极的情绪状态总是占主流,虽然也会有悲伤、忧愁、愤怒等消极的情绪体验,但一般不会长久,并能进行自我调节,迅速恢复到轻松愉快的情绪状态。心理健康的人还表现为情绪稳定,有良好的情绪自控能力。他们能有效地控制和调节自己情绪的类别、体验的时间及强度,使其能在适当的时间、地点、场合、恰如其分地表达,既能克制约束,又能适度宣泄,不过分压抑,做到喜不狂、忧不绝,胜不骄、败不馁,喜怒有节,调控有度。

(五) 意志品质健全

心理健康的人,具有健全的积极的意志品质,表现为具有意志的目的性、果断性、坚韧性和自制性等优良品质。他们在生活和学习中对自己的行动目的有正确的认识,不是缺乏主见或盲目决定、一意孤行,而是看准事情及时决定,主动支配自己的行动以达到预期的目标;他们善于明辨是非,能适当且当机立断地采取决定并执行决定;在执行决定的过程中,他们勇于克服困难、排除干扰、坚持不懈,表现出一定的毅力;此外,他们对自己的心理与行为的调节、控制方面也表现出一定的自制能力。

(六) 人格完整协调

心理健康的人,其人格结构包括气质、能力、性格和理想、信念、动机、兴趣、人生观等各方面,且能平衡发展。人格即人的整体的精神面貌,人格完整协调即人格能够完整、协调、和谐地表现出来。他们思考问题的方式是适中与合理的,对外界刺激不会有偏颇的情绪和行为反应,待人接物能采取恰当灵活的态度;能够真实体验一切存在的情绪或态度,而不是歪曲或掩饰,行为前后一致;对事物的认识不绝对化,能辩证地看待周围的事物,与社会的步调合拍一致。

(七) 社会适应良好

适应是个体为满足生存的需要而与环境发生的调节作用。人在生活中,经常面对各种变化，必须学会适应。

心理健康的人能建立积极的适应机制，主动适应自身、环境及社会的变化。当环境、社会发生变化时，他们能做出相应的变化，使个性与环境相协调。这种适应能力表现为能与社会保持良好的接触，认识社会、了解社会，使自己的思想、信念、目标和行动跟上时代发展的步伐，与社会的进步和发展协调一致；当自己的思想行为与社会现实出现矛盾和冲突时，能及时调节、修正自己的计划和行动；掌握一些解决矛盾、排解自身心理困扰、减轻自身心理压力的方法；在学习过程中掌握优良的学习方法及策略，会调控自己的学习心理状态，会开发自己的潜能等。

（八）心理与行为符合年龄特征

不同的年龄有其不同的心理特征。一个人的言语和行为符合其年龄特征者，是心理健康的表现；反之，如果严重地偏离了他的年龄特征，则是不健康的表现。

心理健康的人应具有与同年龄段大多数人相符合的心理和行为特征。他们能对周围的事物和环境作出符合自己年龄特征的认识和评价，既不会表现得过于幼稚，也不会表现得过于"老成"，而是行为表现符合社会常规，意识与行为一致，为人处世合情合理。他们能表现出该年龄应具有的心理与行为特点，主动积极地去适应周围的环境。

第二节　青少年常见的心理健康问题

一、中学生发展性心理问题

（一）自我概念发展问题

青春期是自我意识发展的第二个飞跃期。初中生在日常生活中常常将很多心智用于内省，自我意识高涨，使其人格出现了暂时的不平衡；高中生的自我意识中的独立意向日趋强烈。处于青春期的中学生不断追问着"我是谁？"这样一个重要的问题，"我到底是个怎么样的人？""我的特征是什么？""别人喜欢我，还是讨厌我？"

由于他们的生理、心理均处于急剧变化的时期，思维的成熟度不足，突然高涨的自我意识使他们的言行可能出现一些问题，如比较强烈的主观偏执性，他们总认为自己是正确的，听不进别人的意见；觉得他人时刻都在对其进行品评，担心自己在他人心目中的形象，感到别人似乎总是用尖刻挑剔的态度对待自己。因此，当听到别人在低声讲话时，便怀疑他人是在议论自己；当别人面露微笑时，又认为他人是在嘲笑自己。这样的纠结想法使中学生感到压抑、孤独而且神经过敏。

自卑心理是中学生自我概念发展中一种常见的、突出的而且影响面较广的心理问题。心理学上所指的自卑就是个体在同他人进行比较后，感到自我适应性差，某一方面或某几方面不如他人，因而表现出无能、软弱、沮丧、精神不振的心理不平衡状态。

中学生产生自卑心理的主要原因有很多，但以下几方面的原因较为突出。其一，身体或生理缺陷。由于身体或生理缺陷造成自卑心理的在中学生群体中不乏其人。如一些男生，可能因为自己个子矮小而被人称为"小不点"或认为"没有男子气"，从而在内心深处产生了强烈的自卑感；一些女生，可能因为自己满脸"青春痘"、相貌身材欠佳而自惭形秽变得极度自卑。还有一些同学是因为自己身体的残疾受到同学的歧视或嘲笑，从而引发了其深深的自卑感。其二，学习动机受挫或学习困难。学习是中学生的主要活动，优良的成绩是每个中学生发自内心的追求。然而，受各种主客观因素的影响，确实存在一些学习成绩不佳或学习困难者，虽然他们也付出了辛勤的努力，但考试成绩每每让他们失望，学习动机屡屡受挫，这常使一些学习困难者怀疑自己的能力，产生自卑、消极退缩的心理。其三，学习与生活的环境。有不少中学生因为自己所在的学校是一般学校而非重点学校而自卑，自己的班级是普通班级而非"特尖班""重点班"而自卑，不能正视客观现实。还有一些中学生因为家庭条件与经济背景不如同学，觉得自己的穿着打扮、学习用品等比不上周围的伙伴，为自己家里的经济拮据而感到自卑。

自卑心理对中学生会产生消极影响。过分自卑并持续很久而不能自已，势必会影响中学生的身心健康，乃至他们的学习、生活与社会适应性。这种自卑心理对中学生的消极影响主要表现在以下方面：使人变得敏感多疑，常觉得有人在背后议论自己、嘲笑自己，进而表现为自我防御过盛、神经过敏；形成心理障碍，压抑了上进心与自尊心，使人变得胆小怯懦，不敢表现自己和主动寻找机会发展自己；心理脆弱，往往经受不起挫折，并因挫折的打击而变得抑郁、沉闷乃至一蹶不振；不能与他人正常交往，甚至贬低他人、嫉妒他人，以消极的方式寻找内心平衡，造成人际关系敏感与紧张；等等。

（二）人际交往问题

人际交往也称为人际沟通，指个体通过一定的语言、文字或肢体动作、表情等表达手段将某种信息传递给其他个体的过程。正常的人际交往和良好的人际关系是中学生心理正常发展、个性保持健康和生活具有幸福感的必要前提。中学阶段出现的人际交往问题主要有以下几个方面。

1. 亲子关系方面

人们形成的第一个人际关系就是亲子关系，这种人际关系对人的影响非常大。中学生强烈的"成人感"要求父母尊重他们，改变以前那种不独立、不平等和依附的地位，要求在平等的基础上建立新型的亲子关系。这时，如果父母仍像对待儿童那样给予中学生过多的照顾，提出过细的要求，往往会引起他们强烈的反抗情绪，甚至导致冲突、造成对立、产生疏远，给教育带来难度。在亲子交往中缺乏沟通和相互理解，会造成学生与父母之间关系紧张，相处得不愉快，甚至会出现家庭暴力、学生离家出走以致走上犯罪道路等严重后果。

2. 师生关系方面

师生关系是教育过程中人与人之间的关系中最基本、最重要的人际关系，是教师和学生在教育活动中通过相互交往互动形成的、对教育效果具有重要影响的特殊的人际关系。良好的师生关系不仅有利于优良班集体的形成与巩固，而且有利于提高学生的认知水平，促进教学活动，有利于学生完善情绪与人格，促进个性的健康发展；不良的师生关系不仅直接影响着教学质量，而且也直接影响着学生个体心理的发展和行为的改变。在学校，有不少中学生存在着师生关系不良的问题。有不少学生认为在学校中一切以学习为中心，教师比较注

重学生成绩的排名,因此成绩不良的学生与教师缺乏情感的沟通,甚至认为教师偏爱成绩优秀的学生,有不公正的行为;还有相当多的学生认为与教师交往中最大的障碍是缺乏相互的理解,沟通不畅,他们认为教师可敬但不可亲,师生间有陌生感,无法形成亲密无间的师生关系。

3. 同伴关系方面

同伴关系主要是指同龄人之间或心理发展水平相当的个体在交往过程中建立和发展起来的一种人际关系。有75%—85%的同学明显倾向于和同龄人交朋友。这种倾向基本反映出他们对平等关系的向往。他们愿意对"志同道合"的知心朋友倾吐心声。对那些"非志同道合"的同伴则存在动力性不足、亲密性和信任度不高、缺乏真诚的沟通等问题。

4. 异性交往方面

随着年龄的增长,中学生身心迅速发展,性逐渐成熟,异性吸引逐渐强烈。正常的异性交往可以使中学生获得成长,有利于智力上的取长补短,有利于情感上互相交流,有利于个性上互相丰富,有利于妥善处理人际关系,有利于活动中增进相互激励。但在具体与异性交往的实践中,中学生往往缺乏相应的性知识和异性交往的经验,不能掌握处理异性关系的技巧。有部分中学生把握不好交往的尺度,出现异性交往过频、过深的情况。

(三) 学业发展问题

学习是中学生的主导活动。通过学习,学生不但要获得知识、形成技能和发展能力,还要在此基础上形成良好的道德品质、行为习惯和树立正确的世界观,以及增强体质、培养审美观念等,以实现德智体美劳的全面发展。为此,教师必须掌握中学生在学习中经常出现的各种心理问题,以帮助他们顺利地完成学习任务。

1. 学习动力问题

中学生存在较多的学业发展问题是学习动力不足,即厌学问题。对学习毫无兴趣,视学习为负担,把学习作为一件痛苦的事情,不能从事正常的学习活动。厌学心理主要表现为以下几种。

第一,缺失内部学习动力。这种现象在中学生中相当普遍,他们认为学习是为父母、为家人而学。学习目的不明确,缺乏长远动机,对待学习的态度比较被动,遇到困难和障碍时不能坚持学习,克服困难的信心和决心较差。

第二,体会不到学习的乐趣。他们感到学习是一件苦差事,一提到学习就觉得痛苦,觉得学习是一件毫无乐趣可言的事情。

第三,逃避学习。厌学行为表现为上课不认真听讲、不愿花时间写作业、不愿意参加考试,严重厌学的学生经常逃学,甚至为躲避学习离家、辍学等。

2. 学习能力问题

中学生学习能力问题主要表现在以下几方面。

第一,学习计划性差。学习计划是实现学习目标的保证,但有些学生对自己的学习毫无计划,整天忙于被动应付作业和考试,缺乏主动的安排。

第二,缺乏有效的时间管理策略。有的学生虽然忙忙碌碌,经常加班加点,但忙不到实质性的事上,实际效果不佳。有的学生不善于挤时间,他们经常抱怨每天上课、回家、吃饭、做作业、睡觉,没有多余的时间供自己安排。还有的学生平时松松垮垮,临到考试手忙脚乱。

这些都是不会科学利用时间的表现。

第三,呈现出无意义学习状态。学习中不求理解,不讲究记忆方法和技巧,是最低形式的学习。认知能力差,学习技能未形成,所学知识有很多漏洞,情感和意志具有缺陷,未形成学习动机等。

二、中学生障碍性心理问题

(一) 抑郁症

1. 抑郁症的含义

抑郁症是以持久性的心境低落为特征的神经症。过度的抑郁反应,通常伴随着严重的焦虑感。焦虑是个人对紧张情景的最先反应。如果一个人确信这种情景不能改变或控制时,抑郁就会取代焦虑成为主要症状。

2. 抑郁症的表现

通常抑郁症的表现:一是情绪消极、悲伤、颓废、淡漠,失去满足感和生活的乐趣;二是消极的认知倾向,低自尊、无能感,从消极方面看事物,好责备自己,对未来不抱多大希望,容易自我否定,甚至产生自杀念头;三是动机缺失、被动,缺少热情;四是躯体上疲劳、失眠、食欲不振等。

参考例题

【单项选择题】某生近期情绪低落、思维迟缓、活动减少,容易自我否定,甚至产生自杀念头。他的主要问题是( )。

A. 焦虑   B. 强迫   C. 抑郁   D. 恐怖

【参考答案】C。解析:抑郁的表现主要有消极、悲伤、颓废、淡漠、缺少热情、疲劳、失眠、食欲不振、容易自我否定、甚至产生自杀念头。

3. 抑郁症的治疗方法

对于患有抑郁症的中学生进行心理辅导时,首先,应给其情感支持和鼓励,以坚定而温和的态度激励其做一些力所能及的事情,积极行动起来,从活动中体验到成功与人际交往的乐趣;其次,可采用认知行为疗法,改变学生已习惯的自贬性的思维方式和不恰当的成败归因模式,发展对自己、对未来更为积极的看法;最后,如果有必要,可以在专业医生的指导下服用抗抑郁药物缓解症状。

(二) 焦虑症

1. 焦虑症的含义

焦虑症是以与客观威胁不相适合的焦虑反应为特征的神经症,这是将焦虑作为一种独立的神经症来看的。此外,焦虑也是包括焦虑症、抑郁症、强迫症、恐怖症等在内的各种神经症的共同特征。焦虑症以焦虑情绪体验为主要特征,可分为慢性焦虑(广泛性焦虑)和急性焦虑(惊恐障碍)两种形式。

2. 焦虑症的表现

焦虑是由紧张、不安、焦急、忧虑、恐惧交织而成的一种情绪状态。焦虑症主要表现为紧张不安、忧心忡忡，集中注意困难，极端敏感，对轻微刺激的过度反应，难以做决定。在躯体症状方面，有心跳加快、过度出汗、肌肉持续性紧张、尿频尿急、睡眠障碍等不适反应。

中学生常见的焦虑反应有学习焦虑和考试焦虑。学习焦虑表现为一提到学习就心烦意乱、焦躁不安，对老师有抵触情绪，成绩明显下降。考试焦虑的表现是随着考试临近，心情极度紧张；考试时不能集中注意，知觉范围变窄，思维刻板，出现慌乱，无法发挥正常水平；考试后又持久地不能松弛下来。

参考例题

【单项选择题】小燕近期非常苦闷，一提到学习就心烦意乱、焦躁不安，对老师有抵触情绪，成绩也明显下降。小燕存在的心理问题是（　　）。

A. 焦虑症　　　　B. 神经衰弱症　　　　C. 强迫症　　　　D. 抑郁症

【参考答案】A。解析：焦虑症表现为坐立不安、情绪紧张等，小燕的症状与此相符，所以她存在的心理问题是焦虑症。

3. 焦虑症的原因

中学生焦虑症状产生的原因：学校的统考，升学的持续性、过度的压力；家长对子女过高的期望；学生个人过分地争强好胜；学业上多次失败的体验等。某些人具有容易诱发焦虑反应的人格基础：遇事容易紧张、胆怯，对困难情境作过高程度的估计，对身体的轻微不适过分关注，在发生挫折与失败时过分自责。这些人格倾向可称作焦虑品质。

4. 焦虑症的治疗方法

为防止考试焦虑症发生，学校的心理咨询人员可以采取一些早期干预的措施，如对这些学生进行集体指导、讲授自我放松缓解紧张的方法等。

缓解中学生焦虑症的常用方法有肌肉放松法、系统脱敏疗法、运用自助性认知矫正程序，以及指导学生在考试中使用正向的自我对话。采用正向的自我对话，如"我能应付这个考试""成绩并不重要，学会才是重要的""无论考试的结果如何，都将不会是最后一次"，这些对于缓解学生的考试焦虑都有较好的效果。

（三）恐怖症

1. 恐怖症的含义

恐怖症是对特定的无实在危害的事物与场景的非理性惧怕。恐怖症与正常人对真实的威胁产生的恐惧是不同的。患者认识到这种恐惧是过分的和不必要的，但不可克制。

2. 恐怖症的分类及表现

恐怖症一般可归并为简单恐怖症、广场恐怖症和社交恐怖症。

简单恐怖症是对特殊的物体或现象的恐怖。如狗、蛇、老鼠或高空、黑暗、流血等。患者一接触甚至一想起这些事物或现象，就会惴惴不安或惊恐万分，并极力回避。

广场恐怖症是对特殊公共场所的恐怖。如商店、剧院、餐厅以及各种公共交通工具等。一般来讲，凡是密闭或拥挤的，具有包围感的难以轻易脱身的场所，都有可能诱发患者的莫名惊恐而使其夺门而出，严重时患者会感到透不过气来，甚至晕厥。

社交恐怖症是对人际交往的恐怖。恐怖对象可以是某个人或某些人（如异性），也可以是除了特别熟悉的亲友以外的所有的人。患者极力避免与恐怖对象交往,如不得不与之交往,便会脸红、心悸、出汗和颤抖,或者举止笨拙、惊慌失措、忐忑不安、不敢正视对方。这类人对被他人注意尤为敏感,因而常常拒绝出席各种聚会,也不愿去可能要与人打交道的公共场所,如商店、餐厅等。

3. 恐怖症的原因

精神分析观认为恐怖是焦虑的移置。即个人将焦虑转移到不太危险的事物之上,从而避免了对焦虑来源的忧虑。行为主义观认为恐怖是习得的,或由直接经验中习得(如在受到狗的一次攻击后,发展起来对狗的恐怖),或由观察习得(如观察父母对某种场景的恐怖,而使自己形成同样性质的恐怖),或由信号习得(如一个学生在采黄花时被蜜蜂蜇了,就形成了对黄花的恐怖)。认知派心理学家则认为恐怖症来源于个人对某些事物或情境的危险进行了不现实的评估。

4. 恐怖症的治疗方法

(1)情景治疗。让学生在一个假想的空间里,不断地模拟发生社交恐怖症的场景,不断练习重复发生症状的情节,不断地鼓励学生面对这种场面,让学生从假想中适应这种产生焦虑紧张的环境。

(2)认知疗法。这是一种不断灌输观念的治疗方法,不断告诉学生这种恐惧是非正常的,让学生正确认识人与人交往的程序和与人交往的方法。

(3)系统脱敏疗法。这是治疗恐怖症的常用方法,使用这一方法最好要及时。以学校恐怖症为例。帮助学生克服学校恐怖症,一方面,父母要有坚持性和耐心,要坚决而友善地要求孩子回到学校,习惯学校生活;另一方面,教师要改善班级中的人际关系,营造自由、宽松的学习氛围。此外,适当减轻学习压力,使学生获得成功体验,对于克服学校恐怖症同样具有重要意义。

(四)强迫症

1. 强迫症的含义

强迫症是一种重复出现缺乏现实意义的、不合情理的观念和行为,虽力图克制但又无力摆脱的神经症。强迫症包括强迫观念和强迫行为。强迫观念指当事人身不由己地思考他不想考虑的事情,强迫行为指当事人反复去做他不希望执行的动作,如果不这样想、不这样做,他就会感到极端焦虑。

2. 强迫症的表现

强迫症的临床表现主要是强迫症状,包括强迫观念、强迫行为。强迫观念是强迫症的核心症状,最为常见。如强迫思考,反复思考某些毫无实际意义或虽有意义但不难解决的问题,如"人为什么会长两条腿?"等。强迫行为的具体表现,可以是屈从性强迫行为,如反复检查煤气是否关好、门是否上锁;也可以是强迫性仪式动作,如进家门必须先跨左腿等。此外,还可以是强迫洗手、强迫计数、强迫咬指甲等。

参考例题

【单项选择题】

1. 汪娟最近有一个毛病,写作业时总觉得不整洁,擦了写,写了又擦,反反复复。她明知这样做没有必要,但就是控制不住。她可能出现了(　　)。

A. 抑郁症　　　　B. 焦虑症　　　　C. 强迫症　　　　D. 恐怖症

【参考答案】C。解析:强迫症包括强迫观念和强迫行为,强迫行为指当事人反复去做他不希望执行的动作,如果不这样做,他就会感到极端焦虑。

2. 反复出现自己不能控制的动作或观念的神经症属于(　　)。

A. 恐怖症　　　　B. 焦虑症　　　　C. 抑郁症　　　　D. 强迫症

【参考答案】D。解析:同上。

3. 魏斌经常想"人为什么是两条腿",一天想好多次,明知没必要却又无法控制,以致影响学习和生活。他的心理问题属于(　　)。

A. 强迫症　　　　B. 焦虑症　　　　C. 抑郁症　　　　D. 恐怖症

【参考答案】A。解析:同上。

3. 强迫症的原因

有人认为,强迫观念与强迫动作是我们无意识地防止具有威胁性的冲动进入意识的一种替代方式,一个忙碌于强迫性仪式动作的人,一个脑中充满了琐碎强迫观念的人,必然无机会思考那些具有威胁性的事件与观念。强迫症还与一个人的人格特点有关,如追求完美、主观任性、胆小怕事、优柔寡断、偏执刻板、过分爱干净、过分谨慎等。另外,家庭要求过于严格、成人禁止子女表达负面的情感、学习过度紧张、学习困难、人际关系不良等也是造成强迫症的重要的社会原因。

4. 强迫症的治疗方法

日本的森田疗法强调,当事人力图控制强迫症状的努力,以及这种努力所导致的对症状出现的专注和预期,会对强迫症状起维持和增强作用。因此,为了矫正强迫症状,应放弃对强迫观念作无用控制的意图,而采取"忍受痛苦,顺其自然"的态度治疗强迫行为。治疗强迫行为的另一种有效的方法是"暴露与阻止反应"。例如,让有强迫性洗涤行为的人接触他们害怕的"脏"东西,同时坚决阻止他们想要洗涤的冲动,不允许他们洗涤。

(五) 网络成瘾

1. 网络成瘾的含义

网络成瘾是指由于过度使用互联网而造成身心损害的一种现象。中学生网络成瘾是指中学生由于过度地和不当地使用网络而导致的一种难以抗拒再度使用网络的着迷状态,并影响到其正常的学习和生活。

2. 网络成瘾的表现

网络成瘾者自身有一些躯体症状,如头晕、心烦、胸闷气憋、紧张性兴奋、懒散等,并且与家长、朋友打电话或与朋友聚会次数减少,下网后变得空虚、失落,不愿与人交流。可见,网络成瘾影响了中学生的身体健康、学业进步和人际责任感。

3. 网络成瘾的原因

中学生网络成瘾的原因有主观和客观两个方面。从主观上讲,中学生活泼、热情、容易激动,而又不善于控制感情,青春期生理上的变化引起了他们心理上的急剧变化。网络的丰富、新鲜、动感和立体化传播,对他们充满吸引力。从客观上讲,网络的平等性、隐匿性满足了中学生交往的欲望,使中学生对网络感到难以割舍。此外,中考或高考的压力、网络的相关法规不健全、家庭环境的影响以及上网者自身因素也是中学生网络成瘾的重要原因。

4. 网络成瘾的治疗方法

治疗网络成瘾主要采取心理干预的手段。常用的几种心理干预法有以下几种。

(1) 强化干预。

在网络成瘾的干预中,奖励的使用条件是一旦发现成瘾学生有了减少上网的行为时,就给予奖励、表扬或肯定性评价。惩罚的使用条件是一旦发现成瘾学生上网时间增加时,立即给予处罚。处罚可以是物质性的,如取消他获得他最想要的东西的权利,也可以是精神上的,如校纪处分等。

(2) 厌恶干预法。

厌恶干预指采用惩罚性的厌恶刺激来减少或消除一些不良行为的方法。常用做法有橡皮圈拉弹法、不赞成干预法、内隐致敏法(也称想象性厌恶干预)等。

(3) 转移注意法。

学校或班级通过组织各类有意义的文体活动,让成瘾学生参与其中,转移他的注意从而减轻他对网络迷恋程度的一种干预方法。

(4) 替代、延迟满足法。

一方面,学校和老师要帮助学生培养替代活动(其感兴趣的课外活动)吸引其注意,并弄清他的上网习惯,然后使他反其道而行之,在原来上网的时间里做其他事情。另一方面,要了解问题学生的上网时间(起初要控制上网时间,不必绝对戒除),并将其上网总时间列表,纳入周计划,然后在可以控制的前提下,逐步减少其上网时间,最终实现戒除网络成瘾的目标。

(5) 团体辅导法。

将患有网络成瘾症的学生组合成一个团体,由富有经验的老师作为指导者,运用团体动力理论为理论基础,综合运用团体咨询的原则和各种方法,从而达到使参加团队的成员整体戒除网瘾的目标。另外,对于中学生的网络成瘾重点应是预防,而不只是对网络成瘾学生的补救性矫治。

(六) 性偏差

性偏差是指少年性发育过程中的不良适应,如过度手淫、迷恋黄色书刊、早恋、不当性游戏、轻度性别认同困难等,一般不属于性心理障碍。如手淫本身不是心理障碍,对身体并无损害,也不是罪恶,但应该注意的是对手淫的错误观念而引起的心理冲突,并且对于过度手淫要采取转移注意的方法予以纠正。

(七) 进食障碍

进食障碍是指进食异常。具体表现为厌食、贪食和异食癖等,其中神经性厌食是一种由于节食不当而引起的严重体重失常。凡是由于患者厌恶进食而导致正常体重骤然下降25%者,即被视为有厌食症的症状。神经性厌食症多发生于女性,其症状是对食物极端厌恶甚至恐惧,四肢无力,有的女性甚至出现闭经。神经性厌食症可采用行为疗法、认知疗法予以矫正。贪食即食欲亢进,表现为进食过度、暴饮暴食。异食癖表现为乱吃普通人不能吃的东西,如泥土、纸片、塑料等。

（八）睡眠障碍

睡眠障碍是指睡眠异常。具体表现有失眠、过度嗜睡、睡行症、夜惊、梦魇等。失眠可能是由压力事件、脑力或体力劳动过度引起的,也可能是神经症引起的。通常可采用肌肉松弛法来治疗失眠。睡行症即梦游,表现为夜间睡后莫名其妙地起床活动,意识恍惚,行动呆板,活动后又再次进入睡眠状态,醒后不能回忆。

（九）人格障碍

人格障碍是长期固定地适应不良的行为模式,这种行为模式由一些不成熟的、不适当的压力应对或问题解决方式所构成。对于18岁以下的儿童与青少年的类似行为表现通常称作人格缺陷、品行障碍或社会偏差行为。

人格障碍有许多类型。例如,依赖型人格障碍者有被动的生活取向,不能决策和接受责任,有自我否定的倾向;反社会型人格障碍者有两个显著的特点,一是缺乏对他人的同情与关心,二是缺乏羞耻心与罪恶感;偏执型人格障碍者的性格过敏多疑、固执己见和极易记恨。

人格障碍是个体先天素质与后天教养的产物。早期失去父母的爱;从小受到溺爱而缺乏惩戒或受到不一致的惩戒;一直受到保护、从未受到挫折,因而没有能力体验与同情他人的痛苦;父母提供的不正确行为范例等都是人格障碍形成的重要影响因素。

人格障碍矫治的关键在于支持性心理治疗。既要看到其行为异常的方面,也要看到其行为正常的方面,以强化其正常行为,转变其异常行为,并尽量与之建立可以信任的关系,以使其能接受教诲。当然,帮助患者脱离原来的环境使之在新环境下重新建立良好的行为模式和人际关系,以及直接告诉其行为异常是一种人格障碍,使其知晓后用意志控制等,对矫治人格障碍都是有效的。

第十六章
青少年心理辅导的方法

第一节 心理辅导概述

心理辅导作为一种服务性工作,更多的是帮助人们正确解决各种心理问题,开发人的心理潜能,帮助人们保持良好的心理健康状态。心理健康是一种目标,而心理辅导则是实现目标的方法手段,二者相辅相成,密不可分。

一、心理辅导的含义

心理辅导是指在一种新型的建设性的人际关系中,学校辅导教师运用其专业知识和技能,设计与组织各种教育性活动,给学生提供其需要的协助与服务,帮助学生正确地认识自己、认识环境,依据自身条件,确立有益于社会进步与个人发展的生活目标,克服成长中的障碍,增强与维持学生心理健康,使其在学习、工作与人际关系各个方面作出良好适应。

二、心理辅导的目标

心理辅导的目标一般可以归纳为两个方面,一是学会调适,包括调节与适应;二是寻求发展。这两个目标中,学会调适是基本目标,以此为主要目标的心理辅导可称为调适性辅导;寻求发展是高级目标,以此为主要目标的心理辅导可称为发展性辅导。简而言之,这两个目标也就是要引导学生达到基础层次的心理健康与高层次的心理健康。

三、心理辅导的原则

心理辅导的原则,是指学校在开展心理辅导工作时,应该遵循的指导思想与基本要求。它既是心理辅导工作的规律概括和直接经验,也是对学校心理辅导的一般要求,同时也是学校心理辅导工作顺利开展,并与学校的整体工作有机结合,共同为学生健康成长服务的基本保证。

在学校开展心理辅导应遵循以下原则。

(一)面向全体学生原则

面向全体学生原则是指学校心理辅导的价值在于使中学生整体心理素质的提高,这是由学校教育的本质决定的。中学生群体因其发展的年龄特征及其所处的中学教育环境和社会环境的影响,而有共同的心理辅导任务。

提高中学生整个群体的心理健康水平,是中学教育的基本任务之一。集体心理辅导就是针对中学生共性的心理健康问题而展开的。学校心理辅导的功能在于通过对学生的引导、指导、协助和服务,来促进每一个学生的成长和发展。实践证明,从小抓起,开展面向全体学生的心理辅导,防患于未然的方法是有效的。

（二）预防与发展相结合原则

预防与发展相结合原则是学校心理辅导中一项重要的原则。学校心理辅导就其基本功能来看是适应性功能与发展性功能。中学生心理健康问题虽然从整体上来看属于正常范围内的发展与适应问题,但也有一些中学生由于心理脆弱,受不良社会生活事件及应激等影响而出现一些心理疾患与行为偏差。一旦出现严重心理疾患与行为偏差就会对学生个体、家庭及社会带来一些负面后果。

及时预防学生心理疾患及行为偏差的产生,对于从总体上提高学校心理辅导的效能是有着重要而积极的意义的。教师要用发展的、变化的眼光来看待学生,要相信学生具有成长和发展的潜力,对学生的未来持乐观的态度,对学生身上出现的各种心理问题不必大惊小怪。

（三）尊重与理解学生原则

尊重,就是尊重学生的人格与尊严,尊重每个学生的个人价值,承认他是不同于其他人的独立的个体,承认他与教师在人格上具有平等的地位。理解,则要求教师以平等的态度,站在学生的角度看问题。在中学生的心理辅导过程中,教师要热爱学生,尊重理解学生,要看到他们的各种需要和能力。

中学生处于身心发展的关键期、自我意识猛醒的时期,成人感开始产生,他们对事物的看法虽然有时有失偏颇,但已有了自己独特的见解,他们特别希望家长和教师把他们当成大人看待,尊重他们独立的思想与人格。因此,辅导教师要多从中学生的角度去关心他们、理解他们,给予他们各方面应有的尊重,从而促进心理辅导效果的提升。

（四）学生主体性原则

学生主体性原则要求教师在心理辅导中以学生为主体,充分发挥学生作为辅导活动主体的作用。主体性原则是指在学校心理辅导工作中,把学生作为辅导活动的主体。对学生施以各种指导帮助并不是把学生作为被动接受影响的客体,而是通过学生的"自助"即学生自我理解、自我指导能力的提高,积极地加入心理辅导过程,实现辅导目标。

贯彻学生主体性原则要求心理辅导教师尊重学生的主体地位;从学生的自身需要出发;采取有效方法并用鼓励性、商量性的语气让学生发表看法,宣泄情感,研究解决问题的途径与方法。

（五）个别化对待原则

个别化对待原则是指教师在心理辅导中要重视学生的个别差异。学生的个别差异是客观存在的。每个学生都是一个独特的个体,学校教育和心理辅导的目的不是要消除学生个人身上的这种独特性,而是要使每个学生的独特性、独创性在积极的方向上得到最充分、最完美的体现。

中学生心理健康方面的问题在不同个体身上的表现形式、程度、持续时间等均有所不同;每个学生心理健康问题产生的背景及原因也不同。因此,心理辅导必须针对每个学生身心发展特点及具体问题,采用灵活多样的辅导策略与方法,因势利导。

(六)整体性发展原则

心理辅导的整体性原则具有以下两方面的含义。一是学校心理辅导追求的终极目标是学生个体的整体性发展,即通过帮助和指导使学生德、智、体、美、劳各方面得到较全面的发展,与此同时学生的知、情、意及人格也得以健康发展。二是追求学校心理辅导的各种模式、方法与学校的各项教育活动的协调一致,综合运用,使其达到辅导与教育目标的协调一致,相互促进,共同发展。总之,在心理辅导的过程中必须树立系统观、整体观,考查学生成长的各种相关因素,充分考虑学生人格的整体性发展,分析学生成长中出现的各类问题。

四、心理辅导的途径

学校心理辅导是一项系统化的工程,为使其正常、高速地运作起来,既要有思想认识和知识上的准备,又要有切实可行的途径和方法加以保证。心理辅导的途径多种多样,各有其功能与特点。目前,国内学校心理辅导主要是通过以下途径来进行的。

(一)开设心理健康教育有关课程

将学校心理辅导课程化,就是把专门的心理辅导课程纳入学校的课程体系之中,作为其有机构成部分。面向学生举办的以传授、普及心理健康的有关知识的这类课程能帮助学生掌握一些心理健康方面的知识,帮助学生正确地认识自己,有效地调控自己的心理与行为。这种方式对于实施心理辅导的教师易于掌握,且在心理辅导的初期有一定成效,但因其仅局限于调整学生的认知,对于学生的情绪情感、不良态度与行为的改善作用有限,因此最好辅以心理辅导活动课程。

(二)开设专门的心理辅导活动课

心理辅导活动课是为开展心理辅导而专门设计的一种活动课程。其特点是根据学生的实际需要,以教学班或小组为单位,组织学生参加专门的活动,发挥学生的主动精神,在活动中对学生的认知、情感、态度及行为等施以有目的的影响。活动课与课堂讲课一样,都应在科学的、先进的心理健康教育思想指导下,精心设计、认真实施,并列入学校的课程计划,在时间、课时等方面予以充分保证。

(三)在学科教学中渗透心理辅导的内容

学科教学是学校教育中最重要的内容,其在学校各项教育活动中所占的时间最多,在学生身心发展中起的作用也非常大。因此,能否充分利用学科教学活动来开展心理辅导,也成为这项工作能否取得预期效果的关键。

通过学科教学来开展心理辅导,包括以下几种具体做法:一是在教学目标中强化心理素质的内容,以心理素质统领各科教学;二是在课堂教学中认真贯彻心理辅导的原则,通过调节、改善学生的学习兴趣、需要、动机、态度、意志等,来增强学生学习的积极性,改善课堂教学的效果;三是挖掘各科教学中蕴含的心理辅导的内容和素材,以及有利于实施心理辅导的教育情境,并善加利用,从而达到进行心理辅导的目的,也使学科渗透成为心理辅导的一种重要方式。

（四）结合班级、团队活动开展心理辅导

班集体是学校对学生进行教育的基本组织形式,是学生形成集体意识的直接源泉,也是促进学生形成良好个性的有利环境。团队活动是学生经常进行的集体活动,它有助于团队成员形成良好的团队氛围,培养团队成员共同进退、团结协作、互帮互助的精神。因此,学校可以结合丰富多彩的班级、团队活动,运用集体心理辅导的形式,在一种团体的心理环境中,为该团体的学生提供一种心理帮助与指导。教师还可以适当运用一些辅导策略和方法,结合班级团体成员之间的互动,来促使团体当中的所有个体在互动关系中认识自我、探索自我,形成一种与自我的对话,从而对自我产生接纳与调整。在这种借由外部的互动形式,到对自我的探寻,再到外化为调试并改善与他人的关系的团体的心理辅导过程中,一些心理问题能够被预防甚至被解决。

（五）开展面向个别学生的心理辅导或咨询

个别心理辅导就是辅导人员通过与学生一对一的沟通所开展的辅导活动。针对个别学生而展开个别心理辅导是心理辅导的最直接、最重要的途径,一般是通过心理辅导室、心理健康指导中心等形式予以具体实施。具体方法有门诊辅导、设立热线电话、个别会谈、咨询等。个别心理辅导较充分地体现了个别对待的原则,因此,是学校心理辅导中常见且有效的一种方法。

（六）开展小组辅导

小组辅导又称团体辅导,是辅导教师面对一组学生所展开的辅导活动。小组辅导的特点是辅导人员所提供的帮助、指导等是针对小组成员的共性问题或共同关心的问题而展开的。小组成员人数一般少则四五人,多则十一二人,成员或是同年龄、同班学生,或是具有相似或共同的心理健康问题者。小组辅导是人与人之间面对面的直接沟通,一般是自愿结合而成的。一个小组通常进行多次活动。在小组辅导中,成员在辅导教师的指导下,积极参加讨论,气氛活跃,一般能取得较好效果。

五、心理辅导的内容

学校心理辅导的内容较为广泛,根据辅导所要解决的学生问题的性质,心理辅导的内容主要包括以下几个方面。

（一）认知发展辅导

认知发展辅导能使学生了解认知发展的规律、特点及自身认知发展水平,通过常规或特殊指导,帮助学生挖掘自身的优势、认识自身的不良认知,并学会对认知进行调控。

（二）情绪稳定辅导

情绪稳定辅导能使学生了解人的情绪的正常状态及自身情绪变化特点,通过有效的调控手段,使其经常保持良好的心境和乐观的情绪,形成适度的情绪反应能力,避免情绪的大起大落和两极化波动,使之学会科学地调控自己的情绪,从而避免心理失衡,培养积极的情绪状态。

（三）意志优化辅导

意志优化辅导能使学生充分了解意志在个体健康成长中的作用以及自身意志品质的弱

点,帮助学生提高调节自我、克服困难的主观能动性,克服内部困难,提高意志行为水平,使其不为偶发诱因所驱使。使学生学会应对挫折刺激,增强心理承受力,从而避免偏差,具备果断、持久、坚强的意志品质。

(四) 人格完善辅导

人格完善辅导能使学生学会修身养性,增强自我教育能力,从而矫正不良人格品质,促进人格的完善,培养学生对待自己、他人、集体的良好态度与行为反应。

(五) 学习适应辅导

学习适应辅导能使学生"学会如何学习",指导学生掌握正确的学习方法和技能,能够优化和调节自己的学习过程,发展学生的求知欲及学习兴趣,建立积极的学习态度,能够调控自己的学习心理状态,纠正不良的学习习惯,形成良好的学习习惯,提高学习效率,最终达到良好的学习适应。

(六) 人际和谐辅导

人际和谐辅导能使学生有意识地掌握人际交往的特点和规律,帮助他们掌握一定的交往技巧,在群体中能够与人和睦相处,悦纳他人,也悦纳自己,培养起健康的人际交往态度,有较强的人际知觉能力和人际交往能力,同时帮助学生克服人际交往中的不良心理,从而减少人际冲突,达到人际和谐。

(七) 职业适应辅导

职业适应辅导能使学生了解自己的职业兴趣、能力倾向、职业价值观,帮助学生了解自我职业取向和就业意愿,为其升学和就业提供参考,让学生掌握择业决策的技巧,能够正确处理个人需求和社会需要之间的关系。

(八) 心理障碍预防

心理障碍预防能使学生对各种常见心理障碍的症状及表现形式有所了解和认识,指导学生进行自我心理调适,提高他们自我预防心理变异的能力,使学生学会鉴别各种行为问题、轻微的心理障碍,并知道如何去寻求心理咨询与治疗的帮助。

第二节 青少年心理辅导的主要方法

在进行心理辅导时,不论采用何种方法,都必须以建立良好的辅导关系为前提。辅导教师与受辅导学生之间要建立起一种新型的、建设性的、具有辅导与治疗功能的人际关系,其主要特点是积极关注、尊重、真诚与同感。

心理辅导的主要方法包括强化法、系统脱敏法、认知疗法、来访者中心疗法和理性-情绪疗法。

一、强化法

强化法是行为改变的基本方法,用来培养新的适应行为。根据学习原理,一个行为发生后,如果紧跟着一个强化刺激,这个行为就会再一次发生。

强化法是中小学常用的心理健康教育的方法。例如,一个学生不敢同老师说话,学习上遇到了疑难问题也没有勇气向老师请教,当他一旦敢于主动向老师请教,老师就给予表扬,并耐心解答问题,这个学生就能学会主动向老师请教的行为方式。又如学生因撒谎而受到老师的严厉训斥,使他再也不敢撒谎了,这也是强化的结果。

参考例题

【单项选择题】晓红是韩老师班上的学生,她孤僻、羞涩,当她主动与同学交谈或请教教师时,韩老师会给予肯定。这种心理辅导方法是( )。

A. 强化法　　　　　　　　　　B. 系统脱敏法
C. 理性-情绪疗法　　　　　　　D. 来访者中心疗法

【参考答案】A。解析:强化法即一个行为发生后,如果紧跟着一个强化刺激,这个行为就会再一次发生。

二、系统脱敏法

系统脱敏法是精神病学家沃尔普于20世纪50年代创立的,主要用于当事人在某一特定的情境下产生的超出一般紧张的焦虑或恐惧状态。

系统脱敏法是指当某些人对某事物、某环境产生敏感反应(害怕、焦虑、不安)时,我们可以在当事人身上发展起一种不相容的反应,使对本来可引起敏感反应的事物,不再发生敏感反应。

系统脱敏法包含三个步骤:一是训练来访者松弛肌肉;二是建立焦虑等级(从最轻微的焦虑到引起最强烈的恐惧依次排序);三是让来访者在肌肉松弛的情况下,从最低等级开始想象产生焦虑的情境,这样直到来访者能从想象情境转移到现实情境,并能在原引起恐惧的情境中保持放松状态,直到焦虑情绪不再出现为止。例如,一个学生过分害怕猫,我们可以先让他看猫的照片、谈论猫,再让他远远观看关在笼中的猫;让他靠近笼中的猫;最后让他摸猫、抱起猫,消除其对猫的惧怕反应。这就是"脱敏"。

参考例题

【单项选择题】心理辅导老师通过帮助李晓明建立焦虑等级,让他想象引起焦虑的情境,进行放松训练,从而缓解他的考试焦虑。这种心理辅导的方法是( )。

A. 强化法　　　　　　　　　　B. 系统脱敏法
C. 理性-情绪疗法　　　　　　　D. 来访者中心疗法

【参考答案】B。解析:系统脱敏法主要是诱导求治者缓慢地暴露出导致神经症焦虑、恐惧的情境,以便建立焦虑等级,并通过心理的放松状态来对抗这种焦虑情绪,从而达到消除焦虑或恐惧的目的。

三、认知疗法

认知疗法是根据认知过程影响情感和行为的理论假设,通过认知和行为技术来改变患者不良认知的一类心理治疗方法的总称。

认知疗法的基本观点:认知过程是个体情感和行为的中介,适应不良的情感和行为与适应不良的认知有关。认知疗法特别注重改变不良的认知,即不合理的、歪曲的、消极的信念和想法,认为不良的认知是引发自我挫败行为的根本原因,通过改变人的认知过程以及在这一过程中产生的认识观念,改变情绪和行为。

认知疗法常采用认知重建、心理应付、问题解决等技术进行心理辅导和治疗,其中认知重建最为关键。所谓认知一般是指认识活动或认识过程,包括信念和信念体系、思维和想象。具体来说,认知是指一个人对某一件事或对象的认知和看法,对自己的看法,对他人的想法、对环境的认识、对事物的见解,等等。例如,同样的一所医院,小孩可能依自己的认识和经验,把它看成是一个可怕的场所,不小心就会被打针;一般人会看成是救死扶伤之地,可帮病人减轻痛苦;而有些老年人则可能把医院看成是"坟墓之门"。不同的认知会滋生不同的情绪,从而影响人的行为反应。

四、来访者中心疗法

来访者中心疗法又称求助者中心疗法、患者中心疗法,由美国人本主义心理学家罗杰斯创立于20世纪40年代。来访者中心疗法包括以下几个要点。

(1) 人都有能力发现自己的缺陷和不足,并加以改进,所以心理咨询的目的不在于操纵个人的外界环境或改变其消极被动的人格,而在于协助来访者自省自悟,充分发挥其潜能,最终达到自我实现的目的。

(2) 人都有两个自我:现实自我和理想自我,其中前者是个人在现实生活中获得的自我感觉,而后者则是个人对"应当是"或"必须是"等的自我概念。两者之间的冲突导致了人的心理失常。人在交往中获得的肯定越多,自我冲突就越少,人格发展也越正常。

(3) 这一疗法强调建立具有治疗作用的咨询关系,以真诚、尊重和理解作为基本条件。

(4) 在操作技巧上,这一疗法反对操纵或支配来访者,主张在谈话中采取不指责、不评论、不干涉的方式,鼓励来访者言尽其意、直抒己见,以创造一个充满真诚、温暖和信任的气氛,使来访者无忧无虑地开放自我。

来访者中心疗法的治疗过程:来访者前来求助;咨询师向来访者说明咨询或治疗的情况;鼓励来访者情感的自由表现;咨询师要能够接受、认识、澄清对方的消极情感;来访者成长的萌动;咨询师对来访者的积极感情要加以接受和认识;来访者开始接受真实的自我;帮助来访者澄清可能的决定及应采取的行动;疗效的产生;进一步扩大疗效;来访者的全面成长;治疗结束。

五、理性-情绪疗法

"理性-情绪疗法"(Rational-emotive Therapy,简称 RET)也称合理情绪疗法,是帮助求助者解决因不合理信念产生的情绪困扰的一种心理治疗方法。该疗法是由美国心理学家艾利斯于20世纪50年代创立的,适用于各种神经症和某些行为障碍的病人。

理性-情绪疗法(RET)理论观点的核心是ABC理论。在ABC理论的模型中,A是指诱发性事件(Activating Event);B是指个体在遇到诱发事件之后相应而生的信念(Belief),即他对这一事件的看法、解释和评价;C是指在特定的情境下,个体的情绪及行为的结果(Consequence)。通常,人们会认为人的情绪及行为反应C是直接由诱发性事件A引起的,但ABC理论指出,诱发性事件A只是引起情绪及行为反应的间接原因;而B即人们对诱发性事件所持的信念、看法、解释,才是引起人的情绪及行为反应的更直接的起因。也就是说,艾利斯认为情绪不是由某一诱发性事件本身所引起的,而是由经历了这一事件的个体对这一事件的解释和评价所引起的。即对于个体遇到的主要事实、行为、事件(A),我们的情绪反应(C)是由我们的观念(B)直接决定的。B如果是一个非理性的观念,就会造成负向情绪。若要改善情绪状态,必须驳斥(D)非理性观念、建立新观念并获得正向的情绪效果(E)。

艾利斯认为人们所持有的不合理的信念有三个明显特征,分别是绝对化要求、过分概括化和糟糕至极。在人们不合理的信念中,往往都可以找到上述三种特征。每一个人都或多或少地会具有不合理的思维与信念,而那些具有严重情绪障碍的人,具有这种不合理思维的倾向更为明显。情绪障碍一旦形成,他们自己是难以自拔的,此时就需进行心理治疗。

参考例题

【单项选择题】

1. 小影认为做事应该尽善尽美,绝不容许有任何差错,因而平时稍有失误就极度焦虑。张老师通过改变认知偏差来帮助她克服这种焦虑情绪。这种心理辅导方法属于(　　)。

A. 强化法　　　　　　　　　　B. 系统脱敏法
C. 消退法　　　　　　　　　　D. 合理情绪疗法

【参考答案】D。解析:理性-情绪疗法也称合理情绪疗法,是帮助求助者解决因不合理信念产生的情绪困扰的一种心理治疗方法。

2. 小华最近遇到了一些困扰。心理辅导老师引导他梳理了错误观念,使其形成了正确的认识,解决了问题。小华所接受的这种心理辅导方法是(　　)。

A. 行为分析法　　　　　　　　B. 合理情绪疗法
C. 系统脱敏法　　　　　　　　D. 来访者中心疗法

【参考答案】B。解析:同上。

3. 高三学生小辉因一次模拟考试失败,就认定自己考不上理想中的大学,感觉前途无望,根据理性-情绪疗法,小辉的这种不合理信念属于(　　)。

A. 主观要求　　B. 相对化　　C. 糟糕至极　　D. 片面化

【参考答案】C。解析:艾利斯认为不合理信念有三个明显特征:绝对化要求、过分概括化和糟糕至极。

4. 中学生小阳总认为他自己是一个完美的人,任何事情都会按自己的意愿发展,但是现实往往事与愿违,这让他非常苦恼,希望得到心理辅导老师的帮助。如果对小阳进行心理辅导,最可行的办法是(　　)。

A. 放松训练法　　B. 系统脱敏法　　C. 合理情绪疗法　　D. 强化法

【参考答案】C。解析:同上。

同步训练五

一、单项选择题

1. 情绪消极、悲伤、颓废、淡漠是( )的表现。
   A. 焦虑症　　　　B. 恐怖症　　　　C. 抑郁症　　　　D. 人格障碍

2. 心理健康的人能够有效地发挥个人的潜力以及( )。
   A. 发展潜能　　　　　　　　　　B. 积极的社会功能
   C. 应有的权利感　　　　　　　　D. 应有的道德面貌

3. 在对学生进行心理辅导时,常使用的"强化法"属于( )。
   A. 行为改变法　　B. 认知改变法　　C. 精神分析法　　D. 运动改变法

4. 焦虑是由紧张、不安、焦急、忧虑、恐惧交织而成的一种情绪状态。中学生常见的焦虑反应有( )。
   A. 生活焦虑　　　B. 睡眠障碍焦虑　C. 交友焦虑　　　D. 考试焦虑

5. 反复出现自己不能控制的动作,这所表现的神经症属于( )。
   A. 恐怖症　　　　B. 焦虑症　　　　C. 抑郁症　　　　D. 强迫症

6. 心理健康表现为个人具有生命的活力,积极的内心体验和良好的( )。
   A. 社会适应　　　B. 社会化人格　　C. 精神面貌　　　D. 精神状态

7. 心理辅导的目标有两个,一是( ),二是寻求发展。
   A. 行为矫正　　　B. 学会适应　　　C. 克服障碍　　　D. 学会调适

8. 小丁总是怀疑自己家的门没有上锁,因此常常要反复检查。他的这种行为属于( )。
   A. 焦虑　　　　　B. 强迫行为　　　C. 强迫观念　　　D. 强迫恐惧

9. 关于考试焦虑症的处理,以下哪种说法是不正确的?( )
   A. 考试焦虑症必要时可以采用心理治疗配合抗焦虑的药物来处理。
   B. 学业压力和考试焦虑会形成恶性循环,令考试焦虑症越来越严重。
   C. 考试焦虑症的形成原因主要是源于学生内部的压力,所以只要处理好学生的心态和观念就可以了。
   D. 系统脱敏法是治疗考试焦虑症的方法之一。

10. 理性-情绪疗法认为造成人的心理失调的原因是( )。
    A. 不良事件　　　B. 行为后果　　　C. 他人认知　　　D. 不合理认知

11. 对于一个过分害怕狗的学生,我们可以让他先看狗的照片,谈论狗,再让他远远地观看关在笼中的狗,最后让他用手触摸狗,逐渐消除对狗的恐惧反应。这种方法在心理治疗中属于( )。
    A. 松弛训练　　　　　　　　　　B. 肯定性训练
    C. 系统脱敏疗法　　　　　　　　D. 合理情绪疗法

二、辨析题

1. 性偏差属于性心理障碍。
2. 有心理障碍的学生毕竟是少数,因此学校心理辅导是面对个别学生的。

三、材料分析题

1. 阅读下面材料,回答问题。

小明是一名初中生,小学时成绩优异,而且小升初以全县第一的成绩升入初中。进入初中后,因学习不适应,成绩逐渐下降到二十几名,这给了小明很大的打击。从此,小明来学校时总把衣服的拉链拉得很高,将头藏进衣服里,不愿见人。

问题1:小明这种状况属于什么心理现象?

问题2:造成这一问题的原因是什么?

问题3:如何帮助小明摆脱这种困境?

2. 阅读下面材料,回答问题。

高中生程某还有几个月就要高考了,可是她越来越害怕考试,每天从家里出来都觉得非常紧张。她平时学习很刻苦,学习成绩在班里一直名列前茅,老师和家长均对其抱有很大期望,邻居也常以她为榜样来教育孩子。近日上课她总是不能集中注意力,有时会觉得脑子里一片空白。这个问题对她造成了很大的困扰。

问题1:程某出现了什么样的心理健康问题?

问题2:针对她的问题应该采取什么方法进行治疗?

第六篇

教师心理

JIAOSHI XINLI

学习目标

1. 了解教师角色心理和教师心理特征。
2. 理解教师成长心理,掌握促进教师心理健康的理论与方法。

第十七章
教师心理

第一节 教师的角色心理

教师是随着学校的产生而出现的,是社会职业中较古老的职业之一。《中华人民共和国教师法》明确规定:"教师是履行教育教学职责的专业人员,承担教书育人,培养社会主义事业建设者和接班人、提高民族素质的使命。"

教师角色是指教师按照其特定的社会地位承担起相应的社会角色,并表现出符合社会期望的行为模式。教师角色代表教师个体在社会团体中的地位和身份,同时包含着许多社会期望。

心理学家认为,教师要充当知识传授者、团体的领导者、模范公民、纪律的维护者、家长的代理人、亲密朋友、心理辅导者等诸多角色。如果学生把教师看成是家长的代理人,他们希望教师具有仁慈、体谅、耐心、温和、亲切等特征;如果学生把教师看成是知识传授者,他们希望教师具有精通教学业务、兴趣广泛、知识渊博、语言明了等特征;如果学生把教师看成是团体领导者和纪律维护人,他们希望教师表现出公正、民主、合作、处事有伸缩性等特征;如果学生把教师看成是模范公民,则要求教师表现出言行一致、幽默、开朗、直爽、守纪律等特征;如果学生把教师看成是朋友、心理辅导者,他们希望教师表现出热情、理解、真诚、关心、值得信赖等特征。

一、现代社会对教师的角色要求

(一) 引导促进者的角色

新课程倡导教师要重视学生在教学中的主体地位,充分发挥学生的积极能动性。在这一理念的指导下,教师不再是教学过程中的权威,而是学生学习的引导者,是学生全面发展和个性发展的引导者。

在学习方面,教师创设问题情境,唤起学生的感知、参与的热情,启发引导学生质疑、调查和探究,在实践中独立自主地、主动地学习。此外,教师还要引导学生在情感、态度和价值观,学习过程和方法以及社会适应性等方面全面提高,特别是引导学生树立正确的世界观、人生观和价值观。教师是学生知识建构和个性发展的促进者,其关键在于如何促进学生自主学习,使学生能够自己去实验、观察、探究和研讨,树立学习的信心,积极思考、学会学习、乐于学习。

(二)参与者的角色

作为师生合作学习的参与者,教师首先要打破以教师为中心的传统,构建民主、平等、合作的文化环境,创设融洽的、和谐的学习氛围。在学生学习的过程中,教师要参与到学生学习的各个环节中去,与学生交流和沟通,准确地了解学生的情况,引导学生解决问题,适时调整教学计划,从而发展学生搜索和处理信息的能力、自己获取新知识的能力、分析解决问题的能力以及交流合作的能力。在这一过程中,教师不再是权威者,而是学生学习的交流者和合作者,与学生共同探讨问题,分享彼此的情感和想法,启发学生,最终使问题得到解决。

(三)开发利用者的角色

教师要根据学校、学生的实际情况,充分开发和合理利用课程资源,突破传统教科书、传统课堂的狭隘限制。同时,各种社会资源、自然资源和网络资源带给学生的多方面的感官刺激,有利于充分调动学生参与的积极性,激发学生的兴趣,使学生在教师精心设计的教学情境中增长知识、培养能力、陶冶情操。

(四)评价者的角色

评价不仅要关注学生的学业成绩,而且要发现和发展学生多方面的潜能。因此,教师对学生的评价应坚持发展性、多样性和情感性的原则。发展性原则,即教师在评价学生时,要具有发展的眼光,既要看到学生当下在知识、能力和品德等方面的不足,也要看到学生在这些方面巨大的提升和发展空间。多样化原则,即教师在评价学生时,应针对不同学生个体使用弹性化的评价尺度,有意识地模糊学生在量化考试中成绩差异的区分度,重视学生发展的个性差异和基础差异。情感性原则,即对学生的评价应多用鼓励性的话语,充分表达教师对学生发展的期待,使学生深受鼓舞而激发出探索求知的激情。

(五)研究者的角色

教师的研究主要是针对自身教育教学过程中出现的问题、困惑,采取行动进行研究的方法,重在解决教育教学过程中的实际问题。教师一旦以研究者的心态置身于教育教学情境中,以研究者的眼光审视自己所进行的教育教学实践,就会对教育教学过程中出现的新问题更加敏感、更有创见。同时,教师还会不断反思自己的教学行为,反思这些行为背后隐藏的前提假设及其合理性,然后改进自己的教学行为,提高教育教学水平。

(六)心理调解者或心理医生的角色

这个角色主要是帮助学生学习和适应更有效的生活方式;掌握心理疏导技巧,从而帮助学生减轻、消除心理压力和矛盾,使学生学会主动调节自己的情绪,以保持积极向上的精神状态;对较差的学生给予较多的关怀,消除其压抑感;了解学生常见的心理异常的症状,及时发现问题;尊重学生的个别差异,帮助学生形成健康人格等。

(七)学生的朋友和知己者的角色

在日常生活中,教师有时还需要淡化他的地位角色,成为值得学生信赖的朋友和知己,对待学生热情、友好、平等、民主,保持良好的师生关系。

二、教师角色的形成阶段

教师角色的形成分为三个阶段。

(一) 角色认知阶段

角色认知是指角色扮演者对某一角色行为规范的认识和了解,知道哪些行为是合适的,哪些行为是不合适的。对教师职业角色的认知,就是教师对教育事业的深刻理解的过程,包括教育工作是怎样的职业,它所承担的社会职责是什么,它在历史、现实中处于怎样的地位等。

(二) 角色认同阶段

教师角色的认同指个体亲身体验接受教师角色所承担的社会职责,并用来控制和衡量自己的行为。对教师角色的认同不仅是在认识上了解到教师角色的行为规范、社会价值和评价,还经常用优秀教师的标准来衡量自己的心理和言行,自觉地评价与调节自己的行为。同时,在情感上的体验也表现出较强的职业情感,如热爱教育事业、热爱学生等。

(三) 角色信念阶段

信念是个体确信并愿意以之作为自己行为指南的认识。信念表现在教师职业中就是为教育事业献身的精神。在此阶段中,教师角色中的社会要求转化为个体需要,形成了教师职业特有的自尊心和荣誉感。教师意识和教师特有的情感,使他们自觉地奉献出毕生的精力。

三、教师角色意识

教师角色意识的心理结构包括以下三部分内容。

(一) 角色认知

角色认知是指角色扮演者对角色的社会地位、作用及行为规范的认识,以及对与社会的其他角色关系的认识。对于教师来说,只有具有清晰的角色认知才能在各种社会情境中恰当地行事,达到良好的社会适应。教师角色认知是教师通过学习、职业训练、社会交往等,了解社会对教师角色的期望和要求而实现的。

(二) 角色体验

角色体验是指个体在扮演一定角色的过程中,由于受到各方面的评价与期待而产生的情感体验。一般来说,这种体验因主体行为是否符合角色规范而受到不同评价,有积极与消极之分。例如,责任感、自尊感或自卑感都是教师在角色扮演过程中产生的不同的情绪体验。

(三) 角色期待

角色期待是指角色扮演者对自己和对别人应表现出什么样的行为的看法和期望。它是因具体的人和情境的不同而变化的。

教师的角色期待是教师自己和他人对其行为的期望。角色期待包括两个方面,一是自我形象,即个人对自己的行为期望;二是公众形象,指他人对某一特殊角色的期望。这两者是相互作用和相互影响的。教师只有对教师角色的社会期待不断地认同与内化,才能尽快地把社会期望转化为自我期待,从而减少角色混淆与角色冲突。

四、教师威信

教师威信是指教师在学生心中的威望和信誉,是一种教师对学生施加的影响产生了积极效果的感召力和震撼力。它是教师的人格、能力、学识即教育艺术在学生心理上引起的令人信服而又崇拜的态度。教师威信实质上反映了一种良好的师生关系,是教师成功地扮演教育者角色并顺利完成教育使命的重要条件。建立教师威信的途径如下。

(一)培养自身良好的道德品质

良好的道德品质是教师获得威信的基本条件。教师作为社会文化价值与道德准则的传递者,极易被学生看作代表和具有这些价值和准则的人。因此,教师在日常生活和工作中,应当时时处处加强道德修养。教师良好的道德品质体现在其对教育工作意义的认识,以及由此产生的对本职工作的高度负责的精神。兢兢业业、不计名利,对自己所教学的科目有着浓厚的兴趣和热情,出色地完成教学工作任务的教师会得到学生的尊敬。相反,如果教师不热爱教育工作,对教学毫无热情,敷衍了事,就会失去学生的尊敬。

(二)培养良好的认知能力和性格特征

良好的认知能力和性格特征是教师获得威信所需要的心理品质。教师必须勤奋刻苦、好学多思,拥有渊博的知识和独到的见解以及精湛的教学技巧,能够给学生以深刻启迪并激发他们对问题的深入思考。教师还应努力磨炼自己的意志品质,增强挫折耐受力,养成热情开朗、坚毅稳定、宠辱不惊、积极进取的品格。

(三)注重良好仪表、风度和行为习惯的养成

教师的仪表、生活作风和行为习惯对威信的获得也有重要影响。许多研究表明,教师仪表大方,衣着整洁朴素,会引起学生的好感;生活懒散、衣冠不整、服饰怪诞、不讲卫生和做怪动作等不良习惯,有损于教师的形象。

(四)给学生以良好的第一印象

教师第一次和学生见面给学生留下的印象特别重要。第一印象好,学生往往对教师以后的言行向好的方面解释;第一印象不好,学生会感到失望,从而常往不好的方面解释教师的言行,教师威信就难以建立。因此,教师应高度重视第一次与学生的见面,力争在第一堂课上从各方面给学生留下好印象。如教师头几节课的准备充分、态度沉着自然亲切、教学内容丰富、教学方法精心设计等都会给学生留下深刻的"心理定势",形成初步威信。

(五)做学生的朋友与知己

教师还应当扮演学生的朋友和知己的角色,成为学生发展的鼓励者、促进者,使学生觉得教师是他们真正的、可信赖的朋友和知己。这就要求教师在与学生相处时,既要满怀真诚和爱心,与学生坦诚相见,热情关怀,思想教育耐心细致、循循善诱,又不能为取悦学生而无原则地迁就学生。一个与学生建立表面友好而实际低级庸俗关系的教师,往往容易与他们扮演的师长角色发生冲突,从而降低其在学生中的威信。

教师威信的高低,应以他们在学生心目中的地位、他们的教育教学活动在学生的心理产生的效应来进行考查。凡是受到学生信赖和尊敬的教师,才具有威信。

(六)积极投身学校教育实践活动

教育实践活动,既向教师提出了客观要求,也给教师提供了锻炼的机会。一个热爱教

育,责任心强的教师,能在实践中积极思索研究,不断学习、增强修养,总结经验教训,由此得到了锻炼和提高,使自己逐渐成熟,逐步建立威信。

参考例题

【简答题】简述建立教师威信的途径。
【参考答案】①培养自身良好的道德品质;②培养良好的认知能力和性格特征;③注重良好仪表、风度和行为习惯的养成;④给学生以良好的第一印象;⑤做学生的朋友与知己;⑥积极投身学校教育实践活动。

五、教师的心理特征

教师的心理特征是指教师在教育教学实践活动中,长期扮演的各种不同的角色并随之逐渐形成的特有的心理品质。教师的职业特点、社会角色决定了教师应具备一系列特定的心理品质,主要包括教师的认知特征、人格特征、行为特征等。

(一) 教师的认知特征

教师的认知特征包括其知识结构和教学能力。教师的知识结构主要包括专业学科的内容知识,教育教学、心理学的知识和实践性知识。教学能力包括组织和运用教材的能力,言语表达能力,组织教学的能力,对学生学习困难的诊治能力,教学媒体的使用能力以及教育机智等。

参考例题

【简答题】简述教师教学能力的结构。
【参考答案】①组织和运用教材的能力;②言语表达能力;③组织教学的能力;④对学生学习困难的诊治能力;⑤教学媒体的使用能力;⑥教育机智等。

(二) 教师的人格特征

教师的人格特征是影响教学的重要因素,其包含的内容是多方面的,如教师的职业信念、教师的性格特点和教师对学生的理解等。

在教师的人格特征中,有两个重要特征对教学效果有显著影响:一是教师的热心和同情心;二是教师富于激励和想象的倾向性。

(三) 教师的行为特征

教师的行为特征一般包括教师教学行为的明确性、多样性、启发性、参与性、任务取向性和及时地教学效果评估及其对学生产生的期望效应。

(四) 教学效能感

1. 教学效能感的含义

心理学上,把人对自己进行某一活动的能力的主观判断称为效能感,效能感的高低往往会影响一个人的认知和行为。教师在进行教学活动时也有一定水平的效能感。所谓教师的教学效能感,是指教师对自己影响学生学习行为和学习成绩的能力的主观判断。这种判断,会影响教师对学生的期待、对学生的指导等行为,从而影响教师的工作效率。

参考例题

【单项选择题】

1. 李老师坚信自己能教好学生,在教育教学中表现出很高的热情。这主要反映了他具有较高的教学(　　)。

A. 认知能力　　　　B. 监控能力　　　　C. 操作能力　　　　D. 效能感

【参考答案】D。解析:教学效能感,是指教师对自己影响学生行为和学习成绩的能力的主观判断。

2. 王老师是数学老师,相当自信。他认为,只要他努力,就能提高数学学习困难学生的成绩。这说明王老师哪种心理特征较好?(　　)

A. 教学监控能力　　B. 教学应变能力　　C. 角色认同感　　D. 教学效能感

【参考答案】D。解析:同上。

2. 教学效能感的分类

根据班杜拉的自我效能感理论,可以把教师的教学效能感分为个人教学效能感和一般教育效能感两个方面。

(1)个人教学效能感。

个人教学效能感指教师认为自己能够有效地指导学生,相信自己具有教好学生的能力。教师的个人教学效能感是解释教师动机的关键因素。它影响着教师对教育工作的积极性,影响教师对教学工作的努力程度,以及在碰到困难时他们克服困难的坚持程度等。

(2)一般教育效能感。

一般教育效能感指教师对教育在学生发展中的作用等问题的一般看法与判断,即教师是否相信教育能够克服社会、家庭及学生本身素质对学生的消极影响,从而有效地促进学生的发展。这与班杜拉理论中的结果预期相一致。

3. 教学效能感对教师和学生的影响和作用

(1)教学效能感对教师行为的影响。

第一,影响教师在工作中的努力程度。效能感高的教师相信自己的教学活动能使学生成才,便会投入很大的精力来努力工作。在教学中遇到困难的时候,他们勇于向困难挑战。效能感低的教师则认为家庭和社会对学生影响巨大,而自己的影响则很小,因而常放弃自己的努力。

第二,影响教师在工作中的经验总结和进一步的学习。效能感高的教师为了提高自己的教学效果,会注意总结各方面的经验,不断学习有关的知识,进而提高自己的教学能力;而效能感低的教师由于不相信自己在工作中会取得成就,便难以做到在教学过程中不断地积累、总结和提高。

第三,影响教师在工作中的情绪。效能感高的教师在工作时会信心十足、精神饱满、心情愉快、表现出极大的热情,往往能取得良好的教育效果;效能感低的教师在工作中感到焦虑和恐惧,常常处于烦恼之中,无心教学,以至于不能很好地完成工作。

(2)教学效能感对学生学业成就的影响。

阿什顿和吉布森等人根据班杜拉的社会认知学习理论制定了教学效能感量表来研究教师的教学效能感。结果发现,教师的教学效能感与学生的学业成就具有显著的正相关。教师的教学效能感之所以能够影响学生的学业成就,是因为教师通过其外部的行为表现影响学生,而这种行为又影响学生学习的效能感,进而支配学生的学习行为,从而影响其成就。反过来,学生的成就和他们的各种学习行为也会影响教师的教学效能感。

4. 影响教师教学效能感的因素

影响教师教学效能感的因素一般可分为外部环境因素和教师自身因素。外部环境因素包括社会文化背景、学校的特点、人际关系等。研究表明,工作发展的条件和学校的客观条件对一般教学效能感具有明显影响;工作发展的条件、学校风气和师生关系对教师的个人教学效能感具有明显的影响。教师自身因素包括他的价值及自我概念等是影响教学效能感的关键。

(五)人际期望效应

人际期望效应又叫罗森塔尔效应,即指人们基于某种情境的知觉而形成的期望或预言,会使该情境产生适应这一期望或预言的效应。教师如果根据对某学生的了解而形成一定的期望,就会使该学生的学习成绩和行为表现发生符合这一期望的变化。

知识拓展

1968年的一天,美国心理学家罗森塔尔和雅各布森来到一所小学,说要进行7项实验。于是,他们从一至六年级各选了3个班,对这18个班的学生进行了"未来发展趋势测验"。之后,罗森塔尔以赞许的口吻将一份"最有发展前途者"的名单交给了校长和相关老师,并叮嘱他们务必保密,以免影响实验的正确性。8个月后,罗森塔尔和助手们对那18个班级的学生进行复试,结果奇迹出现了:凡是上了名单的学生,个人成绩均有了较大的进步,且性格活泼开朗,自信心强,求知欲旺盛,更乐于和别人打交道。

其实,罗森塔尔撒了一个"权威性谎言",因为名单上的学生是随便挑选出来的。但这一暗示却改变了教师的看法,使他们通过眼神、微笑、音调等将信任传递给那些学生,这种正向的肯定起到了潜移默化的作用。这个实验,后来被誉为"罗森塔尔效应"。

罗森塔尔效应又称为皮格马利翁效应。皮格马利翁是古希腊神话中的一个主人公的名字,相传他是塞浦路斯国王,擅长雕刻。他对自己用象牙雕刻的少女产生了爱恋之情,他热诚的期望竟使这座少女雕像变成了真人并与他结为伴侣。

参考例题

【单项选择题】

1. 罗森塔尔效应强调哪种因素对学生发展具有重要影响?(　　)

A. 教师的知识　　B. 教师的能力　　C. 教师的人格　　D. 教师的期望

【参考答案】D。解析：罗森塔尔效应认为教师的期望对学生发展具有重要影响。

2. 罗森塔尔效应说明，能对学生产生巨大影响的是(　　)。

A. 教师的人格特点　　　　　　　B. 教师的教学水平

C. 教师对学生的期望　　　　　　D. 教师的威信

【参考答案】C。解析：同上。

第二节　教师成长心理

一、教师成长的历程

教师在不同的成长阶段所关注的问题不同，福勒和布朗根据教师的需要和不同时期所关注的焦点问题，把教师的成长划分为关注生存、关注情境和关注学生三个阶段。

（一）关注生存阶段

处于这一阶段的一般是新教师，他们非常关注自己的生存适应性，最担心的问题是："学生喜欢我吗？""同事们如何看我？""领导是否觉得我干得不错？"等。因此，有些新教师可能会把大量的时间都花在如何与学生搞好个人关系上。还有些新教师则可能会想方设法地控制学生，因为教师都想成为一个良好的课堂管理者。

（二）关注情境阶段

当教师感到自己完全能够适应时，便把关注的焦点投向了提高学生的成绩，即进入了关注情境阶段。在此阶段，教师关心的是如何教好每一堂课的内容，一般总是关心诸如班级的大小、时间的压力和备课材料是否充分等与教学情境有关的问题。传统教学评价也集中关注这一阶段，一般来说，老教师比新教师更关注此阶段。

（三）关注学生阶段

当教师顺利地适应了前两个阶段后，成长的下一个目标便是关注学生。教师将考虑学生的个别差异，认识到不同发展水平的学生有不同的需要，某些教学材料和方式不一定适应所有的学生。能否自觉关注学生是衡量一个教师是否成熟的重要标志之一。

参考例题

【简答题】简述福勒等人提出的教师成长的三个阶段。

【参考答案】福勒根据教师的需要和不同时期所关注的焦点问题，把教师的成长划分为关注生存、关注情境和关注学生三个阶段。

（1）关注生存阶段。这是教师成长的起始阶段，处于这个阶段的一般是新手型教师，他们非常关注自己的生存适应性，会把大量的时间用于处理人际关系或者管理学生。

（2）关注情境阶段。当教师认为自己在新的教学岗位上已经站稳了脚跟后，会将注意力转移到提高教学工作的质量上来，如关注学生学习成绩的提高，关心班集体的建设，关注自己备课是否充分等。

（3）关注学生阶段。能否自觉关注学生是衡量一个教师是否成熟的重要标志。在这一阶段，教师能考虑到学生的个别差异，认识到不同年龄阶段的学生存在不同的发展水平，具有不同的情感和社会需求，因此教师应该因材施教。

二、教师成长与发展的基本方法

教师成长与发展的基本途径主要有两个：一方面是通过师范教育培养新教师作为教师队伍的补充；另一方面是通过实践训练提高在职教师素养。

对于教师个人来说，实践训练主要从以下几方面入手。

（一）观摩和分析

对优秀教师的课堂教学活动进行观摩和分析，是一种有效的教学训练的方法。课堂教学观摩可分为组织化观摩和非组织化观摩。组织化观摩是有计划、有目的的观摩。一般来说，为培养新教师和教学经验欠缺的年轻教师易进行组织化观摩，这种观摩可以是现场观摩（如组织听课），也可以是观看优秀教师的教学录像。非组织化观摩则要求观摩者有相当完备的理论知识和洞察力，否则难以达到观摩学习的目的。

通过观摩和分析，学习优秀教师在驾驭专业知识、进行教学管理、调动学生积极性等方面的教育机智和教学能力。研究表明，观摩并对观摩内容进行科学的分析讨论，对促进新手教师的成长具有积极的作用。

（二）开展微格教学

微格教学指以少数的学生为对象，在较短的时间内（5—20分钟），尝试做小型课堂教学，可以把这种教学过程摄制成录像，课后再进行分析。这种方法通过个体的实际教学实践获得丰富经验，是提高教师教学水平的一种有效途径。

微格教学开展的基本程序：学习相关知识、确定训练目标、观摩示范、分析与讨论、编写教案、微格实践、评价反馈、修改教案。

（三）教学决策专项训练

教师的教学过程包括一系列决策，通过让教师进行教学决策的训练可以提高教师的教学能力。教育研究者专门针对专家教师的教学策略进行研究，从中分析出"有效教学策略"的关键程序：①每天进行回顾；②有意义地呈现新材料；③有效地指导课堂作业；④布置家庭作业；⑤每周、每月都进行回顾。

研究结论表明，专家教师的教学策略是可以交给新手教师的，新手教师掌握这些知识后，会在一定程度上促进其教学。

（四）反思教学经验

教学反思是指教师以自己的教学实践活动为认知对象，有意识地对教育教学活动过程中的教育理念、教育思维方式、教育行为方式等进行批判性的分析和再认识，从而实现自身专业发展的过程。

1. 波斯纳的教师成长公式:经验＋反思＝成长

波斯纳指出,没有反思的经验是狭隘的经验,如果教师仅仅满足于获得经验而不对经验进行深入思考,那么他的发展将大受限制。

2. 科顿等人的教师反思框架

(1) 教师选择特定问题加以关注,并从可能的领域(包括课程方面、学生方面等)收集关于这一问题的资料。

(2) 教师开始分析收集来的资料,形成对问题的表征,以理解这一问题。他们可以利用自我提问来帮助理解。提出问题后,教师会在已有的知识中搜寻与当前问题相似或相关的信息。如果搜寻不到,教师就会去请教其他教师和查阅专业书籍来获取这些信息。这种调查研究的结果,有助于教师形成新的、有创造性的解决办法。

(3) 一旦对问题情境形成了明确的表征,教师就开始建立假设以解释情境和指导行动,并且还在内心对行动的短期和长期效果加以考虑。

(4) 考虑过每种行动的效果后,教师就开始实施行动计划。当这种行动再次被观察和分析时,就开始了新一轮循环。

3. 布鲁巴奇等人的四种反思方法

(1) 反思日记:在一天教学工作结束后,要求教师写下自己的经验,并与其指导教师共同分析。

(2) 详细描述:教师相互观摩彼此的教学,详细描述他们所看到的情景,教师们对此进行讨论分析。

(3) 交流讨论:来自不同学校的教师聚集在一起,首先提出课堂上发生的问题,然后共同讨论解决的办法,最后得到的方案为所有教师及其他学校所共享。

(4) 行动研究:为弄清课堂上遇到的问题的实质,探索改进教学的行动方案,教师及研究者进行调查和实验的研究。它不同于研究者由外部进行的旨在探索普遍法则的研究,而是直接着眼于教学实践的改进。

第三节 教师的心理健康

一、教师心理健康的标准

教师的心理健康是指教师的思维方式、处世态度应与社会的要求相协调,为社会所容纳,并具有创新的思想,即教师必须有广泛的生活兴趣、融洽的人际关系、健康的情绪体验、积极的进取精神、稳定的工作热情。因此,只有重视教师的心理研究,才有利于更好地维护学生的心理健康。

教师心理健康的标准是什么? 我国的研究者总体上认为其首先应是一个健康的人,具有心理健康的人的一般特征。在此基础上,由于教师工作的特殊性,健康的教师还应具有另外一些特征。具体来说,包括以下六个方面。

1. 对教师角色的认同

热爱教育工作,勤于教育工作,能积极投身到工作中去,将自身的才能在教育工作中表现出来并由此获得成就感和满足感,且免除不必要的忧虑。

2. 有良好和谐的人际关系

与人交往时能与他人和谐相处,积极态度(如尊重、信任、赞美、喜悦等)多于消极态度(如仇恨、疑惧、忌妒、厌恶等);能客观地了解和评价他人,既不以貌取人,也不以偏概全;积极与他人做真诚沟通;了解交往双方彼此的权利和义务,将相互之间的关系建立在互惠的基础上;个人的思想、目标、行为能与社会要求相协调。

教师良好的人际关系在师生互动中表现为师生关系融洽,教师能建立自己的威信,善于领导学生,能够了解并乐于帮助学生,不满、惩戒、犹豫的行为较少。

3. 能正确地了解自我、体验自我和控制自我

对现实环境有正确的感知,能平衡自我与现实、理想与现实的关系。在教育活动中主要表现为教师能根据自身的实际情况确定工作目标和个人抱负;具有较高的个人教育效能;能在教学活动中进行自我监控,并据此调整自己的教育观念,完善自己的知识结构,作出更适当的教学行为;能通过他人认识自己,学生及同事的评价与自我评价较为一致;具有自我控制、自我调适的能力。

4. 具有教育独创性

在教学活动中不断学习,不断进步,不断创新。能根据学生的生理、心理和社会性特点富有创造性地理解教材,选择教学方法,设计教学环节,使用教学语言,合理布置作业等。

5. 在工作和生活中,能真实地感受情绪并恰如其分地控制情绪

由于教师劳动和服务的对象是人,因此情绪健康对于教师而言尤为重要。具体表现为,能保持乐观积极的心态;不将生活中不愉快的情绪带入课堂,不迁怒于学生;能冷静地处理课堂情境中的不良事件;能克制偏爱情绪,一视同仁地对待学生;不将工作中的不良情绪带入家庭。

总之,对教师心理健康的评判,既要符合心理健康的一般标准,又要考虑教师的职业活动特点,即有一定的职业附加标准。只有符合这两方面标准的教师,才是一个心理健康的教师。

二、教师心理健康问题的主要表现及其调适

一般来说,教师的心理健康问题比较复杂,表现形式多样。已有的研究表明,教师的心理健康问题主要集中在焦虑与压力、职业倦怠等几个方面。

(一) 教师的焦虑与压力

1. 教师的焦虑与压力的表现

一般水平的焦虑和压力对个体没有太多的不良影响,但是当焦虑与压力长期存在或者达到一定水平的时候,它们就会对个体的身心产生严重的影响,导致个体表现出身心疾病。在具体的工作中,教师由于焦虑与压力等心理问题,经常表现出某种程度的神经衰弱、失眠、无食欲、咽喉肿痛、恶心、心动过速、呼吸困难、头疼、晕眩等,这是一些典型的身心疾病。

2. 教师的焦虑与压力的来源

抛开教师本身人格方面的原因,教师产生焦虑的原因主要有以下几个方面。

(1) 教师专业知识的缺陷。由于知识的迅速增加与知识来源的多样化,教师在教学中经常会感到知识上的不足从而产生焦虑,有人认为这是当代教师焦虑的最主要的来源。

(2) 学生的不良行为表现。学生表现出的违反纪律、学习不好等行为通常会直接导致学校、社会对教师的负面评价,而这些评价会对教师各方面的发展产生重大影响。

(3) 学校工作的挑战性。当前教师不仅要做好教学工作,同时还要进行教学研究,甚至完成学校规定的其他工作,教师的工作表现出多样性。但是,这里的每一项工作都需要教师投入很多的时间和精力才能取得好的效果,因此,学校工作给予了教师极大的挑战性。

(4) 教师家庭生活环境的变化。教师家庭的某些危机时常存在,教师不得不在完成学校教育工作的同时,思考怎样应对家庭与社会环境的变化,比如有些教师因工资收入偏低而长期处在比较低的生活水平之中,由此感到身心疲惫、焦虑不已。

(5) 教师的身心疾病。教师由于工作的性质,经常会出现一些身心疾病,但比较低的经济收入和不太完善的医疗制度,以及教师工作的性质导致其不可能长期请假养病等,使教师经常面对疾病而徒然伤神或坚持带病工作。

(6) 社会环境的变化。教师是为社会培养人才的,社会对人才的要求不断发展、变化,自然对教师的教育教学工作也不断提出新的要求,因此,教师经常要根据社会的要求对自己的工作进行改变,经常处于一种变化之中,这对不同年龄阶段的教师都会产生极大的影响。

3. 教师焦虑与压力的应对策略

应对是个体努力对抗焦虑与压力的手段与策略。应对的方式一般有两种。一种是问题取向的应对。当事人采用问题解决的方式处理焦虑与压力情境,从而改变自身与当前环境之间的关系,达到消除压力的目的。例如,当教师发现自己的教学效果比较差的时候,便会立即进行调查和反思,结果发现是因为备课不充分、学生与教师之间缺乏交流造成的,于是教师增加备课时间并与学生加强交流,从而改变了状况,减少了焦虑。另一种是情绪取向的应对。当事人面临压力与焦虑情境时,要正视自身的情绪,通过改变情绪而不是改变客观情境,从而达到改变自身与环境之间的关系的目的。这种应对表现为教师通过改变自身的情绪体验,达到消除焦虑的目的。

为有效减少教师焦虑,研究者提出可以采用如下几种基本的应对策略。

(1) 降低紧张。面对焦虑与压力源,尽可能降低紧张程度,以比较轻松的态度去应对。为此,个体可以将压力情境暂时置之不理,或者通过其他活动抛开烦恼,或者与局外人交流以减少紧张。

(2) 以解决问题的方式对待压力。当面临压力情境时,个体采用问题解决的方式应对:真正的问题是什么?我想要的是什么?我有哪些解决问题的资源?我如何处理比较好?会有什么后果?

(3) 转移注意力。面临焦虑与压力时采用一定的心理防御机制,转移自己的注意力,可以极大地降低个体的焦虑水平。

(4) 认知重组。理智战胜情感,环境的变化并不是导致个体情绪变化的直接原因,对情境的认知才是最关键的因素。因此,改变个体的认知可以改变个体的焦虑。

(5) 寻求社会支持。社会支持是指伴侣、朋友、同事和家庭成员等在精神或物质上对个体的支撑与援助。研究表明,社会支持与心理健康有明显的正相关。

(二) 教师的职业倦怠

随着教师专业化进程的加快,教师的压力越来越大,教师的心理健康问题日益受到教育决策者、学校和社会的广泛关注。2000年国家中小学心理健康教育课题组对辽宁省内14个城市、168所城乡中小学的2292名教师的调查发现,51.23%的教师存在心理问题,其中,32.18%属于轻度心理障碍,16.56%属于中度心理障碍,2.49%的教师已经构成心理疾病。美国教育协会主席麦克古瑞也曾感慨道:"职业倦怠的感受正打击着无数具有爱心和理想并且乐于奉献的教师,使他们逐渐放弃自己的专业工作。这个重大的疾病正在折磨着教学职业,如果不能及时有效地纠正,那么就会达到流行的程度。"自从美国临床心理学家弗登伯格于1974年提出"职业倦怠"概念以来,相关研究已经延伸到了教学领域,并已经成为教育和心理健康领域近20年来的一个热点问题。

1. 职业倦怠的含义

弗登伯格用"Burnout"一词来描述那些助人行业的人们因工作时间过长、工作量过大、工作强度过高所经历的一种疲惫不堪的状态。英文"Burnout"有燃尽、烧光、精疲力竭、消耗殆尽的含义,其相应的中文翻译有"心理枯竭""职业枯竭""职业倦怠"等多种译法。他认为,职业倦怠是工作强度过高并且无视个人需要所引起的疲惫不堪的状态。

皮特斯将职业倦怠定义为燃尽或耗竭个人的心智、生理和情绪资源,其主要特征为疲乏、冷漠、理想幻灭、沮丧,显示个人已耗尽其能源或可供应的能量。

近些年来,我国的研究者们也开始关注教师的职业倦怠现象,并对此进行界定。许燕等人认为,职业倦怠是个体无法应付外界超出个人能量和资源的要求时,所产生的生理、心理、情绪情感和行为等方面的耗竭状态。职业倦怠容易发生在医疗护理、教育等人与打交道的行业中,教师是职业倦怠感的高发人群。教师职业倦怠是教师不能顺利应对工作压力时的一种极端反应,是他们在长期压力体验下所产生的生理、情绪、认知和行为等方面的耗竭状态。

2. 职业倦怠的特征

职业倦怠的典型症状是工作满意度降低、工作热情和兴趣的丧失,以及情感的疏离和冷漠。教师在体验职业倦怠之后容易对学生失去耐心和爱心,对课程准备的充分性降低。对工作的控制感和成就感下降。玛勒斯等人运用量表的形式确定了职业倦怠的三个核心成分。

(1) 耗竭感(Exhaustion)。

耗竭感指个体感到自己的能量和资源耗尽、用完。它主要表现在生理耗竭和情感耗竭两个方面。生理耗竭是职业耗竭的临床指标,表现为极度的慢性疲劳、力不从心、疲乏虚弱、睡眠障碍(失眠或嗜睡)、头疼、食欲异常(厌食或贪食)等;情感耗竭是职业倦怠的核心维度,也是最明显的症状表现,特指丧失工作热情、情绪波动大,容易迁怒他人,感到自己的感情处于极度疲劳的状态。

(2) 去人格化(Depersonalization)。

去人格化指刻意在自身和工作对象间保持距离,对工作对象和环境采取冷漠和忽视的态度。去人格化的教师表现为减少接触或拒绝接纳学生;对待有些学生像对待没有生命的物体一样;用带有蔑视色彩的称谓称呼他们;用标签式语言来描述个体学生。除此之外,对同事也常常持多疑、妄想的态度,对他人过度反应,导致人际关系恶化。

(3) 低个人成就感(Lack of Personal Accomplishment)。

低个人成就感指倾向于消极地评价自己、个人成就感降低、自我效能感下降,对自己工作的意义和价值的评价下降,工作变得机械化且效率低下,缺乏适应性。低成就感的教师们开始感觉到在他们的工作中不再有什么值得去做。当某些教师感觉他们无法给学生的生活带来更大变化,而他们的职业所带来的诸如金钱和社会认可等回报也少之又少时,他们就会产生较强的自卑感。当较低的成就感与前两种职业倦怠的感觉混合在一起时,它们就会大大地减少教师工作的驱动力。这时失败就会成为一种生活方式,从而形成"学者型的无力感"。

3. 教师职业倦怠的发展历程

比尤凯格将职业倦怠视为个体从事一项活动的进程性结局,就其自然趋势而言,具有必然性,但它也是可以干预的。为此,他提出了职业倦怠发展的"四阶段论"。

(1) 热情期。

此时期的特点是高希望且希望不切实际。教师在从事一项活动之初,往往会表现出坚信自己的选择,雄心勃勃、忘我投入、精力充沛、不知疲倦,心中充满了陶醉感。此时,他们往往不在乎为了达到目标所需付出的时间和努力,即使遭受挫折,也不言败、不悲观、不退却。初登教坛的青年教师大致都有一段视教育工作为神圣使命的热情期。

(2) 停滞期。

此时期的特点是仍能工作,但更关注个人需要。教师开始感到做事缺乏效率、焦虑及工作满意度下降,觉得实现当初确立的目标越来越困难。某些躯体问题(难以消解的疲劳、无法入睡的痛苦)开始出现。但他们往往无视躯体警戒信号,一味以加倍努力来回避问题。当一个人力图作出更多努力,而不是调整不现实的期望时,职业倦怠就真正开始了。

(3) 挫折期。

此时期的特点是感到无能,对其他人不满,而且开始经历情绪、生理与行为的问题。在这一阶段,教师会承受着无所不在的慢性病理症状。虽然还是力图否认问题,但已经被身心疲惫所控制,明确而强烈地体验着牛陷枯井而无力脱身之感。当初的选择开始动摇,工作效率降至自己都难以置信的低谷,怀疑自己是否已经江郎才尽。在精神颓废的心态之下,可能会通过物质滥用或放纵情感等方式以寻求麻醉和解脱。

(4) 冷漠期。

此时期的特点是要求更少的工作,回避挑战。教师会彻底放弃乃至嘲弄自己当初追求的理想目标,在无所用心与不负责任的精神状态下生活,不再在乎自己的公众形象和未来前途。至此,个体的枯竭已经达到最大限度,身心健康严重受损。

4. 教师职业倦怠的原因

教师职业倦怠是在外界压力和自身心理素质的互动下形成的。按照应激的资源理论,当工作环境等外部因素对个体的要求持续超过个体具有的有效应对资源时,就会出现心理健康问题,产生职业枯竭。

(1) 内部因素。

玛勒斯等人的研究发现,教师对工作的期望值高而成功的可能性低,低努力、低自信、外控、使用逃避的应对策略都将影响职业倦怠的产生。教师的压力信念将会影响职业倦怠,压力的产生总是以教师自身特征为中介,教师的自我概念、对于冲突的态度、解决冲突的策略,以及他的一般个性特征对职业倦怠都有重要影响。如果一个教师对自己的角色有明确的概念,那么他就会较少受他人期望的影响;如果一个教师能与他的同事愉快合作,那么他的紧张和压力感就会减少。此外,自尊和自信是影响教师职业倦怠的重要因素。大多数人对社会支持都有一种强烈的需要,任何感到遭受社会拒绝的事件都可能被认为是有压力的。因此,缺乏自信心的人会比其他人更容易感到威胁。

(2)外部因素。

虽然人格特质对职业倦怠有一定的影响,但其影响力远不能和环境因素相比,因为职业倦怠更属于一种社会现象,而非个体现象。

一是社会期望。职业倦怠不仅是个人的特征,也是社会面貌在个体心理特征上的一种反应。当社会条件不能提供一个有助于与人联系的情境时,要保持服务工作的投入是很困难的。我国一直推崇尊师重教的文化,但现在人们往往只重视教师的教育教学质量,重视教师对社会的责任,而忽视教师本身的需求,因此,教师们在肩负社会希望的同时也承受着层层压力。教师就像生活在一个鱼缸中,领导、家长、公众和学生都在审视着他们,时刻关注着他们的一言一行。当教育质量差、学生出现问题时,教师就首当其冲地成为"替罪羊"。这种不断地被监督和谴责会对教师产生难以忍受的压力,从而导致教师心理健康问题的产生。

二是组织特征。学校本身是一个复杂的社会组织。如果学校的组织氛围和谐,则教师心情愉悦,效率较高;如果领导专制,教师之间、师生之间、教师与家长之间关系紧张,则教师就会感到压抑、烦躁和忧郁。同时,学校对教学的评价机制是否科学也会影响教师工作的积极性和创造性。

三是工作压力。教师职业的特殊性也决定了教师在这种工作压力下容易产生职业倦怠。教师职业是角色冲突的一种典型情境,随着学校功能的日趋复杂化和多样化,教师所要扮演的角色也越来越多重化,而一名教师往往难以处理两种同时并存但又相反的角色间的矛盾关系。如既要树立教师权威又要成为学生的朋友,这使得具有责任心的教师在经历了多种角色冲突之后,不可避免地感到心力交瘁。工作压力大和相对的封闭性,使得教师长期处于习得性无助状态,并最终发展成职业倦怠。

5. 教师职业倦怠的干预

职业倦怠会给教师个人带来生理及心理上的疾患,影响其与别人的人际关系,导致家庭危机和职业危机。与此同时,教师职业倦怠也会对学生健康心理的塑造带来消极的影响。因此,教师要学会合理地预防、应对职业倦怠,维护自己的心理健康状况。职业倦怠的干预主要有个体干预和组织干预两种途径。

(1)个体干预。

个体干预的目的是通过改变个体自身的某些特点来增强适应工作环境的能力。个体干预的主要方法有放松训练、时间管理、社交训练、压力管理和态度改变等。以下介绍三种预防职业倦怠的有效建议。

一是观念的改变。要求个体更清楚自己的能力和机会,不会因为不恰当的期望导致失败而产生职业倦怠。弗登伯格认为,职业倦怠主要源自对自己付出与回报的不一致感。当个体认为自己的付出没有得到回报时,就会产生职业倦怠。因此,教师要学会正确看待自己的工作。

二是积极的应对策略和归因方式。在面对问题时采用更积极的应对手段,而不是逃避。努力使自己成为更加能内控的人,把原因归结为个体可以控制的因素,如努力。当发现自己有职业倦怠的症状时,要勇于面对现实,反思自己的压力来源,主动寻求专业人士的帮助。

三是合理的饮食和锻炼。生理方面的疾病既是教师职业压力的来源之一,又是职业倦怠的不良后果。因此,教师要进行合理的饮食和锻炼,尤其是锻炼,它是一种精神娱乐法,可以分散教师的注意力,从而让教师放松紧张的情绪或身体。

(2)组织干预。

目前,职业干预的重心从个体干预转向组织干预。职业倦怠是一种"职业病",它同组织特点、职业特点的关系更加密切。组织干预的思路是通过削减过度工作时间、降低工作负荷、明确工作任务、积极沟通与反馈、建立有效的社会支持系统来防止和缓解职业枯竭。如社会各界对教师的角色期待进行合理定位;国家切实采取措施提高教师的经济待遇和社会地位,维护教师的合法权利,使教师真正感受到社会的尊重;教育部门探索出有效的教师教育培训体系,将职前与职后培训有机结合,重视教师承受压力和自我缓解压力的训练。

同步训练六

一、单项选择题

1. 提出教师成长公式"经验＋反思＝成长"的是（　　）。

   A. 加涅　　　　　　B. 罗森塔尔　　　　　C. 戴尔　　　　　D. 波斯纳

2. 教师考虑学生的个体差异,根据学生的不同发展水平进行教学材料组织的阶段是（　　）。

   A. 关注生存阶段　　　　　　　　　B. 关注学生阶段

   C. 关注情境阶段　　　　　　　　　D. 关注生命阶段

3. 以下不属于职业倦怠的特点是（　　）。

   A. 耗竭感　　　　　B. 低个人成就感　　　C. 自卑感　　　　D. 去人格化

二、简答题

联系实际,谈谈教师成长与发展的基本途径。

同步训练一

一、单项选择题

1. C。解析:刺激物先后作用于同一感受器为继时对比。题干表现的是糖和橘子先后作用于人的味觉器官,是感觉的继时对比。

2. A。解析:这种现象属于感觉对比中的同时对比。

3. A。解析:感觉是人脑对直接作用于感觉器官的客观事物的个别属性的反映。题干中描述的就是人脑对苹果味道、颜色、光滑度这些属性所产生的反映。

4. C。解析:在外界刺激持续作用下感受性发生变化的现象叫感觉适应。人进入暗的地方,开始无法适应,是因为视觉感受性比较低,随着视觉感受性的提高对暗的地方就能适应了。

5. B。解析:知觉是直接作用于感觉器官的客观事物的整体属性在人脑中的反映。题干中人看见并认识菊花就是人脑对菊花整体的反映。

6. A。解析:和感觉相比,知觉是人脑对直接作用于感觉器官的客观事物的整体属性的反映,是人脑主动地对感觉信息进行加工、推论和理解的过程。

7. C。解析:知觉的理解性是指人们在知觉某一事物时,通常要在内心说出它的名称,即将感知对象归入一定的范畴之内,用词来概括它,使它具有一定的意义。

8. D。解析:知觉的恒常性就是指在一定范围内,知觉的条件发生了变化,而知觉的映象却保持相对稳定不变的知觉特性。题干中的距离远近不同即为知觉条件发生了变化,但感觉他没有什么变化就是指映象保持稳定不变。

9. B。解析:在日常生活中,人并不能感受所有的刺激,而是仅仅能感受引起注意的部分刺激,此时,被知觉的对象好像是从其他事物中凸显出来,出现在前面,而其他事物就退到后面作为知觉的背景。

10. A。解析:学生开小差是注意力不集中的表现,属于注意的分散。

11. C。解析:短时记忆是指人脑的信息在一分钟之内加工与编码的记忆。开始能按照电话号码打电话,后来就忘记了,说明电话号码在人脑中保持的时间短,属于短时记忆。

12. A。解析:干扰说认为遗忘是由于在学习和回忆之间受到其他刺激干扰的结果。干扰有两种情况,即前摄抑制和倒摄抑制。所谓前摄抑制是指前面学习的材料对识记和回忆后面学习材料的干扰。

13．C。解析：直观动作思维是通过实际操作解决具体直观问题的思维过程。儿童通过数手指的方式来计算加减法，就是通过实际操作来解决具体问题的思维活动。

14．B。解析：创造性思维具有的变通性，又叫灵活性，指的是对同一问题所想出的不同类型答案的多少，答案数量越多者，变通性越高。

二、辨析题

1．这种说法是错误的。无意注意是指没有预定目的，也不需要意志努力参与的注意。有意注意是一种积极主动、服从于当前活动任务需要的注意，属于注意的高级形式。

2．这种说法是错误的。遗忘并不是所识记的信息的完全丧失，而是所保持的信息不能在使用时顺利地提取出来。遗忘有暂时性遗忘和永久性遗忘。永久性遗忘是丢失的信息过多，无法提取。

3．这种说法是错误的。复习是运用多种方法对材料重新组织和巩固的过程，并非简单的重复。复习是收到"温故而知新"的效果。

4．这种说法是错误的。问题解决是指在具有明确目标的情况下，却没有明确达到目标的途径或方法，为此而运用的一系列具体的有指向性的认知操作过程。

同步训练二

一、单项选择题

1．B。前运算阶段的儿童的思维有如下特征：认为外界的一切事物都是有生命的；所有的人都有相同的感受，一切以自我为中心；单向思维，认知活动具有相对具体性，还不能进行抽象的运算思维，思维不具有可逆性等。

2．D。性格是个性的核心，具有独特性，在个性心理特征中具有核心意义。

3．C。这是早期童年经验对人格的影响。

4．B。"天灾人祸"描述的是一种应激的情绪状态。

5．A。一般将情绪分为快乐、悲哀、愤怒、恐惧四种。

6．C。应激是在出乎意料的紧迫情况下，所引起的急速而感到紧张的情绪状态。

7．B。激情是一种强烈的、爆发式的、持续时间较短的情绪状态，题干所描述的是一种积极的激情状态。

8．A。人格的独特性是指人与人之间的心理和行为是各不相同的，这是由于个体在不同的遗传与环境教育中形成的独特心理特点。

9．C。人格是个人在适应环境的过程中所表现出来的系统的独特的反应方式。

10．A。胆汁质以直率热情、精力旺盛、冲动，但暴躁易怒、脾气急、热情忽高忽低为特征。

11．D。埃里克森的人格发展阶段理论认为，中学生处于第五个阶段，其发展危机是自我同一性对角色混乱。该阶段的发展任务是培养自我同一性。

12．B。采用专制型教养方式的父母在子女教育中，表现得过于支配，孩子的一切都由父母来控制。在这种环境下长大的孩子容易形成消极、被动、依赖、服从、懦弱，做事缺乏主动性的人格特征。

13．C。本题考查的是辐合型思维的概念。

14. C。本题考查的是弗洛伊德关于人格结构的理论。人格由本我、自我、超我三部分构成。本我遵循"快乐原则"、自我遵循"现实原则"、超我遵循"道德原则"。

二、辨析题

1. 这种说法是错误的。创造性与智力并非简单的线性关系,所以高智商可能有高创造性,也可能没有高创造性。但创造性高的人至少要具有中等以上的智商,所以,高智商是创造性产生的必要条件。

2. 这种说法是错误的。中学生的情绪情感已趋向成熟和稳定,但与成人相比,又显得不够稳定。这个时期的青少年办事积极,富于热情,情感易被激发,行动迅速,表现为奔放、果断。但是,由于生理和自我意识上的急剧变化,有时青少年的情绪情感容易过于激动。

3. 这种说法是错误的。中学生的情绪不再像儿童那样天真直露,表现出文饰性、内隐性。但中学生毕竟阅历较浅、涉世未深,内心深处存在希望被理解的强烈愿望,有时仍会坦率地表达自己的心情。

4. 这种说法是错误的。问题解决是指在具有明确目标的情况下,却不明确达到目标的途径或方法,为此而运用的一系列有指向性的认知操作过程。

三、简答题

1. 最近发展区的意义在于教育者不应只看到儿童今天已达到的发展水平,还应该看到仍处于形成状态的正在发展的过程。所以,维果斯基强调教学不能只适应现有的发展水平,走在发展的后面,而应适应最近发展区,走在发展的前面,并最终跨越最近发展区而达到新的发展水平。

2. 中学生情绪的特点包括爆发性和冲动性;不稳定性和两极性;外露性和内隐性;心境化和持久性。

3. 生物遗传因素,社会文化因素,家庭因素,学校教育因素,个人主观因素。

4. 埃里克森将人格发展分成各有侧重、互相连接的八个发展阶段,埃里克森认为个体在每一个发展阶段上都会面临一个确定的主题,或是说一个特定的心理危机。

第一阶段是信任对怀疑;第二阶段是自主对羞愧;第三阶段是主动对内疚;第四阶段是勤奋对自卑;第五阶段是自我同一性对角色混乱;第六阶段是亲密对孤独;第七阶段是繁殖对停滞;第八阶段是自我整合对绝望。

四、材料分析题

（1）这四个人的气质类型分别如下,小明为胆汁质,王东为多血质,赵敏为黏液质,乐乐为抑郁质。

（2）四种气质类型特征从略。

（3）教师在教育工作中,应根据学生的气质特点因材施教。具体内容从略。

同步训练三

一、单项选择题

1. D。解析:强化物应当及时出现在被强化行为之后。

2. C。解析:动机强度和任务难易度之间的关系是,在学习较复杂的问题时,动机强度的最佳水平点会低些;在学习任务比较简单时,动机强度的最佳水平点会高些。由此可知①

④错误,排除 A,B,D 项。

3. A。解析:根据成败归因论,只有将成败归因为内部、可控制的因素时,产生的激励性最强。四个选项中只有 A 是内部、可控制的因素,因此,将学习成败归因于努力程度所能产生的激励性最强。

4. A。解析:组织策略是整合所学新知识之间、新旧知识之间的内在联系,形成新的知识结构的策略。列提纲属于组织策略。

5. C。解析:贾德在"水下击靶"实验的基础上提出经验类化说。

6. A。解析:学习迁移是指一种学习对另一种学习的影响,题干中的"举一反三""触类旁通""闻一知十"都是典型的迁移现象。

7. B。解析:具体迁移也称为特殊迁移,指将一种学习中习得的具体的、特殊的经验直接迁移到另一种学习中去。

8. A。解析:题干中,学生使用已掌握的运算法则来计算新问题出现了问题,这是消极思维定势的表现。

9. C。解析:本题考查的是布鲁纳的结构主义学习观。布鲁纳认为学习的实质是主动形成认知结构。学习者不是被动地接受知识,而是主动地获取知识,并通过把新获得的知识和已有的认知结构联系起来,积极地建构其知识体系。

10. B。解析:5—8 岁的儿童处于他律道德阶段。

11. D。解析:后习俗水平包括社会契约定向阶段和原则或良心定向阶段。

12. C。解析:初二年级是品德发展的关键期。

13. A。解析:科尔伯格运用两难故事法进行研究,提出道德发展的三水平六阶段理论。

14. A。解析:生存教育、生活教育、生命教育并称"三生教育"。

15. C。解析:根据题干表述可知,该学生的主要问题是道德意志不坚定,应对该生进行道德意志的教育。

二、辨析题

1. 这种说法是错误的。马斯洛指出,基本需要虽然有层次之分,但这种层次并不是固定的顺序,而只是一种一般模式,在实际生活中,有些富有理想和崇高价值观念的人会为了某种理想和价值而牺牲一切。并且所谓需要的满足不是指绝对的满足,而是从相对意义上说的。

2. 这种说法是错误的。惩罚是指通过厌恶刺激的呈现来降低反应在将来发生的概率,负强化是通过厌恶刺激的排除来增加反应在将来发生的概率,是撤销惩罚,并不是运用惩罚排除不良行为的过程。

3. 这种说法是错误的。学习动机微弱或过于强烈都不利于学习,只有当学习动机的强度适中时,才会取得最理想的学习效果。学习难度很小时,学习动机较强才能取得好的学习效果;学习难度很大时,则应适当降低学习动机水平。

4. 这种说法是错误的。柯勒提出学习迁移的关系理论与共同要素说等其他迁移理论并非全然矛盾,它们只是各自强调了迁移的一个侧面。

5. 这种说法是错误的。明确而具体、具有现实意义的教学目标,可以使学生联想起与学习有关的已有知识经验,使学生明确学习目的,是促进学习迁移的重要条件。

6. 这种说法是错误的。检查学习内容是否被领会,知识的预备度或熟练度是否不足,属于元认知监视策略。

7. 这种说法是错误的。资源管理策略是辅助学生管理可用环境和资源的策略。包括学习时间管理因素、学习环境管理因素、学习努力管理因素、学习工具的利用因素和学业求助策略。

8. 这种说法是错误的。认知学习理论认为,学习不是在外部环境的支配下被动地形成刺激-反应联结,而是主动地在头脑内部构造认知结构。

9. 这种说法是错误的。建构主义者一般强调,知识并不是对现实的准确表征,它只是一种解释、一种假设,并不是问题的最终答案。

10. 这种观点是错误的。在德育的具体实施过程中,其具有多种开端,即不一定遵循知、情、意、行的一般教育培养顺序,而是可以根据学生品德发展的具体情况,或从导之以行开始,或从动之以情开始,或从锻炼品德意志开始,最后使学生品德在知、情、意、行等方面达到和谐发展。

三、简答题

影响中学生品德发展的外部因素有:①家庭因素;②学校教育因素;③社会风气。

四、材料分析题

(1) 甲同学对学习丧失信心的原因主要有:①兴趣和好奇心未得到充分地激发;②不良的家庭教育环境;③不正确的学习归因;④教师对其进行错误的反馈。

(2) 教师激发学生的学习动机,应做到如下几点:①创设问题情境,实施启发式教学;②根据作业难度,恰当控制动机水平;③正确指导结果归因,促使学生继续努力;④充分利用反馈信息,妥善进行奖惩。

同步训练四

一、单项选择题

1. D。解析:课堂的管理原则包括目标原则、激励原则和反馈原则。
2. A。解析:积极的课堂气氛是恬静与活泼、热烈与深沉、宽松与严格的有机统一。
3. A。解析:自我促成的纪律简而言之就是自律,是在个体自觉努力下,外部纪律内化而成的个体内部约束力。自我促成的纪律是课堂纪律管理的最终目的。
4. D。解析:行为不足主要是指人们期望的行为很少发生或从不发生,如沉默寡言等;行为过度主要是某一类行为发生太多,如经常侵犯他人;行为不适是指人们期望的行为在不适宜的情境下发生,但在适宜的情境下却不发生,如上课时放声大笑等。
5. B。解析:一般说来,课堂里往往存在着积极的、中性的和消极的三种行为。积极的课堂行为是指与促进课堂教学目的实现相联系的行为;中性的课堂行为是指既不促进又不干扰课堂教学的行为;消极的课堂行为则指那些明显干扰课堂教学的行为。

二、辨析题

1. 这种说法是错误的。教师焦虑过度,处处小心谨慎,一旦学生发生问题行为,就会缺乏教学机智以致作出不适当的反应,同样会造成不良的课堂心理气氛。只有当教师的焦虑处在中等程度时,他才会努力改变课堂状况,有效而灵活地处理课堂上出现的问题,不断努力以创造最佳课堂气氛。

2. 这种说法是错误的。班级纪律的好坏,应有科学合理的标准,并不是纪律越严明、行动越统一就越好。纪律的目的应当是课堂上有利于学生主动获取知识,自习时有利于小范围讨论和分析解决问题,活动时有利于学生的最大程度参与,课间和课后应在保证安全的前提下有利于学生放松和休息。

三、简答题

1. ①制订适宜的教学计划;②帮助学生调整学习的认知结构;③给予精确而严格的指导;④建立良好的教学秩序;⑤协调同伴关系;⑥与家长合作;⑦行为矫正与心理辅导。

2. ①准确地鉴定、分析课堂气氛是营造良好课堂气氛的前提和基础;②时刻保持积极的情绪状态感染学生;③树立典型,利用榜样示范积极引导学生;④妥善处理矛盾冲突,建立良好的师生、生生关系。

3. ①目标导向;②环境熏陶;③骨干示范;④舆论引导;⑤制度约束。

4. ①班级日常活动——班级例会、班级晨会活动、班级值日活动;②主题班会——季节性主题班会、教育性主题班会、模拟式主题班会、知识性主题班会、假想性主题班会、实践性主题班会、系列性主题班会、即兴性主题班会;③班级文艺活动;④班级体育活动;⑤班级学习活动;⑥班级社会教育活动;⑦班级劳动活动。

同步训练五

一、单项选择题

1. C。解析:情绪消极、悲伤、颓废、淡漠是抑郁症的表现。

2. B。解析:根据心理健康的概念可知答案。

3. A。解析:强化法是行为改变的基本方法,用来培养新的适应行为。

4. D。解析:学习活动是学生最主要的活动,所以考试焦虑是中学生最常见的焦虑反应。

5. D。解析:反复出现自己不能控制的动作,属于强迫症中的强迫行为。

6. A。解析:本题考查心理健康的定义;心理健康是一种良好的、持续的心理状态与过程;表现为个人具有生命的活力,积极的内心体验,良好的社会适应,能够有效地发挥个人的身心潜力以及作为社会一员的积极的社会功能。

7. D。解析:心理辅导有两个目标,目标一是学会调适,目标二是寻求发展;学会调适是基本目标,寻求发展是高级目标。

8. B。解析:由于反复检查是动作,所以这种行为不属于强迫观念。

9. C。解析:考试焦虑症的形成是多方面的,单纯处理好学生的心态远远不够;C项说法过于绝对,是错误的。

10. D。解析:理性-情绪疗法认为不合理的信念及认知,即人们对诱发性事件所持的信念、看法、解释才是引起人的情绪及行为反应的更直接的起因。

11. C。解析:系统脱敏疗法主要包含三个步骤——一是训练来访者松弛肌肉;二是建立焦虑等级(从最轻微的恐惧到引起最强烈的恐惧依次排序);三是让来访者在肌肉松弛的情况下,从最低等级开始想象产生恐惧的情境,这样直到来访者能从想象情境转移到现实情境,并能在原引起恐惧的情境中保持放松状态,恐惧情绪不再出现为止。

二、辨析题

1. 这种说法是错误的。性偏差是指少年性发育过程中的不良适应,如过度手淫、迷恋黄色书刊、早恋、轻度性别认同困难等,一般不属于性心理障碍。

2. 这种说法是错误的。学校心理辅导的功能在于通过对学生的引导、指导、协助和服务,来促进每一个学生的成长和发展。因此,学校心理辅导要坚持面向全体学生原则。

三、材料分析题

1.(1)小明面临的是挫折适应问题,若处理不好可能发展成抑郁症。

(2)原因是小明一直学习成绩很好,不能接受这次考试失败。但根本原因是小明对挫折没有正确的认识。

(3)可采取的措施:①帮助小明树立正确的挫折观,对挫折有正确的认识与思想准备,训练其心理承受能力,告诉小明要全面客观地认识自己,既要看到自身长处,又要看到自己的不足;②帮助小明确定适当的抱负水平,根据实际情况确定适当的目标;③帮助小明分析失败的原因,并提出改进的措施。

2.(1)程某的症状是考试焦虑。考试焦虑的表现是随着考试临近,心情极度紧张。考试时不能集中注意力,知觉范围变窄,思维刻板,出现慌乱,无法发挥正常水平。考试后又持久地不能松弛下来。程某的表现与此相符,因此是一种考试焦虑。

(2)采用肌肉放松、系统脱敏方法,指导学生在考试中使用正向的自我对话,如"我能应付这个考试""成绩并不重要,学会才是重要的""无论考试的结果如何,都将不会是最后一次",这些对于缓解学生的考试焦虑都有较好的效果。

同步训练六

一、单项选择题

1. D。解析:波斯纳提出教师成长公式"经验+反思=成长"。

2. B。解析:教师在不同的成长阶段所关注的问题不同,福勒和布朗根据教师的需要和不同时期所关注的焦点问题,把教师的成长划分为关注生存、关注情境和关注学生三个阶段。教师考虑学生的个别差异、认识到不同发展水平的学生有不同的需要,这一阶段属于关注学生阶段。

3. C。解析:玛勒斯等人运用量表的形式确定了职业倦怠的三个核心成分——耗竭感、去人格化和低个人成就感。

二、简答题

基本途径:①观摩和分析优秀教师的教学活动;②开展微格实验教学;③进行专门训练;④反思教学经验。

参考文献

[1] 彭聃龄.普通心理学(修订版)[M].北京:北京师范大学出版社,2001.
[2] 白学军.心理学概论[M].北京:北京师范大学出版社,2015.
[3] 李铮,姚本先.心理学新论[M].北京:高等教育出版社,2001.
[4] 李红.心理学基础[M].北京:高等教育出版社,2009.
[5] 张守臣.心理教育论[M].北京:高等教育出版社,2002.
[6] 韩永昌.心理学(修订版)[M].上海:华东师范大学出版社,2000.
[7] 皮连生.学与教的心理学[M].修订本.上海:华东师范大学出版社,1997.
[8] 孟昭兰.情绪心理学[M].北京:北京大学出版社,2005.
[9] 章志光.心理学[M].3版.北京:人民教育出版社,2002.
[10] 全国十二所重点示范大学.心理学基础[M].北京:教育科学出版社,2008.
[11] 叶奕乾.普通心理学[M].上海:华东师范大学出版社,2010.
[12] 陈琦,刘儒德.教育心理学[M].2版.北京:高等教育出版社,2011.
[13] 申继亮.中国中小学生学习与心理发展状况报告[M].北京:北京师范大学出版社,2008.
[14] 严由伟.中小学心理咨询方法与技术[M].福州:福建教育出版社,2008.
[15] 教育部人事司,教育部考试中心.教育心理学考试大纲[M].上海:华东师范大学出版社,2002.
[16] 教育部人事司,教育部考试中心.教育心理学考试大纲[M].北京:北京师范大学出版社,2002.
[17] 傅安球.实用心理异常诊断矫治手册[M].修订版.上海:上海教育出版社,2001.
[18] 钱铭怡.心理咨询[M].北京:光明日报出版社,1989.
[19] 王登峰,谢东.心理治疗的理论与技术[M].北京:时代文化出版公司,1993.
[20] 欧文·B.韦纳.心理治疗的法则[M].2版.周博林,译.成都:四川人民出版社,2007.
[21] 刘万伦,田学红.发展与教育心理学[M].2版.北京:高等教育出版社,2014.
[22] 王振宏,李彩娜.教育心理学[M].北京:高等教育出版社,2011.

[23] 冯忠良.教育心理学[M].北京:人民教育出版社,2000.

[24] 莫雷.教育心理学[M].广州:广东高等教育出版社,2002.

[25] 邵瑞珍.教育心理学[M].上海:上海教育出版社,1997.

[26] 李伯黍,燕国材.教育心理学[M].上海:华东师范大学出版社,1993.

[27] 徐胜三.中学教育心理学[M].北京:人民教育出版社,1993.

[28] 张大均.教育心理学[M].北京:人民教育出版社,2005.

[29] 卢家楣.心理学[M].上海:上海人民出版社,1998.

[30] 林崇德.发展心理学[M].北京:人民教育出版社,1995.

[31] 刘华山.学校心理辅导[M].合肥:安徽人民出版社,1998.

[32] 马建青.辅导人生——心理咨询学[M].济南:山东教育出版社,1992.

[33] 时蓉华.社会心理学[M].杭州:浙江教育出版社,1998.

[34] 苏东水.管理心理学[M].修订版.上海:复旦大学出版社,1992.

[35] 黄希庭.心理学[M].上海:上海教育出版社,1997.

[36] 俞文钊.管理心理学[M].兰州:甘肃人民出版社,1989.

[37] 李学农.班级管理[M].2版.北京:高等教育出版社,2010.

[38] 王晓春.做一个专业的班主任[M].上海:华东师范大学出版社,2008.

教学支持说明

《心理学原理与应用》系华中科技大学出版社重点规划教材。

为了改善教学效果,提高教材的使用效率,满足高校授课教师的教学需求,本套教材备有与纸质教材配套的教学课件(PPT电子教案)和拓展资源(案例库、习题库等)。

为保证本教学课件及相关教学资料仅为教材使用者所得,我们将向使用本套教材的高校授课教师和学生免费赠送教学课件或者相关教学资料,烦请授课教师和学生通过邮件或加入旅游专家俱乐部QQ群等方式与我们联系,获取"教学课件资源申请表"文档并认真准确填写后发给我们,我们的联系方式如下:

地址:湖北省武汉市东湖新技术开发区华工科技园华工园六路

邮编:430223

电话:027-81381206

E-mail:lyzjjlb@163.com

旅游专家俱乐部QQ群号:306110199

旅游专家俱乐部QQ群二维码:

群名称:旅游专家俱乐部
群　号:306110199

教学课件资源申请表

填表时间：_____年___月___日

1. 以下内容请教师按实际情况写，★为必填项。
2. 学生根据个人情况如实填写，相关内容可以酌情调整提交。

★姓名		★性别	□男 □女	出生年月		★职务	
						★职称	□教授 □副教授 □讲师 □助教

★学校		★院/系	
★教研室		★专业	
★办公电话		家庭电话		★移动电话	
★E-mail（请填写清晰）		★QQ号/微信号	
★联系地址		★邮编	

★现在主授课程情况	学生人数	教材所属出版社	教材满意度
课程一			□满意 □一般 □不满意
课程二			□满意 □一般 □不满意
课程三			□满意 □一般 □不满意
其他			□满意 □一般 □不满意

教材出版信息					
方向一		□准备写	□写作中	□已成稿	□已出版待修订 □有讲义
方向二		□准备写	□写作中	□已成稿	□已出版待修订 □有讲义
方向三		□准备写	□写作中	□已成稿	□已出版待修订 □有讲义

请教师认真填写表格下列内容，提供索取课件配套教材的相关信息，我社根据每位教师/学生填表信息的完整性、授课情况与索取课件的相关性，以及教材使用的情况赠送教材的配套课件及相关教学资源。

ISBN（书号）	书名	作者	索取课件简要说明	学生人数（如选作教材）
			□教学 □参考	
			□教学 □参考	

★您对与课件配套的纸质教材的意见和建议，希望提供哪些配套教学资源：